Kirstin Gramß-Siegismund

Altersgrenzen der Berufssoldatinnen und Berufssoldaten als Diskriminierungsproblem

Eine Betrachtung vor dem Hintergrund der Richtlinie 2000/78/EG

PL ACADEMIC RESEARCH

Bibliografische Information der Deutschen Nationalbibliothek
Die Deutsche Nationalbibliothek verzeichnet diese Publikation in der Deutschen Nationalbibliografie; detaillierte bibliografische Daten sind im Internet über http://dnb.d-nb.de abrufbar.

Zugl.: Bremen, Univ., Diss., 2016

Abdruck der Logos auf dem Umschlag
mit freundlicher Genehmigung der Universität Bremen

D 46
ISSN 0178-4285
ISBN 978-3-631-72043-1 (Print)
E-ISBN 978-3-631-72044-8 (E-PDF)
E-ISBN 978-3-631-72045-5 (EPUB)
E-ISBN 978-3-631-72046-2 (MOBI)
DOI 10.3726/b10980

PL Academic Research ist ein Imprint der Peter Lang GmbH.

Peter Lang – Frankfurt am Main · Bern · Bruxelles · New York · Oxford · Warszawa · Wien

Diese Publikation wurde begutachtet.

www.peterlang.com

Inhaltsübersicht

Inhaltsverzeichnis

Literaturverzeichnis

Adomeit, Klaus/Mohr, Jochen: Allgemeines Gleichbehandlungsgesetz (AGG). Kommentar zum AGG und zu anderen Diskriminierungsverboten, 2. Aufl., Stuttgart 2011

Barth, Eberhard: 10 Jahre Wehrverfassung im Grundgesetz, DÖV 1966, 153–161

Battis, Ulrich: Bundesbeamtengesetz. Kommentar, 3. Aufl., München 2004

–: Bundesbeamtengesetz. Kommentar, 4. Aufl., München 2009

Bauer, Jobst-Hubertus/v. Medem, Andreas: Altersgrenzen zur Beendigung von Arbeitsverhältnissen – Was geht, was geht nicht?, NZA 2012, 945–952

Bauer, Jobst-Hubertus/Krieger, Steffen: Allgemeines Gleichbehandlungsgesetz. Kommentar, 4. Aufl., München 2015

Benecke, Martina: Arbeitsrecht: Altersdiskriminierung bei Entlassungsabfindung, Anm. zum Urteil des EuGH vom 19. April 2016, C-441/14 Dansk Industri (Rasmussen), EuW 2016, 466–470

Blinda, Nina N.: Altersbezogene Regelungen in Sozialplänen – eine Diskriminierung?, Diss., Bremen 2010

Bouchouaf, Ssoufian: Statistische Altersdiskriminierung – ein Problemaufriss anhand von Beispielen aus der Rechtsprechung des Bundesverfassungsgerichts, KJ 2006, 310–319

Clement, Rolf/Jöris, Paul Elmar: 50 Jahre Bundeswehr – 1955 bis 2005, Hamburg 2005

Conrads, Ralph/Kistler, Ernst/Staudinger, Thomas: Alternde Gesellschaft und Innovationskraft der Wirtschaft, APuZ 18–19/2008, 40–46

Däubler, Wolfgang: Tarifvertragsgesetz. Kommentar, 3. Aufl., Baden-Baden 2012

–: Individuelle und kollektive Freiheit im Arbeitsrecht, in: Gedächtnisschrift für Ulrich Zachert, Baden-Baden 2010, S. 227–238

–: Die Kündigung als unmittelbare Diskriminierung, AiB 2007, 22–26

–: Was bedeutet „Diskriminierung" nach neuem Recht?, ZfA 2006, 479–492

Däubler, Wolfgang/Bertzbach, Martin: Allgemeines Gleichbehandlungsgesetz. Handkommentar, 3. Aufl., Baden-Baden 2013

Däubler, Wolfgang/Hjort, Jens Peter/Schubert, Michael/Wolmerath, Martin (Hrsg.): Arbeitsrecht – Individualarbeitsrecht mit kollektivrechtlichen Bezügen. Handkommentar, 3. Aufl., Baden-Baden 2013

Däubler, Wolfgang/Kittner, Michael/Klebe, Thomas/Wedde, Peter (Hrsg.): BetrVG, Betriebsverfassungsgesetz – Kommentar für die Praxis mit Wahlordnung und EBR-Gesetz, 15. Aufl., Frankfurt am Main 2016

–: BetrVG Betriebsverfassungsgesetz – Kommentar für die Praxis mit Wahlordnung und EBR-Gesetz, 12. Aufl., Frankfurt am Main 2010

Dietrich, Sascha: Frauen zu den Waffen – Das Urteil des Europäischen Gerichtshofs in der Sache Kreil ./. Bundesrepublik Deutschland, NZWehrr 2000, 102–117

Dreier, Horst: Grundgesetz. Kommentar, 2. Aufl., Bd. 2, Bd. 3, Tübingen 2006

Dreist, Peter: Das Gebot der Stunde: Streitkräfteöffnung für Frauen, NZWehrr 2000, 65–71

Eichen, Klaus: Soldatinnen- und Soldaten-Gleichbehandlungsgesetz, Kommentar, Baden-Baden 2012

–: Anmerkungen zur Änderung der soldatischen Altersgrenzen im Entwurf des Dienstrechtsneuordnungsgesetzes, NZWehrr 2008, 171–178

–: Erosion der deutschen Wehrverfassung durch sekundäres Gemeinschaftsrecht?, NZWehrr 2000, 45–64, NJW 2000, 497 ff.

Ehricke, Ulrich: Die Bindungswirkung von Urteilen des EuGH im Vorabentscheidungsverfahren nach deutschem Zivilprozeßrecht und nach Gemeinschaftsrecht, Vorträge, Reden und Berichte aus dem Europa-Institut, Vortrag, Universität Saarbrücken, Saarbrücken 1997

Erfurter Kommentar/Westermann, Harm-Peter (Hrsg.): Kommentar zum Arbeitsrecht, 16. Aufl., München 2016

Ernst, Hildegund/Braunroth, Anna/Franke, Bernhard/Wascher, Angelika/Lenz, Martin: Allgemeines Gleichbehandlungsgesetz, Kommentar, 2. Aufl., München 2013

Fitting, Karl: Betriebsverfassungsgesetz. Handkommentar, 24. Aufl., München 2008

–: Betriebsverfassungsgesetz. Handkommentar, 23. Auflage, München 2006

Forst, Gerrit: Geltung des Altersdiskriminierungsverbots auch in Rechtsstreit zwischen Privaten („DI"), EWiR 2016, 381–382

Friauf, Karl Heinrich/Höfling, Wolfram: Berliner Kommentar zum Grundgesetz, Bd. 4, Berlin 2016

Geipel, Martin: Lebensalter im Recht – zur Rechtmäßigkeit von Altersschranken, Diss., Berlin 2011

Gerbener, Antje Charlotte: Altersdiskriminierung in den Streitkräften – die Ausnahme der Altersdiskriminierung aus dem Schutzbereich des SoldGG: eine europarechtswidrige (Nicht-) Regelung?, NZWehrr 2013, 77–82

Gitter, Wolfgang/Boerner, Dietmar: Altersgrenzen in Tarifverträgen, RdA 1990, 129–138

Glawe, Robert A. P.: Organkompetenzen und Handlungsinstrumente auf dem Gebiet der nationalen Sicherheit, Baden-Baden 2011

Grabitz, Eberhard/Hilf, Meinhard: Das Recht der Europäischen Union. Kommentar, Loseblatt, 40. Aufl., München, Stand: 2009

Gramm, Christof: Die rechtliche Integration der Streitkräfte in den Staat des Grundgesetzes, NZWehrr 2011, 89–103

von der Groeben, Hans/Schwarze, Jürgen/Hartje, Armin: Europäisches Unionsrecht, Vertrag über die Europäische Union, Vertrag über die Arbeitsweise der Europäischen Union, Charta der Grundrechte der Europäischen Union, 7. Aufl., Baden-Baden 2015

Gronimus, Andreas: Frauen in der Bundeswehr – Chance oder Katastrophe?, NZWehrr 2001, 60–68

Groß, Daniela: Die Rechtfertigung einer Altersdiskriminierung auf der Grundlage der Richtlinie 2000/78/EG, Diss., Baden-Baden 2010

Hamann, Andreas: Die Rechtsprechung des Bundesverfassungsgerichts über den Gleichheitssatz, eine kritische Stellungnahme zur Anwendung des Art. 3 Abs. 1 GG, NJW 1957, 2–5

Hahnenfeld, Günter: Bundeswehrverwaltung gestern und heute, BWV 1975, 18–27

Hey, Thomas/Forst, Gerrit: Kommentar zum AGG, 2. Auflage, Frankfurt am Main 2015

Hug, Heiner: Die Alten kommen – Auf dem Sprung zur Macht, Zürich 1992

Hümmer, Christian: Die Bundeswehr im Innern. Reichweite und Grenzen von Artikel 35 Abs. 2 Satz 2 GG und Artikel 35 Abs. 3 Satz 1 GG und deren Verhältnis zu Artikel 87a GG und Artikel 91 GG, Diss., Frankfurt a.M. 2011

Hüsing, Walter: Die neue deutsche Wehrverfassung, Berlin 1920

Isensee, Josef/Kirchhof, Paul: Handbuch des Staatsrechts der Bundesrepublik Deutschland, Band IV, Aufgaben des Staates, 3. Aufl., Heidelberg 2006

Joannidis, Aris Ilias: Das Verbot der Altersdiskriminierung im deutschen Arbeitsrecht, Diss., Stuttgart 2011

Kämmerer, Jörn Axel: Gleichberechtigung am Gewehr, EuR 2000, 102–118

Knittel, Bernhard: SGB IX • Rehabilitation und Teilhabe behinderter Menschen und Allgemeines Gleichbehandlungsgesetz (AGG). Kommentar zum Sozialgesetzbuch IX, 9. Aufl., München 2016

Kremer, Eduard: Das vollendete 65. Lebensjahr – Verlängerung der Lebensarbeitszeit für Beamte?, DÖD 1991, 121–144

Krieger, Steffen: Altersdiskriminierung bei einer Entlassungsabfindung, ArbRAktuell 2016, 305–305

Kühling, Jürgen: Die richtlinienkonforme und die verfassungskonforme Auslegung im Öffentlichen Recht, JuS 2014, 481–490

Laux, Helga: Altersgrenzen im Arbeitsrecht, NZA 1991, 967–974

Lepper, Manfred: Die verfassungsrechtliche Stellung der militärischen Streitkräfte im gewaltenteilenden Rechtsstaat, Bielefeld 1962

v. Mangoldt, Hermann/Klein, Friedrich/Starck, Christian: Kommentar zum Grundgesetz, Band I, 3. Aufl. 2013; Band II, 6. Aufl. 2010, Band III, 6. Aufl. 2010, München

Mann, Thomas: Altersdiskriminierung durch gesetzliche Höchstaltersgrenzen – Zur Verfassungswidrigkeit berufsbeendender Altersgrenzen – Rechtsgutachten, erstattet der Senioren-Union der CDU, Göttingen, September 2006

Martini, Bernd-Rüdiger: Die neue Bundeswehr – Dienstleistungszentren in der territorialen Wehrverwaltung, BWV 2007, 77–84

Meinel, Gernod/Heyn, Judith/Herms, Sascha: Allgemeines Gleichbehandlungsgesetz, Arbeitsrechtlicher Kommentar, 2. Aufl., München 2010

Herrmann, Christoph/Michl, Walther: Wirkungen von EU-Richtlinien, JuS 2009, 1065–1070

Mohr, Jochen: Altersdiskriminierung der Stellenausschreibungen für „Young Professionals"?, NZA 2014, 459–465

Möller, Franz: Wahrnehmung der Bundeswehrverwaltung durch Soldaten?, BWV 1965, 265–268

Mörsdorf, Oliver: Unmittelbare Anwendung von EG-Richtlinien zwischen Privaten in der Rechtsprechung des EuGH, EuR 2009, 219–241

v. Münch, Ingo/Kunig, Philip: Grundgesetz-Kommentar, Bd. 1, Bd. 2, 6. Aufl., München 2012

Nicolai, Andrea: Anm. zum EuGH-Urteil vom 22.11.2005, C-144,04; Mangold ./. Helm, DB 2005, 2638–2642

Nollert-Borasio, Christiane/Perreng, Martina: Allgemeines Gleichbehandlungsgesetz (AGG). Basiskommentar zu den arbeitsrechtlichen Regelungen, 2. Aufl., Frankfurt a. M. 2008

Nussberger, Angelika: Altersgrenzen als Problem des Verfassungsrechts, JZ 2002, 524–532

Palandt, Otto: Bürgerliches Gesetzbuch mit Einführungsgesetz etc. Kommentar, 75. Aufl., München 2016

Pieroth, Bodo: Die verfassungsrechtliche Trennung zwischen Streitkräften und Bundeswehrverwaltung, NVwZ 2011, 705–708

Heidel, Thomas/Hüßtege, Reiner/Mansel, Heinz-Peter/Noack, Ulrich: Bürgerliches Gesetzbuch, BGB, Band 1: Allgemeiner Teil | EGBGB, 3. Aufl., München 2016

Plog, Ernst/Wiedow, Alexander/Lemhöfer, Bernt: Kommentar zum Bundesbeamtengesetz, Beamtenversorgungsgesetz, Bundesbesoldungsgesetz, Beamtenstatusgesetz, Berlin, Stand: 01/2016

Poretschkin, Alexander: Streitkräfte im Sinne des Grundgesetzes, NZWehrr 2008, 103–111

Preis, Ulrich: Neuer Wein in alten Schläuchen – zur Neuauflage der Altersgrenzendebatte, in: Festschrift zum 70. Geburtstag von Eugen Stahlhacke, Neuwied 1995, S. 417–441

–: Verbot der Altersdiskriminierung als Gemeinschaftsgrundrecht, NZA 2006, 401–410

–: Schlangenlinien in der Rechtsprechung des EuGH zur Altersdiskriminierung, NZA 2010, 1323–1328

–: Altersgrenzen – mal so, mal so, Ende offen?, NZA Editorial, 2012, Heft 14

Preis, Ulrich/Temming, Felipe: Der EuGH, das BVerfG und der Gesetzgeber – Lehren aus Mangold II, NZA 2010, 185–198

Reinfried, Hubert: Beitrag zur Stellungnahme von Kapitän H. Dehnert, BWV 1965, 196–201

–: Die Bundeswehr – Eine Gesamtdarstellung, Bd. 9, Streitkräfte und Bundeswehrverwaltung, Regensburg 1978

Richardi, Reinhard: Betriebsverfassungsrecht mit Wahlordnung. Kommentar, 15. Auflage, München 2016

v. Roetteken, Torsten: Allgemeines Gleichbehandlungsgesetz – AGG. Kommentar zu den arbeits- und dienstrechtlichen Vorschriften, Ordner 2, Heidelberg 2016

–: Allgemeines Gleichbehandlungsgesetz und Bundesgleichstellungsgesetz, GiP 2007, Nr. 4, 13–19

Romen, Antonius M.: Die Militärpensionsgesetze nebst den Ausführungsbestimmungen, Berlin 1907

Rothermund, Klaus/Temming, Felipe: Diskriminierung aufgrund des Alters, Expertise für die Antidiskriminierungsstelle des Bundes, Köln 2010

Rudolf, Beate/Mahlmann, Matthias: Gleichbehandlungsrecht. Handbuch, Baden-Baden 2007

Ruland, Franz: Rente mit 67 – ökonomische Notwendigkeit oder Sozialabbau?, NJW 2012, 492–496

Rust, Ursula: Stellungnahme zur Anhörung im Bundestag – Ausschuss für Familie, Senioren, Frauen und Jugend am 7. März 2005, A-Drs. 15 (12) 440-O +2

–: Handlungserfordernisse zur Altersdiskriminierung im Sozialrecht, ZSR 2006, 73–74

–: Das Allgemeine Gleichbehandlungsgesetz (AGG) als Mittel gegen Altersdiskriminierung? Ein Beitrag aus juristischer Perspektive, in: Brauer/Clemens, Zu alt?, „Ageism“ und Altersdiskriminierung auf Arbeitsmärkten, Wiesbaden 2009, S. 116–129

Rust, Ursula/Falke, Josef: AGG – Allgemeines Gleichbehandlungsgesetz mit weiterführenden Vorschriften. Kommentar, Berlin 2007

Sanne, Alexander/Weniger, Frank: Soldatengesetz. Kommentar, 2. Aufl., Regensburg Mai 2014

Scherer, Werner/Alff, Richard/Poretschkin, Alexander: Soldatengesetz. Kommentar, 9. Aufl., München 2013

Schiek, Dagmar: Allgemeines Gleichbehandlungsgesetz (AGG), Ein Kommentar aus der europäischer Perspektive, München 2007

Schlachter, Monika: Gutachten – Das Verbot der Altersdiskriminierung und der Gestaltungsspielraum der Tarifvertragsparteien, Institut für Arbeitsrecht und Arbeitsbeziehungen in der Europäischen Union (IAAEU), Universität Trier 2014

Schlüter, Wilfried/Belling, Detlef W.: Die Zulässigkeit von Altersgrenzen im Arbeitsverhältnis, NZA 1988, 297–336

Schleusener, Aino/Suckow, Jens/Voigt, Burkhard: Kommentar zum Allgemeinen Gleichbehandlungsgesetz, 3. Aufl., Köln 2011

Schmidt, Thomas Adalbert: Von „Mangold“ bis „Maruko“: Die Judikatur des EuGH zur Gleichbehandlungs-Rahmenrichtlinie und ihr Einfluss auf die deutsche Rechtsordnung, Berlin 2014

Schmidt-Bleibtreu, Bruno/Hofmann, Hans/Henneke, Hans-Günter: GG – Kommentar zum Grundgesetz, 13. Aufl., Köln 2014

Schulze, Reiner/Zuleeg, Manfred/Kadelbach, Stefan: Europarecht – Handbuch für die deutsche Rechtspraxis, 3. Aufl., Baden-Baden 2015

Schwenger, Erich: Die staatsbürgerliche Sonderstellung des deutschen Militärstandes, Tübingen 1907

Senftleben, Otto: Deutsches Recht – Ein Grundriss, Berlin 1935

Sonnenberg, Anika: Europarechtswidrigkeit der tariflichen Altersgrenzen von Piloten – Besprechung der Entscheidung des EuGH vom 13. September 2011 – Rechtssache Prigge, BLJ 2012, 9–14

Spranger, Tade Matthias: Die Entscheidungen „Sirdar“ und „Kreil“ des EuGH – Diskriminierung oder Gleichberechtigung de luxe? NZWehrr 2000, 117–121

Stahn, Carsten: Streitkräfte im Wandel – zu den Auswirkungen der EuGH-Urteile Sirdar und Kreil auf das deutsche Recht, EuGRZ 2000, 121–135

Stern, Klaus: Das Staatsrecht der Bundesrepublik Deutschland, Bd. II, Staatsorgane, Staatsfunktionen, Finanz- und Haushaltsverfassung, Notstandsverfassung, München 1980

Streinz, Rudolf: EUV/AEUV – Vertrag über die Europäische Union und Vertrag über die Arbeitsweise der Europäischen Union, Kommentar, 2. Aufl., München 2012

Summer, Rudolf: Anmerkungen zum EuGH-Urteil vom 16. Oktober 2007 – Rechtssache C-411/05 Palacios, ZBR 2008, 31–35

–: Die Altersgrenze für den Eintritt in den Ruhestand – Probleme durch Europarecht, ZBR 2007, 368–371

Temming, Felipe: Der Fall Palacios: Kehrtwende im Recht der Altersdiskriminierung?, NZA 2007, 1193–1200

–: Altersdiskriminierung im Arbeitsleben, Diss., München 2008

–: Altersdiskriminierung im Erwerbsleben – Ungleichbehandlung von Jung und Alt in der Arbeitswelt aus juristischer Sicht, Stiftung für die Rechte zukünftiger Generationen, Journal für Generationengerechtigkeit 2008, 42–46

Tettinger, Peter J.: Rechtsprechungslinie des Bundesverfassungsgerichts zu Höchstaltersgrenzen als berufsbezogenen Regelungen, DVBl. 2005, 1397–1404

Thüsing, Gregor: Europarechtlicher Gleichbehandlungsgrundsatz als Bindung des Arbeitgebers?, ZIP 2005, 2149–2174

–: Arbeitsrechtlicher Diskriminierungsschutz – Das neue Allgemeine Gleichbehandlungsgesetz und andere arbeitsrechtliche Benachteiligungsverbote, 2. Aufl., München 2013

Thüsing, Gregor/Pötters, Stefan: Altersdiskriminierung durch tarifliche Altersgrenzen von 60 Jahren für Piloten, ZIP 2011, 1886–1888

Thüsing, Gregor/Stiebert, Tom: Altersdiskriminierung, Anmerkungen zur Vorlage des Arbeitsgerichtes München in der Rechtssache C-152/11 (Odar ./. Baxter) an den EuGH, ZESAR 2011, 328–330

Tonikidis, Stelios: Grundzüge der richtlinienkonformen Auslegung und Rechtsfortbildung, JA 2013, 598–603

Trebeck, Joachim: Die verfassungsrechtliche Zulässigkeit von Altersgrenzen unter besonderer Berücksichtigung der Wesentlichkeitstheorie, Diss., Hamburg 2008

Trute-Lahmann, Anja: Die Sozialauswahl unter der Geltung des europarechtlichen Verbots der Altersdiskriminierung, Diss., Dresden 2010

Verband der Arbeitnehmer der Bundeswehr, VAB: TV UmBw – Tarifvertrag über die sozialverträglichen Begleitmaßnahmen im Zusammenhang mit der Umgestaltung der Bundeswehr vom 18. Juli 2001 i. d. F. des 3. Änderungsvertrages vom 10. Dezember 2010. Kurzkommentar für die Praxis von Gerhard Weiß

Voigt, Rüdiger/Seybold, Martin: Streitkräfte und Wehrverwaltung – Eine verfassungsrechtliche Analyse des Verhältnisses von Art. 87a zu Art. 87b GG, Baden-Baden 2003

Waltermann, Raimund: Verbot der Altersdiskriminierung – Richtlinie und Umsetzung, NZA 2005, 1265–1270

–: Altersdiskriminierung, ZfA 2006, 305–326

Walz, Dieter: Auslandseinsätze deutscher Streitkräfte und Art. 87b Grundgesetz, NZWehrr 1997, 89–99

Walz, Dieter/Eichen, Klaus/Sohm, Stefan: Soldatengesetz mit Vorgesetztenverordnung und Reservistinnen- und Reservistengesetz. Kommentar, 3. Aufl., Heidelberg 2016

–: Soldatengesetz. Kommentar, 2. Aufl., Heidelberg 2010

Wendeling-Schröder, Ulrike/Stein, Axel: Allgemeines Gleichbehandlungsgesetz. Kommentar, München 2008

Westermann, Harm-Peter/Maier-Reimer, Georg: Erman, BGB. Kommentar, 14. Aufl., Köln 2014

Wiedemann, Herbert/Thüsing, Gregor: Der Schutz älterer Arbeitnehmer und die Umsetzung der Richtlinie 2000/78/EG, NZA 2002, 1234–1242

Wolff, Heinrich: Die Zuständigkeit der Bundeswehrverwaltung für das Personalwesen der Bundeswehr, Verband der Beamten der Bundeswehr, Bonn 2011

Wurm, Susanne/Berner, Frank/Tesch-Römer, Clemens: Altersbilder im Wandel, APuZ 4–5/2013, 3–8

Zange, Julia: Diskriminierung bei Berechnung einer Sozialplanabfindung, NZA 2013, 601–605

Quellenverzeichnis

Antidiskriminierungsstelle des Bundes: Gemeinsamer Bericht der Antidiskriminierungsstelle des Bundes und der in ihrem Zuständigkeitsbereich betroffenen Beauftragten der Bundesregierung und des Deutschen Bundestages, Berlin, Dezember 2010 http://www.antidiskriminierungsstelle.de/SharedDocs/Downloads/DE/publikationen/BT_Bericht/Gemeinsamer_Bericht_erster_2011.pdf?__blob=publicationFile, Stand: 20. August 2016

Berlin-Brandenburgische Akademie der Wissenschaften (vormals Preußische Akademie der Wissenschaften): Acta Borussica, Neue Folge – 1. Reihe Protokolle des Preußischen Staatsministeriums 1817–1934/38, Bd. 11/I, bearb. von G. Schulze unter der Leitung von Jürgen Kocka und Wolfgang Neugebauer, Hildesheim 2002

Bundesministerium der Verteidigung: Eckpunkte für die Neuausrichtung der Bundeswehr, Nationale Interessen wahren – Internationale Verantwortung übernehmen – Sicherheit gemeinsam gestalten, 18. Mai 2011, https://www.bmvg.de/resource/resource/MzEzNTM4MmUzMzMyMmUzMTM1MzMyZTM2MzEzMDMwMzAzMDMwMzAzMDY3NmY2ODM0Njc3NTc5MzIyMDIwMjAyMDIw/Eckpunkte%20f%C3%BCr%20die%20Neuausrichtung%20der%20Bundeswehr%20(27.05.11).pdf, Stand: 18. Oktober 2016

–: Grundzüge der Konzeption der Bundeswehr 10. August 2004, https://www.bmvg.de/resource/resource/MzEzNTM4MmUzMzMyMmUzMTM1MzMyZTM2MzEzMDMwMzAzMDMwMzAzMDY3NmE2ODMzMzg3MTMzNjUyMDIwMjAyMDIw/broschuere_kdb.pdf, Stand: 18. Oktober 2016

–: Informationen zum Personalstrukturmodell (PSM) 185, https://www.bmvg.de/portal/a/bmvg/!ut/p/c4/NY69DoMwEIOfhQdoDroUdSti6VqpLbCFEIVTyY8uF1j68E2G2pKXz7IME2Q7uaORjN7JDQYYFV7nQ8x2NyKiWjWtGjkGvyHjR8zJLToeeiXhdJIpUu5wcgbeZWzRQnmnuSRrx5jTkGRPInjirZBElInABca66bu6qf9qvu3r2U9Dczn39-5RBgNJYyWMzp-UzG8gWNset6r6ASqbu_s!/, Stand: 18. Oktober 2016

–: Konzeption der Bundeswehr, Juli 2013, https://www.bmvg.de/portal/a/bmvg/!ut/p/c4/NYuxDsIgFEX_6D0YHOrWBmNcdajtBoUgpkDzfLSLHy8M3puc4Z5cnLE26T14zSEnveITpyWczQEm7h7euVBdwZRk3edwL8KxXayDJSfHjewSh0pPmjPBlonXZgpRNRAsTkKqQUjxj_x23VU9LkKc1G244xZj_wPhcFgs/, Stand: 18. Oktober 2016

–: Neuausrichtung der Bundeswehr – Reformbegleitprogramm vom 18. Oktober 2011, https://www.bmvg.de/resource/resource/MzEzNTM4MmUzMzMyMmUzMTM1MzMyZTM2MzEzMDMwMzAzMDMwMzAzMDY3NzQ3NzcyMzQzMTcxNzYyMDIwMjAyMDIw/20111018%20Neuausrichtung%20 der%20Bundeswehr%20Reformbegleitprogramm.pdf, Stand: 18. Oktober 2016

–: Ressortbericht zum Stand der Neuausrichtung, 8. Mai 2013, https://www.bmvg.de/resource/resource/MzEzNTM4MmUzMzMyMmUzMTM1MzMyZTM2MzEzMDMwMzAzMDMwMzAzMDY4Njc2NzM3NzMzMDZjNmMyMDIwMjAyMDIw/Ressortberichtl.pdf, Stand: 18. Oktober 2016

–: Verteidigungspolitische Richtlinien, 21. Mai 2003, https://www.bmvg.de/resource/resource/MzEzNTM4MmUzMzMyMmUzMTM1MzMyZTM2MzEzMDMwMzAzMDMwMzAzMDY3NmE2ODMyNzE3MTc1NjUyMDIwMjAyMDIw/VPR_BROSCHUERE.PDF, Stand: 18. Oktober 2016

–: Verteidigungspolitische Richtlinien, 27. Mai 2011, https://www.bmvg.de/resource/resource/MzEzNTM4MmUzMzMyMmUzMTM1MzMyZTM2MzEzMDMwMzAzMDMwMzAzMDY3NmY2ODMyNzU3OTY4NjIyMDIwMjAyMDIw/Verteidigungspolitische%20Richtlinien%20(27.05.11).pdf, Stand: 18. Oktober 2016

–: Vorbereitung auf den Ruhestand, 12. Auflage, Bonn, Mai 2015, http://www.personal.bundeswehr.de/resource/resource/MzEzNTM4MmUzMzMyMmUzMTM1MzMyZTM2MzEzMDMwMzAzMDMwMzAzMDY5NmY3YTYzNzk2NjZhNmUyMDIwMjAyMDIw/Brosch%C3%BCre_Ruhestand.pdf, Stand: 18. Oktober 2016

–: Weißbuch zur Sicherheitspolitik Deutschlands und zur Zukunft der Bundeswehr, 2006, https://www.bmvg.de/resource/resource/MzEzNTM4MmUzMzMyMmUzMTM1MzMyZTM2MzIzMDMwMzAzMDMwMzAzMDY5Mzk2NTMxMzM2OTdhNjEyMDIwMjAyMDIw/Wei%C3%9Fbuch%202006.pdf, Stand: 18. Oktober 2016

–: Weißbuch zur Sicherheitspolitik Deutschlands und zur Zukunft der Bundeswehr, 2016, https://www.bmvg.de/resource/resource/MzEzNTM4MmUzMzMyMmUzMTM1MzMyZTM2MzIzMDMwMzAzMDMwMzAzMDY5NzE3MzM0Nzc2YzYyMzcyMDIwMjAyMDIw/Weissbuch2016_barrierefrei.pdf, Stand: 18. Oktober 2016

Bundesrechnungshof: Bemerkungen des Bundesrechnungshofes 2014 zur Haushalts- und Wirtschaftsführung des Bundes (einschließlich der Feststellungen zur Jahresrechnung 2013), https://www.bundesrechnungshof.de/de/veroeffentlichungen/bemerkungen-jahresberichte/jahresberichte/2014/inhalt/2014-bemerkungen-gesamtbericht-pdf, Stand: 18. Oktober 2016

CDU/CSU und FDP: Koalitionsvertrag zwischen CDU/CSU und FDP, 17. Legislaturperiode – Wachstum. Bildung. Zusammenhalt, https://www.cducsu.de/sites/default/files/Gesamt-Entwurf%20KoalitionsvertragmP.pdf, Stand: 18. Oktober 2016

CDU/CSU und SPD: Koalitionsvertrag zwischen CDU/CSU und SPD, 18. Legislaturperiode – Deutschlands Zukunft gestalten, http://www.bundesregierung.de/Content/DE/_Anlagen/2013/2013-12-17-koalitionsvertrag.pdf?__blob=publicationFile&v=2, Stand: 18. Oktober 2016

Deutscher Feuerwehrverband: Altersgrenzen bei der Feuerwehr – Übersicht des Deutschen Feuerwehrverbandes, Berlin, März 2016, http://www.feuerwehrverband.de/fileadmin/Inhalt/FACHARBEIT/FB7_Sozialwesen/2016_03_DFV-Informationen_Altersgrenzen_JF_FF_BF_WF.pdf, Stand: 18. Oktober 2016

Meier, Ernst-Christoph, Nelte, Klaus-Michael, Huhn, Walter: Wörterbuch zur Sicherheitspolitik – Deutschland in einem veränderten internationalen Umfeld, 7. Aufl., Hamburg 2008

Militärgeschichtliches Forschungsamt: Entschieden für Frieden – 50 Jahre Bundeswehr – 1955 bis 2005, Freiburg 2005

Sozialwissenschaftliches Institut der Bundeswehr (SOWI): Veränderungsmanagement zur Neuausrichtung der Bundeswehr – sozialwissenschaftliche Begleituntersuchung – Ergebnisse der Befragung 2012, Kurzbericht von Gregor Richter, Strausberg, August 2012

Strukturkommission der Bundeswehr: Bericht der Strukturkommission der Bundeswehr – Vom Einsatz her denken – Konzentration, Flexibilität, Effizienz, Berlin, Oktober 2010; http://www.bmvg.de/resource/resource/MzEzNTM4MmUzMzMyMmUzMTM1MzMyZTM2MzEzMDMwMzAzMDMwMzAzMDY3NzA3NTc1MzU2NjM0NjYyMDIwMjAyMDIw/Bericht%20der%20Strukturkommission%20der%20Bundeswehr.pdf, Stand: 18. Oktober 2016

Zentrum für Militärgeschichte und Sozialwissenschaften der Bundeswehr (vormals SOWI): Veränderungsmanagement in der Neuausrichtung der Bundeswehr – Ergebnisse der zweiten Befragung 2014, Kurzbericht von Gregor Richter, Strausberg, April 2014

A. Einführung

Mit Erreichen der allgemeinen Altersgrenze gemäß § 44 Abs. 1 Satz 1 i. V. m. § 45 Abs. 1 Gesetz über die Rechtsstellung der Soldaten (Soldatengesetz – SG)[1] wird die Berufssoldatin oder der Berufssoldat kraft Gesetzes in den Ruhestand versetzt. Hierfür ist die Vollendung des 65. respektive des 62. Lebensjahres vorgesehen.[2] Die besonderen Altersgrenzen gemäß § 44 Abs. 2 Satz 2 i. V. m. § 45 Abs. 2 SG ermöglichen dem Dienstherrn, Berufssoldatinnen und Berufssoldaten schon vor diesem bezeichneten Alter in den Ruhestand zu versetzen. Dies liegt mit der Vollendung zwischen dem 41. und dem 62. Lebensjahr teilweise erheblich unterhalb der allgemeinen Altersgrenze.

Neben diesen Altersgrenzen begleitet das im Jahr 2012 in Kraft getretene Gesetz zur Begleitung der Reform der Bundeswehr (Bundeswehrreform-Begleitgesetz – BwRefBeglG)[3] die Strukturreform der Bundeswehr mit dem Ziel,

> *„den Personalkörper einsatzorientiert zu verjüngen, Personalumfänge deutlich zu reduzieren sowie den Personalkörper einsatzorientiert an den Erfordernissen der Neuausrichtung umzubauen.“*[4]

Aufgrund der stärkeren Einsatzausrichtung und Effizienzsteigerung soll die Zurruhesetzung von maximal 3.100 Berufssoldatinnen und Berufssoldaten schon ab dem 40. Lebensjahr zur Verkleinerung der Streitkräfte möglich sein. Für Berufsunteroffiziere, die das 50. Lebensjahr vollendet haben, und Berufsoffiziere, die das 52. Lebensjahr vollendet haben, kann eine Versetzung in den Ruhestand zur „Verjüngung des Personalkörpers“ erfolgen, wie Art. 1 BwRefBeglG zu entnehmen ist.

Gegenläufig zu diesen angestrebten, rein altersbezogenen Regelungen sind die europäischen Entwicklungen zum Verbot der Altersdiskriminierung. Mit Verabschiedung der Richtlinie 2000/78/EG am 27. November 2000 durch den Rat der Europäischen Union wurde ein Rahmen für die Verwirklichung der Gleichbehandlung in Beschäftigung und Beruf festgelegt.[5] Für das Erwerbsleben verbietet diese Richtlinie Diskriminierungen wegen des Alters.[6]

---

1 Soldatengesetz i. d. F. d. Bek. vom 30. Mai 2005 (BGBl. I S. 1482), das zuletzt durch Artikel 9 Absatz 2 des Gesetzes vom 6. März 2015 (BGBl. I S. 250) geändert worden ist.

2 Gemäß § 96 Abs. 2 SG findet eine stufenweise Anhebung bis zum Jahr 2024 statt.

3 BGBl. 2012 I S. 1583.

4 BT-Drs. 17/9340 S. 23.

5 ABl. 2000 L 303/16.

6 Rust, in: Brauer/Clemens, S. 115.

Zunehmend gerät die Zulässigkeit starrer Altersgrenzen vor diesem Hintergrund ihrerseits an rechtliche Grenzen.[7] Zu Recht formuliert Rust dann auch, dass die Altersdiskriminierung mit Art. 13 EG-Vertrag (EGV) (aktuell Art. 9 des Vertrages über die Arbeitsweise der Europäischen Union – AEUV) und der Rahmenrichtlinie ein juristisch nicht zu übersehendes Thema geworden ist.[8]

Tendenziell lässt der EuGH allgemeine Altersgrenzen mit einem Verweis auf die große Einschätzungsprärogative der Mitgliedstaaten passieren.[9] Starre, besondere Altersgrenzen geraten indes zunehmend unter Druck.[10]

Vor dem Hintergrund der Änderung der gesetzlichen Landschaft zum Verbot der Altersdiskriminierung einerseits und der Umstrukturierungsbemühungen der Bundeswehr andererseits sollen die altersbezogenen Ruhestandsregelungen im Geschäftsbereich des Bundesministeriums der Verteidigung (BMVg) auf ihre Vereinbarkeit mit Europarecht hin überprüft werden. Es wird aufgezeigt, dass neben einer massiven Reduzierung des Personals durch viele Reformen auch das Ziel der Personalverjüngung schon in früheren, wesentlichen Gesetzesinitiativen deutlich wurde. Es drängt sich auf, dass mit Zunahme der Bestrebungen des Geschäftsbereiches zur Personalreduktion eine Verschärfung der Situation für ältere Angehörige des BMVg einhergeht.

I. Erwägungen

Die Beschäftigungsquote bei Älteren ist in Deutschland im Vergleich zu den jüngeren Beschäftigten deutlich niedriger.[11]

Daran ändert sich in Zeiten von Reorganisationen nichts. So stellte die Europäische Kommission schon 2004 einen Zusammenhang dahingehend fest, dass im Falle von Umstrukturierungen oder Beschäftigungsabbau (hier bezogen auf Unternehmen) besonders ältere Arbeitnehmerinnen und Arbeitnehmer vom Verlust

7 So zuletzt EuGH, Urteil vom 13. November 2014, C-416/13 – Pérez, für Höchsteinstellungsaltersgrenzen und EuGH, Urteil vom 13. September 2011, C-447/09 – Prigge, für tarifliche Altersgrenzen.

8 Rust, in: Brauer/Clemens, S. 116.

9 EuGH, Urteil vom 21. Juli 2011, C-159/10 – Fuchs und C-160/10 – Köhler; Ernst/Braunroth/Franke/Wascher, AGG, § 1 Rn. 15.

10 EuGH, Urteil vom 13. November 2014, C-416/13 – Pérez; EuGH, Urteil vom 13. September 2011, C-447/09 – Prigge; Ernst/Braunroth/Franke/Wascher, AGG, § 1 Rn. 15.

11 BT-Drs 16/1780, S. 24: Die Erwerbsbeteiligung der über 55-Jährigen geht drastisch zurück; Schlachter, S. 9; Trute-Lahmann, S. 16 f.

ihrer Arbeitsstelle betroffen sind.[12] Nationale und EU-Normgeber haben daher die Steigerung der Beschäftigung Älterer gefordert.[13] Auch die demographische Entwicklung, nach der immer weniger junge Menschen dem Arbeitsmarkt zur Verfügung stehen, trägt zur Dringlichkeit der Ausweitung der Beschäftigungsquote der älteren Erwerbsbevölkerung bei.[14]

Arbeit ist zudem nicht nur die Grundlage der ökonomischen Sicherheit, sondern sie ist auch der zentrale Bezugspunkt für Werte, ethische Vorstellungen, Ideologien und Weltanschauungen.[15]

> *„Durch die Arbeit definiert sich der Mensch"*.[16]

Daher sind viele ältere Menschen auch keineswegs an einem Rückzug aus diesen Bezugspunkten und der Gesellschaft interessiert.[17] Bei einer nachhaltig niedrigen Erwerbsquote älterer Beschäftigter würde anhaltend auf eine hohe Leistungsfähigkeit, Kreativität und Innovationskraft verzichtet.[18]

Diese Erkenntnis mag verblüffen.

Denn die Ansicht, dass bei älteren Beschäftigten die Leistungskraft und Belastbarkeit quasi naturgegeben nachlasse, ist noch immer weit verbreitet.[19] Däubler fasst Schlagworte dieser Alltagstheorien, die teilweise auch in der Rechtsprechung unbeirrt übernommen werden, zusammen:

- geringere Leistungsfähigkeit,
- fehlende Entwicklung neuer Ideen sowie
- fehlende Flexibilität.[20]

---

12 Mitteilung der Kommission an den Rat, das Europäische Parlament, den Europäischen Wirtschafts- und Sozialausschuss und den Ausschuss der Regionen, Anhebung der Beschäftigungsquote älterer Arbeitskräfte und des Erwerbsaustrittsalters, KOM (2004) 146 endg. vom 3. März 2004, S. 14.

13 Schlachter, S. 9.

14 Blinda, S. 24 f.; Ruland, NJW 2012, 492, 493; Schlachter, S. 9; Trute-Lahmann, S. 8 f.

15 Temming, Journal für Generationengerechtigkeit 2008, 42, 43.

16 Lalive d'Epinay, in: Hug „Die Alten kommen" S. 158.

17 BT-Drs. 17/3815, S. V.

18 BT-Drs. 17/3815, S. V.

19 BT-Drs. 17/3815, S. VIII; Bertelsmann, in: Rust/Falke, AGG, § 1 Rn. 89; Trute-Lahmann, S. 26 f., 31.

20 Däubler, AiB 2007, 22, 25.

Dies bedeutet u. a.:

- Technikfeindlichkeit,
- Vergesslichkeit,
- körperliche Defizite,
- krankheitsbedingte Ausfälle,
- geringere Lernfähigkeit,
- fehlende Motivation,
- weniger schnelle Informationsverarbeitung,
- schlechteres Arbeitsgedächtnis,
- fehlende Weiterbildungsbereitschaft,
- geringere Teamfähigkeit.[21]

Richtig ist hingegen, dass es zu einer Verschiebung der Leistung kommt: Verluste an Geschwindigkeit können in der Regel durch Erfahrungen kompensiert werden (sog. alterstypischer Leistungswandel).[22] Statt „Technikfeindlichkeit" belegen wesentlich mehr gegenteilige Studien keine innovationsaversen „Älteren".[23] Insoweit gilt auch das früher vorherrschende Defizitmodell in der Gerontologie[24] als widerlegt.[25]

Besonders wichtige Erkenntnisse der Altersforschung besagen, dass das Altern individuell ist (differenzielles Altern).[26] Dies bedeutet, dass das chronologische Alter nur in den seltensten Fällen zur abstrakten Generalisierung von Eigenschaften geeignet ist.[27] Angesichts der offenkundigen Unterschiedlichkeit von Menschen desselben chronologischen Alters folgt aus diesen Erkenntnissen, dass Differenzierungen allein aufgrund des Alters grundsätzlich zu unterlassen sind.[28] Eine

---

21 Bertelsmann, in: Rust/Falke, AGG, § 1 Rn. 89 f., 92; Blinda, S. 24; so auch Wurm/Berne/Tesch-Römer, APuZ 4–5/2013, S. 3.

22 BT-Drs. 17/3815, S. VIII; Bertelsmann, in: Rust/Falke, AGG, § 1 Rn. 94 f.; Conrads/Kistler/Staudinger, APuZ 18–19/2008, S. 41; Trute-Lahmann, S. 30.

23 Conrads/Kistler/Staudinger, APuZ 18–19/2008, S. 41.

24 Griechisch. géron „Greis"; lógos „Lehre".

25 BT-Drs. 16/10155, S. 2; Conrads/Kistler/Staudinger, APuZ 18–19/2008, S. 42; Laux, NZA 1991, 967, 969; Trute-Lahmann, S. 26; a. A. wohl Mohr, NZA 2014, 459, 459.

26 Bertelsmann, in: Rust/Falke, AGG, § 1 Rn. 93; Temming, Journal für Generationengerechtigkeit 2008, 42, 43; Trebeck, S. 8; Trute-Lahmann, S. 27.

27 Bertelsmann, in: Rust/Falke, AGG, § 1 Rn. 92; Conrads/Kistler/Staudinger, APuZ 18–19/2008, S. 42; Mann, Altersdiskriminierung durch gesetzliche Höchstaltersgrenzen, S. 6; Temming, Journal für Generationengerechtigkeit 2008, 42, 43.

28 Temming, Journal für Generationengerechtigkeit 2008, 42, 43.

Verallgemeinerung, die Leistungsfähigkeit sinke ab einem bestimmten Alter, verbietet sich.[29]

Diese Erkenntnisse gehen jedoch – soweit die Gültigkeit von starren Altersgrenzen von der Judikatur diskutiert werden – an der bisherigen Rechtsprechung gänzlich vorbei.[30] Munter wird mit der reichsgerichtlichen Argumentation von 1922[31] die Wirksamkeit allgemeiner Altersgrenzen proklamiert.[32] Für die besonders frühen Altersgrenzen sollten andere Ergebnisse zu erwarten sein, da besondere Altersgrenzen zunehmend auf Ablehnung stoßen.[33]

Die Alltagstheorien sind und waren jedoch nicht immer allgemeingültig. Schon 1954 stellte das LAG Düsseldorf fest, dass

> *„nach der Lebenserfahrung [...] in immer steigendem Maße sowohl in selbständiger wie in abhängiger Beschäftigung die Menschen über 65 Jahre Arbeit [leisten], deren Wert keineswegs generell hinter dem Wert der Arbeit jüngerer Menschen zurücksteht.“*[34]

Auch führte das Alter nicht zur Enthebung des Arbeitgebers über den Beweis der Arbeitsunfähigkeit bei Kündigung:

> *„Auch kann nicht etwa die Erreichung des 65. Lebensjahres als Fiktion, ja nicht einmal als Vermutung des Eintrittes einer in so hohem Maß beschränkten Arbeitsfähigkeit – zumindest nicht bei Büroarbeit – angesehen werden, daß der Arbeitgeber des Beweises eines Kündigungsgrundes enthoben wäre oder daß die Beweislast für eine den Erfordernissen des Betriebes noch entsprechende Leistungsfähigkeit den Arbeitnehmer treffen müßte.“*[35]

Das Alter schreitet für jede Person unaufhaltsam fort.[36] Der Mensch kann sich sein Lebensalter nicht aussuchen.[37] Es entzieht sich dem willentlichen Einfluss des Menschen.[38] Daher betrifft die Altersdiskriminierung jeden, denn jede Person ist

---

29 Bertelsmann, in: Rust/Falke, AGG, § 1 Rn. 92, 94.

30 Temming, Altersdiskriminierung im Arbeitsleben, S. 304 f.

31 Reichsgericht, Urteil vom 14. März 1922 III 689 /21, RGZ 104, 58–66.

32 Vgl. Temming, Altersdiskriminierung im Arbeitsleben, S. 304 f.

33 Beispielgebend EuGH, Urteil vom 13. September 2011, C-447/09 – Prigge; Temming, Altersdiskriminierung im Arbeitsleben, S. 306 m. w. N.

34 LAG Düsseldorf, 2. Kammer Köln, Urteil vom 27. Oktober 1953, 2a Sa 298/53, BB 1954, 62.

35 BAG, Urteil vom 28 September 1961, 2 AZR 428/60 (Saarbrücken), NJW 1962, 73, 74; vgl. DKKW-*Berg* 15. Aufl., § 75 Rn. 74; Preis, in: FS Stahlhacke, S. 436.

36 Bertelsmann, in: Rust/Falke, AGG, § 1 Rn. 84.; Nussberger, JZ 2002, 524, 524.

37 Däubler/Bertzbach-*Blanke/Graue*, AGG, Einleitung Rn. 225.

38 Blinda, S. 17.

im Verlauf ihres Lebens in verschiedenen Altersstadien.[39] Je älter eine Gesellschaft ist, desto weniger sind altersbezogene Regelungen tragfähig.[40]

Daher laufen Altersgrenzen

> *„unmittelbar darauf hinaus, daß Sachverhalte das Arbeitsverhältnis beenden sollen, die nach diesen Vorschriften [KSchG, BGB] möglicherweise nicht als Beendigungsgründe ausreichen würden."*[41]

Das Verbot der Altersdiskriminierung ist im Vergleich zur Geschlechter- und Rassendiskriminierung in Deutschland verhältnismäßig lange unbeachtet geblieben.[42] Dennoch ist das neue europäische Menschenrecht bedeutend: das Verbot der Altersdiskriminierung.[43] Seit Inkrafttreten des Vertrags von Lissabon im Dezember 2009 ist es in Art. 21 Abs. 1 der Charta der Grundrechte der Europäischen Union (GRCh) niedergelegt.[44] Der Europäische Gerichtshof (EuGH) hat ihn zuvor als ungeschriebenen Grundsatz des Gemeinschaftsrechts im November 2005 in der Mangold-Entscheidung entwickelt.[45] Die Richtlinie 2000/78/EG legt maßgeblich die Geltung des Verbots der Altersdiskriminierung in den Mitgliedstaaten fest. Auch wenn die erhebliche praktische Bedeutung von EU-Recht für das nationale Arbeitsrecht in den Mitgliedstaaten nicht immer sofort wahrgenommen wird, weil nur selten Vorschriften des Unionsrechts unmittelbar angewendet werden, ist die überragende Bedeutung der Richtlinien als Regelungsbedarf an die Mitgliedstaaten als Maßstab zur Beurteilung einer vollständigen und zutreffenden Umsetzung, sowie als Mittel zur Auslegung nationaler Umsetzungsgesetze anzuerkennen.[46]

Bei den Streitkräften hat der Gesetzgeber jedoch von der in Art. 3 Abs. 4 Richtlinie 2000/78/EG normierten Möglichkeit der Bereichsausnahme Gebrauch gemacht: Er hat

---

39 Schleusener/Suckow/Voigt, AGG, § 10 Rn. 6; Bertelsmann, in: Rust/Falke, AGG, § 1 Rn. 84; Rust, ZSR 2006, 73, 74.

40 Mann, Altersdiskriminierung durch gesetzliche Höchstaltersgrenzen, S. 7.

41 Schlüter/Belling, NZA 1988, 297, 298; so auch Gitter/Boerner, RdA 1990, 129, 130; Laux, NZA 1991, 967, 969.

42 Bouchouaf, KJ 2006, 310, 310.

43 Bauer/Krieger, AGG, Einleitung, Rn. 14; Rothermund/Temming, Diskriminierung aufgrund des Alters, S. 6.

44 Bauer/Krieger, AGG, Einleitung, Rn. 15; Rothermund/Temming, Diskriminierung aufgrund des Alters, S. 6.

45 Rothermund/Temming, Diskriminierung aufgrund des Alters, S. 6.

46 Schulze/Zuleeg/Kadelbach, Handbuch Europarecht, § 39 Rn. 1.

„diese Richtlinie hinsichtlich von Diskriminierungen wegen einer Behinderung und des Alters nicht für die Streitkräfte“

umgesetzt.[47]

Aufgrund des Verteidigungsauftrags nach Art. 87a Grundgesetz (GG)[48] wurde in Ansehung der Streitkräfte von der Auflage abgesehen,

„Personen einstellen oder weiterbeschäftigen zu müssen, die hinsichtlich ihrer körperlichen oder geistigen Fähigkeiten oder aus Altersgründen nicht in der Lage sind, den jeweiligen Anforderungen an sämtliche, ihnen zu stellende militärische Aufgaben zu erfüllen“.[49]

Im Gesetzesentwurf wird weiter ausgeführt, dass aufgrund der angestrebten Reduzierung der Streitkräfte die Bereichsausnahme für die gesamten Streitkräfte gilt.[50]

Damit ständen ausnahmslos alle Soldatinnen und Soldaten gegenüber altersbezogenen Regelungen schutzlos da.

Dies wird nachfolgend zu diskutieren sein.

II. Gang der Untersuchung

Um sich dem Phänomen der Altersdiskriminierung im Geschäftsbereich des BMVg zu nähern, wird die Untersuchung in folgenden Schritten unternommen:

<u>Kapitel A: Einführung</u>

In Kapitel A wird in das Thema eingeführt und der Gang der Untersuchung in den nachfolgenden Kapiteln B bis G skizziert.

<u>Kapitel B: Die stetige Reform im Geschäftsbereich BMVg</u>

Kapitel B gibt einen Überblick über den Geschäftsbereich des BMVg und die verfassungsrechtlichen Grundlagen der Bundeswehr. Art. 87a und Art. 87b GG geben den Streitkräften ihren Rahmen und ihren Verteidigungsauftrag, an dem sich im Grundsatz seit Normerlass nichts geändert hat. Aufgrund der außenpolitischen

---

47 BT-Drs 16/1780, S. 24.

48 Grundgesetz für die Bundesrepublik Deutschland in der im BGBl. Teil III, Gliederungsnummer 100-1, veröffentlichten bereinigten Fassung, das zuletzt durch Artikel 1 des Gesetzes vom 23. Dezember 2014 (BGBl. I S. 2438) geändert worden ist.

49 BT-Drs 16/1780, S. 24.

50 Ebenda.

Veränderungen ist aus einer ehedem ausschließlichen Landesverteidigung die Verteidigung im Bündnis außerhalb Deutschlands (vorstellbar) geworden.[51]

Es werden die Reformvorhaben beleuchtet, die insbesondere seit 1991 vor dem Hintergrund der sicherheitspolitischen Lage Deutschlands mit zunehmender Frequenz verabschiedet werden. Da die Reformen eine der größten öffentlichen Institutionen betreffen (im Jahr 1991 beschäftigte der Geschäftsbereich BMVg ca. 650.000 Soldatinnen und Soldaten sowie zivile Angehörige), wird vor Beendigung der einen Reform schon die Notwendigkeit zur Verabschiedung einer neuen erkannt und eingeleitet.

Über die Jahre hinweg wird in diversen Schriften und Programmen zu den einzelnen Reformen ganz offen das Erfordernis des „jung seins" gefordert, auch dadurch ausgedrückt, dass ältere Berufssoldatinnen und Berufssoldaten als struktureller Überhang gekennzeichnet werden.[52]

Kapitel C: Nationale Ansätze zum Umgang mit „Älteren" im Erwerbsleben

In diesem Kapitel werden die in Deutschland geltenden nationalen Programme und Ansätze dargestellt, die auf die Teilhabe Älterer am Erwerbsleben abzielen. Diverse Entschließungen auf Bundesebene befassen sich mit dem Verbot der Diskriminierung Älterer. Die Bundesregierung betonte mehrfach, dass aufgrund des demographischen Wandels die Anhebung der Erwerbsbeteiligung Älterer unumgänglich sei. In ihrem Koalitionsvertrag sagte sie zu, starre Altersgrenzen zu Gunsten flexibler Regelungen zu überprüfen und Möglichkeiten eines frühen Ausstiegs aus dem Erwerbsleben einzudämmen.[53]

---

51 Gramm, NZWehrr 2011, 89, 89 und 96 der der Verfassungsmäßigkeit der Auslandseinsätze kritisch gegenübersteht, wenn er formuliert: „Die Verfassungswirklichkeit hat die Aufgabendimension des Verfassungstextes inzwischen deutlich überholt. Der Satz aus Art. 87a Abs. 1 GG «Der Bund stellt Streitkräfte zur Verteidigung auf.» ist jedenfalls bei unbefangener Lektüre so nicht mehr richtig. Tatsächlich ist die Wirklichkeit dem Recht über den Kopf gewachsen."; Bericht der Kommission an die Bundesregierung – Gemeinsame Sicherheit und Zukunft der Bundeswehr, Berlin, 23. Mai 2000, S. 52.

52 Bericht der Kommission an die Bundesregierung – Gemeinsame Sicherheit und Zukunft der Bundeswehr, Berlin, 23. Mai 2000, S. 71; Weißbuch 2006, S. 133; Bericht der Strukturkommission 2010, S. 42; Reformbegleitprogramm, S. 1; BMVg, Ressortbericht, Mai 2013, S. 21.

53 Koalitionsvertrag zwischen CDU, CSU und SPD 2013, S. 71, 104.

Kapitel D: Die Aufgaben und Tätigkeiten in verschiedenen Verwendungen der Soldatinnen und Soldaten unter Berücksichtigung verfassungsrechtlicher Vorgaben

Kapitel D beschäftigt sich mit der Darstellung der verfassungsrechtlichen Grundlagen der Bundeswehr. Der organisatorische Aufbau der Verteidigungsstruktur in Deutschland und deren Aufgaben werden dargestellt. Durch die besondere Trennung der Streitkräfte von der Bundeswehrverwaltung gemäß Art. 87a und Art. 87b GG stellen sich Fragen der Organisationsentscheidung einerseits und der Aufgabenwahrnehmung andererseits. Es wird festgestellt, dass eine klare Trennung der Tätigkeiten der Soldatinnen und Soldaten zwischen Art. 87a und Art. 87b GG insbesondere bei Verwaltungstätigkeiten, die unmittelbar mit der Aufgabe der Streitkräfte verbunden sind, schwierig ist. Es wird herausgearbeitet, dass Soldatinnen und Soldaten seit Beginn der Gründung der Bundeswehr mit verschiedensten Aufgaben betraut sind, die entweder außerhalb der konkreten Truppenverwendung stattfinden können oder in der konkreten Truppenverwendung solche Aufgaben erledigen, die eher administrativer Natur sind. Andererseits werden ebenfalls Beamtinnen und Beamte des Geschäftsbereiches BMVg im deutschen Einsatzkontingent im Ausland verwendet – unter Umständen auch im Soldatenstatus.

Verwaltungstätigkeit von Soldatinnen und Soldaten sind in der Verfassung angelegt und werden tatsächlich auch ausgeübt. Die Trennung der Art. 87a und Art. 87b GG schlägt sich im Umfang, wie Soldatinnen und Soldaten tatsächlich für Verwaltungstätigkeiten herangezogen werden, nicht zwangsläufig nieder. Vielfach sind Verwaltungstätigkeiten von Soldatinnen und Soldaten denen der Beamtinnen und Beamten vergleichbar. Diese Vergleichbarkeit führt indes zu keiner unmittelbaren differenzierten Behandlung bzgl. der jeweiligen Altersgrenzen.

Der Einsatz der unterschiedlichen Statusgruppen über Statusgrenzen hinweg lässt das organisatorische, verfassungsrechtlich gebotene Trennungsgebot und damit die Auswirkungen auf die jeweilig geltenden Altersgrenzen bei vergleichbarer Tätigkeit unscharf zurück.

Kapitel E: Die Entwicklung der altersbezogenen Ruhestandsregelungen der Berufssoldatinnen und Berufssoldaten sowie Beamtinnen und Beamten im Geschäftsbereich BMVg

Kapitel E widmet sich der Darstellung der Entwicklung der Altersgrenzen beginnend ab dem Deutschen Bund bis in die heutige Zeit, da die historischen Altersgrenzen und altersbezogenen Ruhestandsregelungen sowie deren Motive auch heute noch in Teilen Wirksamkeit entfalten. Es wird dargestellt, dass das Militär zu Beginn ohne Altersgrenzen auskam und die Altersgrenzen erst spät eingeführt wurden. Seit der Einführung wurden diese Altersgrenzen nur unwesentlich verändert. Für die Berufssoldatinnen und Berufssoldaten in Deutschland wurde die allgemeine Altersgrenze nach dem Zweiten Weltkrieg sogar abgesenkt.

Kapitel F: Die ruhestandsbezogenen Altersgrenzen der Streitkräfte im Hinblick auf die Richtlinie 2000/78/EG

Unionsrechtlich ergibt sich das allgemeine Verbot der Altersdiskriminierung aus primären und sekundären Verboten. Hierbei sieht Art. 3 Abs. 4 Richtlinie 2000/78/EG vor, dass die Mitgliedstaaten vorsehen können, dass diese Richtlinie hinsichtlich von Diskriminierungen wegen einer Behinderung und des Alters nicht für die Streitkräfte gilt. Auf nationaler Ebene wird das Alter über den allgemeinen Gleichheitssatz des Art. 3 Abs. 1 Grundgesetz (GG) geschützt.[54] Formell wurde das Altersdiskriminierungsverbot im Gesetz zur Umsetzung europäischer Richtlinien zur Verwirklichung des Grundsatzes der Gleichbehandlung (EU-GleichbUmsG[55]) niedergelegt. Teil davon ist Art. 2 EUGleichbUmsG, der das Gesetz über die Gleichbehandlung der Soldatinnen und Soldaten (Soldatinnen- und Soldaten-Gleichbehandlungsgesetz – SoldGG)[56] enthält und die Richtlinien für Soldatinnen und Soldaten umsetzt. § 1 SoldGG schließt dabei das Diskriminierungsmerkmal „Alter" nicht ein. Das Allgemeine Gleichbehandlungsgesetz (AGG)[57] ist auf Soldatinnen und Soldaten gemäß § 24 AGG nicht anwendbar.

54 Bauer/Krieger, AGG, Einleitung, Rn. 26.

55 Däubler/Bertzbach-*Däubler*, AGG, Einleitung Rn. 3: Umsetzung der Richtlinien: 2000/43/EG des Rates vom 29. Juni 2000 zur Anwendung des Gleichbehandlungsgrundsatzes ohne Unterschied der Rasse oder der ethnischen Herkunft (ABl. EG L 180 S. 22), 2000/78/EG des Rates vom 27. November 2000 zur Festlegung eines allgemeinen Rahmens für die Verwirklichung der Gleichbehandlung in Beschäftigung und Beruf (ABl. EG L 303 S. 16), 2002/73/EG des Europäischen Parlaments und des Rates vom 23. September 2002 zur Änderung der Richtlinie 76/207/EWG des Rates zur Verwirklichung des Grundsatzes der Gleichbehandlung von Männern und Frauen hinsichtlich des Zugangs zur Beschäftigung, zur Berufsbildung und zum beruflichen Aufstieg sowie in Bezug auf die Arbeitsbedingungen (ABl. EG L 269 S. 15) und 2004/113/EG des Rates vom 13. Dezember 2004 zur Verwirklichung des Grundsatzes der Gleichbehandlung von Männern und Frauen beim Zugang zu und bei der Versorgung mit Gütern und Dienstleistungen (ABl. EU L 373 S. 37).

56 Soldatinnen- und Soldaten-Gleichbehandlungsgesetz vom 14. August 2006 (BGBl. I S. 1897, 1904), das zuletzt durch Artikel 4 des Gesetzes vom 31. Juli 2008 (BGBl. I S. 1629) geändert worden ist.

57 Allgemeines Gleichbehandlungsgesetz vom 14. August 2006 (BGBl. I S. 1897), das zuletzt durch Artikel 8 des Gesetzes vom 3. April 2013 (BGBl. I S. 610) geändert worden ist.

In dem Kapitel wird daher untersucht, wie weit die Bereichsausnahme gemäß Art. 3 Abs. 4 Richtlinie 2000/78/EG reicht und wie vor dem identifizierten Hintergrund die Setzung besonderer Altersgrenzen und weiterer altersbezogener Maßnahmen zur Verjüngung des Personalkörpers der Streitkräfte nach den einschlägigen Urteilen des EuGH zu beurteilen sind.

Kapitel G: Schlusszusammenfassung und Thesen

Das Kapitel fasst die wesentlichen Erkenntnisse in Thesen zusammen.

B. Die stetige Reform im Geschäftsbereich BMVg

Nachfolgend werden der Geschäftsbereich des BMVg und die Bundeswehr, die sich aus Streitkräften und ziviler Wehrverwaltung zusammensetzt,[58] dargestellt sowie die für die Aufgabenkreise geltenden Reformen.

Die Bundeswehr befindet sich seit langer Zeit in Umorganisationsphasen, Phasen des inneren Wandels und Umstrukturierungen.[59] Neue Überschriften für die verschiedenen Perioden („erst Reform, dann Transformation, jetzt Neuausrichtung"[60]) deuten diese stetigen Änderungen an. Im „Fahrplan Y" sind unter der Überschrift „Reform war schon immer" sämtliche Umwandlungen dargestellt:[61]

„Reform war schon immer"

- 23. Mai 2000: Die Weizsäcker-Kommission legt ihren Bericht vor. Sie empfiehlt, die Bundeswehr von 320.000 auf 240.000 Mann zu reduzieren.
- 14. Juni 2000: Die Bundesregierung beschließt eine Reduzierung auf 282.000 Soldatinnen und Soldaten.
- 16. Februar 2001: Das Stationierungskonzept sieht vor, 39 Standorte zu schließen.
- 21. Mai 2003: Die Verteidigungspolitischen Richtlinien werden erlassen.
- Oktober 2003: Weisung zur Weiterentwicklung der Bundeswehr. Das Ziel sind nunmehr 252.500 Soldatinnen und Soldaten.
- 9. August 2004: Konzeption der Bundeswehr.
- November 2004: Das weiterentwickelte Stationierungskonzept sieht die Schließung von 105 der 497 Standorte vor.
- 25. Oktober 2006: Die Bundesregierung veröffentlicht das Weißbuch 2006.

---

58 Wolff, S. 28; Voigt/Seybold, S. 15, 24.

59 SOWI, Veränderungsmanagement zur Neuausrichtung der Bundeswehr, 2012, S. 33 (heute Zentrum für Militärgeschichte und Sozialwissenschaften der Bundeswehr).

60 SOWI, Veränderungsmanagement zur Neuausrichtung der Bundeswehr, 2012, S. 33 (heute Zentrum für Militärgeschichte und Sozialwissenschaften der Bundeswehr).

61 http://www.y-punkt.de/portal/a/ypunkt/!ut/p/c4/LYvBCsIwEET_KJugiPTWIooeFHrRepG0WcqSNAlhYxH8eBNwBt7lzcATSr1-06yZgtcOHjBM1IyrGFeDr0_M3rLQljM6J2JwxGThXm8GxRQ8ciWjZyqck-aQyi6xqyanVIwgA4NUh05tlPxHffddfzm1W7k7X483iMvS_gDsJUIt/, Stand: 9. Oktober 2016.

- 26. Oktober 2009: Im Koalitionsvertrag vereinbaren CDU/CSU und FDP eine Überprüfung der Bundeswehr-Strukturen.
- September 2010: Zwischenbericht des Generalinspekteurs zur Bundeswehrstrukturreform.
- 26. Oktober 2010: Die Weise-Kommission übergibt ihr Gutachten. Sie empfiehlt einen Umfang von 180.000 Soldatinnen und Soldaten.
- 22. November 2010: Bundeswehrtagung in Dresden. Erste Umrisse der Reform werden bekanntgegeben.

I. Schematische Darstellung des Geschäftsbereiches BMVg

Der Geschäftsbereich des BMVg umfasst das Bundesministerium der Verteidigung und die Bundeswehr.

1. Bundesministerium der Verteidigung

Das BMVg ist Teil der Bundesregierung und entstand aus dem „Amt Blank".[62] Es ist eine oberste Bundesbehörde, die Bundesministerin oder der Bundesminister der Verteidigung ist fachverantwortlich für die militärische Verteidigung und alle Angelegenheiten der Bundeswehr in der Bundesregierung.[63] Dieser Position steht gemäß Art. 65a GG die Befehls- und Kommandogewalt über die Streitkräfte zu. Im Frieden und im Spannungsfall ist die Bundesministerin oder der Bundesminister der Verteidigung gegenüber den gesamten Streitkräften weisungsbefugt. Nur im Verteidigungsfall sieht Art. 115b GG vor, dass die Befehls- und Kommandogewalt über die Streitkräfte auf die Bundeskanzlerin oder den Bundeskanzler übergeht; der Bundesministerin oder dem Bundesminister der

62 Am 26. Oktober 1950 wurde der CDU-Bundestagsabgeordnete Theodor Blank vom Bundeskanzler Konrad Adenauer zum „Bevollmächtigten (später Beauftragten) des Bundeskanzlers für die mit der Vermehrung der alliierten Truppen zusammenhängenden Fragen" ernannt. Der offizielle Auftrag der Dienststelle Blank bestand zunächst in der Verantwortung für die Unterbringung der zusätzlichen Truppen der westlichen Alliierten in Deutschland sowie in der Betreuung der von den Alliierten behandelten Frage zur äußeren Sicherheit. Tatsächlich umfasste die Haupttätigkeit der Dienststelle alle notwendigen Planungen und Arbeiten für die Vorbereitungen zur Aufstellung deutscher Streitkräfte (zunächst im Rahmen einer Europa-Armee), aus: http://www.bundesarchiv.de/oeffentlichkeitsarbeit/bilder_dokumente/00879/index-7.html.de, Stand: 9. Oktober 2016.

63 http://www.bmvg.de/portal/a/bmvg/!ut/p/c4/04_SB8K8xLLM9MSSzPy8xBz9CP3I5EyrpHK9pNyydL3czLzM4pLUoszSXL3E0rSkxNL4tNK8bJBa_YJsR0UAj0zRHg!!/, Stand: 9. Oktober 2016.

Verteidigung bleibt jedoch in diesem Fall gemäß Art. 115b GG die Zuständigkeit für die Bundeswehrverwaltung.[64] Der Bundestag stellt den Verteidigungsfall fest, Art. 115b GG; der Einsatz der Bundeswehr steht unter Parlamentsvorbehalt.

2. Bundeswehr

Verfassungsrechtliche Grundlagen für die Bundeswehr geben den Rahmen. Entsprechend Art. 87a und Art. 87b GG, so genannte Wehrverfassung in Bundeszuständigkeit,[65] werden die Streitkräfte und die Bundeswehrverwaltung getrennt behandelt.

Art. 87a GG regelt die Kompetenz des Bundes zur Aufstellung der Streitkräfte.

Gemäß Art. 87b GG übernimmt die Bundeswehrverwaltung aufgrund der enormen Unterschiede zwischen Verwaltungs- und militärischem Handeln das Personalwesen sowie die Sachmittelbedarfsdeckung.[66] Das Beamtentum der Bundeswehrverwaltung hat einen zivilen Status und entspricht in seinen Laufbahnen dem übrigen Personal der Bundesverwaltung.[67]

Art. 87a und Art. 87b GG gehören zur Exekutive, zur vollziehenden Gewalt gemäß Art. 1 Abs. 3 GG und unterliegen der Richtlinienkompetenz der Bundeskanzlerin oder des Bundeskanzlers gemäß Art. 65a Satz 1 GG.[68] Aus dieser leitet sich die Leitungsbefugnis des Ressortchefs ab, die die Festlegung der Richtlinie für die Verteidigungspolitik mit einschließt.[69]

Die Gesetzgebungskompetenz für die Verteidigung steht gemäß Art. 73 Nr. 1 dem Bund zu. Verteidigung in diesem Sinne umfasst alle gesetzgeberischen Maßnahmen zur Abwehr von Angriffen anderer Staaten und damit alles, was mit der Aufstellung, dem Unterhalt und dem Einsatz von Streitkräften zusammenhängt.[70]

Die Dienstposten (Arbeitsplätze) der verschiedenen Beschäftigten im Ressort gliedern sich wie folgt:

64 *Hernekamp*, in: v. Münch/Kunig, GGK II, Art. 87b Rn. 25; Wolff, S. 64 f.

65 Himmeroder Denkschrift, S. 7.

66 Pieroth, NVwZ, 2011, 705, 706.

67 BT-Drs. 2/2341, S. 9, Voigt/Seybold, S. 39 m. w. N.

68 *Schröder*, in: v. Mangoldt/Klein/Starck, GG II, Art. 65a Rn. 7.

69 *Schröder*, in: v. Mangoldt/Klein/Starck, GG II, Art. 65a Rn. 7; Militärgeschichtliches Forschungsamt, Entschieden für Frieden, Rautenberg, S. 114.

70 *Heintzen*, in: v. Mangoldt/Klein/Starck, GG II, Art. 73 Rn. 12; *Baldus*, in: v. Mangoldt/Klein/Starck, GG III, Art. 87a Rn. 17; *Sannwald*, in: Schmidt-Bleibtreu/Hofmann/Henneke, GG, Art. 73 Rn. 12.

- Dienstposten für Soldatinnen und Soldaten,
- Dienstposten für Beamtinnen und Beamte sowie
- Dienstposten für Arbeitnehmer (Angestellte sowie Arbeiterinnen und Arbeiter).[71]

II. Darstellung der Reformvorhaben des Geschäftsbereiches BMVg

Seit der Gründung der Bundeswehr 1956 bis zum Ende des Kalten Krieges war die zentrale Aufgabe der Nordatlantischen Allianz (NATO), in die die Bundeswehr von Beginn an integriert war, die Verteidigung Westeuropas gegenüber dem Osten.[72] Aufgrund des fortschreitenden Wandels der sicherheitspolitischen Gesamtlage der letzten Jahre wurde zunehmend eine Landesverteidigung ausschließlich als Verteidigung im Bündnis außerhalb Deutschlands vorstellbar.[73] In der heutigen Zeit spielen die Kommerzialisierung des Krieges und die Zurückdrängung des klassischen Staatenkrieges (sog. Asymmetrierung)[74] eine größer werdende Rolle, so dass sich das BMVg einer ständigen Anpassungsanforderung ausgesetzt sieht. Dies führte in der zurückliegenden Zeit zu mehrfachen Reformen und Reformversuchen, die mit in Deutschland unvergleichbaren Personalreduzierungen einer öffentlichen Institution versehen waren. 1991 umfasste der Personalumfang der Bundeswehr noch mehr als 650.000 Soldatinnen und Soldaten und zivile Angehörige.[75] Im Jahr 2006 waren es lediglich noch 367.000 Angehörige (250.000 Soldatinnen und Soldaten[76] und 117.000 zivile Angehörige), diese Reduzierung bildete damit ca. 80 % der Personaleinsparungen im gesamten öffentlichen Dienst des Bundes.[77]

Die wesentlichen zwei Reformen, ihre Empfehlungen, das Programm des Weißbuches 2006 und des Weißbuches 2016 sowie das Reformbegleitprogramm aus dem Jahr 2011, sollen den Hintergrund der Veränderungen aufzeigen.

---

71 Eichen, SoldGG, Einleitung, Rn. 12.

72 Militärgeschichtliches Forschungsamt, Entschieden für Frieden, Münkler, S. 647.

73 Gramm, NZWehrr 2011, 89, 89 und 96 der Verfassungsmäßigkeit der Auslandseinsätze kritisch gegenüberstehend; Bericht der Kommission an die Bundesregierung – Gemeinsame Sicherheit und Zukunft der Bundeswehr, Berlin, 23. Mai 2000, S. 52.

74 Militärgeschichtliches Forschungsamt, Entschieden für Frieden, Münkler, S. 648.

75 Weißbuch 2006, S. 130.

76 Ebenda, S. 132, davon 58.500 Berufssoldatinnen und Berufssoldaten / 129.500 Soldatinnen und Soldaten auf Zeit / 21.600 freiwilligen zusätzlichen Wehrdienst Leistende / 37.300 Grundwehrdienst Leistende / 2.400 Reservistinnen und Reservisten.

77 Ebenda, S. 130.

1. Bericht der Kommission „Gemeinsame Sicherheit und Zukunft der Bundeswehr“, 23. Mai 2000

Ausgangspunkt der Arbeit der Kommission war wegen der veränderten Sicherheitslage der Wunsch nach einer auf der Grundlage einer tragfähigen Wehrform beruhenden, bündnisfähigen Bundeswehr, die mit einer technologisch modern gehaltenen Ausrüstung innerhalb eines angemessenen Haushaltsrahmens mittel- und langfristig eingesetzt werden kann.[78] Dieser veränderten Sicherheitslage sollte durch die Sicherstellung einer schnellen Einsatzfähigkeit und in Abkehr von der Abwehr großangelegter Aggressionen nach kurzer Vorwarn- und Vorbereitungszeit begegnet werden.[79] Nach dem Ende des Kalten Krieges sollte die Streitkräfte-Struktur anhand der wahrscheinlichsten Aufgaben – Krisenvorsorge und Krisenbewältigung – ausgerichtet werden.[80]

Um sich diesen Zielen anzunähern wurden einschneidende Personalreduzierungen empfohlen, so dass die Friedensstärke der Streitkräfte um ca. 29 % auf einen Richtwert von 240.000 Soldatinnen und Soldaten im Jahr 2006 schrumpfen sollten (von einem Gesamtumfang von 338.000 Soldatinnen und Soldaten im Jahr 2000).[81] Das Zivilpersonal sollte eine Reduktion von 124.000 (im Jahr 2000) auf 80.000 Stellen (im Jahr 2006) erfahren.[82]

Dieser Personalabbau bezog sich auf die älteren Berufssoldatinnen und Berufssoldaten: Es sollte die Minimierung der (meist älteren) Berufssoldaten vorangetrieben werden, da „moderne und auf Einsatzfähigkeit optimierte Streitkräfte [...] jung sein“ müssen und damit ein Verwendungs- und Beförderungsstau vermieden werden könne.[83] Bemängelt wurde seitens der Kommission, dass es im Rahmen früherer Streitkräftereduzierungen versäumt worden war, dem Dienstherrn ein gesetzliches Regulativ zur Verfügung zu stellen, welches den gewünschten Personalabbau in ausgewählten Geburtsjahrgängen möglich machte.[84] In Anlehnung an das Musterbeispiel der Kampfflugzeugführer und Kampfbeobachter, sog. BO-41,[85] sollten Zurruhesetzungsanträge für Fachverwendungen oder

---

78 Bericht der Kommission an die Bundesregierung – Gemeinsame Sicherheit und Zukunft der Bundeswehr, Berlin 23. Mai 2000, S. 13.

79 Ebenda, S. 51.

80 Ebenda, S. 15.

81 Ebenda, S. 15 f., 54 f, 60.

82 Ebenda, S. 73 f.

83 Ebenda, S. 71.

84 Ebenda, S. 72 f.

85 Scherer/Alff/Poretschkin § 45 Rn. 2, 4, gemäß § 45 Abs. 2 Nr. 6 Soldatengesetz unterliegen Flugzeugführer und Kampfbeobachter als Berufsoffiziere (BO) strahlgetriebener

Speziallaufbahnen bereits ab dem 45. Lebensjahr zulässig und so attraktiv gestaltet sein, dass die erforderliche Akzeptanz gewährleistet war.[86]

2. Verteidigungspolitische Richtlinien, 21. Mai 2003

Die Verteidigungspolitischen Richtlinien sind das konzeptionelle Fundament für den Geschäftsbereich BMVg und für die deutsche Verteidigungspolitik.[87] Erkenntnis aus den Verteidigungspolitischen Richtlinien 2003 war, dass eine Gefährdung deutschen Staatsgebiets in der zu diesem Zeitpunkt absehbaren Zeit nicht zu erwarten stand.[88] Aus dieser Feststellung wird die Notwendigkeit einer Umstrukturierung der Bundeswehr hin zu mehr Kriseneinsatzfähigkeit im multinationalen Umfeld hergeleitet.[89] Dies soll durch den Abbau von Personalkosten bei inaktiven Truppenteilen erreicht werden.[90]

3. Grundzüge der Konzeption der Bundeswehr, August 2004

Am 10. August 2004 wurden die „Grundzüge der Konzeption der Bundeswehr" erlassen. Sie basieren auf den vorgenannten Verteidigungspolitischen Richtlinien 2003. Aufgrund der strikt einsatzorientierten Neuausrichtung werden die Streitkräfte in die Kategorien Eingreif-, Stabilisierungs- und Unterstützungskräfte (35.000 / 70.000 / 147.500 Soldatinnen und Soldaten) eingeteilt. Insgesamt werden 250.000 Soldatinnen und Soldaten (ohne Reservisten und Reservisten) und 75.000 zivile Angehörige für erforderlich gehalten.[91] Erreicht werden soll die verkleinerte Struktur der Neuausrichtung durch Verlängerung des Gesetzes zur Anpassung der Personalstärke der Streitkräfte,[92] nach welchem die frühe Zurruhesetzung älterer Berufssoldatinnen und Berufssoldaten ermöglicht wurde.

Kampfflugzeuge der besonderen Altersgrenze mit Vollendung des 41. Lebensjahres und gehen in den Ruhestand = BO 41.

86 Bericht der Kommission an die Bundesregierung – Gemeinsame Sicherheit und Zukunft der Bundeswehr, Berlin, 23. Mai 2000 S. 73.

87 Verteidigungspolitische Richtlinien 2003, S. 7.

88 Ebenda, S. 8.

89 Ebenda, S. 11.

90 Ebenda, S. 12.

91 Konzeption der Bundeswehr 2004, S. 23, 38.

92 Das Gesetz zur Anpassung der Personalstärke der Streitkräfte (Personalanpassungsgesetz – PersAnpassG) vom 20. Dezember 2001 BGBl. 2001 I S. 4013 sah vor, dass bis zu 3.000 Berufssoldatinnen und Berufssoldaten ab 50 Jahren mit ihrer Zustimmung vorzeitig in den Ruhestand versetzt werden können.

4. Weißbuch 2006 zur Sicherheitspolitik Deutschlands und zur Zukunft der Bundeswehr

Das Weißbuch 2006 greift den Status quo der damaligen Sicherheitspolitik auf und zeigt Ausblicke für die Bundeswehr und die Sicherheitspolitik im Allgemeinen. Der internationale Terrorismus, die Weiterverbreitung von Massenvernichtungswaffen, die Destabilisierung und der innere Zerfall von Staaten führen zu einer Entstaatlichung von Gewalt und damit zu konfusen Bedrohungsszenarien.[93] Daher wurde es als notwendig erachtet, die Struktur der Bundeswehr auf die Einsatzfähigkeit zu beziehen. Die Grundzüge der Konzeption der Bundeswehr aus dem August 2004 werden bestätigt, indem die Streitkräfte in die Kategorien Eingreifkräfte (35.000 Soldatinnen und Soldaten), Stabilisierungskräfte (70.000 Soldatinnen und Soldaten) und Unterstützungskräfte (147.500 Soldatinnen und Soldaten) organisiert werden sollen.[94]

Im Zentrum dieser Transformation stand die Reduzierung von Personal bis zum Jahr 2010 auf 250.000[95] aktive Soldatinnen und Soldaten.[96] 75.000 Stellen waren für die zivilen Beschäftigten im Jahr 2010 geplant.[97] Ausgangspunkt bildeten im Jahr 2006 ca. 117.000 zivile Angehörige (26.000 Beamtinnen und Beamte und 85.000 Arbeitnehmerinnen und Arbeitnehmer, sowie 5.000 Ausbildungsverhältnisse).[98]

Die Antwort auf die zentrale Frage, wie die anhand des Einsatzerfordernisses identifizierten strukturellen Überhänge bei den älteren Berufssoldatinnen und Berufssoldaten abgebaut werden können, besteht in der Verlängerung des Personalanpassungsgesetzes,[99] welches im Jahr 2006 auslief.[100] Die Verlängerung des Personalanpassungsgesetzes sah den Abbau älterer Geburtenjahrgänge vor.[101]

5. Strukturkommission der Bundeswehr, Oktober 2010

Die Vorschläge der Strukturkommission der Bundeswehr unter dem Vorsitz von Dr. h.c. Frank-Jürgen Weise aus dem Oktober 2010 (sog. Weise-Bericht) setzen auf den Empfehlungen der Kommission und deren Umsetzungserfahrungen aus

93 Weißbuch 2006, S. 8, 16 f.
94 Ebenda, S. 12, 76, 80, 94 ff, 142.
95 Ohne 2.500 Reservistinnen und Reservisten.
96 Weißbuch 2006, S. 73.
97 Ebenda, S. 80, 136.
98 Ebenda, S. 136.
99 BGBl. 2001 I S. 4013.
100 Weißbuch 2006, S. 133.
101 BT-Drs. 14/6881, Teil A III, S. 20.

dem Mai 2000 auf. Gemein ist beiden Reformvorhaben, dass sie den Geschäftsbereich des BMVg, eines der größten Organisationsgefüge unserer heutigen Gesellschaft betreffen.[102] Die Leitgedanken dieser Strukturkommission umfassen aus der letzten Reform die Erkenntnis, dass aufgrund schwieriger Rahmenbedingungen und internen Beharrungsvermögens der Erfolg der bisherigen Reform hinter den Erwartungen zurückblieb.[103] Die Vorschläge dieser Kommission weisen daher strukturelle und organisatorische Änderungskonzepte auf. Auch diese Reform setzt auf Einsatzkonzentration und Verjüngung.[104] Zur Schaffung von größerer Effizienz sei ein einheitlicher Personalkörper aus militärischem und zivilem Personal zu bilden.[105] Konkret soll der Geschäftsbereich des BMVg ca. 230.000 Angehörige haben, die von ca. 180.000 Soldatinnen und Soldaten und 50.000 Dienstposten im zivilen Bereich gedeckt werden sollen.[106]

6. Verteidigungspolitische Richtlinien, Mai 2011

Die Verteidigungspolitischen Richtlinien aus dem Mai 2011 greifen den sicherheitspolitischen Rahmen Deutschlands auf und bestätigen, dass die territoriale Bedrohung Deutschlands weiterhin unwahrscheinlich, jedoch der internationale Einsatz zur Sicherung Deutschlands notwendig ist.[107] Diese Sicherung Deutschlands umfasst interessanterweise auch den Gesichtspunkt eines freien und ungehinderten Welthandels.[108] Maßgebend für die Organisation der Streitkräfte, ihre Struktur und ihren Umfang sind die sich wandelnden Ziele und Interessen der Sicherheitspolitik.[109] Der Personalkörper der Bundeswehr innerhalb der Laufbahnen / Statusgruppen / Dienstgrade soll nach den Verteidigungspolitischen Richtlinien 2003 altersgerecht organisiert werden, so dass die Einsatzbereitschaft weiterhin gewährleistet werden kann.[110] Eine Verjüngung der Streitkräfte wird damit nur angedeutet.

---

102 Bericht der Strukturkommission 2010, S. 3.
103 Ebenda, S. 23.
104 Ebenda, S. 42.
105 Ebenda, S. 42.
106 Ebenda, S. 10, 26.
107 Verteidigungspolitische Richtlinien 2011, S. 1 f.
108 Verteidigungspolitische Richtlinien 2011, S. 3 bis 5; Ressortbericht, Mai 2013, S. 11.
109 Verteidigungspolitische Richtlinien 2011, S. 10.
110 Ebenda, S. 17.

7. Eckpunkte für die Neuausrichtung der Bundeswehr, Mai 2011

Den Ausgangspunkt der Eckpunkte für die Neuausrichtung der Bundeswehr stellt das aus der sicherheitspolitischen Zielsetzung generierte Fähigkeitsprofil der Bundeswehr dar.[111] Hier werden konkrete Vorgaben für die Detailausplanung der Bundeswehr gemacht.[112] Aufgrund der Unwahrscheinlichkeit eines territorialen Angriffs auf Deutschland sind die vorgehaltenen Personalumfänge nicht mehr notwendig.[113] Der künftige Umfang der Bundeswehr wird aus bis zu 185.000 Soldatinnen und Soldaten und 55.000 zivilen Mitarbeiterinnen und Mitarbeitern (zu verstehen als Dienstposten) bestehen.[114]

8. Reformbegleitprogramm, Oktober 2011

Nach einem umfangreichen Prüfungsprozess erließ der Bundesminister der Verteidigung nach zahlreichen abgestimmten Vorgaben (Sicherheitspolitische Richtlinien, Eckpunktepapier der Neuausrichtung) am 18. Oktober 2011 das bis Ende 2017 befristete Reformbegleitprogramm der Bundeswehr. Selbiges umreißt die personelle Neuausrichtung der Bundeswehr. Das dreigliedrige Ziel ist prominent in Satz eins formuliert und besteht aus der

> *„Verjüngung des Personalkörpers, der Professionalisierung und der Reduzierung von Personalumfängen"*

– jeweils unter dem Gesichtspunkt der Sozialverträglichkeit.[115] Es soll eine Zielstruktur von bis zu 185.000 Soldatinnen und Soldaten und 55.000 zivilen Dienstposten (Beamtinnen und Beamte und weitere zivile Angehörige[116]) erreicht werden.[117] Diese Zielstruktur entspräche einem auftragsgerechten, ausgewogenen Personalkörper, der durch den Abbau lebensälterer Soldatinnen und Soldaten zu

111 Eckpunkte für die Neuausrichtung, S. 1.

112 Ebenda, S. 2.

113 Ebenda, S. 1.

114 Ebenda, S. 2, wobei es sich bei dieser Angabe um Dienstposten im Sinne von Vollzeitäquivalenten handeln dürfte, dieses ist jedenfalls dem BMVg, Ressortbericht, Mai 2013 zu entnehmen.

115 Reformbegleitprogramm, S. 1.

116 Zahl wegen Teilzeitregelungen u. ä. angegeben in Vollzeitäquivalenten, die mit Haushaltstellen abgedeckt sind.

117 Reformbegleitprogramm, S. 1.

Gunsten bedarfsgerechter Neueinstellungen demographiefest erreicht werden soll.[118]

Konkrete Zahlen, welches Personal bezogen auf welche Statusgruppe im Rahmen der neuen Reform abgebaut werden soll, bleiben im Reformbegleitprogramm jedoch unscharf.

Nach diesem Reformbegleitprogramm sollen Berufssoldatinnen und -soldaten mit mehr als 20 Dienstjahren schon zwischen dem 40. und dem 50. Lebensjahr antragsgemäß vorzeitig in den Ruhestand versetzt werden können; dies unter Erhalt einer Pension in der Höhe der bis dahin jeweils erdienten Ansprüche sowie steuerfreier Einmalzahlungen in Höhe von 5.000 € für jedes Jahr vor Erreichen der besonderen Altersgrenze.[119] Berufssoldatinnen und Berufssoldaten, die älter als 50 Jahre sind, erhalten bei vorzeitigem Ausscheiden die Versorgung, die sie bei einem regulären Ausscheiden im Ruhestand erhalten hätten.[120]

Für den Überhang der Beamtinnen und Beamten (ca. 3.000 Haushaltsstellen) sieht das Reformbegleitprogramm für diejenigen, die das 55. Lebensjahr vollendet haben vor, auf Antrag vorzeitig in den Ruhestand versetzt zu werden, wobei ihnen die Versorgung erhalten bleibt, die ihnen beim Ausscheiden mit der gesetzlichen Altersgrenze zugestanden hätte.[121]

9. Bericht zum Stand der Neuausrichtung der Bundeswehr, Mai 2013

Im Bericht zum Stand der Neuausrichtung werden die sicherheitspolitischen Rahmenbedingungen dem eigentlichen Bericht vorangestellt: Neben den bekannten Bedrohungen (Asymmetrie der Gefährdung, Internationaler Terrorismus und Versagen von Staatlichkeit etc.) wird insbesondere auf die Interessen einer starken Volkswirtschaft wie Deutschland in der Mitte Europas sowie der Bedeutung des Exportes und die Abhängigkeit vom freien Welthandel Bezug genommen.[122] Die Bedrohungslage für Deutschland sei nicht mehr vorrangig geographisch und militärisch definiert.[123] Der Bericht beinhaltet die Feststellung,

---

118 Reformbegleitprogramm, S. 1, 3; Zentrum für Militärgeschichte und Sozialwissenschaften der Bundeswehr (vormals SOWI), Veränderungsmanagement zur Neuausrichtung der Bundeswehr 2014, S. 5.

119 Reformbegleitprogramm, S. 4.

120 Ebenda, S. 4.

121 Ebenda, S. 3, 4 f.; im späteren Gesetzentwurf BT-Drs. 16/7076 wurde auf die Vollendung des 60. Lebensjahres angehoben.

122 BMVg, Ressortbericht, Mai 2013, S. 4.

123 Ebenda, S. 5.

dass die bestehende Altersstruktur des Personalkörpers den oben dargestellten Anforderungen an die Streitkräfte nicht gerecht wird.[124] Aus diesem Grund ist das erste von vier wesentlichen personellen Zielen der Neuausrichtung die Erhöhung der Einsatzorientierung durch Verjüngung des Personalkörpers.[125] Die schon im Eckpunktepapier angegebene Größenordnung zum Personal (185.000 Soldatinnen und Soldaten / 55.000 zivile Dienstposten) wird bestätigt.[126]

10. Konzeption der Bundeswehr, Juli 2013

Die Konzeption der Bundeswehr macht als Grundsatzweisung Vorgaben für die Gestaltung der Gesamtorganisation Bundeswehr, auch unter dem Aspekt, der sich aus der vorgegebenen, intensivierten Zusammenarbeit zwischen militärischen und zivilen Angehörigen der Bundeswehr ergibt.[127] Diese intensivierte Zusammenarbeit des integrierten Personalkörpers führt nach der Konzeption dazu, dass Dienstposten je nach Angebot und Bedarf sowohl militärisch als auch zivil wechselseitig besetzt werden sollen.[128] Hier wird sowohl die Verankerung der Bundeswehr in die Gesellschaft thematisiert[129] als auch die sicherheitspolitische Rahmenlage dezidiert dargestellt.[130]

11. Weißbuch 2016 zur Sicherheitspolitik und zur Zukunft der Bundeswehr

Das Weißbuch 2016, veröffentlicht am 13. Juli 2016, greift die aktuelle deutsche Sicherheitslage auf: Schon im Vorwort wird auf die wohl überraschendste Dimension hingewiesen, dass die Sicherheit im Europa der Nachkriegszeit nur eine vermeintliche gewesen und nicht verlässlich sei.[131] Unmöglich schien, dass Grenzen

---

124 Ebenda, S. 5.

125 Ebenda, S. 21.

126 Ebenda, S. 22.

127 Konzeption der Bundeswehr 2013, S. 3, 23.

128 Ebenda, S. 50, 52.

129 Ebenda, S. 24 f., nach Aussetzen der Wehrpflicht durch das Gesetz zur Änderung wehrrechtlicher Vorschriften 2011 (Wehrrechtsänderungsgesetz 2011 – WehrRÄndG 2011) ist die Verzahnung in die Gesellschaft weggefallen und es fehlt ein natürliches Rekrutierungsinstrument.

130 Ebenda, S. 31 ff., hier werden nach Planungsvorgaben von NATO und EU die Dimensionen (= Operationsräume) Land, See, Luft, Weltraum und Informationsraum unterschieden.

131 Weißbuch 2016, S. 6.

völkerrechtswidrig mit militärischer Gewalt verschoben wurden.[132] Herausforderungen bestehen nun aus hybrider Kriegsführung, transnationalem Terrorismus, aber auch Cyberattacken und Pandemien.[133] Die Bundeswehr benötigt dafür ein modernes Fähigkeitsspektrum.[134] Dies bedeutet nach dem Weißbuch 2016, dass Personal vielseitig, aber auch spezialisiert und zudem hochqualifiziert sein muss, denn die Technologisierung und Digitalisierung erfordert dies.[135] Zu gewinnendes Personal soll und darf vielfältig sein: Diversity Management in der Bundeswehr.[136] Chancengerechtigkeit bzgl. des Alters, der ethnischen oder kulturellen Herkunft, der sexuellen Orientierung, der Geschlechtsidentität oder der Religion soll gefördert werden.[137] Wichtigste Erkenntnis ist, dass der Personalkörper nicht durch starre Obergrenzen begrenzt ist, sondern sich fortlaufend an die geforderte Situation anpassen kann.[138]

III. Ergebnis

Die Bundeswehr ist geprägt durch erhebliche sicherheitspolitische Umwälzungen. Diese erzeugen einen nahezu fortwährenden Änderungsdruck, um die Bundeswehr für ihren Verteidigungsauftrag einsatzfähig zu erhalten. Um den Änderungen der äußeren Umstände nachzukommen, werden vielfache Programme, Pläne, Maßnahmen und Anordnungen erstellt. Allen gemein ist, dem Änderungszwang am probatesten mittels Personalreduzierungen zu begegnen. Diese sicherheitspolitische Einschätzung trifft die Bundesregierung.

In der Betrachtung des zurückliegenden Zeitraumes von 26 Jahren sollen, soweit der Planzustand 2017 zugrunde liegt, fast zwei Drittel der militärischen und zivilen Dienstposten reduziert werden: Von im Jahr 1991 bestehenden 650.000 Soldatinnen und Soldaten sowie zivilen Angehörigen sollen 63,1 % bis Ende 2017 abgebaut werden, um einen einsatzfähigen Personalkörper von 240.000 Soldatinnen und Soldaten sowie zivilen Angehörigen zu erhalten.

Augenfällig ist jedoch, dass die Personalreduktionen immer wieder ganz offen von erheblichen Verjüngungsabsichten begleitet werden. Mögen die Veränderungen der Bundeswehr auch sicherheitspolitisch induziert, geeignet oder

132 Ebenda, S. 6.
133 Ebenda, S. 9.
134 Ebenda, S. 9.
135 Ebenda, S. 119.
136 Ebenda, S. 123.
137 Ebenda, S. 123.
138 Ebenda, S. 120, „atmender" Personalkörper.

gar alternativlos sein, ist die Bekennung zur Verjüngung eindringlich: Ältere Berufssoldatinnen und Berufssoldaten werden als struktureller Überhang gekennzeichnet, dazu die Forderung, Einsatzkräfte müssten „jung sein".[139] Das Reformbegleitprogramm von 2011 fordert ausdrücklich die Verjüngung schon prominent als erstes Ziel.

139 Bericht der Kommission an die Bundesregierung – Gemeinsame Sicherheit und Zukunft der Bundeswehr, Berlin, 23. Mai 2000, S. 71; Weißbuch 2006, S. 133; Bericht der Strukturkommission 2010, S. 42; Reformbegleitprogramm, S. 1; BMVg, Ressortbericht, Mai 2013, S. 21.

C. Nationale Ansätze zum Umgang mit „Älteren“ im Erwerbsleben

In diesem Abschnitt werden die in Deutschland geltenden nationalen Programme und Ansätze dargestellt, die auf die Teilhabe Älterer am Erwerbsleben abzielen.

I. Gesetz zur Umsetzung europäischer Richtlinien zur Verwirklichung des Grundsatzes der Gleichbehandlung (EUGleichbUmsG),[140] 2006

Das EUGleichbUmsG setzte in 2006 vier europäische Richtlinien zur Verwirklichung des Grundsatzes der Gleichbehandlung um:

- Richtlinie 2000/43/EG des Rates vom 29. Juni 2000 zur Anwendung des Gleichbehandlungsgrundsatzes ohne Unterschied der Rasse oder der ethnischen Herkunft (ABl. EG L 180 S. 22);
- Richtlinie 2000/78/EG des Rates vom 27. November 2000 zur Festlegung eines allgemeinen Rahmens für die Verwirklichung der Gleichbehandlung in Beschäftigung und Beruf (ABl. EG L 303 S. 16);
- Richtlinie 2002/73/EG des Europäischen Parlaments und des Rates vom 23. September 2002 zur Änderung der Richtlinie 76/207/EWG des Rates zur Verwirklichung des Grundsatzes der Gleichbehandlung von Männern und Frauen hinsichtlich des Zugangs zur Beschäftigung, zur Berufsbildung und zum beruflichen Aufstieg sowie in Bezug auf die Arbeitsbedingungen (ABl. EG L 269 S. 15);
- Richtlinie 2004/113/EG des Rates vom 13. Dezember 2004 zur Verwirklichung des Grundsatzes der Gleichbehandlung von Männern und Frauen beim Zugang zu und bei der Versorgung mit Gütern und Dienstleistungen (ABl. EG L 373 S. 37).[141]

Mit dem EUGleichbUmsG wird die staatliche Verpflichtung, die Diskriminierung wegen des Alters zu beseitigen, normativ in deutsches Recht umgesetzt.[142]

---

140 BGBl. 2006 I S. 1897.

141 Däubler/Bertzbach-*Däubler*, AGG, Einleitung Rn. 3; Meinel/Heyn/Herms, AGG, Einleitung Rn. 1; Palandt/Ellenberger, AGG, Einleitung Rn. 1; Schiek/Schiek, AGG, Einleitung Rn. 24.

142 BT-Drs. 16/1780, S. 22; DKKW-*Berg*, 12. Aufl., § 75 Rn. 13.

In Deutschland ist der Schutz des Alters jedoch nicht neu. Er existiert im allgemeinen Grundsatz der Gleichheit und Gleichbehandlung.[143] Er ist ein tragender Grundsatz der deutschen (Verfassungs-)Rechtsordnung.[144] Der allgemeine Gleichheitssatz nach Art. 3 Abs. 1 GG entfaltet auch für das Alter Wirkung.[145] Er bedeutet, Gleiches gleich und Ungleiches seiner Eigenart entsprechend verschieden zu behandeln.[146]

Dieser Schutz vor Benachteiligung wegen des Alters wurde daher schon 1961 vom BAG über Art. 3 Abs. 1 GG sichergestellt.[147] Der Grundsatz des Art. 3 Abs. 1 GG verbietet eine unsachliche, willkürliche, nicht durch besondere Gründe gerechtfertigte Differenzierung gleichgelagerter Tatbestände durch das objektive Recht.[148] Ebenso ist der Landesverfassung von Nordrhein-Westfalen in Art. 24 Abs. 2 Satz 2 zu entnehmen, dass für gleiche Tätigkeit und gleiche Leistung ein gleicher Lohn zu entrichten ist. Im zugrundeliegenden Urteil war die streitgegenständliche Tarifnorm wegen Verstoßes gegen Art. 3 Abs. 1 GG nichtig, nach der Arbeitnehmer, die nach Überschreitung des 65. Lebensjahres weiter beschäftigt wurden und dafür einen Abschlag vom ehedem erhaltenen Tariflohn durch Anrechnung der halben Sozialversicherungsrente zu ihren Lasten hinnehmen mussten.[149] Ausdrücklich führte der erkennende Senat aus:

> *„Es kann also nicht etwa aufgrund eines Erfahrungssatzes – davon ausgegangen werden, daß alle über 65 Jahre alten Arbeiter der Beklagten, die über das 65. Lebensjahr hinaus auf Grund eines befristeten Arbeitsvertrages ‹bis zur Anweisung der Invalidenrente weiterbeschäftigt werden›, minderleistungsfähig sind* […]".[150]

Da keine sachlichen Differenzierungsgründe vorgetragen wurden, war diese Norm im Tarifvertrag nichtig.[151]

Das BAG bestätigte wenige Monate später seine Entscheidung: Es erachtete eine tarifliche Regelung wegen Verstoßes gegen Art. 3 Abs. 1 GG und Art. 24 Abs. 2 Satz 2 und 3 der Landesverfassung Nordrhein-Westfalen als nichtig.[152]

---

143 Däubler/Bertzbach-*Däubler*, AGG, Einleitung Rn. 31; Fitting, 24. Aufl., § 75 Rn. 28.
144 Fitting, 24. Aufl., § 75 Rn. 28.
145 Fitting, 24. Aufl., § 75 Rn. 28; Wendeling-Schröder/Stein/*Wendeling-Schröder*, AGG, § 1 Rn. 62.
146 Fitting, 24. Aufl., § 75 Rn. 28.
147 BAG, Urteil vom 14. Juli 1961 – 1 AZR 145/60 (Düsseldorf), NJW 1961, 1942.
148 Ebenda, 1943.
149 Ebenda, 1943.
150 Ebenda, 1943.
151 Ebenda, 1943.
152 BAG, Urteil vom 18. Oktober 1961 – 1 AZR 417/60 (Hamm), NJW 1962, 222, 222.

Diese tarifliche Norm minderte für Arbeiter unter 21 Jahren den Akkordlohnsatz aufgrund geringerer (Berufs-)Erfahrung.[153] Zu Recht führte der Senat aus, dass der Akkordlohn – anders als der Zeitlohn – als auf den Arbeitserfolg gerichtete Bezahlung aus seiner Konstruktion heraus eine Minderleistung schon im Rahmen einer geringeren Leistung (bspw. Stückzahl) vergüte und somit eine mangelnde Erfahrung nicht mehrfach zu Lasten jüngerer Arbeiter angewendet werden dürfe.[154]

Beide Entscheidungen stellen heraus, dass (tarifliche) Regelungen jedoch erst gegen Art. 3 Abs. 1 GG verstoßen, soweit selbige

> *„völlig unsachlich oder offensichtlich willkürlich“*[155]

differenzieren oder

> *„eine unsachliche, willkürliche, nicht durch besondere Gründe gerechtfertigte Differenzierung“*[156]

vornehmen.

Eine weitere BAG-Entscheidung formuliert:

> *„Eine Verletzung des Gleichheitssatzes des Art. 3 Abs. 1 GG liegt nur dann vor, wenn offensichtlich unsachlich, d. h. aus in keiner Weise zu billigenden unsachlichen Erwägungen, oder gar willkürlich differenziert wird.“*[157]

Das durch das EUGleichbUmsG eingeführte explizite Benachteiligungsverbot ist jedoch nunmehr einheitlich hinsichtlich aller Merkmale, darunter auch das Alter.[158] Auch wenn zu diesem Zeitpunkt in Deutschland Bemühungen zum Schutz vor Benachteiligungen des Gesetzgebers und der Rechtsprechung zu verzeichnen waren, war dies in der umfassenden Form erst durch das EUGleichbUmsG möglich.[159] Auch konnte damit das Schutzniveau angehoben werden, da Gleichheitsrechte mit EG-rechtlicher Grundlage einen etwas höher ausgeprägten Schutz genießen, also solche ohne EG-rechtlichen Bezug.[160]

---

153 Ebenda, 222.

154 Ebenda, 222.

155 Ebenda, 223.

156 BAG, Urteil vom 14. Juli 1961 – 1 AZR 145/60 (Düsseldorf), NJW 1961, 1942, 1943.

157 BAG, Urteil vom 18. Oktober 1961 – 1 AZR 75/61 (München), NJW 1962, 220, 221. Gegen diesen Aspekt der Reduzierung auf Unsachlichkeit und Willkür wendete sich schon früh Hamann, NJW 1957, 2, 3.

158 BT-Drs. 16/1780, S. 22.

159 Ebenda.

160 Däubler, GS Zachert, 227, 229.

Art. 3 EUGleichbUmsG novelliert auch § 75 Betriebsverfassungsgesetz (BetrVG), der zuvor schon seit dem 15. Januar 1972[161] den Aspekt der Diskriminierung wegen des Alters aufgriff.

§ 75 Abs. 1 Satz 2 BetrVG a. F. lautete:

> *„Sie haben darauf zu achten, dass Arbeitnehmer nicht wegen Überschreitung bestimmter Altersstufen benachteiligt werden."*

Zuvor befasste sich § 51 BetrVG a. F.[162] mit dem Gebot der gleichen Behandlung und zählte dazu verschiedene Merkmale auf, worunter das Alter jedoch nicht zu finden war.

§ 75 Abs. 1 Satz 2 BetrVG a. F. ist die einfachgesetzliche Konkretisierung des allgemeinen Gleichbehandlungsgrundsatzes.[163] Er nimmt den Arbeitgeber und den Betriebsrat in die Pflicht.[164] Es wird nach herrschender Ansicht aber keine Wirkung in Betrieben ohne Betriebsrat entfaltet, so dass dieser Grundsatz keinen Eingang in die Arbeitsverträge findet.[165] Er setzt keine bestimmten Altersstufen fest und ahndet nur Benachteiligungen, keine Bevorzugungen.[166]

Der neu gefasste § 75 Abs. 1 BetrVG[167] wurde nunmehr inhaltlich und terminologisch an das AGG angepasst[168] und hat folgenden Wortlaut:

> *„Arbeitgeber und Betriebsrat haben darüber zu wachen, dass alle im Betrieb tätigen Personen nach den Grundsätzen von Recht und Billigkeit behandelt werden, insbesondere, dass jede Benachteiligung von Personen aus Gründen ihrer Rasse oder wegen ihrer ethnischen Herkunft, ihrer Abstammung oder sonstigen Herkunft, ihrer Nationalität, ihrer Religion oder Weltanschauung, ihrer Behinderung, ihres Alters, ihrer politischen oder gewerkschaftlichen*

161 BGBl. 1972 I S. 13.

162 BGBl. 1952 I S. 681.

163 DKKW-*Berg*, 15. Aufl., § 75 Rn. 1; Fitting, 23. Aufl., § 75 Rn. 68.

164 DKKW-*Berg*, 15. Aufl., § 75 Rn. 56. Die Vorschrift wird durch die allgemeine Aufgabe des Betriebsrates gemäß §§ 80, 96 BetrVG sekundiert: Der Betriebsrat ist verpflichtet, die Beschäftigung älterer Arbeitnehmer im Betrieb zu fördern und ihre Belange bei der Durchführung von Berufsbildungsmaßnahmen zu berücksichtigen; Richardi, BetrVG/Richardi/Maschmann BetrVG § 75 Rn. 6; Hey/Forst, AGG, § 1 Rn. 63; Nollert-Borasio/Perreng, AGG, § 1 Rn. 34; Gerbener, NZWehrr 2013, 77, 77 Fn. 1.

165 Däubler/Bertzbach-*Däubler*, AGG, Einleitung Rn. 45.

166 Richardi, BetrVG, § 75 Rn. 27.

167 Betriebsverfassungsgesetz i. d. F. d. Bek. 25. September 2001 (BGBl. I S. 2518), das zuletzt durch Artikel 3 Absatz 4 des Gesetzes vom 20. April 2013 (BGBl. I S. 868) geändert worden ist.

168 DKKW-*Berg*, 15. Aufl., § 75 Rn. 2; DKKW-*Berg*, 12. Aufl., § 75 Rn. 1, 11; Richardi, BetrVG, § 75 Rn. 27, 40; Wendeling-Schröder/Stein/*Wendeling-Schröder*, AGG, § 1 Rn. 64.

Betätigung oder Einstellung oder wegen ihres Geschlechts oder ihrer sexuellen Identität unterbleibt.“

Materiell-rechtlich geht damit eine Verschärfung des Verbotes der Altersdiskriminierung einher: Waren vormals lediglich Benachteiligungen wegen Überschreitens einer bestimmten Altersstufe zu ahnden, ist nach der Novellierung jede Benachteiligung wegen des Alters unzulässig.[169] Aus diesem Grund konnte § 75 Abs. 1 a. F. BetrVG entfallen.[170]

II. Koalitionsvertrag zwischen CDU/CSU und FDP, 17. Legislaturperiode, 2009

Im Koalitionsvertrag vom 26. Oktober 2009 verpflichten sich die Koalitionspartner, die Beteiligung von Älteren und Frauen am Erwerbsleben zu erhöhen. Im 3. Kapitel unter 3.3 *Ältere Arbeitnehmer* wird vorgegeben, dass „staatliche Anreize zur faktischen Frühverrentung“ beseitigt werden sollen und aufgrund des demographischen Wandels die längere Teilhabe Älterer am Erwerbsleben verbessert werden soll.[171] Nach Ansicht der Koalitionspartner sind auch Ältere körperlich und geistig bis ins hohe Alter gesundheitlich in der Lage, sich zu engagieren und zu beteiligen, daher wird jegliche Form der Altersdiskriminierung abgelehnt; der Wegfall der beruflichen Altersgrenzen und ein fließender Übergang vom Erwerbsleben in den Ruhestand sollen geprüft werden.[172]

Diese Ziele greifen Teile der Leitlinien für beschäftigungspolitische Maßnahmen der EU-Mitgliedstaaten auf: Leitlinie 18 fordert die Frühverrentung abzubauen und Maßnahmen für das aktive Altern zu schaffen.[173]

Speziell für die Bundeswehr gibt es mit Blick auf Ältere keine Vorgaben. Lediglich bezüglich des demographischen Wandels wird die Steigerung der Attraktivität des Dienstes in der Bundeswehr angerissen (Modernisierung, Verbesserung der Vereinbarkeit von Familie und Dienst, Schaffung von Kinderbetreuungsmöglichkeiten usw.).[174]

---

169 Däubler/Bertzbach-*Däubler*, AGG, § 1 Rn. 85; DKKW-*Berg*, 12. Aufl., § 75 Rn. 11; vgl. DKKW-*Berg*, 15. Aufl., § 75 Rn. 57; vgl. Däubler/Bertzbach-*Däubler*, AGG, Einleitung Rn. 44; Richardi, BetrVG, § 75 Rn. 27, 40; Hey/Forst, AGG, § 1 Rn. 63.

170 DKKW-*Berg*, 12. Aufl., § 75 Rn. 11.

171 Koalitionsvertrag zwischen CDU, CSU und FDP 2009, S. 24.

172 Koalitionsvertrag zwischen CDU, CSU und FDP 2009 S. 24, 72.

173 ABl. EG Nr. L 198/50.

174 Koalitionsvertrag zwischen CDU, CSU und FDP 2009 S. 125.

III. Sechster Bericht zur Lage der älteren Generation in der Bundesrepublik Deutschland – Altersbilder in der Gesellschaft und Stellungnahme der Bundesregierung vom 17. November 2010[175]

Die Berichte der Bundesregierung zur Lage der älteren Generation in der Bundesrepublik Deutschland (sog. Altenberichte) werden von Expertenkommissionen erstellt und sind eine der wichtigsten Quellen für die öffentliche Diskussion zu Fragen des Alters[176].

Im Sechsten Bericht zur Lage der älteren Generation in der Bundesrepublik Deutschland – Altersbilder in der Gesellschaft mit Stellungnahme der Bundesregierung (Sechster Altersbericht) werden umfangreiche Informationen zum Sachverhalt der Erwerbstätigkeit Älterer in Deutschland aufbereitet.[177] Nach Ansicht der Bundesregierung ist ein Leitbild vom Alter notwendig, welches die vorhandenen Fähigkeiten und Stärken (hohe Leistungsfähigkeit, Kreativität und Innovationskraft) älterer Menschen betont, da viele Ältere zu einer Fortsetzung ihres beruflichen Engagements bereit seien.[178] Daher hat die Bundesregierung Fehlanreize für ein frühes Ausscheiden Älterer aus dem Arbeitsleben abgebaut.[179]

Im Vorwort zum Sechsten Altenbericht betont die Bundesregierung, dass ihre Vorgaben und Handlungen bei Seniorinnen und Senioren unabhängig vom jeweiligen Alter und „generationsübergreifend" sind.[180] Im Altenbericht wird darauf hingewiesen, dass mit dem frühen Ausschluss Älterer ein immenser Wissens- und Erfahrungsverlust einhergeht, der sich negativ auf die Innovations- und Wettbewerbsfähigkeit auswirken kann.[181] Die bisherigen Bemühungen, die Erwerbstätigkeit Älterer anzuheben, platzieren laut Bericht Deutschland im europäischen Vergleich im oberen Drittel.[182]

Altersgrenzen und altersgrenzenbezogene Regelungen werden in mehreren Teilen des Berichtes angesprochen:

---

175 BT-Drs. 17/3815.

176 https://www.dza.de/politikberatung/geschaeftsstelle-altenbericht/die-bisherigen-altenberichte.html, Stand: 9. Oktober 2016.

177 Nach dem Beschluss des Deutschen Bundestages vom 24. Juni 1994 (BT-Drs. 12/7992) wird für jede Legislaturperiode ein Altenbericht über ein Thema mit Bezug zu Senioren erstellt.

178 BT-Drs. 17/3815, Einführung, S. V und S. 94, Ältere ab dem 50. Lebensjahr.

179 Ebenda, S. V.

180 Ebenda, S. VI.

181 Ebenda, S. 121.

182 Ebenda, S. 94.

Obwohl die rechtliche Landschaft in Deutschland in wesentlichen Regelungsfeldern altersunabhängig geprägt ist, ist das Alter durch die Regelaltersgrenzen der gesetzlichen Rentenversicherung in erheblichem Maße rechtlich verankert.[183] Diese Grenzen stellen ein rechtliches Hemmnis für die Teilhabe Älterer am Erwerbsleben dar.[184] Insbesondere trägt nach dem Bericht die schrittweise Anhebung des gesetzlichen Rentenversicherungsalters nicht in einem nennenswerten Umfang zu einer Anhebung der Erwerbsteilhabe Älterer bei.[185] Die Bundesregierung ist jedoch der Auffassung, dass die Anhebung der Regelaltersgrenze zu einer altengerechteren Betrachtungsweise beitrage, da die heutige ältere Generation einen höheren Ausbildungsstand und eine bessere Gesundheit vorzuweisen hat und dieser Generation schlichtweg die (weitere) Teilhabe an und in der Gesellschaft nicht vorenthalten werden dürfe.[186]

Die Bundesregierung teilt den Aufruf der Kommission an die Wirtschaftsunternehmen, feststehende Altersgrenzen zu prüfen.[187] Für den öffentlichen Dienst wird dieser Aufruf nicht ausgesprochen.

Der Schwerpunkt des Altenberichtes liegt auch in der Betrachtung des privatwirtschaftlichen Sektors. Auf die Arbeits- und möglichen Diskriminierungsbedingungen der öffentlichen Arbeitgeber wird zumindest nicht ausdrücklich eingegangen. Im Altenbericht wird der Staat als Arbeitgeber nur indirekt als Adressat gewählt, indem festgestellt wird, dass die anhaltende (Über-)Beanspruchung der sozialen Sicherungssysteme der gesetzlichen Rentenversicherung im Grundsatz auch für die Beamtenversorgung gelte.[188] Ebenso werden in Kapitel 11.1.1 *Arten von Altersgrenzen* beamtenspezifische Regelungen nur bei Gelegenheit aufgegriffen.[189] Ausdrücklich von der Erwerbstätigkeit grenzt der Altenbericht ein nur das Gemeinwesen entlastendes bürgerschaftliches unentgeltliches Engagement ab.[190]

183 Ebenda, S. 211.
184 Ebenda, S. 211.
185 Ebenda, S. 211.
186 Ebenda, Einführung, S. V; a. A. BT-Drs. 17/5106, S. 2: Die Opposition DIE LINKE gibt zu bedenken, dass sich die Anhebung der Regelaltersgrenze lediglich in der Kürzung von Ansprüchen niederschlüge und zum Vorteil der deutschen Unternehmen als „Exportweltmeister" gereiche.
187 Ebenda, S. XI.
188 Ebenda, S. 121.
189 Ebenda, S. 195.
190 Ebenda, S. 76 f.

Anders als die Kommission des Sechsten Altenberichtes hält die Bundesregierung es für unnötig, einen Anspruch auf Altersrente statt an starre Altersgrenzen besser und flexibler an Zeiten der Erwerbsbeteiligung zu koppeln, da die gewünschte Flexibilität beim Renteneintritt bereits genügend durch die Möglichkeit gewährleistet würde, bereits vor oder erst nach Erreichen der Regelaltersgrenze in Rente gehen zu können.[191]

IV. Große Anfrage der Abgeordneten der Fraktion DIE LINKE „Rente erst ab 67 – Risiken für Jung und Alt" und Antwort der Bundesregierung, 2011

Aufgrund der für das Jahr 2012 beschlossenen Anhebung der Rentenberechtigungsgrenze auf das 67. Lebensjahr, stellte die Fraktion DIE LINKE an die Bundesregierung die Frage, ob die Anhebung des Rentenalters allein zu zusätzlichen Abschlägen der Bezugsrente führe, da nach einer Erwerbslosigkeit im Alter eine Anschlussbeschäftigung wenig aussichtsreich sei.[192]

Auch hier betont die Bundesregierung, dass vorhandene Fehlanreize für ein frühes Ausscheiden älterer Beschäftigter aus dem Arbeitsleben abgebaut und positive Anreize für Arbeitgeber geschaffen werden müssen, ältere Menschen zu beschäftigen.[193] Nach der Antwort der Bundesregierung auf die Große Anfrage ist das durchschnittliche Rentenzugangsalter seit dem Jahr 2000 (Stand der Berichterstattung November 2011) um über ein Jahr gestiegen.[194] Demgegenüber hat sich das durchschnittliche Zugangsalter in Erwerbsminderungsrenten um ein Jahr vermindert.[195] Ebenso ist der Anteil der vorzeitigen Altersrente mit Abschlägen gesunken,[196] dies bedeutet, dass weniger Ältere die vorgezogene Altersrente in Anspruch nehmen und mithin länger im Erwerbsleben verbleiben.

191 Ebenda, S. XI.
192 BT-Drs. 17/5106, S. 1.
193 BT-Drs. 17/7966, S. 32.
194 Ebenda, S. 20.
195 Ebenda, S. 21 f.: Aufgabe der Renten wegen Erwerbsminderung ist es, den Versicherten Lohnersatz zu gewähren, wenn vor Erreichen der Altersgrenze eine Minderung ihrer Erwerbsfähigkeit eintritt. Sie sollen nicht an die Stelle vorzeitiger Altersrenten treten. Der Rückgang des durchschnittlichen Zugangsalters ist das Ergebnis abnehmender Erwerbsminderung in höheren Altern.
196 Ebenda, S. 32.

V. Koalitionsvertrag zwischen CDU/CSU und SDP, 18. Legislaturperiode, 2013

Im Gegenzug zum vorhergehenden Koalitionsvertrag der CDU/CSU und FDP ist der aktuelle Koalitionsvertrag umfangreicher:

Der Koalitionsvertrag zwischen CDU/CSU und SPD der 18. Legislaturperiode vom 17. Dezember 2013 greift unter dem Stichwort „Altersarmut verhindern – Lebensleistung würdigen" in der Präambel auf, dass die steigende Beteiligung Älterer am Erwerbsleben weiterhin Bestandteil der politischen Anstrengung sein soll.[197] Im gleichen Absatz nur zwei Sätze weiter wird jedoch diese Anstrengung mit der Aussicht verbunden, dass angesichts verlängerter Lebensarbeitszeiten langjährige Beschäftigte zwei Jahre früher abschlagsfrei eine Rente beziehen können sollen.[198] Das im Koalitionsvertrag erwähnte Fachkräftesicherungskonzept soll im Schwerpunkt auf junge Menschen ausgerichtet sein, daneben sollen Migrantinnen und Migranten in den Arbeitsmarkt integriert werden.[199] Dahinter findet die Steigerung der Weiterbildungsbeteiligung Älterer Erwähnung.[200] Die Verantwortung, eine alters- und alternsgerechte Arbeitswelt sowie eine demographiesensible Personalpolitik zu verstärken, soll nach dem Standpunkt der Koalition „insbesondere die Betriebe" verpflichtend treffen.[201] Dazu wird die Initiative zur Beschäftigung von über 50-Jährigen fortgeführt.[202] Im Kapitel 2.3 *Soziale Sicherheit* ist vor dem Hintergrund des demographischen Wandels das Ziel bezeichnet, im Arbeitsmarkt und in der Rente Anreize zu setzen, um viele Ältere möglichst lang im Erwerbsleben zu halten und damit die Alterssicherungssysteme zu stärken.[203] Ab dem 1. Juli 2014 ist eine abschlagsfreie Rente mit dem vollendeten 63. Lebensjahr möglich (statt ab dem 65. Lebensjahr – so die Rechtslage ab Beginn 2012).[204] Dieses soll jedoch schrittweise auf das 65. Lebensjahr angehoben werden.[205] Des Weiteren finden sich Aussagen über den unverzichtbaren Erfahrungsschatz der älteren Menschen, es soll für altersgemischte Teams in Unternehmen geworben werden, ältere Arbeitnehmerinnen und Arbeitnehmer sollen

---

197 Koalitionsvertrag zwischen CDU, CSU und SDP 2013, S. 10.
198 Ebenda, S. 10.
199 Ebenda, S. 37.
200 Ebenda, S. 37.
201 Ebenda, S. 38.
202 Ebenda, S. 38.
203 Ebenda, S. 71.
204 Ebenda, S. 71.
205 Ebenda, S. 71.

weiter gute Chancen auf Beschäftigung finden, es sollen flexible Regelungen für den Übergang vom Erwerbsleben in den Ruhestand geschaffen werden.[206] Im Kapitel 4.1 *Miteinander stärken und Chancengleichheit verbessern* wird schlussendlich der Abbau von institutionellen Barrieren aufgegriffen, damit die Fähigkeiten der Älteren besser in die Gesellschaft eingebracht werden können.[207] Dazu sollen Altersgrenzen überprüft und gegebenenfalls verändert werden.[208] Altersdiskriminierung soll aktiv bekämpft werden, die Situation älterer Arbeitnehmerinnen und Arbeitnehmer soll besonders in den Blick genommen werden.[209]

Der Koalitionsvertrag enthält mit Blick auf den Geschäftsbereich BMVg den Entschluss zur konsequenten Fortsetzung der Neuausrichtung der Bundeswehr, d.h. eine Verkleinerung auf 185.000 Soldatinnen und Soldaten.[210] Der Bereich der zivilen Angehörigen wird demgegenüber nicht zahlenmäßig benannt; es wird eine aufgabenbezogene Evaluierung in Aussicht gestellt und mitgeteilt, eine weitere Reduzierung des Personalumfangs der Bundeswehr bilde keine Perspektive.[211] Zur Attraktivitätssteigerung wird angekündigt Beschränkungen der Hinzuverdienstgrenzen aufzuheben, die bei einer späteren Tätigkeit in der Wirtschaft von ausgeschiedenen Soldatinnen und Soldaten greifen.[212]

VI. Ergebnis

Diverse Programme und Entschließungen befassen sich mit der Diskriminierung Älterer. Die besondere Situation, in der sich Ältere befinden, führte die Bundesregierung schon 1994 dazu, sich mit der Lage der älteren Generation in Deutschland unter verschiedenen Aspekten zu befassen.[213] Die Bundesregierung betonte mehrfach, dass aufgrund des demographischen Wandels die Anhebung der Erwerbsbeteiligung Älterer unumgänglich sei. In ihrem Koalitionsvertrag sagte sie zu, starre Altersgrenzen zu Gunsten flexibler Regelungen zu überprüfen und Möglichkeiten eines frühen Ausstiegs aus dem Erwerbsleben einzudämmen.[214]

---

206 Ebenda, S. 72, 96.
207 Ebenda, S. 104.
208 Ebenda, S. 104.
209 Ebenda, S. 104.
210 Ebenda, S. 122.
211 Ebenda, S. 122.
212 Ebenda, S. 123.
213 BT-Drs. 12/7992.
214 Koalitionsvertrag zwischen CDU, CSU und SPD 2013, S. 71, 104.

Auch diese vorbezeichneten Maßnahmen und Pläne zur Verwirklichung der Teilhabe Älterer am Erwerbsleben müssen wirksam umgesetzt werden. Soweit der politische Wille eine Verlängerung der Lebensarbeitszeit fordert, ist dies ebenfalls nur durch entsprechende Gesetzesinitiativen zu erzielen. Auch hier werden die politischen Erwägungen in die umsetzenden Gesetzesmaterialien (Bundestagsdrucksachen) aufgenommen.

D. Die Aufgaben und Tätigkeiten in verschiedenen Verwendungen der Soldatinnen und Soldaten unter verfassungsrechtlichen Vorgaben

Die Verwendungen der Berufssoldatinnen und Berufssoldaten sind vielschichtig. Nicht immer werden sie typisch in der Truppe verwendet. Dies hängt einerseits mit dem grundgesetzlich geordneten Aufbau des Verteidigungsbereiches, andererseits mit den tatsächlichen Anforderungen an diesen zusammen. Alle Verwendungen der Berufssoldatinnen und Berufssoldaten, ungeachtet ob in den Streitkräften, der Bundeswehrverwaltung oder auch außerhalb der Bundeswehr, münden in die allgemeinen oder besonderen Altersgrenzen, zu denen Berufssoldatinnen und Berufssoldaten pensioniert werden.

Nachfolgend wird der organisatorische Aufbau der Verteidigungsaufgaben unter grundgesetzlichen Vorgaben dargestellt. Die verschiedenen Tätigkeitsfelder und Zuordnungen der Soldatinnen und Soldaten getrennt nach Organisationsbereichen werden aufgezeigt. Dazu wird der Streitkräftebegriff beleuchtet und geprüft, ob aus den statusrechtlichen Erkenntnissen Bezüge zur Aufgabenbestimmung hergestellt werden können, da insb. die Aufgaben der Bereiche Art. 87a und Art. 87b GG die differenzierten Altersgrenzen begründen (sollen).

Die verfassungsmäßige Organisation der Verteidigung ist im Grundgesetz niedergelegt. Zur Darstellung der Verwendungen der Statusgruppen von Soldatinnen und Soldaten sowie von Beamtinnen und Beamten im Bereich der Verteidigung werden nachfolgend die Wehrverfassung, ihre Entstehungsgeschichte und die sich daraus ergebenden Abgrenzungsprobleme des Einsatzes der Streitkräfte auch außerhalb der konkreten Truppenverwendung dargestellt.

I. Die Organisation des Militärs und der Militärverwaltung

Das Militär bedurfte schon von jeher einer Verwaltung.[215] Schon in Zeiten vor Errichtung der Bundeswehr stellte das Militär unter Zuhilfenahme von mit Verwaltungsaufgaben betrauten Angehörigen, so genannten Amtshelfern, Aufgaben der Landesverteidigung sicher. In unterschiedlichen Annäherungen der Status zwischen den eigentlichen Kombattanten und den Amtshelfern wurde die

215 Voigt/Seybold, S. 39.

Aufgabe stets gemeinsam wahrgenommen. Die Bezeichnungen für das stärkste Machtmittel im Staat variierte stets.[216]

1. Die Organisation des Militärs und der Militärverwaltung in Preußen und im Deutschen Staatenbund

Schon im 17. und 18. Jahrhundert war in der preußischen Landesverteidigung das Militär von der Militärverwaltung getrennt, wobei Beamte mit den Aufgaben der Militärverwaltung betraut waren.[217] Diese Aufteilung zwischen Militär und Verwaltung setzte sich auch im Deutschen Bund fort. 1820 wurden für den wirtschaftlichen Teil der Militärverwaltung Intendanturen ausgebildet. Diese waren im Wesentlichen mit dem Bekleidungs-, Verpflegungs- und Besoldungswesen sowie der Verwaltung von Garnisonen und Lazaretten betraut.[218] Beschäftigte waren Militärbeamte mit einem gemischten Status: Sie befanden sich sowohl in einem militärischen Dienstverhältnis und unterstanden einem militärischen Vorgesetzten, gleichzeitig gewährte ihnen das ebenfalls bestehende Beamtenverhältnis eine größere Selbstständigkeit gegenüber den Kommandeuren.[219] Die Bezeichnung des Militärs und der Militärverwaltung wurde im so genannten Reichsheer zusammengefasst. Dieses einheitliche Reichsheer wurde aus den Streitkräften der Länder, denen einige Vorbehaltsrechte verblieben, gebildet.[220]

2. Die Organisation des Militärs und der Militärverwaltung in der Weimarer Republik und im Dritten Reich

In der Weimarer Republik nutzte Art. 47 der Verfassung des Deutschen Reiches – Weimarer Reichsverfassung (WRV) den Begriff Wehrmacht.[221] Aus

---

216 Lepper, S. 11.

217 Voigt/Seybold, S. 39; m. w N. Reinfried, Streitkräfte und Bundeswehrverwaltung, S. 16 ff.

218 Voigt/Seybold, S. 39.

219 Ebenda, S. 39.

220 *Heun*, in: H. Dreier (Hrsg.), Grundgesetz-Kommentar, Band III, 2. Aufl. 2008, Art. 87a Rn. 1.

221 Schon in § 19 der Verfassung des Deutschen Reiches – „Frankfurter Reichsverfassung" bzw. „Paulskirchen-Verfassung" vom 28. März 1849, RGBl. 1849 S. 101, wurde die Bezeichnung Wehrmacht verwendet: „*Die Seemacht ist ausschließlich Sache des Reiches. Es ist keinem Einzelstaate gestattet, Kriegsschiffe für sich zu halten oder Kaperbriefe auszugeben. Die Bemannung der Kriegsflotte bildet einen Theil der deutschen Wehrmacht.* [...]"; Artikel 39 der Verfassung des Deutschen Reiches vom 11. August 1919 – Weimarer Reichsverfassung Reichsgesetzblatt 1919, S. 1383: "*Beamte und*

der Zusammenschau des § 1 des Gesetzes über die Bildung einer vorläufigen Reichswehr vom 6. März 1919,[222] des § 1 des Gesetzes über die Bildung einer vorläufigen Reichsmarine vom 16. April 1919[223] und des § 1 Abs. 1 Satz 1 Wehrgesetz vom 23. März 1921[224] ergibt sich, dass Wehrmacht im Sinne einer Streitmacht zu verstehen ist. Im Wehrgesetz vom 23. März 1921 wurde der Wehrmacht der deutschen Republik der Name „Reichswehr“ verliehen. Diese wird nach § 1 Abs. 1 Satz 2 1. Halbsatz Wehrgesetz aus dem Reichsheer und der Reichsmarine gebildet.

In der Reichswehr und der Reichsmarine wurde zwischen Militär und Beamten differenziert (§ 2 Abs. 2 des Gesetzes über die Bildung einer vorläufigen Reichswehr vom 6. März 1919[225] und § 2 Abs. 2 des Gesetzes über die Bildung einer vorläufigen Reichsmarine vom 16. April 1919[226]).

Der Reichswehr gehörten gemäß § 1 Abs. 1 Satz 2 Wehrgesetz freiwillige Soldaten und die nicht im Waffendienst tätigen Militärbeamten an. Eine weitere Unterscheidung wurde zwischen der Militärverwaltung und der nicht dem Militär unterstellten Wehrverwaltung, der zivilen Heeresverwaltung, vorgenommen.[227] Die Militärbeamten unterstanden militärischen Vorgesetzten, hatten Offiziersrang und erledigten Verwaltungsaufgaben in der Truppe.[228] Die zivilen Heeresverwaltungsbeamten unterstanden zivilen Vorgesetzten und arbeiteten in den Ortsbehörden der Heeresverwaltung.[229]

Im Nationalsozialistischen Staat ging die deutsche Wehrmacht durch das Gesetz für den Aufbau der Wehrmacht vom 16. März 1935[230] aus der Reichswehr

---

Angehörige der Wehrmacht bedürfen zur Ausübung ihres Amtes als Mitglieder des Reichstags oder eines Landtags keines Urlaubs. […]“.

222 § 1 Abs. 1 des Gesetzes über die Bildung einer vorläufigen Reichswehr, RGBl. 1919 S. 295: „*Der Reichspräsident wird ermächtigt* […] *eine vorläufige Reichswehr auszubilden, die bis zur Schaffung der neuen reichsgesetzlich zu ordnenden Wehrmacht die Reichsgrenzen schützt* […]“.

223 § 1 des Gesetzes über die Bildung einer vorläufigen Reichsmarine vom 16. April 1919, RGBl. 1919 S. 431: „*Der Reichspräsident wird ermächtigt,* […] *eine vorläufige Reichsmarine zu bilden, die bis zur Schaffung der neuen reichsgesetzlich zu ordnenden Wehrmacht die deutschen Küsten sichert* […]“.

224 RGBl. 1921 I S. 329.

225 RGBl. 1919 S. 295.

226 RGBl. 1919 S. 431.

227 Hahnenfeld, BWV 1975, 18, 18; Voigt/Seybold, S. 40.

228 Hahnenfeld, BWV 1975, 18, 18.

229 Reinfried, Streitkräfte und Bundeswehrverwaltung, S. 24.

230 RGBl. 1935 I S. 375.

hervor.[231] Neben den Soldaten wurden uniformierte Wehrmachtsbeamte ausgebildet, die gemäß § 21 Abs. 1 Wehrgesetz Angehörige der Wehrmacht waren und die der Stellung der Soldaten angenähert waren, so dass sie mit Einordnung in die Befehlshierarchie der Kommandogewalt untergeordnet wurden.[232] Dies versetzte die deutsche Wehrmacht in die Lage, die Verfügungsmacht über die Wehrverwaltung zu erlangen.[233] Diese Organisation führte später zu der Entwicklung eines „Staates im Staate".[234] Die im Betrieb der Wehrmacht angestellten Zivilpersonen waren keine Angehörige der Wehrmacht (§§ 21 Abs. 1, 26 Abs. 4 Wehrgesetz).

3. Die Organisation des Militärs und der Militärverwaltung in Deutschland ab 1949

Nach dem Zweiten Weltkrieg war eine Wiederbewaffnung Deutschlands nicht vorgesehen. Das am 23. Mai 1949 in Kraft getretene Grundgesetz[235] enthielt daher keine Wehrverfassung.[236] Erst mit der Verschärfung des Ost-West-Konfliktes wurde unter der Führung der USA ab 1950 die Wiederbewaffnung Deutschlands unter Erhalt der bekannten Trennung zwischen Militär und Verwaltung vorangetrieben.[237] Die verfassungsgebenden Tätigkeiten zum Erlass einer Wehrverfassung schlugen sich in drei Ergänzungsgesetzen zum Grundgesetz nieder:

- Gesetz zur Ergänzung des Grundgesetzes vom 26. März 1954[238] (Regelung der ausschließlichen Gesetzgebungskompetenz des Bundes über Angelegenheiten der Verteidigung),
- Gesetz zur Ergänzung des Grundgesetzes vom 19. März 1956[239] (Regelung zur Grundgesetzbindung, zum Auftrag, zur Unterstellung sowie inneren Struktur der Streitkräfte) und

---

231 Lepper, S. 11.
232 BT-Drs. 2/2341, S. 9, Reinfried, Streitkräfte und Bundeswehrverwaltung, S. 26; Voigt/Seybold, S. 40.
233 Voigt/Seybold, S. 39.
234 Ebenda.
235 BGBl. 1949 S. 1.
236 Reinfried, Streitkräfte und Bundeswehrverwaltung, S. 27; Wolff S. 34; Wörterbuch zur Sicherheitspolitik, S. 488.
237 Voigt/Seybold, S. 40.
238 BGBl. 1954 I S. 45.
239 BGBl. 1956 I S. 111.

- Siebzehntes Gesetz zur Ergänzung des Grundgesetzes („Notstandsgesetze") vom 24. Juni 1968[240] (Schaffung der Voraussetzungen für den Streitkräfteeinsatz im Staatsinnern).

Die Wehrverfassung ordnet die Bundeswehr in den verfassungsmäßigen Aufbau des Staates ein und regelt die Aufstellung von Streitkräften (Art. 87a GG) und die Befehls- und Kommandogewalt (Art. 65a GG), sorgt für eine gestärkte Parlamentsstellung (Art. 45a, Art. 45b, Art. 87a GG), ermöglicht die Einschränkung von Grundrechten (Art. 12a, Art 17a GG), begründet eine besondere Wehrverwaltung und Wehrgerichtsbarkeit (Art. 87b, Art. 96 GG), ermöglicht die Begrenzung der Wählbarkeit von Soldatinnen und Soldaten (Art. 137 GG) und statuiert den Verfassungsvorbehalt für den Streitkräfteeinsatz im inneren Notstand (Art. 87a, Art. 91 Abs. 2 GG). Durch die Notstandsverfassung wurden Änderungen eingefügt (Aufhebung von Art. 59a, Art. 142a, Art. 143 GG, Änderung von Art. 87a GG).[241] Aus dieser Wehrverfassung entstand das Wehrrecht, welches aus verschiedenen Gesetzen besteht und das die Gesamtheit der sich auf die militärische Verteidigung Deutschlands durch die Bundeswehr beziehenden Normen darstellt.[242] Die Gesetzgebungskompetenz steht gemäß Art. 73 Nr. 1 GG dem Bund zu.

Während der Schaffung einer neuen Wehrverfassung im Grundgesetz sollten die neuen deutschen Streitkräfte im Rahmen der Bündnisintegration ausschließlich der Verteidigung dienen, die vielfältigen Bedürfnisse der Streitkräfte sollten durch eine neu geschaffene Bundeswehrverwaltung befriedigt werden.[243] Dies gereichte zweifach zum Vorteil:

- die komplexen Verwaltungsaufgaben konnten von speziell ausgebildeten Fachleuten vorgenommen werden und
- die Soldaten konnten sich auf die Ausführung der soldatischen Aufgaben konzentrieren.[244]

240 BGBl. 1968 I S. 709.

241 Wolff, S. 32 f.

242 Wörterbuch zur Sicherheitspolitik, S. 488.

243 Voigt/Seybold, S. 40 f.

244 Pieroth, NVwZ 2011, 705, 705; Reinfried, Streitkräfte und Bundeswehrverwaltung, S. 33; Wolff, S. 60; Voigt/Seybold, S. 42; a. A. sieht die Wehrverwaltung in einer Mittlerstellung, um den rechtmäßigen Anschluss zwischen gesellschaftlichem Umfeld und militärischer Gewalt zu gewährleisten, m. w. N. Voigt/Seybold, S. 42.

Diese verfassungsrechtliche Trennung, die ihren Ursprung schon in der Dienststelle „Amt Blank“ hatte, dem organisatorischen Vorläufer des späteren BMVg,[245] wurde 1956 im Bundestag mit deutlich sichtbaren Grenzen des politischen Konsenses beschlossen.[246] In der frühen Bundesrepublik wurde die Frage zur Neubewaffnung nämlich durchaus kritisch gestellt, so dass das Kontrollprinzip „divide et impera“ klar im Grundgesetz durch die Art. 87a und Art. 87b GG Einzug hielt.[247] Die politische Kontrolle sollte in allen Bereichen der Landesverteidigung gewährleistet werden; dafür bedurfte es nach der Gesetzesbegründung neben dem Primat der Politik zumindest auch eines Gleichgewichtes zwischen Militär und dem zivilen Teil der Bundeswehr.[248] Die verfassungsrechtliche Trennung bewirkt die Entlastung der Streitkräfte von Verwaltungsaufgaben; aus organisationssoziologischer Sicht ist es eine typische Aufgabe von Beamtinnen und Beamten, eine adäquate Vermittlung zwischen dem zivilen gesellschaftlichen Umfeld und der militärischen Gewalt zu finden.[249] In der Regierungserklärung vom 27. Juni 1955[250] wurde festgelegt, dass die unmittelbar bei der Truppe anfallenden Verwaltungsaufgaben im Rahmen des militärisch Möglichen ebenfalls von zivilem Verwaltungspersonal erledigt werden sollte, das von der Verteidigungsverwaltung zur Truppe abgeordnet werden sollte.

245 https://www.bundesarchiv.de/oeffentlichkeitsarbeit/bilder_dokumente/00879/index-7.html.de, Stand: 9. Oktober 2016 m. w. N.

246 Hahnenfeld, BWV 1975, 18, 18; Militärgeschichtliches Forschungsamt, Entschieden für Frieden, Wellershoff, S. 23 und Rautenberg, S. 114.

247 Militärgeschichtliches Forschungsamt, Entschieden für Frieden, Wellershoff, S. 23; Zweite und Dritte Beratung des Entwurfs eines Gesetzes zur Verfassungsänderung, 132. Sitzung Bundestag, 6. März 1956.

248 BT-Drs. 2/2341, S. 5 f.; Clement/Jöris, S. 72; Gramm, NZWehrr 2011, 89, 97; anders jedoch Rautenberg, Militärgeschichtliches Forschungsamt, Entschieden für Frieden, S. 113: Rautenberg sieht diese Trennung auch beschleunigt durch die inkorrekte Übertragung des Terminus „civil control“ aus der amerikanischen Staats- und Verfassungslehre, der als Kontrolle der Streitkräfte durch die zivile Beamtenschaft übersetzt worden sei, statt in korrekter Übertragung den Grundsatz des Primats der Politik widerzuspiegeln; ablehnend einer Wehrverwaltung als Kontrollinstrument über die Streitkräfte auch *Hernekamp*, in: v. Münch/Kunig GGK II, 6. Aufl. 2012, Art. 87b Rn. 1; Reinfried, Streitkräfte und Bundeswehrverwaltung, S. 52; Voigt/Seybold, S. 43 f, 48.

249 Pieroth, NVwZ, 2011, 705, 705; Lepper, S. 15.

250 BT-Drs. 2/92, Regierungserklärung vom 27. Juni 1955 Sitzungsprotokoll, S. 5218.

Der Begriff der „Bundeswehr“ findet weder in der Wehrverfassung noch überhaupt im Grundgesetz Verwendung. Erstmals wurde der Begriff „Bundeswehr“ im Bericht an den Wehrausschuss der Nationalversammlung am 5. März 1849[251] verwendet. Er wurde in der Zweiten und Dritten Beratung des Entwurfs eines Gesetzes über die Rechtsstellung des Soldaten (Soldatengesetz) am 5. März 1849[252] diskutiert und ist seit dieser Zeit gebräuchlich. Am 1. April 1956 erhielt die Bundeswehr ihre Bezeichnung. Der Begriff der Bundeswehr umfasst sowohl die Streitkräfte nach Art. 87a GG als auch die Bundeswehrverwaltung gemäß Art. 87b GG.[253] Abgetrennt davon ist das BMVg als Teil der Bundesregierung.

II. Der statusrechtliche Begriff der „Streitkräfte“ im Grundgesetz

Der Streitkräftebegriff findet mehrfache Verwendung in unterschiedlichen, nicht abschließend aufgezählten Artikeln des Grundgesetzes: Art. 12a Abs. 1 bis 3 GG, Art. 17a Abs. 1 GG, Art. 35 Abs. 2 und Abs. 3 GG, Art. 65a GG, Art. 87a Abs. 1 bis Abs. 4 GG, Art. 87b Abs. 1 GG und Art. 115b GG.

Zudem werden die Begrifflichkeiten „Streitkräfte“, „Soldatinnen und Soldaten“ und „Bundeswehr“ nebeneinander und synonym verwendet.[254] Die Hoffnung auf eine genaue Trennung der Begrifflichkeiten erfüllt das Grundgesetz nicht.[255] Es wird nachfolgend dargestellt, in welchem Maß der Begriff der Streitkräfte in den unterschiedlichen Artikeln für die von den Streitkräften zu erfüllenden Aufgabe der Landesverteidigung kongruent ist und ob daraus statusrechtliche Erkenntnisse für die Tätigkeiten der Berufssoldatinnen und Berufssoldaten gewonnen werden können.

---

251 Bericht des Abgeordneten Teichert über einen dem Wehrausschuss der Nationalversammlung übergebenen Vorschlag zur Bildung eines Bürgerwehrvereins im Lahnthale, Beilage II zum Protokoll der 181. Öffentlichen Sitzung vom 5. März 1849, S. 9 f.

252 BT-Drs. 2/132, S. 6827.

253 Hümmer, S. 63; Reinfried, Streitkräfte und Bundeswehrverwaltung, S. 42; Voigt/Seybold, S. 15.

254 BVerfG, Urteil vom12. Juli 1994, BVerfGE 90, 286, Rn. 78, 127; w. N. bei Reinfried, Streitkräfte und Bundeswehrverwaltung, S. 42; Walz, NZWehrr 1997, 89, 94 f.

255 Für viele Stern, § 42 III 2 c „Streitkräfte“ und 3 a „Bundeswehr“.

1. Der Streitkräftebegriff des Art. 12a GG

Mit Ausnahme des Art. 12a Abs. 4 Satz 2 GG regelt Art. 12a GG keine Grundrechte.[256] Er regelt vielmehr die Voraussetzungen, unter denen Eingriffe in Freiheitsrechte zur Wahrung der Sicherheit des Staates erfolgen können.[257]

Art. 12a Abs. 1 bis 3 GG normiert die militärischen und zivilen Dienstpflichten.[258] Art. 12a Abs. 1 GG normiert eine mögliche Wehrpflicht[259] in den Streitkräften.[260]

Es entspricht einhelliger Meinung, dass sich der Begriff der Streitkräfte auf Art. 87a Abs. 1 und 2 GG bezieht.[261] Aufgrund der Weite der Freiheit der Gewissensentscheidung und des konkreten Wortlautes des Art. 12a Abs. 2 Satz 3 GG „in keinem Zusammenhang mit den Verbänden der Streitkräfte" kann der Streitkräftebegriff nicht nur auf Soldatinnen und Soldaten beschränkt sein.[262]

2. Der Streitkräftebegriff des Art. 17a GG

Art. 17a Abs. 1 GG setzt den Gedanken des „Bürgers in Uniform" in der Verfassung um.[263] Er setzt die Beibehaltung der Grundrechtsträgerschaft im Soldatenstatus voraus – schon wegen Art. 1 Abs. 3 GG – und schränkt die Grundrechte über die Meinungsfreiheit, über die Versammlungsfreiheit und das Petitionsrecht, soweit es gemeinschaftlich wahrgenommen werden soll, ein.[264] Vergleichbar zu Art. 12a GG enthält Art. 17a GG kein Grundrecht, sondern Einschränkungen derselben.[265]

---

256 *Heun*, in: v. Mangoldt/Klein/Starck, GG I, Art. 12a Rn. 11; *Kämmerer*, in: v. Münch/Kunig, GGK I, Art. 12a Rn. 1.

257 *Kämmerer*, in: v. Münch/Kunig, GGK I, Art. 12a Rn. 1.

258 *Heun*, in: v. Mangoldt/Klein/Starck, GG I, Art. 12a Rn. 11.

259 Bei der Wehrpflicht handelt es sich um den Oberbegriff gemäß § 3 Abs. 1 Wehrpflichtgesetz für die Pflicht zum Wehrdienst und zum Ersatzdienst, dessen gesetzliche Form der Zivildienst ist.

260 *Heun*, in: v. Mangoldt/Klein/Starck, GG I, Art. 12a Rn. 11.

261 *Heun*, in: H. Dreier (Hrsg.), Grundgesetz-Kommentar, Band I, Art. 12a Rn. 21; *Gornig*, in: v. Mangoldt/Klein/Starck, GG I, Art. 12a Rn. 36; *Guckelberger*, in: Schmidt-Bleibtreu/Hofmann/Henneke, GG, Art. 12a Rn. 14; Jarass/Pieroth, Art. 12a Rn. 2; Poretschkin, NZWehrr 2008, 103, 105.

262 Poretschkin, NZWehrr 2008, 103, 105.

263 *Heun*, in: v. Mangoldt/Klein/Starck, GG I, Art. 17a Rn. 1.

264 Jarass/Pieroth, Art. 17a Rn. 2; *Heun*, in: v. Mangoldt/Klein/Starck, GG I, Art. 17a Rn. 4, da diese Grundrechte Gefahren für Kameradschaft und militärische Disziplin darstellen sollen.

265 *Heun*, in: v. Mangoldt/Klein/Starck, GG I, Art. 17a Rn. 4.

Art. 17a Abs. 1 GG versteht unter den „Angehörigen der Streitkräfte" Soldatinnen und Soldaten gemäß § 1 SG, aber auch Reservistinnen und Reservisten, die eine Wehrübung ableisten, so dass die Grundrechtseinschränkungen als Ausnahme minimiert sind.[266]

3. Der Streitkräftebegriff des Art. 35 GG

Art. 35 Abs. 2 Satz 2 und Abs. 3 Satz 1 GG gestattet den Bundesländern bei Naturkatastrophen und besonders schweren Unglücksfällen die Heranziehung der Streitkräfte, wobei diese keine spezifischen militärischen Waffen verwenden dürfen, da dies einen Einsatz nach Art. 87a GG bedeuten würde, der insoweit Sperrwirkung entfaltet.[267] Art. 35 Abs. 3 GG gibt der Bundesregierung das Recht, bei Naturkatastrophen und besonders schweren Unglücksfällen, die mehrere Bundesländer betreffen, diese anzuweisen, die Streitkräfte heranzuziehen, die helfen dürfen und müssen.[268]

Auch Art. 35 Abs. 2 Satz 2, Abs. 3 Satz 1 GG verwendet den Begriff der Streitkräfte, ohne ihn zu definieren. Aufgrund der zeitlichen Entstehung des Art. 87a GG – nämlich 1956 – ging dieser dem Art. 35 Abs. 2 Satz 2, Abs. 3 Satz 1 GG voran, der durch das Siebzehnte Gesetz zur Ergänzung des GG vom 24. Juni 1968[269] eingefügt wurde, und orientiert sich daher an diesem.[270]

Insgesamt ist zu beachten, dass Art. 35 Abs. 2 und Abs. 3 GG sich auf Sonderfälle bundesstaatlicher Hilfe beziehen, jedoch gegenüber Art. 35 Abs. 1 GG keinen abschließenden Charakter haben.[271] Daher sind die Streitkräfte auch von Art. 35 Abs. 1 GG erfasst.[272]

---

266 Jarass/Pieroth, Art. 17a Rn. 3; *Heun*, in: v. Mangoldt/Klein/Starck, GG I, Art. 17a Rn. 6; *v. Danwitz*, in: v. Mangoldt/Klein/Starck, GG II, Art. 35 Rn. 15; *Kerpmann-Wittzack*, in: v. Münch/Kunig, GGK I, Art. 17a Rn. 2; *Sannwald*, in: Schmidt-Bleibtreu/Hofmann/Henneke, GG, Art. 35 Rn. 21; Poretschkin, NZWehrr 2008, 103, 106.

267 Jarass/Pieroth, Art. 35 Rn. 7 und Art. 87a Rn. 10; *Gubelt*, in: v. Münch/Kunig, GGK I, Art. 35 Rn. 28.

268 Jarass/Pieroth, Art. 35 Rn. 7.

269 BGBl. 1968 I S. 109.

270 Hümmer, S. 63.

271 *Bauer*, in: H. Dreier (Hrsg.), Grundgesetz-Kommentar, Band II, Art. 35 Rn. 25.

272 Ebenda.

4. Der Streitkräftebegriff des Art. 65a und Art. 115b GG

Art. 65a GG überträgt dem Bundesminister für Verteidigung die Kommandogewalt über die Streitkräfte, soweit kein Verteidigungsfall vorliegt (Art. 115b GG[273]).

Nach einer Ansicht schließt der Begriff der Streitkräfte in Art. 65a GG neben dem uniformierten und befehlshierarchisch organisierten Teil der Bundeswehr auch die Bundeswehrverwaltung gemäß Art. 87b GG sowie die Militärseelsorge und die erstinstanzliche Dienstrechtspflege durch Truppendienstgerichte ein.[274]

Der Wortlaut der Art. 65a und Art. 115b GG weist die Befehls- und Kommandogewalt über die Streitkräfte der Bundesministerin oder dem Bundesminister der Verteidigung respektive bei Verkündung des Verteidigungsfalles der Bundeskanzlerin oder dem Bundeskanzler zu. So könnte man davon ausgehen, dass, da lediglich Streitkräfte mit Befehls- und Kommandogewalt geführt werden, die Organisationshoheit über die Verwaltung jedoch per Weisungen ausgeübt wird, sich die Art. 65a und Art. 115b GG ausschließlich nur auf die Streitkräfte im Sinne aller Soldatinnen und Soldaten beziehen können.[275]

Unklar bleibt nach dem Wortlaut, ob Soldatinnen und Soldaten außerhalb der Streitkräfte nicht dem Art. 65a und Art. 115b GG unterworfen sind. Ob eine Herauslösung von Teilen der Soldatinnen und Soldaten aus dem Wirkungsbereich der Art. 65a und Art. 115b GG gewollt war, darf bezweifelt werden. Unter den Streitkräften i. S. d. Art. 65a GG sind alle deutschen Soldatinnen und Soldaten zu verstehen, ungeachtet ob sie in der Truppe oder außerhalb, beispielsweise im Geschäftsbereich des BMVg tätig sind.[276] Damit sind alle aktiven Soldatinnen und Soldaten umfasst – auch diejenigen, die in den zivilen Organisationsbereichen der Bundeswehrverwaltung, der Militärseelsorge, der Rechtspflege oder dem BMVg ihren Dienst ausüben.[277] Im Verteidigungsfall geht daher die Befehls- und Kommandogewalt über alle Soldatinnen und Soldaten ungeachtet des zugeordneten Bereiches auf die Bundeskanzlerin oder den Bundeskanzler über.

---

273 *Heun*, in: H. Dreier (Hrsg.), Grundgesetz-Kommentar, Band II, Art. 65a Rn. 5.

274 *Hernekamp* in: v. Münch/Kunig, GGK I, Art. 65a Rn. 21; *Müller-Franken/Uhlen*, in: Schmidt-Bleibtreu/Hofmann/Henneke, GG, Art. 65a Rn. 17.

275 *Heun*, in: H. Dreier (Hrsg.), Grundgesetz-Kommentar, Band III, Art. 87b Rn. 13; Gramm, NZWehrr 2011, 89, 99; Poretschkin, NZWehrr 2008, 103, 106 f.; Walz, NZWehrr 1997, 89, 93.

276 *Müller-Franken/Uhlen*, in: Schmidt-Bleibtreu/Hofmann/Henneke, GG, Art. 65a Rn. 17; Poretschkin, NZWehrr 2008, 103, 108; so auch Lepper, S. 16.

277 *Müller-Franken/Uhlen*, in: Schmidt-Bleibtreu/Hofmann/Henneke, GG, Art. 65a Rn. 17; *Heun*, in: H. Dreier (Hrsg.), Grundgesetz-Kommentar, Band II, Art. 65a Rn. 11.

Dagegen wechseln Angehörige der Bundeswehrverwaltung, selbst wenn sie zum kriegsvölkerrechtlichen Schutz Soldatenstatus erhielten, nicht unter die Befehls- und Kommandogewalt der Bundeskanzlerin oder des Bundeskanzlers.[278] Der Darstellung in Voigt/Seybold lässt sich ebenfalls entnehmen, dass mit dem Begriff Streitkräfte die durch Befehl und Gehorsam geprägte Organisationseinheit gemeint ist.[279]

Dieser Einsatz in anderen zivilen Behörden stellt auch keine verfassungswidrige Delegation der Befehls- und Kommandogewalt zu anderen Behörden dar.[280] Insofern sind die betroffenen Soldatinnen und Soldaten lediglich aus den Streitkräften ausgegliedert, sind aber dem „Zugriff" der Bundesministerin oder des Bundesministers der Verteidigung nicht vollkommen entzogen, da die truppendienstliche Unterstellung zu jeder Zeit unangetastet blieb.[281]

5. Der Streitkräftebegriff des Art. 87a GG

Art. 87a Abs. 1 bis Abs. 4 GG beinhaltet die Aufstellung der Streitkräfte zur Verteidigung.[282] Gemäß Art. 87a Abs. 2 GG dürfen sie nur eingesetzt werden, soweit das Grundgesetz dies ausdrücklich zulässt. Art. 87a Abs. 3 GG regelt Befugnisse im Spannungs- und Verteidigungsfall. Soweit Gefahr für den Bestand oder die freiheitlich demokratische Grundordnung des Bundes oder eines Bundeslandes besteht, können die Streitkräfte zur Unterstützung herangezogen werden (Art. 87a Abs. 4 GG).

Eine konkrete Definition für den Begriff der Streitkräfte ist dem Grundgesetz nicht zu entnehmen.[283]

Baldus ist der Auffassung, dass Art. 87a GG mit dem Begriff der Streitkräfte „offenbar die Gesamtheit der militärischen Einheiten der Bundesrepublik Deutschland" umfasst.[284] Konkreter heißt es am angegebenen Orte dann, dass Streitkräfte Verbände mit besonders wirksamen Waffen seien (Kombattantenverbände), deren Funktionsweise durch „Befehl und Gehorsam" gekennzeichnet

---

278 *Hernekamp,* in: v. Münch/Kunig, GGK II, Art. 87b Rn. 25.

279 Voigt/Seybold, S. 37.

280 BVerwG, Urteil vom 16. Oktober 2008 - 2 A 9.07, Rn. 74; Jarass/Pieroth, Art. 65a Rn. 2.

281 BVerwG, Urteil vom 16. Oktober 2008 - 2 A 9.07, Rn. 74.

282 *Grzeszick,* in: Friauf/Höfling, Berliner Kommentar zum Grundgesetz, Art. 87a Rn. 2; Jarass/Pieroth, Art. 87a Rn. 1.

283 Lepper, S. 14.

284 *Baldus,* in: v. Mangoldt/Klein/Starck, GG III, Art. 87a Rn. 16.

ist und gemäß Art. 65a GG der Bundesministerin oder dem Bundesminister der Verteidigung (im Verteidigungsfall der Bundeskanzlerin oder dem Bundeskanzler gemäß Art. 115 b GG) unterstehen.[285] Auch Lepper versteht unter dem Streitkräftebegriff die militärischen Verbände.[286]

Organisationseinheiten der Art. 87b GG (Bundeswehrverwaltung einschließlich der Hochschulen der Bundeswehr), Art. 96 GG (Wehrstraf- und Wehrdienstgerichtsbarkeit), Art. 140 GG i. V. m. Art. 141 Weimarer Verfassung (Militärseelsorge) und Krankenhäuser der Bundeswehr werden demgemäß schon nach der Gesetzessystematik nicht unter den Streitkräftebegriff subsumiert[287], obwohl sie völkerrechtlich eine Kombattantenstellung erhalten können.[288] Ebenfalls nicht dazu gehören die Bundespolizei oder sonstige bewaffnete Polizeieinheiten.[289] Als unselbstständige Einrichtung der Streitkräfte zählt jedoch der Militärische Abschirmdienst zu den Streitkräften.[290]

Die Streitkräfte im engen Sinn des Art. 87a GG setzen sich daher organisatorisch aus den Teilstreitkräften Heer (Landstreitkräfte), Luftwaffe (Luftstreitkräfte) und Marine (Seestreitkräfte) sowie den Organisationsbereichen Streitkräftebasis als „Dienstleister" für die Teilstreitkräfte und Zentraler Sanitätsdienst für die medizinische Versorgung zusammen.[291]

6. Der Streitkräftebegriff des Art. 87b GG

Art. 87b Abs. 1 GG legt eine bundeseigene Verwaltung mit eigenem Verwaltungsunterbau für die Bundeswehr fest.[292] Die Aufgaben beziehen sich gemäß

---

285 *Grzeszick*, in: Friauf/Höfling, Berliner Kommentar zum Grundgesetz, Art. 87a Rn. 7; *Heun*, in: H. Dreier (Hrsg.), Grundgesetz-Kommentar, Band II, Art. 65a Rn. 11, Band III, Art. 87a Rn. 6; Jarass/Pieroth, Art. 87a Rn. 4; *Krieger*, in: Schmidt-Bleibtreu/Hofmann/Henneke, GG, Art. 87a Rn. 10; Stern, Band II § 42 2. Abschnitt III 2. b.

286 Lepper, S. 14.

287 *Heun*, in: H. Dreier (Hrsg.), Grundgesetz-Kommentar, Band II, Art. 65a Rn. 11, Band III, Art. 87a Rn. 9; Jarass/Pieroth, Art. 87a Rn. 4; *Krieger*, in: Schmidt-Bleibtreu/Hofmann/Henneke, GG, Art. 87a Rn. 10.

288 *Krieger*, in: Schmidt-Bleibtreu/Hofmann/Henneke, GG, Art. 87a Rn. 10.

289 Jarass/Pieroth, Art. 87a Rn. 4; *Krieger*, in: Schmidt-Bleibtreu/Hofmann/Henneke, GG, Art. 87a Rn. 10.

290 Jarass/Pieroth, Art. 87a Rn. 4; *Krieger*, in: Schmidt-Bleibtreu/Hofmann/Henneke, GG, Art. 87a Rn. 10.

291 Poretschkin, NZWehrr 2008, 103, 103 und 110 f.

292 Jarass/Pieroth, Art. 87b Rn. 2; *Hernekamp*, in: v. Münch/Kunig, GGK II, Art. 87b Rn. 2.

Art. 87b Abs. 1 Satz 2 GG auf diejenigen des Personalwesens und der unmittelbaren Deckung des Sachbedarfs der Streitkräfte.[293] Es bedarf eines direkten Bezuges zu den Aufgaben der Streitkräfte.[294] Unter der Bundeswehrverwaltung sind beispielsweise zu fassen: die bundeswehrinterne Personalverwaltung einschließlich der Organisation von dienstlichen Veranstaltungen und das Wehrdisziplinar- und -beschwerdewesen, das Beschaffungs-, Instandsetzungs-, Lager-, Unterkunfts-, Liegenschafts- und Haushaltswesen sowie aufgrund der Aus- und Fortbildung des Personals die Errichtung von wissenschaftlichen Hochschulen der Bundeswehr.[295] Im Jahr 2010 erfuhr die Bundeswehrverwaltung mit der Bundeswehrstrukturreform eine erhebliche Umgestaltung.[296] Es wurden neue zivile Organisationseinheiten im BMVg gegründet.[297] Diese umfassen: Personal – Ausrüstung, Informationstechnik und Nutzung – Infrastruktur sowie Umweltschutz und Dienstleistungen.[298] In diesen dem BMVg nachgeordneten Bereichen nehmen nunmehr Bundesoberbehörden die Aufgaben der Bedarfsdeckung wahr: Versorgungsamt (Besoldung und Versorgung), das Infrastrukturamt, das Bundeswehrdienstleistungsamt und das Personalamt.[299] Zusätzlich wurden drei Bundesämter gegründet: das Bundesamt für Ausrüstung, Informationstechnik und Nutzung der Bundeswehr, das Bundesamt für Infrastruktur, Umweltschutz und Dienstleistungen sowie das Bundesamt für Personalmanagement der Bundeswehr.[300]

Art. 87b Abs. 1 GG konzentriert sich ob seiner Parallelität zu Art. 87a GG primär auf die Truppe als Streitkräfte im engen Sinn, ist jedoch auch für diejenigen Soldatinnen und Soldaten gültig, die im BMVg ihren Dienst versehen.[301]

7. Der Streitkräftebegriff des Art. 96 GG

Art. 96 Abs. 2 GG stellt die Ermächtigungsgrundlage für den Bund zur Aufstellung von Wehrstrafgerichten „für die Streitkräfte“ dar.

Der Begriff umfasst hier alle Soldatinnen und Soldaten, auch wenn sie im Geschäftsbereich des BMVg tätig sind.[302] Überzeugend kann auch nichts anderes

293 Jarass/Pieroth, Art. 87b Rn. 2.
294 Ebenda.
295 Ebenda.
296 *Krieger*, in: Schmidt-Bleibtreu/Hofmann/Henneke, GG, Art. 87b Rn. 3.
297 Ebenda.
298 Ebenda.
299 Ebenda.
300 Ebenda.
301 Poretschkin, NZWehrr 2008, 103, 109.
302 Ebenda.

vertreten werden: Ungeachtet des tatsächlichen Einsatzes von Soldatinnen und Soldaten muss die Anwendbarkeit der Wehrstrafgerichte sichergestellt werden.[303] Nur weil keine direkte Verwendung bei den Streitkräften erfolgt, sondern eine in anderen (zivilen) Behörden oder dem Leitungsbereich des BMVg, ist die Ausnahme von den Wehrstrafgerichten im Sinne einer Privilegierung nicht begründbar.[304]

8. Ergebnis

Der Streitkräftebegriff im Grundgesetz ist in den unterschiedlichen Artikeln nicht zwangsläufig kongruent.

Die Streitkräfte im engen Sinn des Art. 87a GG setzen sich aus den Teilstreitkräften (Heer, Luftwaffe und Marine), der Streitkräftebasis und dem Zentralen Sanitätsdienst zusammen.[305] Damit umfasst diese Auslegung des Begriffes nur diejenigen Soldatinnen und Soldaten, die nicht anderen (zivilen) Organisationsbereichen zugeordnet sind. Soweit Soldatinnen und Soldaten nicht innerhalb des Art. 87a GG verwendet werden, unterstehen sie danach auch nicht der Befehls- und Kommandogewalt der Bundesministerin oder des Bundesministers der Verteidigung gemäß Art. 65a GG.

Vor dem Hintergrund des Aufbaus und der Begründung der gesamten Wehrverfassung vermag dieses Ergebnis indes nicht zu überzeugen. Wesentliches Element der Wehrverfassung ist, dass die Streitkräfte in ihrer Gesamtheit einer Grundrechtsbindung unterliegen. Anhaltspunkte dafür, dass trotz Inkongruenz des Streitkräftebegriffs in den einzelnen Artikeln des Grundgesetzes diese Grundrechtsbindung nicht alle Soldatinnen und Soldaten erfassen sollte, liegen nicht vor. Soldatinnen und Soldaten ohne Grundrechtsbindung sind in Deutschland nicht vorstellbar, da nur mit der Integration der Streitkräfte in die verfassungsrechtliche Ordnung diese geschützt werden kann. Vorhergehenden möglichen Entwicklungen des Militärs, wie sie in anderen Epochen möglich war, sollte mit dieser Konstellation gerade vorgebeugt werden.

Aus diesem Grund ist dem weiten Begriff der Streitkräfte nach dem Grundgesetz der Vorzug zu geben.[306] Dieser umfasst alle aktiven deutschen Soldatinnen

---

303 Ebenda.

304 Ebenda.

305 Vgl. Poretschkin, NZWehrr 2008, 103, 103 und 110 f.

306 *Heun*, in: H. Dreier (Hrsg.), Grundgesetz-Kommentar, Band II, Art. 65a Rn. 11; *Heun*, in: H. Dreier (Hrsg.), Grundgesetz-Kommentar, Band III, Art. 87a Rn. 9; *Baldus*, in: v. Mangoldt/Klein/Starck, GG III, Art. 87a Rn. 16; ähnlich *Hernekamp* in: v. Münch/Kunig, GGK II, Art. 87a Rn. 6, der hier auf die „Kombattantenverbände" abstellt.

und Soldaten, mögen sie auch nicht direkt in die militärischen Organisationsbereiche (Teilstreitkräfte, Streitkräftebasis, Sanitätsdienst) eingegliedert sein, sondern in zivilen Organisationsbereichen ihren Dienst tun.[307] Der weite Streitkräftebegriff ist notwendig, um die ganzheitliche Einbindung der Streitkräfte in die Verfassung zu ermöglichen.[308] Die Notwendigkeit der Grundrechtsbindung gebietet richtigerweise, den Streitkräftebegriff im Sinne aller aktiven Soldatinnen und Soldaten zu verstehen.[309] Vereinzelte Kombattantenverbände oder einzelne Soldatinnen und Soldaten aus der Befehls- und Kommandogewalt heraus zu lösen, wie dies der enge Streitkräftebegriff vorsieht, missachtet die notwendige und durch die Verfassung vorgegebene Grundrechtsbindung aller Soldatinnen und Soldaten.[310]

Zudem würde die haushalterische Kontrolle leerlaufen, wenn sie sich nur mit Soldatinnen und Soldaten, die im Rahmen von Befehl und Gehorsam tätig sind, beschäftigen und diejenigen außen vorlassen würde, die im Rahmen anderer Verwendungen ihren Dienst im BMVg oder anderen (zivilen) Dienststellen versehen.[311]

III. Die Wehrverfassung – Wahrnehmungsmonopol und Trennungsgebot beim Einsatz von Soldatinnen und Soldaten

Die Bundeswehr setzt sich zusammen aus den Streitkräften des Art. 87a GG sowie der Bundeswehrverwaltung gemäß Art. 87b GG.[312] Sie bilden zusammen die notwendigen beiden Teile einer einheitlichen Verteidigung.[313] Die Trennung eines einheitlichen Ganzen impliziert schon von der Anlage Abgrenzungsschwierigkeiten untereinander.

Die Frage, ob Soldatinnen und Soldaten außerhalb der Truppenverwendung, beispielsweise im Bereich oder für Aufgaben der Bundeswehrverwaltung tätig

---

307 *Heun*, in: H. Dreier (Hrsg.), Grundgesetz-Kommentar, Band II, Art. 65a Rn. 11; *Müller-Franken/Uhlen*, in: Schmidt-Bleibtreu/Hofmann/Henneke, GG, Art. 65a Rn. 17; *Krieger*, in: Schmidt-Bleibtreu/Hofmann/Henneke, GG, Art. 87a Rn. 10; Poretschkin, NZWehrr 2008, 103, 103 und 110 f.

308 Poretschkin, NZWehrr 2008, 103, 111.

309 Vgl. Poretschkin, NZWehrr 2008, 103, 111.

310 Vgl. Poretschkin, NZWehrr 2008, 103, 110 f.

311 Poretschkin, NZWehrr 2008, 103, 108, 111.

312 Reinfried, Streitkräfte und Bundeswehrverwaltung, S. 42.

313 Ebenda.

werden dürfen und ob andererseits Beamtinnen und Beamte im Streitkräftebereich tätig werden dürfen, ist zweifach:

Sie betrifft sowohl die organisatorische Struktur (Trennungsgebot zwischen Bundeswehrverwaltung und Streitkräften) sowie die Aufgabenzuweisung von Personalwesen und Sachmittelbedarf an die Bundeswehrverwaltung (Wahrnehmungsmonopol) und die Aufstellung der Streitkräfte ausschließlich zur Verteidigung.

1. Das Trennungsgebot gemäß Art. 87a und Art. 87b GG

Gemäß Art. 87a Abs. 1 Satz 1 GG stellt der Bund Streitkräfte zur Verteidigung auf.[314] Nur zu diesem Verteidigungszweck dürfen sie eingesetzt werden, soweit das Grundgesetz nicht ausdrücklich etwas Anderes zulässt (Art. 87a Abs. 2 Satz 1 GG).

Die Bundeswehrverwaltung gemäß Art. 87b GG ist eine von den Streitkräften getrennte Organisation: Sie steht als institutionell verselbstständigter Zweig der öffentlichen Verwaltung neben den Streitkräften und ist den allgemeinen Regeln des Verwaltungshandelns unterworfen.[315] Art. 87b Abs. 1 Satz 1 GG beschreibt die Bundeswehrverwaltung im organisatorischen Sinn; Art. 87b Abs. 1 Satz 2 und Abs. 2 GG legt die Aufgaben der Bundeswehrverwaltung fest (obligatorische Aufgaben gemäß Art. 87b Abs. 1 Satz 2 GG und fakultative Aufgaben gemäß Art. 87b Abs. 2 GG) und beschreibt die Bundeswehrverwaltung im funktionellen Sinn.[316]

Darüber hinaus gilt der Regelungsgehalt des Art. 87b GG seit jeher als die problemreichste und rechtlich komplizierteste der gesamten Wehrverfassung.[317]

Es handelt sich bei der Organisation um eine Bestandsgarantie, eine institutionelle Garantie mit Kompetenzzuweisung.[318] Die Bundeswehrverwaltung beinhaltet eine selbstständige Behördenstruktur, die der gleichen Ministerin

---

314 *Grzeszick*, in: Friauf/Höfling, Berliner Kommentar zum Grundgesetz, Art. 87a Rn. 2; *Heun*, in: H. Dreier (Hrsg.), Grundgesetz-Kommentar, Band III, Art. 87a Rn. 8; *Baldus*, in: v. Mangoldt/Klein/Starck, GG III, Art. 87a Rn. 1; *Hernekamp* in: v. Münch/Kunig, GGK II, Art. 87a Rn. 4.

315 *Baldus*, in: v. Mangoldt/Klein/Starck, GG III, Art. 87b Rn. 5.

316 *Heun*, in: H. Dreier (Hrsg.), Grundgesetz-Kommentar, Band III, Art. 87b Rn. 6 f.; *Baldus*, in: v. Mangoldt/Klein/Starck, GG III, Art. 87b Rn. 1; Wolff, S. 42.

317 *Hernekamp* in: v. Münch/Kunig, GGK II, Art. 87b Rn. 26; Reinfried, Streitkräfte und Bundeswehrverwaltung, S. 37; Walz, NZWehrr 1997, 89, 90.

318 *Heun*, in: H. Dreier (Hrsg.), Grundgesetz-Kommentar, Band III, Art. 87b Rn. 6; *Baldus*, in: v. Mangoldt/Klein/Starck, GG III, Art. 87b Rn. 1–3; *Hernekamp* in: v. Münch/Kunig,

oder dem gleichen Minister unterstehen muss wie die neben ihr stehenden Streitkräfte.[319]

Nach Baldus ist die Regelungsmaterie dreigliedrig: ein Teil enthält die Zuweisung bestimmter Aufgaben, der zweite Teil beinhaltet die Zuweisung einer bestimmten Organisationsform und der dritte bestimmt die Bundeskompetenz.[320] Ohne Art. 87b GG wäre die Bundeswehrverwaltung in die Zuständigkeit der Länder gefallen.[321] Pieroth unterscheidet ebenfalls drei normative Anordnungen: föderal (Zuweisung an den Bund), material (Zuweisung bestimmter Aufgaben), und formal (Zuweisung bestimmter Organisationsformen).[322]

Der vom Grundgesetzgeber verwendete Begriff „dient" führt zu unterschiedlichen Auslegungen der Norm: So wird angenommen, dass die Bundeswehrverwaltung die zweite Säule der Bundeswehr ist.[323] Eine andere Ansicht geht davon aus, dass aufgrund des Wortlautes in Art. 87b Abs. 1 Satz 2 GG („Sie [die Bundeswehrverwaltung] dient den Aufgaben [...] der Streitkräfte) der Bundeswehrverwaltung eine Hilfsfunktion zukommt, jedoch von einer Gleichrangigkeit hinsichtlich der Kooperation untereinander und der jedem Teil obliegenden spezifischen Verantwortung auszugehen ist.[324] Eine weitere Ansicht erwartet schon aus der Vergangenheit heraus von der Bundeswehrverwaltung eine „zivile Kontrolle" über die Streitkräfte.[325] Es ist wohl zumindest mit Wolff davon auszugehen, dass einer Machtkonzentration im militärischen Bereich durch das

GGK II, Art. 87b Rn. 2; Reinfried, Streitkräfte und Bundeswehrverwaltung, S. 52 f.; Wolff, S. 89.

319 *Hernekamp* in: v. Münch/Kunig, GGK II, Art. 87b Rn. 1; Reinfried, Streitkräfte und Bundeswehrverwaltung, S. 56; Walz, NZWehrr 1997, 89, 91; Wolff, S. 89.

320 *Baldus*, in: v. Mangoldt/Klein/Starck, GG III, Art. 87b Rn. 1–3; Reinfried, Streitkräfte und Bundeswehrverwaltung, S. 52 f.; Wolff, S. 63 ff. m. w. N.

321 *Baldus*, in: v. Mangoldt/Klein/Starck, GG III, Art. 87b Rn. 2; *Hernekamp*, in: v. Münch/Kunig, GGK II, Art. 87b Rn. 23.

322 Pieroth, NVwZ 2011, 705, 706, so auch *Krieger*, in: Schmidt-Bleibtreu/Hofmann/Henneke, GG, Art. 87b Rn. 4, 10.

323 *Hernekamp*, in: v. Münch/Kunig, GGK II, Art. 87b Rn. 4; Hahnenfeld, BWV 1975, 18, 20; Voigt/Seybold, S. 42 m. w. N.

324 Voigt/Seybold, S. 43 m. w. N.

325 Voigt/Seybold, S. 44 m. w. N, „zivile Kontrolle" als Missdeutung der „civil control", als Primat der Politik; so auch Hahnenfeld, BWV 1975, 18, 19.

Grundgesetz vorgebeugt werden sollte.[326] Daraus folgt auch, dass die Behörden der Wehrverwaltung nicht bloßer Annex der Streitkräfte sein dürfen.[327]

Soweit ersichtlich, besteht hinsichtlich nachfolgender Aspekte Einigkeit:

Art. 87b GG konstituiert eine selbstständige zivile Verwaltung des militärischen Bereichs neben den Streitkräften i. S. v. Art. 87a GG,[328] die selbst im Verteidigungsfall autonom bleibt.[329] Beide zusammen bilden die Bundeswehr.[330] Art. 87b GG sorgt damit für die Trennung von zivilem und militärischem Bereich, also für eine Binnendifferenzierung.[331] Damit schränkt er die Organisationsgewalt der Bundesministerin oder des Bundesministers der Verteidigung im Gegensatz zu den Ressortbefugnissen anderer Bundesministerinnen und Bundesminister gemäß Art. 65 Satz 2 GG erheblich ein.[332] Ohne Art. 87b GG bestünde keine Pflicht, eine organisatorisch selbstständige Verwaltung neben den Streitkräften aufzubauen.[333] Der Schwerpunkt der Regelung zur bundeseigenen Verwaltung liegt deswegen in der Einschränkung der Organisationsgewalt der Ressortinhaberin oder des Ressortinhabers, weniger in einer Bund-Länder-Kompetenzabgrenzung.[334]

a Das Trennungsgebot als Grundsatz

Das Trennungsgebot zwischen Streitkräften und Bundeswehrverwaltung wird allgemein als ein Prinzip aufgefasst, von dem in begründeten Ausnahmefällen abgewichen werden kann.[335]

---

326 *Krieger,* in: Schmidt-Bleibtreu/Hofmann/Henneke, GG, Art. 87b Rn. 4; Wolff, S. 61.

327 So auch *Heun*, in: H. Dreier (Hrsg.), Grundgesetz-Kommentar, Band III, Art. 87b Rn. 6.

328 *Heun*, in: H. Dreier (Hrsg.), Grundgesetz-Kommentar, Band III, Art. 87b Rn. 6; Möller, BWV, 1965, 265, 265; Voigt/Seybold, S. 46, 48 m. w. N.; Wolff, S. 28, 63.

329 *Krieger,* in: Schmidt-Bleibtreu/Hofmann/Henneke, GG, Art. 87b Rn. 2.

330 Walz, NZWehrr 1997, 89, 92; Wolff, S. 28, 35.

331 BVerwG, Entscheidung vom 10. Dezember 1996, 1 C 33/94 1aa.; Gramm, NZWehrr 2011, 89, 99; Wolff, S. 28, 35, 58.

332 *Hernekamp,* in: v. Münch/Kunig, GGK II, Art. 87b Rn. 21; *Krieger,* in: Schmidt-Bleibtreu/Hofmann/Henneke, GG, Art. 87b Rn. 4; Gramm, NZWehrr 2011, 89, 99, Pieroth, NVwZ 2011, 705, 708; Wolff, S. 36, 57.

333 BVerwG, Entscheidung vom 10. Dezember 1996, 1 C 33/94 1aa.; Wolff, S. 57.

334 *Heun*, in: H. Dreier (Hrsg.), Grundgesetz-Kommentar, Band III, Art. 87b Rn. 13; Wolff, S. 57, 59; a. A. Reinfried, Streitkräfte und Bundeswehrverwaltung, S. 38.

335 Hahnenfeld, BWV 1975, 18, 25; Reinfried, Streitkräfte und Bundeswehrverwaltung, S. 52 ff.; Wolff, S. 68, 70.

b Ziele des Trennungsgebotes

Die Ziele des Trennungsgebotes zwischen Streitkräften und Bundeswehrverwaltung ergeben sich aus der militärischen Vergangenheit nach Ende des Zweiten Weltkriegs:

Aufgrund der internationalen und nationalen Befürchtungen einer Remilitarisierung Deutschlands wurde zur Verhinderung der Machtkonzentration in den Streitkräften neben größerer Transparenz im militärischen Bereich eine eigenständige Bundeswehrverwaltung geschaffen, die mit elementaren Aufgaben beauftragt wurde, die mit den Streitkräften verbunden sind.[336]

Durch die Trennung der Bundeswehrverwaltungstätigkeiten von den Streitkräften konnte auch die personelle Stärke der Streitkräfte geringer ausfallen.[337] Diese war nämlich durch internationale Verträge begrenzt worden.[338]

Daneben ließ sich das Ziel der Effektivität und der Effizienzsteigerung ausmachen: Nicht nur wurden nunmehr alle Teilstreitkräfte von einer einheitlichen Bundeswehrverwaltung betreut, es wurde gleichzeitig erreicht, dass anstehende Verwaltungsaufgaben auch mit den Grundsätzen der Verwaltung in Abkehr zur Intendanturverwaltung bearbeitet werden.[339] Diese eignen sich besser für die Erfüllung von Verwaltungsaufgaben als die an die Erfüllung von Wehraufgaben orientierten Grundsätze der Streitkräfte.[340] Beamtinnen und Beamte werden für das Verwaltungshandeln speziell ausgebildet und sind diesbezügliche Fachkräfte.[341] Die Streitkräfte wurden somit von Verwaltungsaufgaben entlastet.[342] Auch die unterschiedlichen Rechtsverhältnisse der Soldatinnen und Soldaten und der Beamtinnen und Beamten verlangen, dass Verwaltungstätigkeiten auch von Verwaltungsangehörigen nach den dafür vorgesehenen Vorschriften ausgeführt

---

336 *Baldus*, in: v. Mangoldt/Klein/Starck, GG, III, Art. 87b Rn. 5; i. E. auch *Heun*, in: H. Dreier (Hrsg.), Grundgesetz-Kommentar, Band III, Art. 87b Rn. 4, 13; *Hernekamp* in: v. Münch/Kunig, GGK II, Art. 87b Rn. 1; Wolff, S. 61; ablehnend Reinfried, Streitkräfte und Bundeswehrverwaltung, S. 51.

337 Wolff, S. 62.

338 Pieroth, NVwZ 2011, 705, 706.

339 *Baldus*, in: v. Mangoldt/Klein/Starck, GG III, Art. 87b Rn. 5; *Krieger*, in: Schmidt-Bleibtreu/Hofmann/Henneke, GG, Art. 87b Rn. 2, die Intendanturverwaltung war in die Streitkräfte integriert; Hahnenfeld, BWV 1975, 18, 19; Reinfried, Streitkräfte und Bundeswehrverwaltung, S. 50; Wolff, S. 28 f., 60, 66; Voigt/Seybold, S. 41.

340 Wolff, S. 60.

341 Voigt/Seybold, S. 42; Wolff, S. 66.

342 Wolff, S. 65.

werden.[343] Die Bundeswehrverwaltung ist eigenständig als ziviler Verwaltungszweig eingerichtet, sie folgt den Regeln des Verwaltungshandelns, nicht dem Organisationsprinzip Befehl und Gehorsam der Streitkräfte.[344] Es ist zu beachten, dass bei Soldaten der Vorgesetzte die Haftung für den Befehl übernimmt, bei Beamtinnen und Beamten jedoch eine volle persönliche Haftung besteht.[345]

Das BMVg ist die gemeinsame Spitze, in der Streitkräfte und Bundeswehrverwaltung gemeinsam zusammengeführt werden.[346] Mit dieser gemeinsamen Spitze wird das Trennungsgebot des Grundgesetzes nicht umgangen, sondern ist vielmehr in ihm angelegt und entfaltet auch hier Fernwirkung.[347]

c Die personelle Wirkung des Trennungsgebotes

Die Organisation der Wehrverfassung sieht grundsätzlich vor, dass die Verwaltung mit Beamtinnen und Beamten und die Streitkräfte mit Soldatinnen und Soldaten bestückt sind.[348] Die verfassungsrechtliche Trennung der Streitkräfte von der Bundeswehrverwaltung gemäß Art. 87a und Art. 87b GG bedeutet die obligatorische Trennung von militärischem und zivilem Personal, für die unterschiedliche Statusverhältnisse gelten.[349] Nicht nur dem Wortlaut, auch den Zielen des Trennungsgebotes würde es entgegen stehen, nur Soldatinnen und Soldaten im Verwaltungsbereich einzusetzen.[350] Möller stellt fest, dass nach Berücksichtigung der Regierungserklärung vom 27. Juli 1956 davon auszugehen ist, dass Träger der Bundeswehrverwaltung Beamtinnen und Beamte sein müssen und nicht Soldatinnen und Soldaten sein können.[351] Angelegenheiten des Personalwesens und der Sachmittelbedarfsdeckung lassen sich nicht eindeutig

---

343 Ausführlich dazu Voigt/Seybold, S. 49 ff.; Wolff, S. 67.

344 Hahnenfeld, BWV 1975, 18, 19; Reinfried, Streitkräfte und Bundeswehrverwaltung, S. 33, 46 f.; Wolff, S. 63 f; so auch *Heun*, in: H. Dreier (Hrsg.), Grundgesetz-Kommentar, Band III, Art. 87b Rn. 4, der von einer in vollem Umfang institutionell selbstständigen zivilen Militärverwaltung ausgeht.

345 Reinfried, Streitkräfte und Bundeswehrverwaltung, S. 46 f., Wolff, S. 67.

346 *Heun*, in: H. Dreier (Hrsg.), Grundgesetz-Kommentar, Band III, Art. 87b Rn. 4; *Baldus*, in: v. Mangoldt/Klein/Starck, GG III, Art. 87b Rn. 1; *Hernekamp* in: v. Münch/Kunig, GGK II, Art. 87b Rn. 1; Voigt/Seybold, S. 23; Wolff, S. 64.

347 Wolff, S. 64, 70.

348 Möller, BWV 1965, 265, 268; Wolff, S. 66.

349 Möller, BWV 1965, 265, 268; Pieroth, NVwZ 2011, 705, 708; Reinfried, Streitkräfte und Bundeswehrverwaltung, S. 33.

350 Wolff, S. 66.

351 Möller, BWV 1965, 265, 268.

funktional abgrenzen.[352] Viele Aufgaben befinden sich in Mischzonen, sind ambivalenter Natur und können beiden Bereichen, der „Verwaltung“ und zugleich der „militärischen Führung“, zugeordnet werden.[353]

d Ergebnis

Art. 87a und Art. 87b GG schreiben eine klare Trennung dergestalt vor, dass eine selbstständige zivile Verwaltung für den militärischen Bereich der Streitkräfte zuständig ist.

Soweit diese klare Trennung durch eine vereinzelte Verwendung von Soldatinnen und Soldaten im Bereich der Bundeswehrverwaltung durchbrochen werden sollte, dient dies dem besseren Verständnis der Streitkräfte, so dass die Bundeswehrverwaltung in den Stand versetzt wird, ihre Funktion des Dienens mit militärischem Sachverstand noch besser erfüllen zu können.[354] Es widerspräche diesem wehrverfassungsrechtlichen Aufbau jedoch, wenn das Personal der Soldatinnen und Soldaten den Bereich der Wehrverwaltung majorisieren würde. Daher ist von der Verfassung nicht gedeckt, dass Soldatinnen und Soldaten hauptsächlich das Personal der Bundeswehrverwaltung bilden oder dass umgekehrt der Hauptteil der Streitkräfte aus Verwaltungsangehörigen besteht.[355] Dieses dürfte auch für die Besetzung von exponierten Führungsrollen in der Bundeswehrverwaltung gelten.[356] Die Verwendung von statusfremden Beschäftigten im Bereich der Bundeswehrverwaltung oder im Bereich der Streitkräfte bedarf als Ausnahme einer sachlichen Begründung.[357]

Im Ergebnis kann daher festgestellt werden, dass mit dem sachlich fundierten Argument der besseren Aufgabenerfüllung in Einzelfällen eine statusfremde Besetzung von Dienstposten über die Grenzen des Trennungsgebotes der Art. 87a und Art. 87b GG hinweg keinen Verfassungsverstoß begründet.

2. Das Wahrnehmungsmonopol

Die in Art. 87b Abs. 1 Satz 2 GG bezeichneten Aufgaben – Aufgaben des Personalwesens und der unmittelbaren Sachbedarfsdeckung – sind grundsätzlich von

352 Reinfried, Streitkräfte und Bundeswehrverwaltung, S. 45.
353 Ebenda, S. 44 f.
354 Vgl. Wolff, S. 68.
355 Wolff, S. 68, 70.
356 Ebenda, S. 68.
357 Voigt/Seybold, S. 51; Wolff, S. 69.

der Bundeswehrverwaltung als hoheitliche Organisation zu erfüllen.[358] Diese Aufgabenzuweisung wird als Wahrnehmungsmonopol bezeichnet und bezieht sich auf die Bundeswehrverwaltung im funktionalen Sinn, auf die Aufgaben des Personalwesens und der unmittelbaren Deckung des Sachbedarfs, die das Grundgesetz der Bundeswehrverwaltung zuweist.[359] Damit wird kein Verwaltungsmonopol für den gesamten Wehrbereich begründet.[360]

Der Umfang des Wahrnehmungsmonopols ist streitig.

a Striktes Wahrnehmungsmonopol

Nach der Ansicht eines strikten Wahrnehmungsmonopols beinhaltet Art. 87b Abs. 1GG ein absolutes Wahrnehmungsmonopol für die Aufgabenwahrnehmung durch die Bundeswehrverwaltung, so dass das Personalwesen und die unmittelbare Deckung des Sachbedarfs ausschließlich von der Bundeswehrverwaltung ausgeführt werden dürfen.[361] Andere Organisationen und andere Verwaltungsträger wären danach von der Erledigung dieser Aufgaben ausnahmslos ausgeschlossen.[362] Nach dieser Ansicht wäre arbeitsteiliges Herauslösen von Aufgabenbereichen, die nicht zur Wehrverwaltung gehören, rechtlich nicht vorgesehen.[363] Ob der Verfassungsgesetzgeber so weit hat gehen wollen, darf bezweifelt werden.[364]

Im Ergebnis ist ein Wahrnehmungsmonopol weniger als elementares Verfassungsprinzip zu verstehen, sondern dem einer jeden Verwaltungsorganisation zu Grunde liegenden Gedanken unterzuordnen, dass die Aufgabenzuweisung auf vernünftigen und sachlichen Erwägungen des Gesetzgebers beruht.[365]

b Verbot der willkürlichen Aufgabenentziehung

Bei dieser Auffassung handelt es sich um eine „Priorität“ der Bundeswehrverwaltung mit der Folge, dass ihr Aufgaben der Personalverwaltung und der unmittelbaren Sachbedarfsdeckung in Anerkennung sachlicher Gründe zu Gunsten anderer

---

358 *Heun*, in: H. Dreier (Hrsg.), Grundgesetz-Kommentar, Band III, Art. 87b Rn. 7; Walz, NZWehrr 1997, 89, 92; Wolff, S. 98 f.

359 *Hernekamp,* in: v. Münch/Kunig, GGK II, Art. 87b Rn. 7; *Heun*, in: H. Dreier (Hrsg.), Grundgesetz-Kommentar, Band III, Art. 87b Rn. 7; Wolff, S. 99.

360 Wolff, S. 99.

361 Pieroth, NVwZ 2011, 705, 706; Wolff, S. 54, 103 f.

362 Wolff, S. 54.

363 Ebenda, S. 104.

364 Wolff, S. 104; i. E. so auch *Grzeszick*, in: Friauf/Höfling, Berliner Kommentar zum Grundgesetz, Art. 87b Rn. 11.

365 Voigt/Seybold, S. 56 f.

Institutionen entzogen werden dürfen.[366] Dieses Verbot bezieht sich jedoch nur auf andere (zivile) Körperschaften, bspw. andere Behörden, und nicht auf die nach Art. 87a GG aufzustellenden Streitkräfte. Begrenzt wird ein Aufgabenentzug anhand des Merkmals Willkür.[367] Ob der Entzug grundgesetzlich festgeschriebener Aufgaben durch sachliche Erwägungen, die lediglich am Maßstab der Willkür geprüft werden, dem Wortlaut des Art. 87b GG noch unterfallen, scheint jedoch zweifelhaft.[368]

c Das Wahrnehmungsmonopol als Prinzip

Pieroth sieht die Lösung in einer vermittelnden Ansicht, in der zu Gunsten der Bundeswehrverwaltung ein „grundsätzliches Wahrnehmungsmonopol" durch die verfassungsrechtliche Regelung gekennzeichnet wird, so dass Ausnahmemöglichkeiten, wo notwendig, gegeben sind.[369] Diesem Ansatz pflichtet ebenso Heun bei, der auf den Grundsatz eines Wahrnehmungsmonopols verweist.[370] Soweit das Grundgesetz der Bundeswehrverwaltung in Abgrenzung zu den Streitkräften eine Aufgabe zuweist, ist davon auszugehen, dass die Bundeswehrverwaltung die Aufgabe auch vollständig wahrnehmen muss, bei Vorliegen einer Rechtfertigung jedoch Abweichungen möglich sind.[371] Maßstab ist das Erfordernis der Funktionsfähigkeit der Bundeswehr.[372]

d Ergebnis

Der Wortlaut der Art. 87a und Art. 87b Abs. 1 GG legt nahe, dass die Bundeswehrverwaltung mit der Ausführung verwaltender Tätigkeiten des Sachmittelbedarfes oder des Personalwesens betraut ist. Der Trennung eines einheitlichen Ganzen sind Abgrenzungsschwierigkeiten immanent, so dass das Wahrnehmungsmonopol der Bundeswehrverwaltung als Grundsatz zu verstehen ist.[373] Soldatinnen und Soldaten sind nicht von der Ausführung verwaltender Tätigkeiten des Sachmittelbedarfes oder des Personalwesens ausgeschlossen, soweit

---

366 Reinfried, Streitkräfte und Bundeswehrverwaltung, S. 53; Darstellung bei Pieroth, NVwZ 2011, 705, 706.

367 Vgl. Wolff, S. 104.

368 Pieroth, NVwZ 2011, 705, 706; Reinfried, BWV 1965, 196, 199; Voigt/Seybold, S. 63.

369 Pieroth, NVwZ 2011, 705, 706; in diesem Sinn auch Voigt/Seybold, S. 57, 66.

370 *Heun*, in: H. Dreier (Hrsg.), Grundgesetz-Kommentar, Band III, Art. 87b Rn. 7.

371 Reinfried, BWV 1965, 196, 199; Voigt/Seybold, S. 56 f.; Wolff, S. 106.

372 Walz, NZWehrr 1997, 89, 92 f.

373 So auch *Heun*, in: H. Dreier (Hrsg.), Grundgesetz-Kommentar, Band III, Art. 87b Rn. 7.

sachlich die Befassung von Soldatinnen und Soldaten mit der Aufgabe begründet ist. Die oft größere Sachnähe der Soldatinnen und Soldaten wird dies in einigen Fällen gestatten.[374] Umgekehrt können Bundeswehrbedienstete in den einschlägigen beamten- oder tarifrechtlichen Formen bei den Streitkräften Dienst tun.[375]

Der wehrverfassungsrechtliche Aufbau darf jedoch nicht bis zur Unkenntlichkeit verwischt werden. Es ist daher strikt darauf zu achten, dass die Bundeswehrverwaltung mit ihrer eigenen Expertise die von ihr geforderten Aufgaben ausführt. Die bei Soldatinnen und Soldaten vorhandene Sachkenntnis darf nur unterstützend, nicht aber alleinverantwortlich im Sinne der besten Aufgabenerfüllung genutzt werden.

Ebenso setzt die Gesetzesnovelle des § 11 Abs. 3 SG sachlogisch voraus, dass Soldatinnen und Soldaten ungeachtet des konkreten Einsatzes, ob bei den Streitkräften oder in anderen zivilen Bereichen, mit Verwaltungstätigkeit betraut sind und betraut werden dürfen.

IV. Auswirkungen des Statusrechts auf die Ausführung der Tätigkeiten von Soldatinnen und Soldaten sowie der Beamtinnen und Beamten

Soldatinnen und Soldaten sowie Beamtinnen und Beamte befinden sich in einem öffentlich-rechtlichen Dienst- und Treueverhältnis und werden in Art. 137 Abs. 1 GG nach ihrer Funktion und der gesetzlichen Ausgestaltung ihrer Dienstverhältnisse unterschieden.[376]

Art. 33 Abs. 2 GG gilt sowohl für Beamtinnen und Beamte als auch für die Streitkräfte und regelt die Einstellung von Soldatinnen und Soldaten nach Eignung, Befähigung und Leistung.[377] Nach Ansicht des BVerfG strahlen das Alimentationsprinzip, die Fürsorgepflicht u. ä. über Art. 33 Abs. 5 GG auch auf das Soldatenverhältnis aus.[378] Nach Ansicht von Kirchhof ist wegen der spezifischen Funktionen

374 *Hernekamp*, in: v. Münch/Kunig GGK II, Art. 87b Rn. 7; Wolff, S. 68.

375 *Hernekamp*, in: v. Münch/Kunig GGK II, Art. 87b Rn. 7.

376 *Ferdinand Kirchhof*, Ziele, Vorbehalte und Grenzen der Staatstätigkeit, in HStR IV 2006, § 84 Rn. 70; a. A. Möller, BWV 1965, 265, 266 f., der darauf hinweist, dass das Soldatentum im Rahmen eines Wehrdienstverhältnisses gemäß § 1 SG stattfindet, gerade nicht in einem Dienst- und Treueverhältnis.

377 BVerwG, Urteil vom 21. Juni 2007 – 2 A 6.06, Rn. 12; Sanne/Weniger, SG, Einführung, Rn. 3, 5, mit der Einschränkung, dass für Soldatinnen und Soldaten zusätzlich zu den Verwaltungsgerichten in truppendienstlichen Angelegenheiten die Wehrdienstgerichte zuständig sind.

378 Sanne/Weniger, SG, Einführung, Rn. 3.

des Soldaten eine Ausrichtung des Dienstverhältnisses nach den Grundsätzen des Berufsbeamtentums jedoch nicht angezeigt.[379] Lediglich Art. 33 Abs. 4 GG ist nach seiner Ansicht auf das Soldatenverhältnis anwendbar.[380]

Beamtinnen und Beamte sind primär im Binnenbereich verwaltend tätig und sind Weisungsempfänger.[381] Sie haben den dienstlichen Anordnungen gemäß § 62 Abs. 1 BBG Folge zu leisten.[382] Sie sind persönlich verantwortlich und berechtigt oder unter bestimmten Voraussetzungen auch verpflichtet, gegen eine Weisung zu remonstrieren (§ 63 BBG).[383] Anweisungen, die ehrverletzend, strafbar oder ordnungswidrig sind, dürfen nicht ausgeführt werden. Bei Missachtung einer Weisung sieht sich die Beamtin oder der Beamte einem Dienstvergehen gegenüber.[384]

Soldatinnen und Soldaten sind mit der Verteidigung nach außen beauftragt[385] und Befehlsempfänger gemäß § 11 SG. Sie unterliegen der gesteigerten Pflichtenbindung von Befehl und Gehorsam.[386] Dienstliche Befehle der Vorgesetzten sind unverzüglich auszuführen, sofern sie nicht die Menschenwürde verletzen oder Straftatbestände verwirklichen.[387] Da die Möglichkeit zur Remonstration nicht besteht, sind die Vorgesetzten verantwortlich für die Befehle.[388] Die Nichtausführung eines Befehls ist bei Vorliegen einer schwerwiegenden Folge eine Straftat nach §§ 19 ff. Wehrstrafgesetz.

---

379 *Ferdinand Kirchhof*, Ziele, Vorbehalte und Grenzen der Staatstätigkeit, in HStR IV 2006, § 84 Rn. 71.

380 *Ferdinand Kirchhof*, Ziele, Vorbehalte und Grenzen der Staatstätigkeit, in HStR IV 2006, § 84 Rn. 72; Möller, BWV 1965, 265, 266.

381 *Ferdinand Kirchhof*, Ziele, Vorbehalte und Grenzen der Staatstätigkeit, in HStR IV 2006, § 84 Rn. 70; Reinfried, Streitkräfte und Bundeswehrverwaltung, S. 47; Wolff, S. 64.

382 Voigt/Seybold, S. 49.

383 Reinfried, Streitkräfte und Bundeswehrverwaltung, S. 47; Voigt/Seybold, S. 49 m. w. N.; Wolff, S. 67.

384 *Ferdinand Kirchhof*, Ziele, Vorbehalte und Grenzen der Staatstätigkeit, in HStR IV 2006, § 84 Rn. 70.

385 Ebenda.

386 *Ferdinand Kirchhof*, Ziele, Vorbehalte und Grenzen der Staatstätigkeit, in HStR IV 2006, § 84 Rn. 70; Wolff, S. 67.

387 *Ferdinand Kirchhof*, Ziele, Vorbehalte und Grenzen der Staatstätigkeit, in HStR IV 2006, § 84 Rn. 70; Reinfried, Streitkräfte und Bundeswehrverwaltung, S. 47; Voigt/Seybold, S. 50.

388 *Ferdinand Kirchhof*, Ziele, Vorbehalte und Grenzen der Staatstätigkeit, in HStR IV 2006, § 84 Rn. 70.

Bei verwaltenden Tätigkeiten, die ebenfalls durch Soldatinnen und Soldaten ausgeübt werden, wurde früher die Frage der Statuszugehörigkeit bei Rechtswidrigkeit von dienstlichen Anweisungen gestellt.[389] Diese ist nunmehr durch Einfügen des § 11 Abs. 3 SG mit Art. 9 Nr. 4 BwRefBeglG vom 21. Juli 2012 obsolet. § 11 Abs. 3 SG i. V. m. §§ 62 Abs. 1, 63 BBG stellt nun die Rechtmäßigkeit des Verwaltungshandelns sicher, indem Soldatinnen und Soldaten im Falle einer erteilten dienstlichen Anordnung in Ausübung verwaltender Tätigkeit diese entsprechend den Vorschriften des Bundesbeamtengesetzes erfüllen müssen und somit auch berechtigt oder gar verpflichtet sind zur Remonstration. Auch die Begründung des Entwurfes zum BwRefBeglG vom 17. Februar 2012 geht davon aus, dass bei Verwendung von Soldatinnen und Soldaten außerhalb der Streitkräfte diese Vorgesetzten unterstehen (können), die statt zum Befehl zu Anordnungen befugt sind.[390] Das BwRefBeglG setzt damit voraus, dass Soldatinnen und Soldaten Verwaltungshandeln ausüben, dies sogar in einem Maße, dass sich der Gesetzgeber zu einer gesetzlichen Regelung veranlasst sah.

Werden Soldatinnen und Soldaten außerhalb der Streitkräfte (außerhalb der konkreten Truppenverwendung) verwendet, gilt ungeachtet der von ihnen absolvierten, im Grundsatz dafür nicht vorgesehenen Ausbildung für sie der gleiche Maßstab, wie ihn die entsprechenden Bestimmungen des Bundesbeamtengesetzes den Beamtinnen und Beamten auferlegen.[391]

V. Verwendung der Soldatinnen und Soldaten

Soldatinnen und Soldaten werden direkt in den militärischen Organisationsbereichen der Teilstreitkräfte, Streitkräftebasis und des Sanitätsdienstes verwendet. Daneben gibt es jedoch auch Verwendungen der Soldatinnen und Soldaten außerhalb der Truppe, bspw. im BMVg und in der Bundeswehrverwaltung sowie anderen zivilen Organisationen des Bundes, beispielsweise dem Bundesnachrichtendienst.

176.509 aktive Soldaten und Soldatinnen sind zum 31. August 2016 im BMVg und in den Bereichen Art. 87a und Art. 87b GG aktiv und teilen sich wie folgt auf:[392]

---

389 so noch Voigt/Seybold, S. 50.

390 BT-Drs. 92/12, S. 78.

391 BT-Drs. 17/9340, S. 47.

392 https://www.bundeswehr.de/portal/a/bwde/!ut/p/c4/04_SB8K8xLLM9MSSzPy8xBz9CP3I5EyrpHK9pPKUVL3UzLzixNSSqlS90tSk1KKknMzkbL2qx

BMVg	951[393]
- diesem unmittelbar nachgeordnete Dienststellen	1.435
Art. 87a GG (164.620 Soldatinnen und Soldaten)	
Streitkräftebasis	41.064
Zentraler Sanitätsdienst	19.661
Heer	59.544
Luftwaffe	28.264
Marine	16.087
Art. 87b GG (9.494 Soldatinnen und Soldaten)	
Bereich Infrastruktur, Umweltschutz, Dienstleistungen	000
Bereich Ausrüstung, Informationstechnik, Nutzung	1.765
Bereich Personal	6.789

Damit arbeiten über 6,73 % der aktiven Soldatinnen und Soldaten außerhalb des Art. 87a GG. 9.494 aktive Soldatinnen und Soldaten sind im Bereich der Bundeswehrverwaltung beschäftigt und bilden damit einen Anteil von mehr als 17 % im Verhältnis zur angestrebten Gesamtgröße der Bundeswehrverwaltung von 55.000 Haushaltsstellen.[394]

1. Verwendung von Soldatinnen und Soldaten im Rahmen der Eigenverwaltung des Art. 87a GG

Trotz Trennungsgebot der Wehrverwaltung von den Streitkräften durch Art. 87a und Art. 87b GG findet man im Rahmen der Streitkräfte Elemente von Verwaltung.

Dieses liegt daran, dass eine vielschichtige Organisation wie die der Streitkräfte komplexe bürokratische Arbeitsabläufe erfordert, die als „Geschäftsvorfälle" im Bereich der Streitkräfte entstehen und auch dort abgearbeitet werden sollten.[395] Auch Pieroth formuliert sehr knapp, dass die Aufstellung der Streitkräfte nach

Iyc1Dz9gmxHRQDYLHC-/ Stand: 8. Oktober 2016. Die Summer der Einzelsummen ergibt jedoch 176.500.

393 Anzahl der Soldatinnen und Soldaten.

394 Aufgrund der geringen Teilzeitbeschäftigungen bei den Soldatinnen und Soldaten wurde die Soldatenanzahl mit den Dienstposten ins Verhältnis gesetzt.

395 Reinfried, Streitkräfte und Bundeswehrverwaltung, S. 152, 155.

Art. 87a GG auch deren Organisation „einschließlich der Truppenverwaltung beinhaltet, d. h. der aus zwingendem Sacherfordernis in die Truppe integrierten Verwaltung“.[396] Desgleichen verbleibt nach Baldus den Streitkräften ein Raum für eigene verwaltende Tätigkeiten.[397] Er bestimmt die Zulässigkeit durch eine Kompetenz kraft Sachzusammenhangs mit der durch Art. 87a Abs. 1 GG zugewiesenen Verteidigungsaufgabe und entwickelt daraus auch gleich den Maßstab für den Umfang einer zulässigen Eigenverwaltung.[398] Eine Eigenverwaltung ist in dem Maße zulässig, als sie durch den Verteidigungsauftrag notwendigerweise bedingt ist und der Verteidigungszweck durch ein Handeln anderer Verwaltungsträger nicht ebenso geeignet erreicht werden könnte.[399]

Die truppeneigene Verwaltung beinhaltet militärische Stabs- und Führungsaufgaben und Personalangelegenheiten der Soldatinnen und Soldaten – in grundsätzlicher wie auch individueller Hinsicht – die von Soldatinnen und Soldaten entweder innerhalb der Streitkräfte oder durch die Personalabteilung, eine militärische Unterabteilung des BMVg, abzuwickeln sind.[400] Die Eigenverwaltung ist darüber hinaus begrenzt auf die Bereiche der Haushalts- und Wirtschaftsführung.[401]

Von Beginn an umfasste der Bereich des Art. 87a GG nicht nur die konkrete Truppenverwendung, sondern darüber hinaus auch einen Teil Verwaltung, obwohl ursprünglich geplant war, alle administrativen Aufgaben durch die Wehrverwaltung wahrnehmen zu lassen.[402]

Der staatsrechtliche Aufbau ging davon aus, dass die Landesverteidigung nicht nur militärische Aufgaben im engeren Sinne („eigentliche“ militärische Aufgaben), sondern in logischem Zusammenhang mit ihnen Verwaltungsfunktionen umfasst.[403] Im Stenographischen Bericht des Deutschen Bundestages 2/92 vom 27. Juni 1955 ist nachzulesen, dass die unmittelbar bei der Truppe anfallenden Verwaltungsaufgaben im Rahmen des militärisch Möglichen ebenfalls von

---

396 Jarass/Pieroth, Art. 87a Rn. 3.

397 *Baldus*, in: v. Mangoldt/Klein/Starck, GG III, Art. 87b Rn. 8.

398 *Baldus*, in: v. Mangoldt/Klein/Starck, GG III, Art. 87b Rn. 8; diesen Maßstab wendete schon Reinfried 1978 an, diese jedoch noch vor Gründung der Bundeswehr-Dienstleistungszentren in 2007. Ob die Zulässigkeit in dem damalig bestehenden Umfang der Truppenverwaltung gegeben war, darf bezweifelt werden, Reinfried, Streitkräfte und Bundeswehrverwaltung, S. 153, 155.

399 *Baldus*, in: v. Mangoldt/Klein/Starck, GG III, Art. 87b Rn. 8; Voigt/Seybold, S. 72.

400 Reinfried, Streitkräfte und Bundeswehrverwaltung, S. 64.

401 *Hernekamp*, in: v. Münch/Kunig, GGK II, Art. 87b Rn. 4.

402 Reinfried, Streitkräfte und Bundeswehrverwaltung, S. 152.

403 Ebenda, S. 33.

zivilem Verwaltungspersonal erledigt werden sollen, das von der Verteidigungsverwaltung zur Truppe abgeordnet wird.[404] Dazu wurde dieser Verwaltungsanteil der Truppe, sog. Truppenverwaltung, in zwei wesentlichen Abgrenzungserlassen von 1957 und 1958 konkretisiert[405] und umfasste Tätigkeiten zum Haushalts-, Kassen- und Rechnungswesen, Zivil-Personalangelegenheiten, Gebührniswesen soweit nicht Fürsorge und Betreuung, Mitwirkung der Truppenverwaltung am Beschaffungswesen, Betreuungswesen und Fürsorgeaufgaben, allgemeine Aufgaben (Organisation, Aufrechterhaltung des eigenen Betriebs usw.) etc.[406] Zusätzlich fielen Aufgaben der militärischen Administration an, ein Bereich, der dem Art. 87a GG zuzuordnen ist und sowohl durch Soldatinnen und Soldaten, aber auch von der Truppenverwaltung ausgeführt wurde.[407]

Mit der Truppenverwaltung innerhalb der Streitkräfte waren 1999 insgesamt 63.225 zivile Angehörige beschäftigt.[408] Ob die in der Truppe bewältigten Verwaltungsangelegenheiten im Sinne lokaler Serviceaufgaben für die Streitkräfte[409] noch in diesem verfassungsmäßigen Ausnahmerahmen anzusiedeln waren, war höchst umstritten.[410]

Im Jahr 2007 wurde dann die Truppenverwaltung zu Gunsten der Einführung der Bundeswehr-Dienstleistungszentren, die unstreitig zur Bundeswehrverwaltung gehören, in großen Teilen der Bundeswehrverwaltung übertragen.[411] Trotz Auslagerung dieser Tätigkeiten in die Bundeswehr-Dienstleistungszentren, ist der Bereich der Eigenverwaltung, der systematisch dem Bereich des Art. 87b GG zuzuordnen ist, noch immer existent.[412]

---

404 Stenographischer Bericht des Deutschen Bundestages 2/92 vom 27. Juni 1955, S. 5218.

405 VMBl. 1957, 600 ff.; VMBl. 1958, 306 ff.

406 Reinfried, Streitkräfte und Bundeswehrverwaltung, S. 157.

407 Reinfried, Streitkräfte und Bundeswehrverwaltung, S. 153, 155; m. w. N. Voigt/Seybold, S. 94 ff.

408 Pieroth, NVwZ 2011, 705, 707; Walz, NZWehrr 1997, 89, 95; Wolff, S. 115.

409 Martini, BWV 2007, 77, 77.

410 Pieroth, NVwZ 2011, 705, 707; a. A Reinfried, BWV 1965, 196, 199, die Truppenverwaltung als notwendig voraussetzend; Hahnenfeld, BWV 1975, 18, 25 f., der die notwendig bestehende Truppenverwaltung als funktionalen Teil der Wehrverwaltung betrachtet, wenn auch neben abgeordneten zivilen Angehörigen der Bundeswehrverwaltung auch Soldaten mit der Truppenverwaltungstätigkeit zwecks Einsatz- und Ausbildungssicherung betraut sind.

411 Pieroth, NVwZ 2011, 705, 707.

412 Wolff, S. 106 f., 116.

Die Aufgaben der aktiven Soldatinnen und Soldaten können damit, unabhängig welcher Artikel des Grundgesetzes zur Anwendung kommt, sowohl in konkreter Truppenverwendung als auch außerhalb der Truppenverwendung stattfinden, so zum Beispiel die Eigenverwaltungstätigkeit in der Truppe sowie Ausführung militärischer Administration (militärische Führung, Stabsarbeit etc.).

2. Verwendung von Soldatinnen und Soldaten außerhalb des Geschäftsbereiches BMVg

Das Trennungsgebot wirkt nur intern innerhalb der Bundeswehr, nicht gegenüber anderen (Bundes-)Behörden.[413] Gemäß Art. 87a Abs. 1 Satz 1 GG stellt der Bund Streitkräfte jedoch zur Verteidigung auf. Auch nur zu diesem Verteidigungszweck dürfen sie eingesetzt werden, sofern dieses Grundgesetz ausdrücklich nichts Anderes zulässt (Art. 87a Abs. 2 Satz 1 GG).

Die Verwendung von Soldatinnen und Soldaten in zivilen Organisationen des Bundes hat daher auch die obersten deutschen Gerichte beschäftigt.[414] Das BVerwG befasste sich im Urteil vom 15. Dezember 2011 (Az.: 2 A 13.10) mit einer abgelehnten Bewerbung eines (schwerbehinderten) Soldaten, der sich nach vierjähriger Versetzung in den Geschäftsbereich des Bundesnachrichtendienstes dauerhaft um einen dortigen Verbleib bemühte. Die Bewerbung wurde mangels körperlicher Eignung abgelehnt. Diese mangelnde Eignung wurde durch den Truppenarzt festgestellt, worauf sich der Bundesnachrichtendienst ohne eigene Untersuchung berief.

Der Zurückverweisungsbeschluss des Bundesverfassungsgerichts vom 2. Oktober 2007 stellt in dieser Angelegenheit die Frage, ob die Verwendung eines Soldaten außerhalb der Streitkräfte gegen Art. 87a Abs. 2 GG verstößt.[415] Das für die Bundesregierung vor dem BVerfG vortragende Bundesministerium der Justiz war der Ansicht, dass Soldatinnen und Soldaten während des Zeitraumes ihrer anderen Verwendung nicht Bestandteil der Streitkräfte seien und dies nicht gegen Art. 87a Abs. 2 GG verstoße.[416]

---

413 BVerwG, Urteil vom 16. Oktober 2008 – 2 A 9.07, Rn. 74; Wolff, S. 67.

414 BVerwG, Urteil vom 15. Dezember 2011 – 2 A 13.10; BVerwG, Urteil vom 21. Juni 2007 – 2 A 6.06.

415 BVerfG, Beschluss vom 2. Oktober 2007 – 2 BvR 2457/04, Rn. 21: Im zugrundeliegenden Fall ging es um die Konkurrentenklage einer Beamtin des Bundesnachrichtendienstes, da ein Soldat auf den Dienstposten des Unterabteilungsleiters „Personalmanagement/Personalentwicklung“ im Bundesnachrichtendienst befördert wurde.

416 BVerfG, Beschluss vom 2. Oktober 2007 – 2 BvR 2457/04, Rn. 6.

Das BVerwG hatte zuvor in seiner Entscheidung vom 23. September 2004 auf die Prüfung verzichtet, ob der anderweitige Einsatz von Soldatinnen und Soldaten überhaupt verfassungsrechtlichen Vorgaben entspricht.[417] Es führt aus, dass jedenfalls aus Art. 87b Abs. 1 GG die Unzulässigkeit der Verwendung von Soldatinnen und Soldaten bei anderen Organisationen nicht herausgelesen werden kann, da Art. 87b Abs. 1 GG lediglich vorschreibe, dass die Aufgaben des Personalwesens und der Deckung des unmittelbaren Sachbedarfs durch die Verwaltungsbehörden und damit nicht durch die Streitkräfte selbst erfüllt werden dürfen.[418]

Nach der Zurückverweisung entschied das BVerwG, dass die bei anderen Organisationen des Bundes tätigen Soldatinnen und Soldaten Bestandteil der Streitkräfte sind; sie sind Soldatinnen und Soldaten der Bundeswehr und behalten ihren dienstlichen Status als Soldatinnen und Soldaten nach § 1 Abs. 1 SG.[419] Nur aus der Befehlsstruktur der Streitkräfte i. S. d. Art. 87a GG sind sie herausgelöst und unterstehen nicht der Befehlsgewalt der Bundesministerin oder des Bundesministers der Verteidigung.[420] Die anderweitige Tätigkeit einer Soldatin oder eines Soldaten ist darüber hinaus kein Einsatz von Streitkräften i. S. d. Art. 87a Abs. 2 GG, weil es an einem hoheitlichen Zwang durch den militärischen Apparat der Bundeswehr mangelt.[421] Voraussetzung für die Tätigkeit einer Soldatin oder eines Soldaten beim Bundesnachrichtendienst ist nach § 8 Abs. 1 der Rahmenrichtlinie des BMVg mit dem Bundeskanzleramt jedoch, dass Aufgaben im Zusammenhang mit der militärischen Auslandsaufklärung zu erfüllen sind.[422] Auch die Voraussetzungen des Art. 87a Abs. 1 Satz 2 GG sind erfüllt (Haushaltsvorbehalt), da Planstellen für Soldatinnen und Soldaten bei Verwendung in anderen Behörden des Bundes in geheimen Haushaltsblättern ausgewiesen sind und somit der Bundestag als Organ einbezogen wurde.[423]

---

417 BVerwG, Urteil vom 23. September 2004 – 2 A 8.03, II 3.

418 Ebenda.

419 BVerwG, Urteil vom 16. Oktober 2008 – 2 A 9.07, Rn. 66. Die Begründung des Entwurfes zum BwRefBeglG vom 17. Februar 2012 – BT-Drs. 92/12, S. 78 geht jedoch davon aus, dass bei der Verwendung von Soldatinnen und Soldaten bei anderen Organisationen diese „außerhalb der Streitkräfte verwendet werden".

420 BVerwG, Urteil vom 16. Oktober 2008 – 2 A 9.07, Rn. 67 f.

421 Ebenda, Rn. 69, 71.

422 BVerwG, Urteil vom 16. Oktober 2008 – 2 A 9.07, Rn. 52; bestätigend BVerwG, Urteil vom 15. Dezember 2011 – 2 A 13.10, Rn. 28 f.

423 BVerwG, Urteil vom 16. Oktober 2008 – 2 A 9.07, Rn. 58.

Beide Entscheidungen des Bundesverwaltungsgerichtes beschäftigen sich mit der zulässigen Verwendung von Soldatinnen und Soldaten außerhalb der Streitkräfte, namentlich im Bundesnachrichtendienst.[424]

Dieses Ergebnis kann aber gerade nicht auf die Verwendung von Soldatinnen und Soldaten im Bereich der Bundeswehrverwaltung gemäß Art. 87b Abs. 1 GG übertragen werden.[425] Der Wortlaut des Art. 87b Abs. 1 GG regelt, dass Angelegenheiten des Personalwesens sowie die Deckung des unmittelbaren Sachbedarfes durch die Verwaltung, gerade nicht durch Soldatinnen und Soldaten der Streitkräfte ausgeführt werden.[426] Aufgrund des Fehlens einer vergleichbaren Vorschrift wie dem Art. 87b GG im Verhältnis zum Bundesnachrichtendienst kann sich umgekehrt nicht ergeben, dass mit der Argumentation des BVerwG Streitkräfte respektive Soldatinnen und Soldaten Verwaltungsaufgaben der Wehrbereichsverwaltung übernehmen.[427]

Diese Argumentation führt nicht zu einer Bestandsgarantie der Wehrverwaltung im Sinne eines absoluten Ausschlusses der Verwendung von Soldatinnen und Soldaten in zivilen Dienststellen der Wehrverwaltung.[428] Es darf lediglich nicht der Kernbestand der Verwaltung in dem Sinne berührt sein, dass eingesetzte Soldatinnen und Soldaten das Personal der Wehrverwaltung majorisieren.[429] Ob dies für exponierte Führungspositionen innerhalb der Wehrverwaltung gilt ist streitig, jedoch nach mehrheitlicher Ansicht nicht generell, wohl aber nur ausnahmsweise nicht ausgeschlossen.[430] So ist sichergestellt, dass die Bundeswehrverwaltung ihre dienende Funktion für die Streitkräfte unter Einbezug militärischen Sachverstandes der Soldatinnen und Soldaten nutzen kann, um so bestmöglich den Auftrag den Art. 87b GG ihr zuweist zu erfüllen.[431]

---

424 BVerwG, Urteil vom 16. Oktober 2008 – 2 A 9.07; BVerwG, Urteil vom 15. Dezember 2011 – 2 A 13.10.

425 BVerwG, Urteil vom 16. Oktober 2008 – 2 A 9.07, Rn. 75; Wolff, S. 67.

426 BVerwG, Urteil vom 16. Oktober 2008 – 2 A 9.07, Rn. 75; Wolff, S. 67.

427 Wolff, S. 67 f.

428 Poretschkin, NZWehrr 2008, 103, 109.

429 Poretschkin, NZWehrr 2008, 103, 109; Wolff, S. 68.

430 Barth, DÖV 1966, 153, 159; Hahnenfeld, BWV 1975, 18, 19; Reinfried, BWV 1965, 196, 200; Wolff, S. 68 f.

431 Wolff, S. 68.

3. Verwendung von Soldatinnen und Soldaten auf sog. Wechselstellen

Wechselstellen im Geschäftsbereich des BMVg waren von Beginn an vorgesehen.[432] Hierbei handelte es sich gemäß Nr. 1 Durchführungsbestimmungen für die Inanspruchnahme von Wechselstellen um Dienstposten, die abweichend von der generell zu treffenden Grundzuordnung mit einer konkreten Statusgruppe (Beamtinnen und Beamte, Soldatinnen und Soldaten, Arbeitnehmerinnen und Arbeitnehmer) eine abweichende Besetzung (statusfremde Besetzung) zulassen.[433] Danach konnten Planstellen für Soldatinnen und Soldaten auch mit fachlich ausgebildeten Beamtinnen und Beamten sowie Arbeitnehmerinnen und Arbeitnehmern besetzt werden; lediglich rein soldatische Aufgaben durften nicht übertragen werden gemäß Nr. 2 und 3 der Durchführungsbestimmungen.[434] Planstellen für Beamtinnen und Beamte konnten auch mit fachlich ausgebildeten Soldatinnen und Soldaten besetzt werden (Nr. 1 und Nr. 2 der Durchführungsbestimmungen).[435] Arbeitnehmerinnen und Arbeitnehmer konnten auf Planstellen von Beamtinnen und Beamten gemäß VV Nr. 2.1 zu § 49 BHO gesetzt werden. Haushaltsstellen für Angestellte sowie Arbeiterinnen und Arbeiter konnten nicht mit Soldatinnen und Soldaten besetzt werden (Nr. 1 Satz 2 der Durchführungsbestimmungen).[436]

Mit den vorläufigen Regelungen zur Dienstpostenbesetzung mit Personen, die in einem von den Organisationsgrundlagen abweichenden Dienst- oder Beschäftigungsverhältnis stehen sowie zur Inanspruchnahme von Wechselstellen wurden die Wechselstellen im Jahr 2013 bestätigt.[437]

Die verfassungsmäßige Ordnung hat das BMVg zur gemeinsamen Spitze der Streitkräfte und der Bundeswehrverwaltung erkoren, ein Trennungsgebot für

---

432 BT-Drs. 2/2341, Begründung zu § 2.

433 VMBl. 1977, 24, 24.

434 VMBl. 1977, 24, 24, s. aber VV 2.3. zu § 49 BHO, der Planstellen für Soldatinnen und Soldaten grundsätzlich nicht zur Besetzung mit Arbeitnehmerinnen und Arbeitnehmern vorsieht.

435 VMBl. 1977, 24, 24.

436 Ebenda.

437 Erlass BMVg, P II (70) – 16-25-03 vom 13. Mai 2013, Dienstpostenbesetzung mit Personen, die in einem von den Organisationsgrundlagen abweichenden Dienst- oder Beschäftigungsverhältnis stehen sowie Inanspruchnahme von Wechselstellen, vorläufige Regelungen, http://www.vab-bayern.de/app/download/5576211/Dienstpostenbesetzung+mit+Personen%2C+die+in+einem+von+den+Organisationsgrundlagen+abweichenden+Dienst-+oder+Besch%C3%A4ftigungsverh%C3%A4ltnis+stehen+13-05-2013.pdf, Stand: 8. Oktober 2016.

das Ministerium selbst ist nicht in diese Ordnung eingefügt. Dadurch könnte die Frage nach der Rechtmäßigkeit von Wechselstellen im Ministerium obsolet sein.

Die (verfassungsmäßige) Existenz von Wechselstellen wird im Entwurf des Gesetzes über die Organisation der militärischen Landesverteidigung vorausgesetzt.[438] Gemäß § 2 Abs. 1 Satz 4 des Gesetzentwurfes können Soldatenstatus und Beamtenstatus wechselweise einander unterstellt werden. Weder Beamtinnen und Beamte noch Soldatinnen und Soldaten haben danach einen Anspruch auf Besetzung einer Abteilung nur mit der ihnen zugehörigen Statusgruppe.[439] § 2 Abs. 1 Satz 3 des Gesetzentwurfes legt fest, dass sich die Besetzung der Abteilungsleitung im BMVg durch ziviles oder militärisches Personal nach den übertragenen Aufgaben bestimmt,[440] so dass hier der Grundsatz der Trennung als Prinzip verfolgt wird.[441]

Die Fernwirkung des Trennungsgebotes in das BMVg hinein ist damit zu begründen, dass nur so verhindert werden kann, dass die Abteilungen im Ministerium, welche die Rechts- und Fachaufsicht über den nachgeordneten Bereich ausüben, statusfremd besetzt sind.[442] Für das Ministerium als gemeinsame Spitze der Streitkräfte und der Bundeswehrverwaltung gebietet es der nähere Sachzusammenhang, diejenigen Stellen im BMVg mit Soldatinnen und Soldaten zu besetzen, die die Verbindung zu den Truppenteilen halten, und Beamtinnen und Beamte auf den Dienstposten zu verwenden, die den zivilen Teil des nachgeordneten Bereiches verwalten.[443]

Auf der Ebene des BMVg ist die Zusammenführung von zivilen und militärischen Abteilungen also möglich, wobei die Unterschiede der einzelnen Statusgruppen insofern erhalten bleiben müssen, dass Soldatinnen und Soldaten grundsätzlich aufgrund von Befehlen und Beamtinnen und Beamte grundsätzlich aufgrund von Weisungen handeln.[444]

---

438 BT-Drs. 2/2341, S. 7, Gesetzesentwurf, der nie umgesetzt wurde.

439 Ebenda, S. 7.

440 BT-Drs. 2/2341.

441 Wolff, S. 70; mit einer anderen Begründung Pieroth, NVwZ 2011, 705, 708.

442 Hahnenfeld, BWV 1975, 18, 20; Wolff, S. 71.

443 Wolff, S. 70; a. A. Pieroth, NVwZ 2011, 705, 708, der die Verschmelzung von Beamtinnen und Beamten sowie Soldatinnen und Soldaten zu einem Personalkörper für verfassungswidrig hält.

444 Pieroth, NVwZ 2011, 705, 708; Wolff, S. 70 f.

Zumindest am Grundsatz dürfte auch § 11 Abs. 3 SG nichts zu ändern vermögen.[445] Schon vor Einfügen des § 11 Abs. 3 SG war allgemeines Verständnis, dass eine dienstliche Weisung im Bereich der Bundeswehrverwaltung eine dienstliche Weisung bleibt und nicht zum Befehl wird, nur weil eine beteiligte Person dem Soldatenstatus unterliegt.[446] Nunmehr wurde durch die Gesetzesänderung das Verwaltungshandeln der Soldatinnen und Soldaten sogar bestätigt.

Doch soweit auch im BMVg die personelle Trennung bis zur Unkenntlichkeit aufgehoben wird, ist die Auswirkung der zu Grunde liegenden Ausbildungsunterschiede für Beamtinnen und Beamte und Soldatinnen und Soldaten zu berücksichtigen, da komplexe Verwaltungsaufgaben – und um nichts Anderes handelt es sich in der Führungsspitze BMVg – effizienter durch dafür speziell ausgebildete Fachleute erfüllt werden: Beamtinnen und Beamte.[447]

Folglich sind die Weisungsstränge in Abhängigkeit der einzelnen Statusverhältnisse strenger zu separieren.[448] Soweit Soldatinnen und Soldaten auf Dienstposten der Bundeswehrverwaltung eingesetzt werden, gelten zur Sicherung der Rechtmäßigkeit des Verwaltungshandelns die Grundsätze der rechtsstaatlichen Verwaltung und nicht die des Militärs.[449] Fachfremde Besetzungen sind als rechtfertigungsbedürftige Ausnahmeerscheinungen in jedem Einzelfall konkret zu begründen.[450] Insoweit kommt dem Trennungsgebot eine Fernwirkung zu, die es im Ergebnis rechtfertigen kann, im BMVg Dienstposten der Bereiche die der Bundeswehrverwaltung zugeordnet sind mit Soldatinnen oder Soldaten zu besetzen.[451]

Insofern ist der Begründung zu § 9 des Entwurfes eines Gesetzes über die Organisation der militärischen Landesverteidigung zu entnehmen, dass das Personal der Bundeswehrverwaltung in Abkehr zur Mischform der Rechtsstellungen

---

445 § 11 Abs. 3 SG wurde neu eingefügt durch das BwRefBeglG: „*Im Verhältnis zu Personen, die befugt sind, dienstliche Anordnungen zu erteilen, die keinen Befehl darstellen, gelten § 62 Absatz 1 und § 63 des Bundesbeamtengesetzes entsprechend.*“

446 Wolff, S. 69.

447 Ebenda, S. 60 und 66; Voigt/Seybold, S. 42; a. A. sieht die Wehrverwaltung in einer Mittlerstellung, um den rechtmäßigen Anschluss zwischen gesellschaftlichem Umfeld und militärischer Gewalt zu gewährleisten, m. w. N. Voigt/Seybold, S. 42.

448 Wolff, S. 69.

449 Ebenda, S. 69.

450 VMBl. 1977, 24–26; Wolff, S. 20, m. w. N. S. 70, 72.

451 Gramm, NZWehrr 2011, 89, 99; Wolff, S. 70.

der uniformierten Wehrmachtbeamten grundsätzlich einen zivilen Status haben soll.[452]

Die Grenze des Trennungsgebotes soll nach § 2 Abs. 1 Satz 1 und Satz 2 des Gesetzentwurfes bei der Staatssekretärsebene Einzug halten, so dass nicht ein Staatssekretär für den militärischen Bereich, ein anderer für den zivilen Bereich zuständig ist.[453] Nur so kann verhindert werden, dass das BMVg in eine militärische und eine zivile Hälfte zerfällt.[454] Die Staatssekretärsebene hat als zweite Ebene neben der Ministerin oder dem Minister allein ihrer politischen Verantwortung zu folgen.[455] Daraus lässt sich schließen, dass dem Primat der Politik zur Durchsetzung verholfen werden sollte. Eine andere Organisation – wie in der Reichswehr der Weimarer Zeit – würde dies unnötig hemmen, insofern es die politische Ebene lediglich einstufig zurückließe.[456]

4. Verwendung von Soldatinnen und Soldaten bei Beurlaubungen

Darüber hinaus können sich Soldatinnen und Soldaten unter Wegfall der Bezüge zu zwischenstaatlichen Einrichtungen gemäß § 9 Verordnung über den Urlaub der Soldatinnen und Soldaten (Soldatinnen- und Soldatenurlaubsverordnung – SUV)[457] i. V. m. § 9 Verordnung über den Sonderurlaub für Bundesbeamtinnen, Bundesbeamte, Richterinnen und Richter des Bundes (Sonderurlaubsverordnung – SUrlV)[458] zur Ausübung einer Tätigkeit in öffentlichen zwischenstaatlichen oder überstaatlichen Einrichtungen oder in einer öffentlichen Einrichtung eines Mitgliedstaates der Europäischen Union oder zur Wahrnehmung von Aufgaben der Entwicklungszusammenarbeit beurlauben lassen.

Auch die Versorgung wird gemäß § 20 Abs. 1 Nr. 2 SVG nicht berührt, soweit spätestens bei Rückkehr in den Dienst eine Bestätigung vorliegt, die Beurlaubung habe dienstlichen Belangen gedient.

5. Ergebnis

Soldatinnen und Soldaten werden für Verwaltungshandeln eingesetzt. Dafür spricht schon die Änderung des § 11 Abs. 3 SG, der nunmehr die gesetzliche

---

452 BT-Drs. 2/2341, Begründung zu § 9.
453 Ebenda, S. 6.
454 Ebenda, S. 6.
455 Ebenda, S. 7.
456 BT-Drs. 2/2341, S. 6 f.
457 BGBl. I S. 3286.
458 BGBl. I S. 160.

Grundlage des Verwaltungshandelns durch Soldatinnen und Soldaten regelt und ein Verwaltungshandeln quasi voraussetzt. Ohne eine administrative Eigenverwaltung vermag keine Organisation, welches Hauptgeschäft sie auch immer betreiben mag, auszukommen. Insofern drängt sich die Verfassungsmäßigkeit der militärischen Administration und eines notwendigen Teils an Eigenverwaltung aufgrund tatsächlicher Wirklichkeit geradezu auf und wird im Rahmen dieser Arbeit nicht angegriffen.[459]

Letztlich dürfte die Abgrenzung der Eigenverwaltung der Truppe und der militärischen Administration,[460] die ohnehin im Bereich der Streitkräfte anfällt, aufgrund der engen Verzahnung auf praktische Schwierigkeiten stoßen.[461] In beiden Bereichen, die sachlich ineinander übergehen, sind alle Statusverhältnisse des Geschäftsbereiches BMVg (Beamtinnen und Beamte, Soldatinnen und Soldaten, Angestellte) vertreten.[462]

Die von den Streitkräften ausgeführte Eigenverwaltung ist als Abkehr vom verfassungsrechtlichen Trennungsgebot des Art. 87b GG zu verstehen, und benötigt eine sachliche Begründung, die darüber hinweghilft, dass der grundsätzlich von den Streitkräften abgetrennte Annexbereich der Personalverwaltung nun doch in Teilen von ihnen selbst ausgeführt wird.[463]

Nach Wolff ist die Ausübung durch eigene Soldatinnen und Soldaten in Abkehr des Trennungsgebotes möglich, wenn eine Verwaltungsaufgabe so essenziell mit den Streitkräften unter Aufrechterhaltung ihrer Funktionsfähigkeit zusammenhängt, d.h. wenn sie praktisch so militärisch geprägt ist, dass sie auch dann von Soldatinnen und Soldaten ausgeführt werden kann.[464] Offener ist hier die Begründung zum Gesetzentwurf über die Organisation der militärischen

---

459 Baldus stellt die Frage, ob die verbliebene Truppenverwaltung allein durch zivile Beamtinnen und Beamte wahrzunehmen ist, oder ob auch Soldatinnen und Soldaten eingesetzt werden dürfen, *Baldus*, in: v. Mangoldt/Klein/Starck, GG III, Art. 87b Rn. 8; ausführlich dazu Voigt/Seybold, allerdings auf dem Stand 2003 vor Gründung der Bundeswehr-Dienstleistungszentren.

460 Reinfried, Streitkräfte und Bundeswehrverwaltung, S. 155.

461 Nach Reinfried, Streitkräfte und Bundeswehrverwaltung, S. 153 handelt es sich bei militärisch-administrativen Aufgaben um verschiedene Verwaltungsangelegenheiten: logistische Unterstützung, Nutzung ziviler Hilfsquellen, Gehilfe des Kommandeurs und des Chefs des Stabes, Beauftragung für den Haushalt, Entwurf Haushaltsplan, Ausübung der Anordnungsbefugnis, Bewirtschaftung der Haushaltsmittel u v. m.

462 Reinfried, Streitkräfte und Bundeswehrverwaltung, S. 153 f.

463 Wolff, S. 117.

464 Ebenda, S. 118; so auch Gramm, NZWehrr 2011, 89, 100.

Landesverteidigung, welche die (damalige) Truppenverwaltung durch von der Wehrverwaltung abgestelltes ziviles Verwaltungspersonal bearbeitet sehen will, soweit nicht Soldatinnen und Soldaten selbst dies wahrnehmen können.[465]

Im Ergebnis kann festgestellt werden, dass zumindest nach Überführung der Truppenverwaltungstätigkeit an die Bundeswehrdienstleistungszentren Soldatinnen und Soldaten immer noch mit Aufgaben außerhalb der konkreten Truppenverwendung betraut sind und dies, soweit es auf ein notwendiges Maß begrenzt ist, nun dem verfassungsrechtlichen Trennungsgebot der Art. 87a und Art. 87b GG genügt.[466]

Die Notwendigkeit solcher administrativen (Führungs-)Aufgaben gilt auch für die Tätigkeit der Soldatinnen und Soldaten im BMVg selbst. Die Durchlässigkeit der Tätigkeiten wird durch das Vorhandensein im Bundeshaushalt angelegter Wechselstellen, die sowohl mit Soldatinnen und Soldaten als auch mit zivilen Angehörigen und vice versa besetzt werden können, bekräftigt, geradezu vorausgesetzt. Wechselstellen sind in der Organisation der Verfassung, insbesondere der des Ministeriums, angelegt. Das BMVg stellt die gemeinsame Spitze der zwei Säulen Streitkräfte und Bundeswehrverwaltung dar. Die Besetzung der Posten mit fachlich einschlägigem Personal unterhalb der Staatssekretärsebene[467] sichert die Korrektheit der Abteilungsarbeit im Ministerium und der Bundeswehrverwaltung. Auch die Beurlaubung zu anderen öffentlichen Dienststellen und zu Privatrechtsträgern perpetuiert das Bild der Soldatinnen und Soldaten außerhalb konkreter Kampfhandlungen oder auch außerhalb der Vorbereitung darauf.

Alle vorgenannten Tätigkeiten bleiben jedoch ohne Auswirkung auf die allgemeine oder besondere Altersgrenze gemäß §§ 44, 45 SG.

Auch in der Truppenverwendung selbst kann angesichts der gänzlichen Wandlung der Einsatzbedingungen und Verwendungsformen festgestellt werden, dass die tatsächliche Verwendung von Soldatinnen und Soldaten nicht nur kernmilitärisch, sondern in weiten Teilen auch über Jahre hinweg konkret administrativ bestimmt ist.[468] Die Wirklichkeit aktueller Bedrohungsszenarien (weniger staatsgebundene massenheerbewegende Angriffe, sondern Vorherrschen asymmetrischer Bedrohungen) sowie der technische Fortschritt (Betriebszentrum

465 BT-Drs. 2/2341, Begründung zu § 9; Barth, DÖV 1966, 153, 158.

466 Pieroth, NVwZ 2011, 705, 707.

467 Die Bundesministerin oder der Bundesminister der Verteidigung sowie die Staatssekretärinnen und Staatssekretäre dürfen keine aktiven Soldatinnen oder Soldaten der Bundeswehr sein.

468 Vgl. Walz/Eichen/Sohm, § 44 Rn. 21; Eichen, NZWehrr 2008, 171, 174.

IT-System der Bundeswehr, Stichwort Cyber Defence[469]) haben das Bild eines militärischen Einsatzes in den letzten Jahrzehnten völlig verändert. Insbesondere die Verwendung in Führungsstäben und im BMVg als strategischer Spitze der Bundeswehr oder auch in anderen zivilen Organisationen lässt den Schluss zu, dass die tatsächlich ausgeführten Tätigkeiten in weiten Strecken denjenigen Tätigkeiten eines zivilen Angehörigen angenähert sind und diesen in Teilen sogar gänzlich entsprechen.

VI. Der Einsatz von Beamtinnen und Beamten im Bereich der Verteidigung

Durch die Einsatzwehrverwaltungsstelle der Bundeswehrverwaltung werden die Einsätze der Soldatinnen und Soldaten im Ausland durch zivile Angehörige unterstützt.[470] Die Einsatzwehrverwaltungsstelle der Bundeswehrverwaltung ist Teil des deutschen Einsatzkontingents und eine eigenständige zivile Dienststelle der Bundeswehrverwaltung i. S. d. Art. 87b GG und ist im Grundsatz auch mit diesem Personal zivil besetzt.[471] Zu den Aufgaben gehören einsatzbegleitende zivile Verwaltungsaufgaben (Personalwesen, Schadensbearbeitung, multinationale Abrechnung, Umwelt- und Arbeitsschutz, Infrastruktur-Erstellung und Infrastruktur-Management).[472] Sollte es die Gefährdungslage im Einsatzland gebieten, werden die zivilen Angehörigen nach entsprechender Ausbildung im Soldatenstatus ins Einsatzgebiet entsendet.[473] Dieses wird mit der Notwendigkeit begründet, den Kombattantenstatus zu erhalten.[474] Dieses Argument ist nicht ganz stichhaltig, da es auch Einsätze der Streitkräfte im Ausland gegeben hat,

---

469 http://www.bmvg.de/portal/a/bmvg/!ut/p/c4/NYu7DsIwEAT_yGdLNKEjCiBaioTQOY7lHPilyyU0fDx2wa40xY4WnlAa9Y5OM6aoPTxgNHicPmIKuxOvtFFZxYpmsbRY5DUnj4xvGOp1tsKkaLmSbWQsdKQ5kciJ2FezERUjcIZRqq6VSv6jvs1wvlz7QyO7W3uHHMLpB0N2Un0!/, Stand: 9. Oktober 2016.

470 http://www.iud.bundeswehr.de/portal/a/iudbw/!ut/p/c4/04_SB8K8xLLM9MSSzPy8xBz9CP3I5EyrpHK9zNIUIJlflJ6Yl1kMltVLLS8rLknN0y_IdlQEAIhHgLM!/, Stand: 8. Oktober 2016.

471 Ebenda.

472 *Hernekamp*, in: v. Münch/Kunig, GGK II, Art. 87b Rn. 4.

473 http://www.iud.bundeswehr.de/resource/resource/MzEzNTM4MmUzMzMyMmUzMTM1MzMyZTM2MzIzMDMwMzAzMDMwMzAzMDY4NjgzODc5MzM3YTY2NjUyMDIwMjAyMDIw/Flyer_WehrverwaltungimAuslandseinsatz_04_02_2013.pdf, Stand: 8. Oktober 2016.

474 http://www.iud.bundeswehr.de/resource/resource/MzEzNTM4MmUzMzMyMmUzMTM1MzMyZTM2MzIzMDMwMzAzMDMwMzAzMDY5NjY3

bei denen auch die deutschen Soldatinnen und Soldaten keinen Kombattantenstatus nach Völkerrecht innehatten.[475] Insofern werden Auslandseinsätze derzeit durch freiwillig wehrübendes Bundeswehrpersonal begleitet.[476] Jedenfalls ist der völkerrechtliche Status – Kombattant oder nicht – abhängig vom Status des jeweiligen militärischen Einsatzkontingentes.[477]

VII. Ergebnis

Der Einsatz der unterschiedlichen Statusgruppen der Soldatinnen und Soldaten sowie der Beamtinnen und Beamten über Statusgrenzen hinweg lässt das organisatorische, verfassungsrechtlich gebotene Trennungsgebot unscharf zurück. In den Streitkräften wird Verwaltung ausgeübt (militärische Führung und Administration), die Bundeswehrverwaltung beteiligt sich an Einsätzen.

Daran gekoppelt ist die Gefahr, dass auch die einzelnen statusbezogenen Vorschriften durch die jeweiligen Adressaten verschiedene Auslegungen erfahren. Aus diesem Grund ist nach Ansicht von Pieroth der Vorschlag der Strukturkommission der Bundeswehr 2010 zur Bildung eines einheitlichen Personalkörpers der Bundeswehr nicht mehr in Einklang mit der Verfassung.[478]

Im Ergebnis ist festzustellen, dass nicht in unerheblichem Umfang statusfremde Tätigkeiten ausgeübt werden. Der Verwendungsumfang in statusfremden Angelegenheiten ist bezogen auf die einzelne Berufssoldatin oder auf den einzelnen Berufssoldaten jedenfalls dann erheblich, soweit mehrjährige Verwaltungstätigkeiten mit der Verwendung zusammenhängen.

Jegliche Verwaltungstätigkeit der Soldatinnen und Soldaten, ob im BMVg, in der Eigenverwaltung der Truppe, im Rahmen einer Wechselstelle oder über Beurlaubungen zu zwischenstaatlichen Hoheitsträgern, bleibt ohne jegliche Auswirkung auf die Altersgrenze der Soldatinnen und Soldaten. Umgekehrt haben Verwendungen im Einsatz von zivilen Angehörigen im Soldatenstatus oder von Reservistinnen und Reservisten keinerlei Auswirkungen auf deren individuelle Altersgrenze.

NDY5Nzk2Mzc5MzgyMDIwMjAyMDIw/150803_Wehrverwaltung_EXTERN_internet.pdf, Stand: 8. Oktober 2016.

475 Walz, NZWehrr 1997, 89, 98.

476 *Hernekamp,* in: v. Münch/Kunig, GGK II, Art. 87b Rn. 4.

477 Ebenda.

478 Pieroth, NVwZ 2011, 705, 708; so auch *Krieger,* in: Schmidt-Bleibtreu/Hofmann/Henneke, GG, Art. 87b Rn. 4.

Verwaltungstätigkeit der Soldatinnen und Soldaten wird von der Verfassung vorausgesetzt. Damit werden von Soldatinnen und Soldaten sowie Beamtinnen und Beamten nicht nur unterschiedliche Tätigkeiten ausgeübt. Vielfach sind die Tätigkeiten in einem nicht unerheblichen Maße angenähert. Obwohl die differenzierten Altersgrenzen grundsätzlich aus der Trennung der Verwaltung von der Truppe resultieren, kann sich dies jedenfalls nicht anhand der den Soldatinnen und Soldaten übertragenen differenzierten Aufgaben und Tätigkeiten ableiten.

E. Die Entwicklung der altersbezogenen Ruhestandsregelungen der Berufssoldatinnen und Berufssoldaten sowie Beamtinnen und Beamten im Geschäftsbereich BMVg

Die Altersgrenzen, die für die Statusgruppen der Soldatinnen und Soldaten sowie der Beamtinnen und Beamten im Geschäftsbereich des BMVg Geltung entfalten, unterscheiden sich voneinander. Die Altersgrenzen, ab denen die Arbeitnehmerinnen und Arbeitnehmer sowie die Beamtinnen und Beamte des Geschäftsbereiches BMVg in den Ruhestand treten, sind heute mit denen anderer Arbeitnehmerinnen und Arbeitnehmer sowie Bundesbeamtinnen und Bundesbeamten identisch; für Soldatinnen und Soldaten gelten hingegen besondere Vorgaben. Das war im militärischen Bereich der Phase vor Gründung der Bundesrepublik Deutschland nicht immer der Fall. Diese historischen Altersgrenzen und altersbezogenen Ruhestandsregelungen sowie deren Motive entfalten auch heute noch in Teilen Wirksamkeit. Aus diesem Grund wird die historische Entwicklung der Darstellung der derzeitig gültigen Altersgrenzen vorangestellt.

I. Altersgrenzen des Deutschen Kaiserreiches, der Weimarer Republik und des Dritten Reiches

Die Entwicklung der gesetzlichen Grundlagen für altersbezogene Ruhestandsregelungen des Militärbereiches und dessen einzelne Berufsgruppen (Militärpersonen und zivile Beschäftigte) vollzog sich schon in den verschiedenen Epochen seit dem 19. Jahrhundert dynamisch. Aufgrund dieser fortlaufenden Entstehung werden nachfolgend die Zeiten des Deutschen Kaiserreiches, der Weimarer Republik und des Dritten Reiches gemeinsam dargestellt.

1. Altersgrenzen der berufsmäßigen Militärpersonen

- Verfassung des Deutschen Reiches von 1871 und Pensionsgesetz vom 27. Juni 1871

Die Armee war gemäß Art. 57 der Verfassung des Deutschen Reiches von 1871[479] eine Wehrpflichtarmee. Die Wehrpflicht bestand für zwölf Jahre, Art. 59 der Verfassung. Altersgrenzen im Sinne einer adressatenbezogenen Höchstaltersschranke waren dort nicht vorgesehen.

Auch § 28 des Gesetzes, betreffend die Pensionierung und Versorgung der Militairpersonen des Reichsheeres und der Kaiserlichen Marine, sowie die Bewilligungen für die Hinterbliebenen solcher Personen (Pensionsgesetz) vom 27. Juni 1871[480] hielt keine Altersgrenze für Offiziere und die im Offiziersrang stehenden Militärärzte bereit. § 28 Pensionsgesetz knüpfte den Anspruch auf eine lebenslange Pension ohne Nachweis einer Invalidität an zwei Voraussetzungen: Mindestdienstzeit von zehn Jahren und Vollendung des 60. Lebensjahres. Diese Pension wurde auf begründeten Antrag gewährt (§§ 28, 29 Pensionsgesetz).

Auch für die Militärpersonen der Unterklasse (Unteroffiziere und Soldaten) war keine Altersgrenze bestimmt. Sie konnten auch nicht um eine altersabhängige, sondern nur um eine dienstzeitabhängige Versorgung ersuchen. Sie konnten gemäß § 58 Pensionsgesetz nach 18 Dienstjahren einen Versorgungsanspruch gemäß § 69 Pensionsgesetz ohne Nachweis einer Invalidität erwerben. Mit Erhöhung des jeweiligen Dienstzeitendes um jeweils sechs Jahre erhöhte sich die Klasse des Versorgungsanspruches (§§ 65 ff. Pensionsgesetz). Gemäß § 75 Pensionsgesetz erhalten als versorgungsberechtigt anerkannte Invaliden bei guter Führung einen Zivilversorgungsschein. Dieser berechtigt zur Besetzung von Subaltern- und Unterbeamtenstellen in den Reichs- und Staatsbehörden (§§ 77, 106 Pensionsgesetz). Halbinvalide Unteroffiziere konnten anstelle von Gewährung der Pension im aktiven Militärdienst belassen werden und diejenigen militärischen Stellen besetzen, deren Dienst das Vorhandensein der Feld- bzw. Seedienstfähigkeit nicht erforderte. Soweit Unteroffiziere und Soldaten nicht als versorgungsberechtigt anerkannt wurden, wurden sie ohne Versorgung aus dem aktiven Militärdienst entlassen (§ 82 Pensionsgesetz).

- Militärpensionsgesetz vom 31. Mai 1906

Auch das spätere Gesetz über die Pensionierung der Offiziere einschließlich Sanitätsoffiziere des Reichsheeres, der Kaiserlichen Marine und der Kaiserlichen Schutztruppen vom 31. Mai 1906 (Militärpensionsgesetz)[481] setzte keine

479 RGBl. 1871 S. 63.

480 RGBl. 1871 S. 275.

481 Offizierspensionsgesetz, RGBl. 1906 S. 565; Mannschaftsversorgungsgesetz, RGBl. 1906 S. 593. Mit Inkrafttreten des Militärpensionsgesetzes vom 31. Mai 1906 trat das Militärpensionsgesetz vom 27. Juni 1871 nebst den abändernden Gesetzen vom

Altersschranken im Sinne adressatenbezogener Höchstaltersgrenzen für die Ausübung des Offiziersberufes fest. Vielmehr erlangten die Offiziere[482] gemäß § 1 Militärpensionsgesetz einen Anspruch auf eine lebenslange Pension, wenn sie nach einer Dienstzeit von mindestens zehn Jahren zur Fortsetzung des aktiven Militärdienstes dauernd unfähig geworden waen und deshalb aus diesem Dienst ausscheiden mussten. Die dauernde Unfähigkeit zum aktiven Militärdienst stellte die Aufhebung der Felddienstfähigkeit dar.[483] Soweit die Offiziere zu jedem Militärdienst, d.h. unfähig zum Feld- und Garnisondienst,[484] geworden sind, genügte eine kürzere Dienstzeit (§ 1 Abs. 2 Militärpensionsgesetz). Die Pensionsberechtigung war befristet und galt für die Zeit der infolge der Dienstbeschädigung aufgehobenen oder beeinträchtigten Dienstfähigkeit.[485]

Mit § 4 Abs. 4 Militärpensionsgesetz wurde die Pensionsberechtigung mit Vollendung des 65. Lebensjahres auch ohne Nachweis der Dienstunfähigkeit möglich.[486] Dies stellte im Vergleich zur Regelung von 1871 eine Anhebung um fünf Jahre dar und wurde mit der Angleichung der gleichlautenden Bestimmung des § 34a Reichsbeamtengesetz i. d. F. vom 21. April 1886 begründet.[487] Voraussetzung für die Pension war nach wie vor ein Antrag des Offiziers. Die Höchstpension konnte nach 35 (statt vorher 40) Dienstjahren erreicht werden.[488] Eine ergänzende mit steuerlichen Vorteilen versehene altersbezogene Zulage gewährte § 13 Militärpensionsgesetz ab dem 55. Lebensjahr für Kriegspensionäre.

Die Militärpersonen der Unterklassen erlangten einen lebenslangen Pensionsanspruch nach achtzehnjähriger Dienstzeit ohne den Nachweis einer verminderten oder aufgehobenen Erwerbsfähigkeit.[489] Soweit wegen einer Dienstbeschädigung die Erwerbsfähigkeit aufgehoben oder eingeschränkt war, ergab sich ein Anspruch

4. April 1874 und 22. Mai 1893 mit Ausschluss der Vorschriften für Hinterbliebene außer Kraft.

482 Gemäß § 45 Militärpensionsgesetz finden die §§ 1–43 auch für die Offiziere und Beamten der kaiserlichen Marine und der Kaiserlichen Schutztruppen in den Schutzgebieten Anwendung.

483 Romen, Militärpensionsgesetze, § 1 Rn. 9b.

484 Ebenda, § 1 Rn. 9b, 17.

485 Schwenger, S. 118.

486 Gemäß § 63 Abs. 2 Militärpensionsgesetz ist dieser Nachweis ebenfalls entbehrlich soweit die Offiziere den Schutztruppen in den Schutzgebieten mindestens zwölf Jahre angehörten.

487 Romen, Militärpensionsgesetze, § 4 Rn. 5a; Schwenger, S. 118.

488 Romen, Militärpensionsgesetze, Einleitung, S. 19 f.

489 Schwenger, S. 127.

auf eine Rente.[490] Nach achtjähriger Dienstzeit konnte infolge von Gesundheitsstörungen, die während der Ausübung der Dienstzeit eintraten, ein Anspruch auf Rente für die Dauer der Gesundheitsstörung entstehen.[491] Eine Altersschranke im Sinne einer adressatenbezogenen Höchstaltersgrenze zur Ausübung des Berufes bestand hier ebenfalls nicht.

- Wehrmachtsversorgungsgesetz vom 4. August 1921

Mit der aufgrund der Friedensbedingungen aufgehobenen allgemeinen Wehrpflicht nahm der Gesetzgeber in der Weimarer Republik später von dieser Praxis Abstand.[492] Für die berufsmäßigen Militärpersonen war keine konkrete lebensaltersbezogene Versorgung mehr vorgesehen. Auch konkrete Altersschranken im Sinne von adressatenbezogenen Höchstaltersgrenzen zur Ausübung des Berufes eines Soldaten waren gänzlich unbekannt. Im Gesetz über die Versorgung der Angehörigen des Reichsheeres und der Reichsmarine sowie ihrer Hinterbliebenen (Wehrmachtsversorgungsgesetz) vom 4. August 1921[493] wurde eine dienstzeit- und eine dienstunfähigkeitsbezogene Versorgung durch Verweis auf das Gesetz über die Versorgung der Militärpersonen und ihrer Hinterbliebenen bei Dienstbeschädigung (Reichsversorgungsgesetz) vom 12. Mai 1920[494] festgelegt.

Mit der neuen Reichswehr wurde freiwillig eine langjährige Dienstverpflichtung von zwölf Jahren gemäß § 19 Abs. 1 Wehrgesetz vom 23. März 1921[495] eingegangen.[496] Unteroffiziere und Mannschaften erwarben gemäß §§ 2, 3 Wehrmachtsversorgungsgesetz eine dienstzeitabhängige Versorgung bei Vorliegen einer Dienstbeschädigung und nach § 4 Satz 1 i. V. m. § 31 Satz 1 Wehrmachtsversorgungsgesetz eine lebenslange Versorgung nach 18-jähriger Dienstzeit bei Dienstbeschädigung. Diese Unterstützung nach der Dienstzeit würdigte die längere Entfremdung aus dem ursprünglichen zivilen Beruf und milderte diese ab, indem eine Pension gewährt wurde. Da § 20 Abs. 1 Wehrgesetz (i. d. F. vom 23. März 1921) festlegte, dass nach Ableistung dieser Dienstzeit auch sogleich die Entlassung anstand, war eine Unterstützung notwendig. Zuvor war die Entlassung nach der kürzeren gesetzlichen Dienstpflicht, die einer Rückkehr in den

490 Ebenda, S. 127.
491 Ebenda, S. 127.
492 RT-Drs. 1921/1648 S. 1196; Hüsing, S. 71; Senftleben, S. 18.
493 RGBl. 1921 I S. 993.
494 RGBl. 1920 I S. 989.
495 RGBl. 1921 I S. 329.
496 RT-Drs. 1921/1648, S. 1196 f., 1199.

angestammten Beruf nicht entgegenstand, oder aber ein längerer Verbleib bis zur Aufnahme einer angemessenen Tätigkeit vorgesehen.[497]

Für die Offiziere sah § 31 Wehrmachtsversorgungsgesetz nach einer mindestens zehnjährigen Dienstzeit einen lebenslangen Versorgungsanspruch ausschließlich wegen Dienstunfähigkeit vor. Die Versorgung war gemäß § 36 Abs. 1 Wehrmachtsversorgungsgesetz mit einer von den anerkennenswerten Dienstjahren abhängigen gestaffelten Erhöhung versehen, begann bei 35 v. H. und endete schon nach 35 Dienstjahren bei 75 v. H. des zuletzt gewährten, ruhegehaltsfähigen Diensteinkommens gemäß § 37 Wehrmachtsversorgungsgesetz. Begründet wurde dies damit, dass die Offizierslaufbahn – obschon früher als die des Beamtentums gestartet – dennoch in früheren Jahren abgebrochen werden musste als die der Beamten.[498] Die der Gesetzesbegründung vom 11. März 1921 zu entnehmende Erläuterung[499] führt einen aus dem Jahr 1905 stammenden Nachweis an, nach welchem lediglich 14 % der 55-jährigen Offiziere mit Pension ausgeschieden waren, von den Beamten waren es in dieser Altersgruppe schon 71 % (Beamte der allgemeinen Verwaltung) respektive 86 % (Beamte der Justizverwaltung). Das Verhältnis verlagerte sich ebenfalls eindeutig bei Zugrundelegung eines Lebensalters von 65 Jahren: nur 1 % der Offiziere, jedoch 41,7 % der Beamten der allgemeinen Verwaltung respektive 72,41 % der Beamten der Justizverwaltung erreichten diese Grenze. Obwohl der Offizier grundsätzlich einen früheren Dienstbeginn als der Beamte hatte, leistete er „dem Reich in dieser Zeit Dienste, und zwar unter Einsatz seines Lebens".[500] Diese unterschiedliche Ausgangslage der Offiziere, die frühzeitig aus dem Dienst ausschieden, und den Beamten, die in der Regel auf Lebenszeit berufen waren, war schon im Militärpensionsgesetz von 1906 Gegenstand der Diskussion und dadurch zum Ausdruck gekommen, dass Offiziere schon nach 35 Dienstjahren die Höchstpension erhielten (s.o.).[501] Aus der Gesetzesbegründung zum Entwurf des Wehrmachtsversorgungsgesetzes kann ein weiterer altersbezogener Aspekt der frühen Pensionierung der Offiziere entnommen werden: Bestimmender Erwägungsgrund der hier betrachteten Versorgungsregelung war die Jungerhaltung des Offizierskorps, welche das Ausscheiden noch früher als im alten Heer erforderlich machte.[502] Die Offiziere, die nicht infolge einer Dienstbeschädigung ausschieden, konnten vom Betrag des

497 Ebenda, S. 1196.
498 Ebenda, S. 1202, 1203, 1204.
499 Ebenda, S. 1202.
500 Ebenda.
501 Ebenda.
502 Ebenda, S. 1202.

ihnen zuerkannten Versorgungsbetrages ihren Lebensunterhalt nicht bestreiten, so dass von ihnen eine weitere Erwerbstätigkeit nach Ausscheiden aus den militärischen Diensten zu erwarten war.[503] Dabei war der Staat durch Maßnahmen wie der Gewährung eines Zivilscheines nach §§ 11 Satz 1 und § 61 Wehrmachtsversorgungsgesetz behilflich, welcher dem Inhaber eine Beamtenstelle öffnete, soweit die Anstellungsgrundsätze erfüllt wurden.

- Wehrgesetz vom 21. Mai 1935

In der Wehrmacht wurde nach § 8 des Wehrgesetzes i. d. F. vom 21. Mai 1935[504] die Wehrpflicht wiedereingeführt.[505] Die Versorgung der Soldaten und ihrer Hinterbliebenen richtete sich gemäß § 32 Abs. 2 Wehrgesetz ebenfalls nach dem Wehrmachtsversorgungsgesetz vom 4. August 1921. Nach §§ 22, 24 Wehrgesetz wurden altersunabhängig Soldaten in der Wehrmacht nach der aktiven Dienstpflicht entlassen. Altersgrenzen bestanden nicht.

2. Altersbezogene Ruhestandsregelungen der Militärbeamten

Eine Altersgrenze kannte das Beamtenrecht nicht von jeher, da in das Beamtenverhältnis – wie auch noch heute – auf Lebenszeit berufen wird.[506]

- Pensionsgesetz vom 27. Juni 1871

Gemäß Verweis in § 56 Pensionsgesetz (i. d. F. vom 27. Juni 1871)[507] erhielten die oberen Militärbeamten lediglich eine dienstunfähigkeitsbezogene Pension; da sich der Verweis nicht auf § 28 Pensionsgesetz bezieht, der den Antrag zur Verabschiedung mit Pension vom Nachweis der Invalidität ausnimmt. Die unteren Militärbeamten der Regiments-, Bataillons- und Zeughaus-Büchsenmacher erhalten ebenfalls keine altersabhängige Pension, sondern gemäß § 89 Pensionsgesetz bei eintretender Unfähigkeit zur Fortsetzung des Dienstes eine dienstzeitabhängige Pension. Alle übrigen Militärbeamten wurden bei eintretender Untauglichkeit zur Fortsetzung des Dienstes nach den für die Reichsbeamten zu erlassenden gesetzlichen Bestimmungen behandelt.

---

503 Ebenda, S. 1204.

504 RGBl. 1935 I S. 609.

505 RGBl. 1935 I S. 614, Erlass vom 22. Mai 1935: die aktive Dienstpflicht wurde auf ein Jahr festgesetzt. Mit Erlass vom 24. August 1936 – RGBl. 1936 I S. 760 wurde die aktive Dienstpflicht auf zwei Jahre erhöht.

506 Kremer, DÖD 1991, 121, 121; Summer, ZBR 2007, 368, 368.

507 RGBl. 1871 I S. 275.

- Reichsbeamtengesetz vom 31. März 1873

§ 2 des Gesetzes betreffend die Rechtsverhältnisse der Reichsbeamten vom 31. März 1873 (Reichsbeamtengesetz)[508] sah eine Anstellung auf Lebenszeit vor und setzte damit keine Altersschranke im Sinne einer adressatenbezogenen Höchstaltersgrenze für die Ausübung der Beamtentätigkeit fest.[509] Das Reichsbeamtengesetz sah die Zurruhesetzung lediglich auf Antrag oder im Rahmen eines Zwangspensionierungsverfahrens vor.[510] Diesem Gesetz als allgemeinem Beamtenrecht unterstanden auch die Militärbeamten,[511] welche sich in die Militärbeamten des Friedensstandes und die Zivilbeamten in der Militärverwaltung unterteilten (§ 38 des Reichsmilitärgesetzes i. d. F. vom 2. Mai 1874).[512]

Die gemäß § 2 Reichsbeamtengesetz auf Lebenszeit angestellten Reichsbeamten wurden nach den Vorgaben der § 34 ff. Reichsbeamtengesetz pensioniert. Nach § 34 Reichsbeamtengesetz erhielt der Reichsbeamte eine lebenslange Pension, soweit er nach einer Dienstzeit von mindestens zehn Jahren aufgrund eines körperlichen Gebrechens oder wegen Schwäche der körperlichen oder geistigen Kräfte fortdauernd nicht mehr in der Lage war, sein Amt auszufüllen und deswegen in den Ruhestand versetzt wurde. Wurde die Dienstunfähigkeit in Ausübung des Dienstes oder durch dessen Veranlassung erlangt, kam es auf die Länge der Dienstzeit nicht an (§ 35 Reichsbeamtengesetz). § 38 Reichsbeamtengesetz gewährte, soweit durch die übertragenen Geschäfte die Reichsbeamten nur nebenbei in Anspruch genommen wurden,[513] keinen Anspruch auf eine Pension. § 39

---

508 RGBl. 1873 I S. 61.

509 Kremer, DÖD 1991, 121, 122 f. Auf Landesebene gab es abweichende Regelungen: In Preußen sah das Änderungsgesetz vom 31. März 1882 zum Pensionsgesetz von 1872 ebenfalls eine fakultative Altersgrenze – Vollendung des 65. Lebensjahres – vor. Obwohl in Diskussion, wurde nicht das 60. Lebensjahr als Altersgrenze eingeführt, da trotz der oben dargelegten Daten die Befürchtung bestand, der Beamte könne sich aufgrund seiner mit 60 Lebensjahren noch bestehenden Dienstfähigkeit bei vollen Pensionsbezügen in Privatdienste begeben. In Bayern sah die Höchstlandesherrliche Verordnung vom 1. Januar 1805, die Verhältnisse der Staatsdiener, vorzüglich in Beziehung auf ihren Stand und Gehalt betreffend (Hauptlandespragmatik) eine fakultative Altersgrenze von 70 Jahren vor. Dies änderte sich erst am 1. Januar 1909 mit dem Beamtengesetz, wonach ebenfalls die fakultative Altersgrenze auf das 65. Lebensjahr herabgesetzt wurde; Summer, ZBR 2007, 368, 368.

510 Plog/Wiedow/Lemhöfer, § 41 Rn. 1a; Summer, ZBR 2007, 368, 368.

511 Romen, Militärpensionsgesetze, § 32 Rn. 1, 2a; Schwenger, S. 117.

512 RGBl. 1874 I S. 45.

513 Nach Plog/Wiedow/Lemhöfer, § 9 BeamtVG Rn. 58 gilt eine Zeit dann als nicht ruhegehaltfähig, wenn die Tätigkeit die Arbeitskraft „nur nebenbei" beansprucht

Reichsbeamtengesetz ermöglichte bei Bedürftigkeit des Beamten eine Pension, selbst wenn weder ein Dienstunfall noch eine zehnjährige Dienstzeit vorlagen. Durch Beschluss wurde diese Pension auf Zeit oder lebenslänglich bewilligt (§ 39 Reichsbeamtengesetz a. E.). Der Nachweis der Dienstunfähigkeit war gemäß § 53 Reichsbeamtengesetz unabhängig vom Lebensalter zu erbringen.

- Gesetz, betreffend die Abänderung des Reichsbeamtengesetzes vom 21. April 1886

Durch eine Gesetzesänderung im Jahre 1886 kam es sodann erstmalig zu einer Altersschranke im Sinne einer adressatenbezogenen Höchstaltersgrenze. Das Gesetz betreffend die Abänderung des Reichsbeamtengesetzes, und des Gesetzes betreffend die Fürsorge für die Wittwen und Waisen der Reichsbeamten der Civilverwaltung vom 21. April 1886[514] fügte mit Art. I des Gesetzes betreffend die Abänderung des Reichsbeamtengesetzes den neuen § 34a Reichsbeamtengesetz ein, der erstmals eine fakultative Altersgrenze bestimmte, mit der sich Beamte nach Vollendung des 65. Lebensjahres auch ohne Nachweis einer Dienstunfähigkeit in den Ruhestand versetzen lassen konnten. Umgekehrt durfte das Reich durch Art. III des Gesetzes betreffend die Abänderung des Reichsbeamtengesetzes vom 21. April 1886 als Dienstherr eine Zwangsversetzung in den Ruhestand nach Vollendung des 65. Lebensjahres vornehmen.[515] So wurde mit Art. III des Gesetzes betreffend die Abänderung des Reichsbeamtengesetzes vom 21. April 1886 ein neuer § 60a eingefügt, der festgelegte, dass nach Anhörung eines Beamten, der nach dem 65. Lebensjahr keine Versetzung in den Ruhestand beantragt hat, nach den Vorschriften des Nachweises der Dienstunfähigkeit gemäß §§ 53 ff. Reichsbeamtengesetz (i. d. F. vom 31. März 1873) in den Ruhestand versetzt werden kann, als hätte er dies selbst beantragt. Eine Weiterführung des Amtes war bei Überschreiten der Altersgrenze möglich,[516] jedoch aufgrund der Lebenserwartungen unwahrscheinlich.[517]

---

hat. Eine derartige Beschäftigung liegt häufig, wenn auch nicht zwangsläufig dann vor, wenn sie mit weniger als der Hälfte der regelmäßigen Arbeitszeit eines Beamten oder Soldaten ausgeübt wird.

514 RGBl. 1886 I S. 80.

515 BVerfG, Beschluss vom 10. Dezember 1985, ZBR 1986, 242; Kremer, DÖD 1991, 121, 121; Summer, ZBR 2007, 368, 368.

516 Kremer, DÖD 1991, 121, 121; Summer, ZBR 2007, 368, 368.

517 Kremer, DÖD 1991, 121, 121: Im statistischen Mittel hatten Männer eine Lebenserwartung von 37, 17 Lebensjahren und Frauen von 40, 25 Lebensjahren.

- Militärpensionsgesetz vom 31. Mai 1906

Das Militärpensionsgesetz (i. d. F. vom 31. Mai 1906) sah sowohl für Beamte als auch für Personen, die zum Heer im privatrechtlichen Vertragsverhältnis eine Dienstverpflichtung eingegangen waren, gemäß der §§ 32 ff. keine im Verhältnis zum Reichsbeamtengesetz (i. d. F. vom 31. März 1873) eigenständigen, altersbezogenen Ruhestandsregelungen vor. Lediglich wurde ihnen eine Alterszulage nach § 13 Militärpensionsgesetz (i. d. F. vom 31. Mai 1906) ab dem 55. Lebensjahr gewährt.[518]

- Regelungen ab der Weimarer Republik

Diese Rechtslage einer fakultativen Altersgrenze fand in der Weimarer Republik ihre unveränderte Fortsetzung.[519] Im Grundsatz verblieb es bei den Regelungen des Gesetzes über die Versorgung der Militärpersonen und ihrer Hinterbliebenen bei Dienstbeschädigung (Reichsversorgungsgesetz) vom 12. Mai 1920.[520] Dies bedeutet, dass eine Pension im Grundsatz dann gewährt wurde, soweit eine Dienstbeschädigung, Dienstunfähigkeit, eine Erwerbsminderung oder Erwerbsunfähigkeit vorlag. Als eine Art Gnadenerweis gibt sich der Pensionsanspruch bei Erreichen der fakultativen Altersgrenze von 65 Jahren ohne Nachweis einer Dienstunfähigkeit zu erkennen.[521]

Erst das preußische Gesetz vom 15. Dezember 1920 betreffend die Einführung einer Altersgrenze sowie die Verordnung zur Herabminderung der Personalausgaben des Reichs (Personal-Abbau-Verordnung) vom 27. Oktober 1923 führten in Preußen eine obligatorische Altersgrenze ein und setzten diese auf das 65. Lebensjahr fest.[522] Die allgemeine, nicht befristete Altersgrenze sollte für alle unmittelbaren Staatsbeamten, die Professoren an den Universitäten und Hochschulen und die Volksschullehrer mit der Vollendung des 65. Lebensjahres und für die richterlichen Beamten und die Mitglieder des Oberverwaltungsgerichtes mit der Vollendung des 68. Lebensjahres festgesetzt werden.[523] Anlass dazu gab die Erkenntnis, dass die der Funktionstüchtigkeit des Beamtenapparates entgegenstehende Überalterung gemildert, dem Nachwuchs Einstellungsaussichten geboten und den bereits benannten Beamten Beförderungsmöglichkeiten in

518 Romen, Militärpensionsgesetze, § 32 Rn. 1, 2a.
519 Kremer, DÖD 1991, 121, 122.
520 RGBl. 1920 I S. 989.
521 Kremer, DÖD 1991, 121, 122.
522 Plog/Wiedow/Lemhöfer, BBG, § 41 alt Rn. 1a; Kremer, DÖD 1991, 121, 122.
523 Protokolle des Preußischen Staatsministeriums 1817–1934/38 S. 183.

Aussicht gestellt werden mussten.[524] In Bayern wurde eine Höchstaltersgrenze von 65 Jahren eingeführt.[525] Das Gesetz über diese Zwangspensionierung stieß vielfach auf Widerstand.[526]

So befasste sich das Reichsgericht 1922 u. a. mit einem klagenden Senatspräsidenten des preußischen Oberverwaltungsgerichtes und Oberverwaltungsgerichträten, die sich gegen die Zwangspensionierung zu Wehr setzten.[527] Zum Wesen des Berufsbeamtentums stellte das Reichsgericht fest, dass der Beamte kraft eines einseitigen Hoheitsaktes in ein nicht kündbares Lebens- und Rechtsverhältnis zum Staat tritt.[528] Daraus folge jedoch nicht, dass der Beamte ein Recht auf Belassung im Amt bis zu seinem Tode habe.[529] Das Lebensarbeitszeitprinzip verpflichte den Beamten nur zur Dienstleistung bei Dienstfähigkeit.[530] Aus dem Wesen des Berufsbeamtentums folge ebenso nicht, dass der Beamte ein Recht darauf habe, die Dienstunfähigkeit individuell für sich feststellen zu lassen, wie es vor dem Erlass des Altersgrenzengesetzes geschah.[531] Insofern verwies das Reichsgericht alle Beamten darauf, dass ein Gesetz die Dienstunfähigkeit nach einer allgemeinen, aus den Lebenserfahrungen heraus aufgestellten Regel rechtlich zulässig für alle gleich festsetzen könne.[532] Das Reichsgericht führte zu den Altersgrenzen aus:

> *„Diese beruhen auf der Anschauung, daß nach den allgemeinen Erfahrungen des Lebens die Beamten regelmäßig mit dem Eintritt eines gewissen Lebensalters nicht mehr voll dienstfähig sind, ihre Dienstunfähigkeit also zu unterstellen ist. Die Bestimmung dieses Lebensalters muß notwendig der allgemeinen Lebenserfahrung angepaßt sein, wann bei den meisten Beamten eine Unfähigkeit zur Erfüllung ihrer Amtspflichten infolge Nachlassens ihrer körperlichen oder geistigen Kräfte einzutreten pflegt. Ist das nicht auch geschehen, wird z. B. gesetzlich bestimmt, dass die Beamten mit Vollendung ihres 50. Lebensjahres in den Ruhestand treten, so ist darin nicht die Bestimmung einer Altersgrenze zu finden und ein solches Gesetz, das nur den Namen eines Altersgrenzengesetzes führt, in Wahrheit aber einen anderen Charakter trägt, verfassungswidrig. Entspricht dagegen die Bestimmung der Altersgrenze der Lebensauffassung, so wird die gesetzliche Vermutung, dass die Beamten,*

524 RGZ 104, 58, 62 f.; BVerfG, Beschluss vom 10. Dezember 1985, ZBR 1986, 242, 243; Protokolle des Preußischen Staatsministeriums 1817–1934/38, S. 10.

525 Kremer, DÖD 1991, 121, 123.

526 Protokolle des Preußischen Staatsministeriums 1817–1934/38, S. 10.

527 RGZ 104, 58.

528 RGZ 104, 58, 61; bestätigt durch RGZ 104, 66, 68 und BGHZ 12, 321, 326.

529 RGZ 104, 58, 62.

530 BVerfG, Beschluss vom 10. Dezember 1985 – 2 BvL 18/83, ZBR 1986, 242, 243.

531 RGZ 104, 58, 62.

532 RGZ 104, 58, 62.

die sie überschritten haben, nicht mehr dienstfähig sind, in der Regel zutreffen. Allerdings werden viele Ausnahmen vorkommen und die Altersgrenzengesetze für viele noch dienstfähige Beamte Härten zufolge haben, aber deren Interessen müssen gegenüber denen der Allgemeinheit zurücktreten."[533]

§ 50 des Deutschen Beamtengesetzes (DBG) i. d. F. vom 26. Januar 1937[534] (welches auch für Landesbeamte galt) veränderte am Grundsatz der Lebenszeitberufung des Beamten nichts.[535] Nach § 27 Abs. 2 DBG (i. d. F. vom 26. Januar 1937) wurde der Beamte auf Lebenszeit berufen; damit endete das Beamtenverhältnis grundsätzlich durch Tod. Daneben gab es weitere vier Beendigungsgründe: Ausscheiden, Entlassung, Eintritt in den Ruhestand und Entfernung aus dem Dienst. Gemäß §§ 67, 68 Abs. 1 DBG (i. d. F. vom 26. Januar 1937) endete das Beamtenverhältnis mit Eintritt in den Ruhestand, der – wie schon im Reichsbeamtengesetz – auf die Vollendung des 65. Lebensjahres bezogen war.[536] Ein Hinausschieben des Ruhestandseintrittsalters war gemäß § 68 Abs. 2 DBG (i. d. F. vom 26. Januar 1937) möglich. Nach § 70 DBG (i. d. F. vom 26. Januar 1937) konnte ein Beamter auf Lebenszeit auf Antrag ohne Nachweis der Dienstunfähigkeit nach Vollendung des 62. Lebensjahres in den Ruhestand versetzt werden.

Im Zuge der Auswirkungen des Zweiten Weltkrieges bestimmten verschiedene Maßnahmen eine Aufweichung der Altersgrenze: § 3 Satz 1 der Verordnung über Maßnahmen auf dem Gebiet des Beamtenrechts vom 1. September 1939[537] bestimmte, dass Beamte bis auf weiteres nicht mehr in den Ruhestand treten sollten. Schon im Ruhestand befindliche Beamte, die das 70. Lebensjahr noch nicht vollendet hatten, mussten sich gemäß § 5 Abs. 1 der Verordnung über Maßnahmen auf dem Gebiet des Beamtenrechts vom 1. September 1939 zwecks Reaktivierung bei ihren ehemaligen Behörden melden.[538]

3. Zusammenfassung

Für Militärpersonen bestanden keine echten Altersgrenzen. Es gab fakultative Altersgrenzen, an die die Gewährung einer (u. U. lebenslangen, dienstzeitabhängigen oder dienstunfähigkeitsbezogenen) Pension geknüpft war.

---

533 Ebenda.

534 RGBl. 1937 I S. 39.

535 Kremer, DÖD 1991, 121, 123.

536 Ausnahmen dazu sind Mitglieder des Reichsgerichtes / Reichsfinanzhofes, Lehrerschaft in Preußen.

537 RGBl. 1939 I S. 1603.

538 Kremer, DÖD 1991, 121, 122.

Für die Militärbeamten wurde mit dem Gesetz betreffend die Abänderung des Reichsbeamtengesetzes vom 21. April 1886 erstmals eine fakultative Altersgrenze eingezogen: Beamtinnen und Beamte konnten, ohne den Nachweis der Dienstunfähigkeit erbringen zu müssen, die Pensionierung mit dem 65. Lebensjahr beantragen. Umgekehrt durfte der Dienstherr die Versetzung in den Ruhestand ab dem 65. Lebensjahr zwangsanordnen. 1920 führten Preußen und Bayern erstmalig eine obligatorische Altersgrenze ein, die auf das 65. Lebensjahr festgesetzt wurde. § 68 Abs. 1 des Deutschen Beamtengesetzes (DBG) i. d. F. vom 26. Januar 1937 bestätigte die Altersgrenze von 65 Jahren. Im Zuge der Auswirkungen des Zweiten Weltkrieges wurden diese jedoch wieder aufgelöst.

II. Altersgrenzen der Berufssoldatinnen und Berufssoldaten im Geschäftsbereich des BMVg

Nachfolgend wird die Entwicklung der altersbezogenen Ruhestandsregelungen der Berufssoldatinnen und Berufssoldaten dargestellt.

1. Entwicklung der Altersgrenzen und altersbezogener Ruhestandsregelungen der Berufssoldatinnen und Berufssoldaten seit Gründung der Bundesrepublik Deutschland[539]

a Soldatengesetz vom 19. März 1956[540]

Das Gesetz über die Rechtsstellung der Soldaten (Soldatengesetz) vom 19. März 1956 setzte in § 43 Abs. 1 fest, dass das Dienstverhältnis außer durch Tod durch den Eintritt in den Ruhestand endet.[541] Damit wurde erstmals eine Altersschranke im Sinne einer adressatenbezogenen Höchstaltersgrenze für Berufssoldaten eingeführt. § 44 Abs. 1 Soldatengesetz (i. d. F. vom 19. März 1956) bestimmte, dass ein Berufssoldat in den Ruhestand trat, soweit er die für seinen Dienstgrad vorgesehene Altersgrenze erreichte.

§ 45 Abs. 1 Satz 2 Soldatengesetz (i. d. F. vom 19. März 1956) setzte bis zur endgültigen Festlegung der Altersgrenzen für die einzelnen Gruppen der Berufssoldaten für alle das 60. Lebensjahr fest. § 45 Abs. 1 Satz 1 Soldatengesetz (i. d. F. vom 19. März 1956) regelte, dass innerhalb von fünf Jahren nach Inkrafttreten

---

539 Ohne Betrachtung der Soldatinnen und Soldaten auf Zeit, da diese aufgrund der Befristung keiner Altersgrenze unterliegen (können).

540 BGBl. 1956 I S. 114.

541 § 43 Abs. 2 Soldatengesetz setzt weitere Beendigungsgründe fest (Entlassung, Verlust der Rechtsstellung, Entfernung aus dem Dienstverhältnis).

des Gesetzes die Altersgrenzen für die einzelnen Gruppen der Berufssoldaten gesetzlich bestimmt werden sollten.

In Abweichung zum späteren Soldatengesetz vom 19. März 1956 sah der Entwurf des Gesetzes über die Rechtsstellung der Soldaten (Soldatengesetz-E) vom 1. Juli 1955[542] in § 40 Abs. 1 noch vor, die Altersgrenzen laufbahnabhängig für Berufsunteroffiziere auf das vollendete 55. Lebensjahr und für Berufsoffiziere auf das vollendete 60. Lebensjahr zu setzen. Ebenfalls sollten gemäß § 40 Abs. 2 Soldatengesetz-E frühere und spätere sowie differenzierte Altersgrenzen durch Rechtsverordnung festgelegt werden. Die Möglichkeit zu durch Rechtsverordnungen auszugestaltenden Altersgrenzen ist im späteren Soldatengesetz nicht übernommen. Der Bundesrat votierte vielmehr für gesetzliche Altersgrenzen in den jeweiligen Rangstufen, um einer Rechtsverordnung einen angemessenen Rahmen geben zu können.[543] Die Festsetzung endgültiger Altersgrenzen erachtete er jedoch als verfrüht.[544] Die Bundesregierung hielt an ihrer dualen Unterscheidung für die Berufssoldaten der Offiziere und Unteroffiziere im Rahmen der Setzung von Altersgrenzen aufgrund von Zweckmäßigkeitserwägungen fest.[545] Diese Zweckmäßigkeitserwägungen werden nicht näher erläutert.[546] Es heißt dazu: „Mindestens für die Aufbauzeit der Streitkräfte erscheint die von der Bundesregierung vorgeschlagene Regelung zweckmäßiger."[547] Der Verteidigungsausschuss vereinfachte die Regelung des § 40 Soldatengesetz-E: Wie dem Schriftlichen Bericht des Ausschusses für Verteidigung (6. Ausschuss) über den Entwurf eines Gesetzes über die Rechtsstellung der Soldaten (Soldatengesetz) zu entnehmen ist, sollte eine differenzierende Regelung der Altersgrenzen zu Gunsten einer endgültigen Regelung, welche innerhalb von fünf Jahren nach dem Inkrafttreten des Gesetzes getroffen werden sollte, zurückstehen.[548] In diesem Sinn wurde § 45 Abs. 1 Satz 1 SG (i. d. F. vom 19. März 1956) auch gefasst.

§ 45 Abs. 2 Soldatengesetz (i. d. F. vom 19. März 1956) berechtigte den Bundesminister für Verteidigung in Einzelfällen den Eintritt in den Ruhestand um jeweils ein Jahr hinauszuschieben, jedoch für nicht mehr als fünf Jahre. Der Gesetzesentwurf sah in § 40 Abs. 3 Soldatengesetz-E für den Bundesminister für Verteidigung vor, den Ruhestand um ein Jahr, jedoch nicht für mehr als drei

542 BR-Drs. 211/55.
543 BT-Drs. 2/1700, S. 40.
544 Ebenda, S. 40.
545 Ebenda, S. 45.
546 Ebenda, S. 45.
547 Ebenda, S. 45.
548 BT-Drs. 2/2140, S. 12.

Jahre im Einzelfall hinauszuschieben. Die endgültige Regelung entsprach dann auch der Empfehlung des Verteidigungsausschusses und beruhte ihrerseits auf dem entsprechenden Regelungsgehalt des § 16 des Vorläufigen Bundespolizeibeamtengesetzes.

Die Berufsoffiziere vom Brigadegeneral[549] an aufwärts konnten ungeachtet einer etwaigen Altersgrenze oder einer Dienstunfähigkeit jederzeit in den einstweiligen Ruhestand versetzt werden, § 50 Abs. 1 Soldatengesetz (i. d. F. vom 19. März 1956). Spätestens waren sie mit dem vollendeten 60. Lebensjahr gemäß § 45 Abs. 1 Satz 2 Soldatengesetz (i. d. F. vom 19. März 1956) in den Ruhestand zu versetzen. Der Gesetzesentwurf sah ursprünglich in § 45 Abs. 1 Soldatengesetz-E noch vor, dass erst ab dem Dienstgrad des Generalmajors die Versetzung in den einstweiligen Ruhestand jederzeit möglich war. Auf Empfehlung des Verteidigungsausschusses wurde die einstweilige Versetzung in den Ruhestand auf den Dienstgrad des Brigadegenerals herabgesetzt, um zum Ausdruck zu bringen, dass der Umfang der Verantwortung aller Generalsdienstgrade demjenigen der politischen Bundesbeamtinnen und Bundesbeamten entsprach.[550]

Nach dem Entwurf eines Gesetzes über die Rechtsstellung der Soldaten bestanden die wesentlichen Faktoren zur Beeinflussung differenzierter Altersgrenzen in der Verwendungsmöglichkeit für jeden Dienstgrad nach dem Stellenplan sowie in operativen Überlegungen dergestalt, dass im Ernstfall eine Auswechselung überalterter Einheitsführer und Offiziere nicht (rechtzeitig) durchführbar sei.[551] Maßgeblich für die Überlegungen zur Bestimmung von Altersgrenzen für einzelne Dienststellungen waren die eigene Kriegserfahrung als auch die Erfahrungen, die fremde Staaten in ihrer Kriegsführung gesammelt hatten.[552]

Obwohl die Gesetzesbegründung zum SG (i. d F. 19. März 1956) wegen der Vergleichbarkeit der Stellung des Berufssoldatentums und des Beamtentums von einer Angleichung zu Regelungen des Beamtenrechtes ausging, handelte es sich bei den Altersgrenzen der Berufssoldaten um eine isolierte Vorgehensweise. Die Altersgrenzen wurden mit den militärischen Verhältnissen, insbesondere mit den Anforderungen, die das Militärwesen an das Lebensalter bestimmter Dienststellungen stellt, begründet, so dass der Soldat anderen Altersgrenzen unterläge.[553] Begründungen für diese Altersgrenzen, deren Staffelung oder deren

549 Anordnung des Bundespräsidenten über die Dienstgradbezeichnung und die Uniform der Soldaten vom 7. Mai 1956 – BGBl. 1956 I S. 422.

550 BT-Drs. 2/2140, S. 13.

551 BT-Drs. 2/1700, S. 30 f.

552 Ebenda, S. 31.

553 Ebenda, S. 16; BR-Drs. 211/55, S. 4.

konkrete Höhe werden in den vorliegenden Dokumenten nicht ausgeführt. Es scheint vielmehr, dass diese Altersgrenzen im Gesetzgebungsverfahren von allen Beteiligten als (natur-)gegeben hingenommen wurden.

b Gesetz über die Altersgrenzen der Berufssoldaten vom 9. Juni 1961[554]

Mit dem Artikelgesetz über die Altersgrenzen der Berufssoldaten vom 9. Juni 1961 kam der Gesetzgeber seinem Auftrag zur Bestimmung von Altersgrenzen für die einzelnen Gruppen der Berufssoldaten aus § 45 Abs. 1 Soldatengesetz (i. d. F. vom 19. März 1956) nach. In dem Gesetz über die Altersgrenzen wurden die allgemeinen und besonderen Altersgrenzen, wie sie noch heute angewendet werden, in das Soldatengesetz eingeführt.

Die allgemeine Altersgrenze im Sinne einer adressatenbezogenen Höchstaltersgrenze regelt für alle Berufssoldaten kraft Gesetzes den Eintritt in den Ruhestand.[555] Art. 1 Nr. 1 des Gesetzes über die Altersgrenzen der Berufssoldaten fasst § 44 Abs. 1, § 45 Abs. 1 SG neu und setzt die allgemeine Altersgrenze für alle Berufssoldaten auf die Vollendung des 60. Lebensjahres fest, womit der Eintritt in den Ruhestand gesetzlich verankert wurde. Für die Offiziere des Sanitätsdienstes, des Militärmusikdienstes und des militärgeographischen Dienstes sowie für die Generäle des Truppendienstes war die allgemeine Altersgrenze ausschließlich anwendbar.[556]

Mit Erreichen der jeweiligen besonderen, niedrigeren Altersgrenzen, k die Berufssoldaten in den Ruhestand versetzt werden, der Eintritt in den Ruhestand wurde somit nicht von Rechts wegen an das Erreichen der besonderen Altersgrenze geknüpft.[557]

§ 44 Abs. 2 Soldatengesetz (i. d. F. vom 9. Juni 1961) regelt nunmehr, dass bei Überschreiten der besonderen Altersgrenze ein Berufssoldat in den Ruhestand versetzt werden kann. Voraussetzung dafür ist nach § 44 Abs. 5 Soldatengesetz (i. d. F. vom 9. Juni 1961) eine mindestens zehnjährige Dienstzeit oder eine Wehrdienstbeschädigung, die ohne grobes Verschulden zur Dienstunfähigkeit des Berufssoldaten geführt hat.

Die besonderen Altersgrenzen waren gemäß § 45 Abs. 2 Soldatengesetz (i. d. F. vom 9. Juni 1961) dienstgradbezogen und reichten vom 52. Lebensjahr bis zum 58. Lebensjahr. Für die Generalität verblieb es beim Status quo ante, nach dem

554 BGBl. 1961 I S. 723.
555 BT-Drs. 3/2391, S. 4; BT-Drs. 3/2705, S. 1.
556 BT-Drs. 3/2391, S. 4.
557 Ebenda, S. 6; BT-Drs. 3/2705, S. 1.

sie gemäß § 50 Soldatengesetz (i. d. F. vom 19. März 1956) ohnehin jederzeit in den einstweiligen Ruhestand versetzt werden konnten, ohne das Erreichen einer bestimmten Altersgrenze oder eine Dienstunfähigkeit nachzuweisen, so dass es der Festsetzung einer besonderen Altersgrenze für diese Dienstgrade nicht bedurfte. Spätestens mit Vollendung des 60. Lebensjahres galt für sie die allgemeine Altersgrenze gemäß § 45 Abs. 1 Soldatengesetz (i. d. F. vom 9. Juni 1961), so dass das Dienstverhältnis kraft Gesetzes gemäß § 43 Abs. 1 Soldatengesetz (i. d. F. vom 19. März 1956) durch Eintritt in den Ruhestand endete. Keine besonderen Altersgrenzen wurden ebenfalls für die Offiziere des Sanitätsdienstes, des Militärmusikdienstes und des militärgeographischen Dienstes sowie für die Berufsunteroffiziere in den Dienstgraden der Stabs- und Oberstabsfeldwebel aufgestellt.[558] Für sie galt ebenfalls die allgemeine Altersgrenze.

§ 44 Abs. 1 Soldatengesetz (i. d. F. vom 9. Juni 1961) übernahm die Regelung aus § 45 Abs. 2 Soldatengesetz (i. d. F. 19. März 1956), wonach der Eintritt in den Ruhestand im Einzelfall für nicht mehr als fünf Jahre hinausgeschoben werden kann.[559]

Art. 1 Nr. 2 des Entwurfes eines Gesetzes über die Altersgrenzen der Berufssoldaten vom 13. Januar 1961 lehnte sich in § 45 Abs. 1 SG-Entwurf an die ursprünglich gemachten Altersvorgaben des Entwurfes eines Gesetzes über die Rechtsstellung der Soldaten (Soldatengesetz) vom 23. September 1955[560] an und schlug für die Berufssoldaten das vollendete 60. Lebensjahr und für die Berufsunteroffiziere in den Dienstgraden der Feldwebel, Oberfeldwebel und Hauptfeldwebel das vollendete 55. Lebensjahr als allgemeine Altersgrenze vor.[561] Eine besondere Altersgrenze wurde für die Dienstgrade der Feldwebel, Oberfeldwebel und Hauptfeldwebel nicht vorgeschlagen. Grund für die allgemeine Altersgrenze der Berufsunteroffiziere in den Dienstgraden des Feldwebels, Oberfeldwebels und Hauptfeldwebels war die Überlegung, dass wegen der wesentlichen Verwendung bei der Truppe ein hohes Maß an körperlicher Leistungsfähigkeit erforderlich war.[562] Die Grenze der Verwendbarkeit dieser Berufsunteroffiziere sollte daher nach dem Gesetzesentwurf die Vollendung des 55. statt des 60. Lebensjahres sein. Die weiteren Regelungen waren bis auf die Altersgrenze der

---

558 BT-Drs. 3/2705, S. 2.

559 Aufgegeben wurde in der neuen Fassung, dass das Hinausschieben in den Ruhestand mindestens um ein Jahr vorgenommen werden musste, wie es der § 45 Abs. 2 Soldatengesetz (19. März 1956) vorsah.

560 BT-Drs. 2/1700, S. 10.

561 BT-Drs. 3/2391, S. 2.

562 Ebenda, S. 4.

Berufsunteroffiziere bei den Dienstgraden der Feldwebel, Oberfeldwebel und Hauptfeldwebel identisch.

Im Ergebnis legte das Gesetz über die Altersgrenzen der Berufssoldaten vom 9. Juni 1961 für die Dienstgrade der Feldwebel, Oberfeldwebel und Hauptfeldwebel in Art. 1 Nr. 2 jedoch neben der Festsetzung einer allgemeinen Altersgrenze von 60 Jahren eine besondere Altersgrenze mit Vollendung des 52. Lebensjahres fest, da der Verteidigungsausschuss eine um fünf Jahre niedrigere allgemeine Altersgrenze für Feldwebel, Oberfeldwebel und Hauptfeldwebel als nicht nachvollziehbar erachtete.[563] Damit wurde für diese Dienstgrade die allgemeine Altersgrenze auf das 60. Lebensjahr (statt das 55. Lebensjahr) verbindlich erhöht. Durch Festsetzung der besonderen Altersgrenze mit Vollendung des 52. Lebensjahres wurde eine (flexible) Kann-Regelung geschaffen, um im Einzelfall ältere Unteroffiziere, die nicht mehr verwendungsfähig waren, in den Ruhestand zu versetzen.[564] Damit konnten diese Dienstgrade bis zu drei Jahre früher als im Entwurf bezeichnet (dort 55. Lebensjahr) in den Ruhestand eintreten.[565]

Mit der Struktur und der Notwendigkeit der besonderen Altersgrenzen in den einzelnen Dienststellungen setzte sich die Begründung des Gesetzes sehr genau auseinander: Die von den einzelnen Offiziersdienstgraden bis einschließlich zum Oberst auszuführenden Dienststellungen im Truppendienst erforderten eine nur in jüngeren Jahren vorhandene „körperliche Frische und die Kraft zu entschlossenem Handeln".[566] Danach sei der Offizier in diesen Stellungen nicht mehr verwendbar, so dass er durch Versetzung in Dienststellungen, die geringere körperliche Anforderungen stellten, Jüngeren Platz machen müsse.[567] Ein langes Verbleiben auf solchen Dienststellen sei aber auch nicht möglich, da die nachrückenden, ebenfalls nicht mehr körperlich uneingeschränkt tauglichen Offiziere auch in diese Dienststellen nachrücken müssten.[568] Auf diesen Annahmen der zeitlichen Verwendbarkeit der einzelnen Dienstgrade (Grenzalter für einzelne Verwendungen) in den geplanten Dienststellungen fußen konkrete Berechnungen für die Anzahl der einzelnen Dienststellen.[569] Das Grenzalter für Hauptleute ist das 42. Lebensjahr, für Majore das 45. Lebensjahr, für Oberstleutnante das

563 BT-Drs. 3/2705, S. 2.
564 Ebenda, S. 2.
565 Ebenda, S. 2.
566 BT-Drs. 3/2391, S. 4.
567 Ebenda.
568 Ebenda.
569 Ebenda.

48. Lebensjahr und für die Oberste das 50. Lebensjahr.[570] Aus der Anzahl der geplanten altersgebundenen Dienstposten ergeben sich anhand der Gegenüberstellung mit dem vorhandenen Personal die Dauer der Verwendbarkeit auf dem jeweiligen geplanten Dienstposten sowie die Anzahl der notwendig auszuscheidenden Berufssoldaten.[571] Danach können Hauptleute bis zur Vollendung des 52. Lebensjahres, Majore bis zur Vollendung des 54. Lebensjahres, Oberstleutnante bis zur Vollendung des 56. Lebensjahres und Oberste bis zur Vollendung des 58. Lebensjahres verwendet werden.[572] Die Anwendung dieser frühen Altersgrenzen soll daran geknüpft werden, dass der auszuscheidende Soldat seinen Dienstposten aufgrund des Nachrückens eines lebensjüngeren Soldaten freimachen muss; kann er noch Verwendung finden, findet die besondere Altersgrenze keine Anwendung.[573] Dieses ist abhängig von der Besetzung der Planstellen.[574]

Das jeweilige Kontingent sowie die Anzahl der Soldaten, die früher als bisher in den Ruhestand eintreten konnten, ist dem Entwurf eines Gesetzes über die Altersgrenze der Berufssoldaten vom 13. Januar 1961 zu entnehmen.[575] Darüber hinaus wird festgestellt, dass die Personallage das Ausschöpfen der besonderen Altersgrenzen für die Offiziere des Truppendienstes nicht zulasse.[576]

Im Rahmen der Wiederverwendung verblieb es bei der ursprünglichen Altersgrenze des § 51 Soldatengesetz (i. d. F. vom 19. März 1956), der Vollendung des 65. Lebensjahres.

Als Zwischenergebnis kann festgehalten werden, dass die allgemeine Altersgrenze im Jahr 1961 auf die Vollendung des 60. Lebensjahres festgesetzt wurde. Verlängerungsmöglichkeiten waren in Einzelfällen gemäß § 44 Abs. 1 Satz 2 Soldatengesetz (i. d. F. vom 9. Juni 1961) um bis zu fünf Jahre möglich, so dass im Grundsatz die Möglichkeit bestand, bis zum 65. Lebensjahr seinen Dienst zu verrichten. § 51 Soldatengesetz (i. d. F. vom 19. März 1956) sah ebenfalls eine

570 Ebenda, S. 4 f.

571 Ebenda, S. 5 f. Für die Oberste ist eine Gesamtdienststellenzahl von 644 geplant, wobei davon 267 den Obersten vorbehalten sein sollen, die 50 Jahre und jünger sind. Damit eignen sich geplante 377 Oberststellen für lebensältere Oberste ab 50 Lebensjahren. Unter Betrachtung der damals vorhandenen Jahrgänge zwischen 44 und 50 Lebensjahren überalterten jährlich 45 Oberste, die in den verbleibenden geplanten Dienststellen noch acht Jahre Dienst leisten konnten. Daher wurde die Altersgrenze der Oberste auf das 58. Lebensjahr festgesetzt.

572 Ebenda, S. 6.

573 Ebenda, S. 6.

574 Ebenda, S. 6 f.

575 Ebenda, S. 4 ff. und 10 ff.

576 Ebenda, S. 10.

Wiederverwendung bis zur Altersgrenze der Vollendung des 65. Lebensjahres vor. Die besonderen Altersgrenzen waren dienstgradbezogen und sollten im Verhältnis zur Planstellenbesetzung Anwendung finden.

Die Einführung besonderer Altersgrenzen im Gesetz über die Altersgrenzen der Berufssoldaten (i. d. F. 9. Juni 1961) beruhte auf dem Gedanken, dass für den Truppendienst sowie für bestimmte Verwendungen (Kompaniechef, Kommandanten kleinerer Schiffe) eine physische und psychische Belastbarkeit erforderlich sei, die lediglich in jüngeren Lebensjahren gewährleistet sei.[577] Nach BT-Drs. 3/2391 zeigten Untersuchungen im Ergebnis, dass ältere Jahrgänge in bestimmten Stellungen unverwendbar wären.[578] Hier kämen lediglich Verwendungen in Betracht, die reduzierte Anforderungen an die physische Belastbarkeit stellten, beispielsweise zentrale militärische Dienststellen.[579] Ein weiterer Gesichtspunkt sprach nach der Gesetzesbegründung für die Notwendigkeit der Einführung besonderer Altersgrenzen: Da lediglich eine Unverwendbarkeit für bestimmte Dienststellungen, jedoch nicht allgemein vorhanden war, konnte durch Verwendung der Älteren in diesen Dienstposten eine Zurruhesetzung vermieden werden.[580] Als kritisch wurde in diesem Zusammenhang der Mangel an Dienstposten mit geringeren körperlichen und geistigen Anforderungen für die nachfolgenden älter gewordenen Berufssoldaten empfunden.[581] Die besonderen Altersgrenzen im Truppendienst ergaben sich daher rechnerisch aus der Zeitspanne, während der ein Offizier eine Verwendung ausübt, ohne dass ein Stau überalterter Offiziere dort eintreten konnte, wo ein lebensjüngerer Berufssoldat erforderlich war.[582]

Dem schriftlichen Bericht des Ausschusses für Verteidigung (5. Ausschuss) über den von der Bundesregierung eingebrachten Entwurf eines Gesetzes über die Altersgrenze der Berufssoldaten vom 27. April 1961 ist zu entnehmen, dass die Einführung der besonderen Altersgrenzen auf der truppendienstlichen Notwendigkeit der „körperliche[n] Frische“ und der „Kraft zum entschlossenen Handeln“ fußte.[583]

Die Schaffung der besonderen Altersgrenzen setzte sich mit der psychischen und physischen Leistungsfähigkeit der Berufssoldaten auseinander und wurde

577 Ebenda, S. 4; BT-Drs. 3/2705, S. 1.
578 BT-Drs. 3/2391, S. 4; BT-Drs. 3/2705, S. 1.
579 BT-Drs. 3/2391, S. 4.
580 BT-Drs. 3/2705, S. 1.
581 Ebenda, S. 1.
582 BT-Drs. 3/2391, S. 4; BT-Drs. 3/2705, S. 1 f.
583 BT-Drs. 3/2705, S. 1.

gleichermaßen maßgeblich durch Stellenstrukturberechnungen und Personalaufbaupläne bestimmt, wie der Begründung zum Entwurf eines Gesetzes über die Altersgrenze der Berufssoldaten der Bundesregierung vom 13. Januar 1961[584] sowie dem darauf differenzierenden Schriftlichen Bericht des Ausschusses für Verteidigung vom 27. April 1961[585] zu entnehmen ist. Letzterer verdeutlicht die Absicht des Gesetzgebers und fasst zusammen: „Insgesamt begrüßt der Ausschuss den Entwurf, weil er eine Handhabe bietet, die notwendige Verjüngung des Offiziers- und Unteroffizierskorps zu erreichen."

c Altersgrenzen gemäß der Bekanntmachung der Neufassung des Gesetzes über die Rechtsstellung der Soldaten (Soldatengesetz) vom 22. April 1969

Aufgrund zahlreicher Änderungen des Soldatengesetzes zwischen dem 9. Juni 1961 und 1. April 1969 wurde das Soldatengesetz in der Neufassung des Gesetzes über die Rechtsstellung der Soldaten (Soldatengesetz) am 22. April 1969 neu bekannt gemacht.[586] Altersbezogene Änderungen des Soldatengesetzes enthielten folgende Gesetzesänderungen: Siebentes Gesetz zur Änderung des Soldatengesetzes vom 24. März 1969[587] und Achtes Gesetz zur Änderung des Soldatengesetzes vom 1. April 1969.[588]

(i) Siebentes Gesetz zur Änderung des Soldatengesetzes vom 24. März 1969

Art. 1 Nr. 2 des Siebenten Gesetzes fügte in § 45 Abs. 2 eine neue besondere Altersgrenze ein. Diese war im Unterschied zu den bisher bekannten besonderen Altersgrenzen nicht dienstgradbezogen, sondern erstmals konkret verwendungsbezogen.[589] Für Offiziere in der Verwendung als Strahlflugzeugführer wurde die Überschreitung des 40. Lebensjahres in Abkehr zur dienstgradbezogenen besonderen Altersgrenze des § 45 Abs. 2 Soldatengesetz i. d. F. vom 9. Juni 1961 zur gültigen (besonderen) Altersgrenze.[590] Der Gesetzesbegründung ist zu entnehmen, dass diese besondere verwendungsbezogene Altersgrenze auf den flugmedizinischen Erkenntnissen der damaligen Zeit basierte, nach denen

584 BT-Drs. 3/2391, S. 4 ff.
585 BT-Drs. 3/2705, S. 1.
586 BGBl. I 1969 S. 313.
587 BGBl. I 1969 S. 221.
588 BGBl. I 1969 S. 277.
589 BT-Drs. 5/3336, S. 3.
590 Ebenda.

die Strahlflugzeugführer den Anforderungen, die an die Handhabung solcher Maschinen gestellt werden, regelmäßig nach Überschreiten des 40. Lebensjahres nicht mehr gerecht werden konnten.[591] Zur Vermeidung unnötiger Risiken wurde daher die besondere Altersgrenze von 40 Lebensjahren eingeführt.[592] Es handelte sich hierbei um eine Durchschnittsbetrachtung.[593]

Eine Weiterverwendung in anderen Teilen der Bundeswehr schied aufgrund personalwirtschaftlicher Überlegungen aus: Zum einen waren – wie zuvor der Begründung des Gesetzes über die Altersgrenzen der Berufssoldaten vom 9. Juni 1961[594] entnehmbar – nicht genug Stellen vorhanden,[595] zum anderen mussten die Strahlflugzeugführer, um später auch in anderen Verwendungen Dienst tun zu können, frühzeitig für andere Verwendungen angelernt werden.[596] Dieses führte dazu, dass die Strahlflugzeugführer einen großen Teil ihrer Tätigkeit in nichtfliegenden Verwendungen verbrachten, welches die notwendige Flugübung und -erfahrung erheblich einschränkte.[597] Soweit die Flugzeugführer mit Überschreiten des 40. Lebensjahres aufgrund der verwendungsbezogenen besonderen Altersgrenze aus der Bundeswehr ausschieden und nicht mehr für eine spätere Tätigkeit in andere Verwendungen eingebracht werden sollten, war es durch die Gesetzesänderung nunmehr möglich, sie so lange in den fliegenden Verbänden zu belassen, wie es flugmedizinisch zur damaligen Zeit erlaubt war.[598] Damit konnte zugleich eine optimierte Ausnutzung der zeit- und kostenintensiven Ausbildung der Strahlflugzeugführer erzielt werden.[599]

Die Strahlflugzeugführer sollten mit ca. 55 v. H. der ruhegehaltfähigen Dienstbezüge ausscheiden.[600] Damit war nach Ansicht des Verteidigungsausschusses das Prinzip des öffentlichen Dienstes, des Dienstverhältnisses auf Lebenszeit, aufgegeben, wie es auch schon bei den besonderen dienstgradbezogenen Altersgrenzen

591 Ebenda.
592 Ebenda.
593 BT-Drs. 5/3731, S. 1.
594 BT-Drs. 3/2391, S. 4 f.
595 BT-Drs. 5/3336, S. 3.
596 BT-Drs. 5/3731, S. 1.
597 Ebenda.
598 Ebenda.
599 BT-Drs. 5/3336, S. 3.
600 BT-Drs. 5/3731, S. 2.

der Polizei, des damaligen Bundesgrenzschutzes und der Bundeswehr seit langem der Fall war.[601]

Die Prüfung, ob vor Ausscheiden eine Weiterverwendung an anderer Stelle im öffentlichen Dienst für die Offiziere möglich sei, wurde im Innenausschuss mehrheitlich abgelehnt.[602] Man befürchtete diejenigen mit Befähigung zum Führen von Hochleistungsstrahlflugzeugen mit dieser Aussicht nicht gewinnen zu können.[603] Eine nähere Erläuterung zu dieser Auffassung lässt sich der Drucksache nicht entnehmen.

(ii) Achtes Gesetz zur Änderung des Soldatengesetzes vom 1. April 1969

Binnen weniger Arbeitstage wurde sodann das Achte Gesetz zur Änderung des Soldatengesetzes von 1. April 1969 verabschiedet.[604] Auch dieses beinhaltet altersbezogene Änderungen.

Art. 1 Nr. 2 a des Achten Gesetzes zur Änderung des Soldatengesetzes vom 1. April 1969 beendet die Unterscheidung der besonderen Altersgrenzen für die Dienstgrade eines Feldwebels, eines Oberfeldwebels und eines Hauptfeldwebels, um die lange Zeit zuvor gerungen wurde (Gesetzentwurf vom 13. Januar 1961[605] und endgültiges Gesetz über die Altersgrenzen der Berufssoldaten vom 9. Juni 1961[606]). Des Weiteren fügt Art. 1 Nr. 2 b des Achten Gesetzes zur Änderung des Soldatengesetzes vom 1. April 1969 eine neue Laufbahn mit einer eigenen besonderen Altersgrenze ein, die verwendungsbezogen ausgerichtet ist.[607] Die Einführung dieser neuen Laufbahn war notwendig, da durch die zunehmende Technisierung und Spezialisierung der modernen Streitkräfte der Truppenoffizier, dessen Aufgabe die Ausbildung der Truppe und Truppenführung ist, nicht mehr in der Lage

---

601 Ebenda, S. 2: „Aus diesem Gesetz werden im Bereich des öffentlichen Dienstes erstmals Ruhegehaltsansprüche für eine Dienstzeit begründet, die nur knapp die Hälfte dessen beträgt, was ein Angehöriger des öffentlichen Dienstes sonst zur Erlangung eines Anspruches auf Ruhegehalt an Dienstzeit leisten muß. Das Prinzip des Dienstverhältnisses «auf Lebenszeit» im bisherigen Sinne wird damit aufgegeben. Das ist allerdings schon bei den besonderen dienstgradbezogenen Altersgrenzen der Polizei, des BGS und der Bundeswehr seit langem der Fall. Hier wirkt die relativ niedrige Grenze von 40 Jahren so «revolutionär»."

602 Ebenda, S. 2.

603 Ebenda, S. 2.

604 BGBl. I 1969 S. 277.

605 BT-Drs. 2/1700.

606 BGBl. I 1961 S. 723.

607 BT-Drs. 5/3522, S. 3.

war, alle Aufgaben sachgerecht zu übernehmen.[608] Die Altersgrenze wurde auf die Vollendung des 52. Lebensjahres festgesetzt. Die neue Laufbahn der Offiziere des militärfachlichen Dienstes umfasst die Dienstgrade Leutnant, Oberleutnant und Hauptmann und entspricht mit der einzuführenden Altersgrenze derjenigen, die schon für die Offiziere des Truppendienstes gemäß § 45 Abs. 2 Nr. 2 a Soldatengesetz (i. d. F. vom 9. Juni 1961) für die Offiziersdienstgrade Leutnant, Oberleutnant und Hauptmann galt. Begründet wird die Einführung der besonderen Altersgrenze mit den erhöhten Anforderungen an die körperliche Leistungsfähigkeit, da die neu eingeführten Fachoffiziere sowie die Stabs- und Oberstabsfeldwebel ihre Funktionen in mobilen Einheiten und Verbänden ausübten.[609]

Ebenso wurden die Stabs- und Oberstabsfeldwebel den übrigen Berufsunteroffizieren gleichgestellt indem die Worte „in den Dienstgraden eines Feldwebels, Oberfeldwebels und Hauptfeldwebels" im Gesetzestext des § 45 Abs. 2 Nr. 1 Soldatengesetz (i. d. F. vom 9. Juni 1961) gestrichen wurden. Dies führte dazu, dass die Stabs- und Oberstabsfeldwebel nicht mehr der alleinigen allgemeinen Altersgrenze (Vollendung des 60. Lebensjahres) gemäß § 45 Abs. 1 Soldatengesetz (i. d. F. vom 9. Juni 1961) unterlagen, sondern für sie nunmehr erstmals auch eine (niedrigere) besondere Altersgrenze eingeführt wurde.[610] Damit bestand für diese Dienstgrade die Möglichkeit, acht Jahre früher als vor der Gesetzesänderung in den Ruhestand zu treten.[611] Vor dem Hintergrund der Gleichbehandlung zu den übrigen Berufsunteroffizieren schien es dem Gesetzgeber angezeigt, auch die Stabs- und Oberstabsfeldwebel mit einer besonderen Altersgrenze von 52 Lebensjahren zu versehen.[612]

Um diese Möglichkeit, den Dienst um acht Jahre zu verringern, abzumildern, wies der Gesetzgeber in seiner Begründung darauf hin, dass es nicht unbenommen bliebe, die Stabs- und Oberstabsfeldwebel über die besondere Altersgrenze von 52 Jahren hinaus im Dienst zu belassen.[613] Das Ausscheiden aus dem Dienst nach Erreichen der besonderen Altersgrenze scheide jedenfalls dann aus, soweit Fehlstellen vorhanden seien.[614] Der Gesetzgeber schätzte die Ausscheidensquote aufgrund der früheren Altersgrenze auf 10 v. H.[615]

608 Ebenda, S. 3.
609 Ebenda, S. 3.
610 Ebenda, S. 3.
611 Ebenda, S. 4.
612 Ebenda, S. 3.
613 Ebenda, S. 3.
614 Ebenda, S. 4.
615 Ebenda, S. 4.

Die Begründung des Schriftlichen Berichtes des Verteidigungsausschusses (5. Ausschuss) über den von der Bundesregierung eingebrachten Entwurf eines Achten Gesetzes zur Änderung des Soldatengesetzes vom 3. Februar 1969[616] sieht eine gesellschaftspolitische Bedeutung in der Gesetzesänderung, nicht bloß eine Umorganisation von Aufgaben und Gleichstellung von Altersgrenzen anderer Laufbahnen und Dienstgrade.[617] Mit Schaffung der neuen Laufbahn der Offiziere des militärfachlichen Dienstes wurde einer großen Zahl an Unteroffizieren der Zugang zu einer neuen Verwendung und damit der Zugang zu höheren Besoldungsgruppen sowie zur „gesellschaftlichen Stellung eines Offiziers" eröffnet.[618] Ziel war also nicht nur, Aufgaben in einer neuen Laufbahn zu bündeln, sondern durch Schaffung neuer (Beförderungs-)Stellen eine Entzerrung der Personalstruktur und Entwicklungsperspektiven für jüngere Berufssoldaten zu schaffen.

Der Verteidigungsausschuss ging in seiner Stellungnahme vom 3. Februar 1969 anders als der damalige Gesetzgeber davon aus, dass das neue Recht für die Stabs- und Oberstabsfeldwebel ganz praktisch die wesentlich frühere Zurruhesetzung zur Folge haben würde.[619] Damit die vom Verteidigungsausschuss gebilligte, notwendige schnellere Einnahme einer günstigeren Altersstruktur erreicht werden konnte, sollten für die Stabs-und Oberstabsfeldwebel, die bereit waren sich der neuen besonderen Altersgrenze zu unterwerfen, Ausgleichszahlungen in Höhe von DM 4.000 ausgelobt werden.[620]

Das Soldatengesetz wurde in der Neufassung am 22. April 1969 bekannt gemacht[621] und behielt bezüglich der Altersgrenzen ca. sechs Jahre Gültigkeit.[622]

(iii) Zwischenergebnis

Durch das Siebente und Achte Änderungsgesetz zum Soldatengesetz wurden erstmals jeweils zwei Neuerungen eingeführt:

Das Siebente Gesetz zur Änderung des Soldatengesetzes führte dienstgradunabhängig eine konkrete verwendungsbezogene Altersgrenze ein. Diese orientierte sich an den medizinischen Erkenntnissen der damaligen Zeit und wurde für

616 zu BT-Drs. 5/3775.
617 zu BT-Drs. 5/3775, S. 1.
618 zu BT-Drs. 5/3775, S. 1.
619 zu BT-Drs. 5/3775, S. 1.
620 zu BT-Drs. 5/3775, S. 1.
621 BGBl. 1969 I S. 313.
622 BGBl. 1975 I S. 2273, Die Bekanntmachung der Neufassung des Gesetzes über die Rechtsstellung der Soldaten (Soldatengesetz) vom 19. August 1975 enthielt keine altersbezogenen Änderungen.

die Strahlflugzeugführer auf die Vollendung des 40. Lebensjahres gesetzt. Da die Piloten dadurch mit Vollendung des 40. Lebensjahres mit einem Versorgungsanspruch von ca. 55 v. H. in den Ruhestand entlassen werden konnten, mussten sie vorher nicht mehr für andere Verwendungen ausgebildet werden und konnten damit ihre gesamte Zeit in der fliegenden Verwendung bleiben.

Das Achte Änderungsgesetz verkürzte die Dienstzeit von Stabsfeldwebeln und Oberstabsfeldwebeln um acht Jahre. Der Gesetzesbegründung ist zu entnehmen, dass aufgrund der gleichartigen Verwendung zu anderen Dienstgraden und Laufbahnen auch gleiche Altersgrenzen gelten müssten. Mit dem gleichen Argument wäre es im Rahmen der Gleichbehandlung auch möglich gewesen, den anderen Dienstgraden die frühere Altersgrenze zu entziehen und sie nach oben an die Altersgrenze der Stabsfeldwebel und Oberstabsfeldwebel anzupassen. Wie dem Gesetzesentwurf weiter zu entnehmen ist, stand diese Möglichkeit jedoch nicht zur Option, da zur Vermeidung und Auflösung eines vorhandenen Verwendungsstaus eine neue Laufbahn eingeführt wurde, um zügig befördern zu können.[623]

Die jeweiligen Entwürfe zum Siebenten und Achten Gesetz zur Änderung des Soldatengesetzes lagen wenige Wochen auseinander. Wieso es in dieser raschen Abfolge zur mehrfachen einschneidenden Anpassungen der besonderen Altersgrenzen kam, lässt sich den Gesetzesmaterialien nicht entnehmen.

d Haushaltsstrukturgesetz vom 18. Dezember 1975[624]

Weitere altersbezogene Änderungen erhielten schon am 18. Dezember 1975 mit dem Gesetz zur Verbesserung der Haushaltsstruktur (Haushaltsstrukturgesetz –

623 1985 wurde jedoch offenbar, dass mit der Einführung der neuen Laufbahn des militärfachlichen Dienstes die Personalstrukturprobleme samt Verwendungsstaus nicht gelöst wurden. Vielmehr gab es ähnliche Personalstrukturverwerfungen wie schon in anderen Verwendungen: Der Antwort der Bundesregierung auf die Große Anfrage der Fraktion der SPD vom 3. Juni 1985 - BT-Drs. 17/13254 - lässt sich nämlich entnehmen, dass schon bei Einführung der neuen Laufbahn (Offiziere des militärfachlichen Dienstes) sowie der dazugehörigen besonderen Altersgrenze Fehler im Rahmen des schnellen Aufbaus dieser neuen Laufbahn gemacht wurden, die zu den Personalstrukturproblemen (1984/1985) in dieser neuen Laufbahn führten. Offenbar wurden aufgrund der Eilbedürftigkeit Geburtsjahrgänge rekrutiert, die dem Personalstrukturmodell nicht gerecht wurden.

624 BGBl. 1975 I S. 3091. Ab 19. Februar 1975 waren Frauen in der Bundeswehr zunächst beschränkt auf den Sanitätsdienst zugelassen. Insofern wird ab diesem Zeitpunkt auf beide Geschlechter Bezug genommen, daher im Folgenden Berufssoldatinnen und Berufssoldaten.

HStruktG) in das Soldatengesetz Einzug, obwohl das Soldatengesetz erst am 19. August 1975 in einer Neufassung bekannt gemacht wurde.[625]

Gemäß Art. 9 § 1 HStruktG wurden ausnahmslos alle besonderen Altersgrenzen des § 45 Abs. 2 Soldatengesetz (i. d. F. vom 19. August 1975) um jeweils ein Jahr angehoben, auch die verwendungsbezogene Altersgrenze der Strahlflugzeugführer. Begründet wurde diese Anhebung – ohne Erwägung von Verwendungs- oder Einsatzszenarien sowie physischer und psychischer Leistungsfähigkeit – mit der Notwendigkeit der Erzielung von Sparmaßnahmen im Bereich der Personalkosten des Bundeshaushaltes.[626] Hinter den Finanzdefiziten der öffentlichen Hand blieben militärische Belange somit unberücksichtigt.[627] Diese Maßnahme hielt der Gesetzgeber auch für folgerichtig, da die Personalentwicklung bei der Bundeswehr günstig war und damit die vorhandenen Privilegien der Berufssoldatinnen und Berufssoldaten eingeschränkt werden konnten.[628] Gemäß Art. 9 § 1 wurde die besondere Altersgrenze der Offiziere in Verwendung als Strahlflugzeugführer mit dem Zusatz ergänzt, dass diese nur Geltung entfaltet, „soweit sie [Offiziere in der Verwendung als Strahlflugzeugführer] wehrfliegerverwendungsfähig sind".

Bei Wehrfliegerverwendungsunfähigkeit verblieb es bei der Altersgrenze des 40. Lebensjahres, da eine um ein Jahr heraufgesetzte Grenze nur akzeptabel sei, wenn über das 40. Lebensjahr hinaus die besondere Flugtauglichkeit bestehe.[629] Da fluguntauglich gewordene Flugzeugführer auf diese Verwendung mangels anderer Ausbildung festgelegt seien, müsse die Altersgrenze von 40 Jahre bestehen bleiben.[630] Wehrfliegerverwendungsunfähigkeit bedeutet jedoch nicht Dienstunfähigkeit, so dass in diesen Konstellationen Soldatinnen und Soldaten in den Ruhestand versetzt wurden, obschon eine andere Verwendung ausgeübt hätte werden können, bspw. eine Verwendung, die fliegerische Kenntnisse erfordert.[631]

---

625 BGBl. 1975 I S. 2273. Die Bekanntmachung der Neufassung des Gesetzes über die Rechtsstellung der Soldaten (Soldatengesetz) vom 19. August 1975 enthielt keine altersbezogenen Änderungen.

626 BT-Drs. 7/4127, S. 31 ff.: Die Gesetzesbegründung bezifferte die Einsparungen durch die Einzelmaßnahme des Hinausschiebens aller besonderen Altersgrenzen um ein Jahr (Beamte, Richter, Soldaten) mit bis zu DM 72 Mio. pro Jahr. Die Senkung des Ausgleichs bei vorgezogener Altersgrenze betrug für Berufssoldaten pro Jahr DM 10 Mio.

627 Walz/Eichen/Sohm, § 45 Rn. 8.

628 BT-Drs. 7/4127, S. 40.

629 Walz/Eichen/Sohm, § 45 Rn. 28.

630 Ebenda.

631 Scherer/Alff/Poretschkin, § 45 Rn. 4a; Walz/Eichen/Sohm, § 45 Rn. 28.

Diese Begründung vermag vor dem gesetzgeberischen Ziel der Haushaltseinsparungen nicht zu überzeugen.[632] In der Gesetzesbegründung heißt es ohnehin nur noch: „Die besonderen Erfordernisse für die Verwendung als Strahlflugzeugführer sind berücksichtigt."[633] Eichen führt diese sehr kurze Auseinandersetzung mit dem durchaus thematisierungswürdigen Sachverhalt auf die grundsätzlich mangelnde Plausibilität der Vorschrift zurück[634].

Der Verteidigungsausschuss ist zur Anhebung der besonderen Altersgrenzen nicht gehört worden.

e Dreizehntes Gesetz zur Änderung des Soldatengesetzes vom 22. Mai 1980[635]

Mit dieser Gesetzesänderung wurden die Kampfbeobachter gemäß Art. 1 Nr. 6 des Gesetzes zur Änderung des Soldatengesetzes in die besondere Altersgrenze der Strahlflugzeugführer gemäß § 45 Abs. 2 Nr. 3 Soldatengesetz einbezogen, indem für sie die besondere Altersgrenze der Vollendung des 41. Lebensjahres ebenfalls Geltung entfaltete. Ausgangspunkt für die Einbeziehung war die fortschreitende technische Entwicklung.[636] Die neuen Waffensysteme wurden von einem Strahlflugzeugführer und einem Kampfbeobachter geflogen, der nach flugmedizinischen Erkenntnissen den gleichen psychischen und physischen Belastungen ausgesetzt war.[637] Eine Zurruhesetzung mit Vollendung des 41. Lebensjahres nach Art. 1 Nr. 6 des Dreizehnten Gesetzes zur Änderung des Soldatengesetzes kam infrage, soweit Flugzeugführer und Beobachter auch in strahlgetriebenen Kampfflugzeugen verwendet wurden. Soweit sie wehrfliegerverwendungsunfähig[638] waren, wurde die besondere Altersgrenze auf die Vollendung des 40. Lebensjahres abgesenkt (Art. 1 Nr. 6 des Dreizehnten Gesetzes zur Änderung des Soldatengesetzes). Mit dieser Gesetzesänderung sollte im Ergebnis eine erhebliche Einsparung erzielt werden:

632 Vgl. Walz/Eichen/Sohm, § 45 Rn. 28.
633 BT-Drs. 7/4127, S. 43.
634 Walz/Eichen/Sohm, § 46 Rn. 28.
635 BGBl. 1980 I S. 581.
636 BT-Drs. 8/3360, S. 6.
637 BT-Drs. 8/3360, S. 6; BT-Drs. 8/3728, S. 9.
638 BT-Drs. 8/3360 enthält einen Druckfehler: statt „wehrfliegerunfähig" wurde in Art. 1 Nr. 6 des Entwurfes eines Dreizehnten Gesetzes zur Änderung des Soldatengesetzes „wehrfliegerverwendungsfähig" geschrieben. Dieser Druckfehler wurde in der Beschlussempfehlung und im Bericht des Verteidigungsausschusses (12. Ausschuss) zu dem von der Bundesregierung eingebrachten Entwurf eines Dreizehntes Gesetzes zur Änderung des Soldatengesetzes vom 28. Februar 1980 – BT-Drs. 8/3728 korrigiert.

Obwohl nun auch Kampfbeobachter mit einer besonders frühen Altersgrenze in den Ruhestand gehen konnten, standen ersparte Ausbildungskosten für andere, nichtfliegende Verwendungen diesen Ausgaben gegenüber.[639]

f Gesetz zur Verbesserung der Personalstruktur in den Streitkräften (PersStruktG-Streitkräfte) vom 30. Juli 1985[640]

Das Gesetz zur Verbesserung der Personalstruktur in den Streitkräften (PersStruktG-Streitkräfte) sah in den Jahren 1986 bis 1991 die vorzeitige Pensionierung bestimmter Jahrgänge vor, welche zusätzlich mit dem Anreiz von Abfindungszahlungen verknüpft wurde.[641]

§ 1 PersStruktG-Streitkräfte ermöglichte zwischen 1986 und 1991 bis zu 1.200 Berufsoffizieren des Truppendienstes der Jahrgänge 1935 bis 1944,[642] auf Antrag in den Ruhestand versetzt zu werden. Voraussetzungen dafür waren eine mindestens vierundzwanzigjährige Dienstzeit sowie die Vollendung des 45. Lebensjahres.

Der Gesetzesbegründung[643] ist zu entnehmen, dass das Problem der Verzerrung der Personalstruktur der Bundeswehr schon in ihrer Aufbauphase aufgrund des Fehlens an Bewerbern aus älteren Geburtenjahrgängen bis 1934 bestand. Daher wurden in der Aufbauphase verstärkt Einstellungen der Geburtenjahrgänge 1935 bis 1944 vorgenommen, die nunmehr zur Verwerfung in der Personalstruktur der Truppenoffiziere führten.[644] Diese Verwerfungen führten insbesondere zu fehlenden Versetzungen in den Ruhestand sowie zum Fehlen notwendiger Verwendungswechsel der Berufssoldaten.[645]

Lediglich zeitlich befristete, vorzeitige Versetzungen in den Ruhestand sollten geeignet sein, dieses Personalstrukturproblem abschließend zu lösen.[646] Auf die jeweiligen Geburtenjahrgänge entfielen Teilquoten der Gesamtsumme der vorzeitigen Versetzungen.[647] Da die vorzeitigen Versetzungen in den Ruhestand

639 BT-Drs. 8/3360, S. 8.
640 BGBl. 1985 I S. 1621.
641 S. im Detail dazu die Regelungen des PersStruktG-Streitkräfte.
642 Zum Zeitpunkt des Erlasses des Gesetzes waren die Betroffenen der bezeichneten Geburtenjahrgänge zwischen 41 und 53 Jahre alt.
643 BT-Drs. 10/2887.
644 Ebenda, S. 4.
645 Ebenda, S. 4.
646 Ebenda, S. 4.
647 Ebenda, S. 4.

lediglich auf Antrag gewährt wurden, waren zugleich attraktive versorgungsrechtliche Ausgestaltungen innerhalb des Gesetzes vorgenommen worden.[648]

Die Begründung des Gesetzesentwurfes greift zwei widerstreitende Erwägungen auf: Kennzeichnender Grundsatz des Berufssoldatentums ist das Dienstverhältnis auf Lebenszeit.[649] Eingeschränkt wird dieser Grundsatz allerdings durch das Gesetz über die Altersgrenzen der Berufssoldaten vom 9. Juni 1961.[650] In Abwägung des Dienstverhältnisses auf Lebenszeit, des damit verbundenen Vertrauensschutzes von Soldaten und des Ziels des Gesetzes, den Abbau der Überalterung im Bereich der Berufsoffiziere des Truppendienstes zu erreichen, sah das PersStruktG-Streitkräfte vor, dass die Ruhegehaltsversorgung mit 70 v. H. der ruhegehaltfähigen Dienstbezüge (statt 75 v. H. beim Verbleiben im Dienst bis zur besonderen oder allgemeinen Altersgrenze) zuzüglich einmaliger Ausgleichszahlungen attraktiv gestaltet war.[651]

Die Mehrausgaben für dieses Gesetz wurden mit DM 652 Mio. angegeben.[652]

Der Bundesrat hat in seiner Stellungnahme zum Gesetzesentwurf die Verzerrung in der Personalstruktur bei den Berufsoffizieren des Truppendienstes zwecks Erhaltung der Einsatzfähigkeit der gesamten Bundeswehr anerkannt.[653] Er machte jedoch in seiner Stellungnahme darauf aufmerksam, dass die Maßnahmen des Gesetzesentwurfs „aus dem Rahmen fallende Maßnahmen“ seien, insbesondere die frühe Pensionierung von 45- bis 52-jährigen Soldaten.[654] Mit Nachdruck bezeichnet er dieses als einen Ausnahmefall, der nicht beispielgebend für andere Bereiche des öffentlichen Dienstes sein kann.[655]

Beschlussempfehlung und Bericht des Verteidigungsausschusses (12. Ausschuss) zu dem von der Bundesregierung eingebrachten Entwurf eines Gesetzes zur Verbesserung der Personalstruktur in den Streitkräften[656] begrenzten die Anzahl der vorgesehenen Zurruhesetzungsfälle (1.500 nach dem Gesetzesentwurf) auf 1.200.[657] Dies wirkte prima facie als Eindämmung der außergewöhnlichen

---

648 Ebenda, S. 4.
649 Ebenda, S. 4.
650 BGBl. 1961 I S. 732; BT-Drs. 10/2227, S. 6.
651 BT-Drs. 10/2887, S. 6.
652 Ebenda, S. 6.
653 Ebenda, S. 7.
654 Ebenda, S. 7.
655 Ebenda, S. 7.
656 BT-Drs. 10/3439.
657 Ebenda, S. 1.

Maßnahme erheblicher Frühpensionierungen, jedoch empfahl der Verteidigungsausschuss zeitgleich das Delta der 300 Berufssoldatinnen und Berufssoldaten durch 250 zusätzliche Planstellen im Haushalt festzuschreiben sowie weiteren 50 Berufssoldatinnen und Berufssoldaten der Laufbahn der Offiziere des Truppendienstes die Anschlussverwendung in der zivilen Verwaltung des Bundes zu ermöglichen.[658]

Der Entschließungsantrag der Fraktion Die Grünen zur dritten Beratung des von der Bundesregierung eingebrachten Entwurfs eines Gesetzes zur Verbesserung der Personalstruktur in den Streitkräften geht davon aus, dass durch die frühzeitige Pensionierung von 1.200 Offizieren die Sicherheit der Bundesrepublik Deutschland nicht erhöht werden könne und dass die Regelung lediglich ungerechtfertigte Privilegien Einzelner schaffe und sich womöglich präjudizierend auf andere Bereiche des öffentlichen Dienstes auswirke.[659]

g Gesetz zur Änderung des Beamtenversorgungsgesetzes und sonstiger dienst- und versorgungsrechtlicher Vorschriften (BeamtVGÄndG) vom 18. Dezember 1989[660]

Art. 3 BeamtVGÄndG bekennt sich zur Trennung zwischen besonderer und allgemeiner Altersgrenze. Begründet wird dies mit der Erhaltung der Einsatzbereitschaft der Streitkräfte, da je nach Laufbahnverwendung die Berufssoldatinnen und Berufssoldaten den körperlichen Anforderungen nach Überschreiten der besonderen Altersgrenzen oft nicht mehr genügten.[661]

Art. 3 Nr. 2 a BeamtVGÄndG erhöhte die allgemeinen Altersgrenzen der Berufssoldatinnen und Berufssoldaten um ein Jahr auf das 61. Lebensjahr. Diese Regelung betraf insbesondere diejenigen Berufssoldatinnen und Berufssoldaten, die ohnehin nur der allgemeinen Altersgrenze unterlagen und für die keine besondere Altersgrenze geschaffen wurde.[662] Dieses waren: Generäle, Sanitätsoffiziere, Offiziere des Militärmusikdienstes sowie Offiziere des militärgeographischen Dienstes.[663] Die Begründung des Gesetzesentwurfes macht deutlich, dass die Betroffenen

658 Ebenda, S. 1 f.
659 BT-Drs. 10/3461, S. 1.
660 BGBl. 1989 I S. 2218.
661 BT-Drs. 11/5372, S. 31.
662 Ebenda, S. 32.
663 Ebenda, S. 32.

sich in Verwendungen befanden, deren physische und psychische Anforderungen eine Anhebung der Altersgrenze um ein Jahr ermöglichten.[664]

Gemäß Art. 3 Nr. 2 b BeamtVGÄndG wurden die besonderen Altersgrenzen mit Ausnahme der besonderen Altersgrenze der Berufsunteroffiziere sowie der Strahlflugzeugführer und Kampfbeobachter jeweils um ein Jahr nach oben korrigiert. Ausgangspunkt für die Anhebung der besonderen Altersgrenzen war die demographische Entwicklung bei Berufsoffizieren.[665] Dies berücksichtigend, spielten nach der Gesetzesbegründung neben der Bewertung der körperlichen Belastbarkeit „personalstrukturelle Überlegungen eine maßgebliche Rolle".[666]

Zur Rechtfertigung der nicht erfolgten Anhebung der besonderen Altersgrenzen der Berufsunteroffiziere wurde unter Außerachtlassung von Belastungssituationen und Dienstpostenanforderungen ausschließlich die personalstrukturelle Situation herangezogen.[667] Da die Tätigkeit der Berufsunteroffiziere in den einzelnen Verwendungen grenzaltersgebunden sei, müssten sie auf „vorhandenen ‹Altersstellen› für Berufsunteroffiziere" verwendet werden, deren Anzahl bei weitem nicht genüge, um alle Berufsunteroffiziere bis zur allgemeinen Altersgrenze beschäftigen zu können.[668] Ein weiteres Verbleiben der Berufsunteroffiziere auf Verwendungen innerhalb der Truppe gefährde die Einsatzbereitschaft.[669]

Alternativlos war diese Maßnahme nach Erkenntnis des Gesetzgebers nicht: In der Gesetzesbegründung wird dazu ausgeführt, dass der Ersatz der Berufsunteroffiziere durch die Einstellung von Soldaten auf Zeit kompensierbar sei, indes zu erheblichen Mehrkosten führe.[670]

Der Verteidigungsausschuss machte zu den Altersgrenzen keine Ausführungen.[671]

Gemäß Art. 3 Abs. 1 Nr. 2 i. V. m. Art. 20 Abs. 2 BeamtVGÄndG sollten die Altersgrenzen der Berufssoldatinnen und Berufssoldaten ca. zwölf Jahre später, ab 1. Januar 2002, in Kraft treten. Art. 3 Abs. 1 Nr. 1 BeamtVGÄndG verringerte als Folgeänderung aus der Anhebung der allgemeinen Altersgrenze die Möglichkeit des Hinausschiebens des Eintritts in den Ruhestand um ein Jahr auf vier Jahre.[672]

---

664 Ebenda, S. 32.
665 Ebenda, S. 32.
666 Ebenda, S. 32.
667 Ebenda, S. 32.
668 Ebenda, S. 32.
669 Ebenda, S. 32.
670 Ebenda, S. 32.
671 Ebenda, S. 45.
672 Ebenda, S. 31.

Neu und in Angleichung an die entsprechenden Regelungen für Beamtinnen und Beamte wurde erstmalig auch für Berufssoldatinnen und Berufssoldaten die Möglichkeit geschaffen, bis zum 62. Lebensjahr auf Antrag länger im Dienst zu verbleiben (Art. 3 Abs. 1 Nr. 1 a, bb BeamtVGÄndG). Das Hinausschieben des Ruhestandes kam bis zu einem Jahr in Betracht.[673]

h Gesetz über die Verminderung der Personalstärke der Streitkräfte (Personalstärkegesetz – PersStärkeG) vom 20. Dezember 1991[674]

Gesetzlicher Zweck des PersStärkeG war die Umsetzung der Vorgaben des Gesetzes zu dem Vertrag vom 12. September 1990 über die abschließende Regelung in Bezug auf Deutschland,[675] sog. Zwei-plus-Vier-Vertrag.[676] Art. 3 Abs. 2 Zwei-plus-Vier-Vertrag sah die Reduktion der Streitkräfte auf 370.000 Soldatinnen und Soldaten vor. Deutschland nutzte diese Gesetzesinitiative des PersStärkeG, um die Verminderung des Personalbestandes der Streitkräfte unter Beachtung einer alters- und dienstgradgerechten Personalstruktur zu erreichen.[677] Die Reduktion der Bundeswehr führte der Gesetzesbegründung zufolge zu einem erheblichen Überhang von Berufssoldatinnen und Berufssoldaten, die weder aufgaben- noch dienstgradgerecht eingesetzt werden konnten.[678] Der Personalüberhang wurde mit 6.800 Berufssoldatinnen und Berufssoldaten beziffert, die vorzeitig zu entlassen oder zur Ruhe gesetzt werden sollten.[679]

§ 1 Abs. 1 PersStärkeG sah dafür eine zeitlich befristete Herabsetzung der besonderen Altersgrenzen mit Ausnahme derjenigen für die Strahlflugzeugführer und Waffensystemoffiziere[680] der strahlgetriebenen Kampfflugzeuge des

673 Ebenda, S. 31.
674 BGBl. 1991 I S. 2376.
675 BGBl. 1990 II S. 1317.
676 VG Stade, Urteil vom 25. März 2009 – 3 A 1463/08, Rn. 19.
677 BT-Drs. 12/1269, S. 1.
678 Ebenda, S. 5.
679 Ebenda, S. 5.
680 Vierzehntes Gesetz zur Änderung des Soldatengesetzes vom 6. Dezember 1990, BGBl. 1991 I S. 2376: Mit dieser Gesetzesänderung wurde gemäß Art. 1 Nr. 11 Vierzehntes Gesetz zur Änderung des Soldatengesetzes der „Kampfbeobachter" durch das Wort „Waffensystemoffizier" ersetzt. Des Weiteren wurde in BT-Drs. 11/6906 S. 15 klargestellt, dass die besonderen Altersgrenzen auch für die Berufssoldatinnen und Berufssoldaten der Marine mit den entsprechenden Dienstgraden gelten. Die Änderungen bedeuteten keine materielle Änderung. Gemäß Art. 3 Abs. 1 Nr. 2 in Verbindung mit Art. 20 Abs. 2 BeamtVGÄndG, Art. 20 Abs. 2 i. d. F. des Art. 5 Nr. 2

Soldatengesetzes (i. d. F. vom 19. August 1975,[681] zuletzt geändert durch Art. 6 des Gesetzes vom 6. Dezember 1991[682]) zwischen 1993 und 1998 vor.

§ 1 PersStärkeG ermöglichte in den Jahren 1993 bis 1998 eine Herabsetzung der besonderen Altersgrenze für bestimmte Laufbahngruppen. Offiziere des militärfachlichen Dienstes konnten danach mit Vollendung des 52. Lebensjahres in den Ruhestand versetzt werden.

§ 2 Abs. 1 PersStärkeG senkte die Altersgrenze für die Laufbahngruppe der Unteroffiziere und Offiziere des militärfachlichen Dienstes auf die Vollendung des 48. Lebensjahres in den Jahren 1992 bis 1994 ab, soweit ein dienstliches Interesse vorlag und die verbleibende Dienstzeit zur besonderen Altersgrenze noch mindestens ein Jahr betrug.

§ 2 Abs. 2 PersStärkeG erweiterte die frühere Pensionierung auf die Vollendung des 50. Lebensjahres für die Offiziere des Truppendienstes, des Sanitätsdienstes, des Militärmusikdienstes und des militärgeographischen Dienstes.

Diese Optionen waren mit zusätzlichen Anreizen in Form angemessener Versorgungsregelungen für die Berufssoldaten versehen (§§ 5 ff. PersStärkeG). Weitere Voraussetzung für § 2 Abs. 1 und 2 PersStärkeG war, dass eine angemessene Weiterverwendung nicht möglich war.

Die Regelung zur Herabsetzung der besonderen Altersgrenzen wurde vom damaligen Gesetzgeber als verfassungsrechtlich unbedenklich eingestuft.[683] Trotz Eingriffs in geschützte Rechtspositionen der Berufssoldatinnen und Berufssoldaten rechtfertigten nach Ansicht des Gesetzgebers die Reduzierungs- und Regenerationszwecke den Eingriff.[684] Die im Gesetz ebenso vorgesehenen Ausgleichsregelungen trügen dem Grundsatz der Verhältnismäßigkeit genügend Rechnung.[685] Das freiwillige Ausscheiden (§ 2 PersStärkeG) war vor dem Zwangsausscheiden (§ 1 PersStärkeG) anzuwenden, jedenfalls so lange, bis im Rahmen der Verfolgung des Reduzierungszieles keine personellen Lücken und damit eine Gefährdung des Verteidigungsauftrags entstand.[686]

Schon acht Monate nach Einführung dieses Gesetzes wurde der Entwurf eines Gesetzes zur Förderung der anderweitigen Verwendung von Berufssoldatinnen

---

des Vierzehnten Gesetzes zur Änderung des Soldatengesetzes vom 6. Dezember 1990 wird § 45 am 1. Januar 2002 geändert.

681 BGBl. 1991 I S. 2273.

682 BGBl. 1991 I S. 2142.

683 BT-Drs. 12/1269, S. 5.

684 Ebenda.

685 Ebenda.

686 Ebenda.

und Berufssoldaten und Beamtinnen und Beamten des Geschäftsbereichs des Bundesministers der Verteidigung (Verwendungsfreiheit) geschaffen.[687] Obwohl im PersStärkeG vorausgesetzt, musste der Grundsatz des Vorrangs der anderweitigen Verwendung vor Zurruhesetzung durch diese weitere gesetzliche Initiative gestützt werden.[688] Dem Bericht des Verteidigungsausschusses (12. Ausschuss) vom 3. Februar 1993 ist zu entnehmen, dass die Personalsituation der ausscheidenden Angehörigen des BMVg in anderen Bereichen der öffentlichen Verwaltung unbefriedigend sei, da „junge leistungsfähige, gut ausgebildete" Beamtinnen und Beamte sowie Angestellte den Verteidigungsbereich verließen, hingegen „ältere, dienstgradhöhere" Beamtinnen und Beamte weniger Chancen zur Übernahme durch andere Behörden hätten.[689] Dies sei ebenfalls bei der Weiterverwendung ausscheidender Berufssoldatinnen und Berufssoldaten der Fall.[690] Daher wurden für die betroffenen Berufssoldatinnen und Berufssoldaten der Laufbahnwechsel zum Beamtenverhältnis erleichtert und Aufstiegschancen trotz lediglich sektoraler Verwertbarkeit beruflicher Erfahrungen der Berufssoldatinnen und Berufssoldaten im Gesetz zur Förderung der anderweitigen Verwendung von Berufssoldaten und Beamten des Geschäftsbereichs des Bundesministers der Verteidigung (Verwendungsförderungsgesetz) vom 21. Dezember 1992[691] festgeschrieben.[692] Des Weiteren sollten Tätigkeits- und gegebenenfalls Ortswechsel finanziell ausgeglichen und mit Anreizen versehen werden.[693] Durch Vermeidung der vorzeitigen Versetzung in den Ruhestand sollten die Personalkosten insgesamt verringert werden.[694]

i Gesetz zur Umsetzung des Versorgungsberichts (Versorgungsreformgesetz 1998 – VReformG) vom 29. Juni 1998[695]

Art. 4 Nr. 2 i. V. m. Art. 22 Abs. 2 Nr. 6 VReformG hob die allgemeine und die besonderen Altersgrenzen der Berufssoldaten zusätzlich zu den Anhebungen, die ab dem Jahr 2002 bereits gesetzlich durch das BeamtVGÄndG vom 18. Dezember 1989[696] geregelt waren, um ein weiteres Jahr ab dem 1. Januar 2007 an.

687 BT-Drs. 12/3159.
688 BT-Drs. 12/2206; BT-Drs. 12/3159, S. 1.
689 BT-Drs. 12/4248.
690 Ebenda.
691 BGBl. 1992 I S. 2091.
692 BT-Drs. 12/3159, S. 5 f.
693 Ebenda, S. 5.
694 Ebenda, S. 1.
695 BGBl. 1998 I S. 1666.
696 BGBl. 1989 I S. 2218.

Beibehalten wurde unter redaktionellen Überarbeitungen die dienstgrad- und funktionsbezogene Staffelung der besonderen Altersgrenzen.[697] Diese Unterscheidung sei – nach der sehr kurzen Gesetzesbegründung – weiterhin unverzichtbar, da die Personalstruktur der Streitkräfte nur so einsatzfähig erhalten werden könne.[698] Konkret wurden keine Ausführungen zu Art und Umfang des Personalkörpers gemacht; Art und Umfang wurden ebenfalls nicht auf einen Einsatz bezogen. Der Gesetzesbegründung ist zu entnehmen, dass die notwendige Erhaltung der einsatzbestimmten Personalstruktur ebenfalls verlangte, dass die Anhebungen der Altersgrenzen im Zeitraum zwischen den Jahren 2007 und 2015 gestaffelt nicht nur nach Laufbahn und Dienstgrad, sondern auch nach Besoldungsgruppenebene erfolgten.[699] Die redaktionelle Überarbeitung sah vor, die Doppelläufigkeiten der besonderen Altersgrenze hinsichtlich der verschiedenen Laufbahnen aufzulösen.

Das Ziel des Gesetzes war, die Höhe der Versorgungskosten und damit die Bezugsdauer der Versorgungsleistungen durch gesetzgeberische Maßnahmen zu begrenzen, insbesondere die „festzustellende Tendenz zur Frühpensionierung [zu] durchbrechen und zu einer Verlängerung der durchschnittlichen Lebensarbeitszeit" zu gelangen.[700] Zur Zeit der Verkündung des VReformG liefen die Maßnahmen des bis Ende des Jahres 1998 begrenzten PersStärkeG aus, wonach eine frühe Pensionierung unter anderem schon mit dem 48. Lebensjahr möglich war. Gemäß Art. 4 Nr. 1 a i. V. m. Art. 22 VReformG wurde die Möglichkeit des Hinausschiebens des Eintritts in den Ruhestand wiederum um ein Jahr von vier auf drei Jahre verringert.

j Gesetz zur Änderung des Soldatengesetzes und anderer Vorschriften (SGÄndG) vom 19. Dezember 2000[701]

Gemäß Art. 1 Nr. 30 SGÄndG wurde die Möglichkeit des Hinausschiebens des Eintritts in den Ruhestand überarbeitet: Nunmehr konnte bei Vorliegen dienstlicher Gründe der Eintritt in den Ruhestand bis zum 31. März oder 30. September, der auf das Erreichen der allgemeinen Altersgrenze folgte, hinausgeschoben werden. Ebenso konnten Berufssoldatinnen und Berufssoldaten nun monatlich statt vorher halbjährlich in den Ruhestand treten.

---

697 BT-Drs. 13/9527, S. 32.
698 Ebenda, S. 32.
699 Ebenda, S. 32.
700 Ebenda, S. 28.
701 BGBl. 2000 I S. 1815.

Gemäß Art. 1 Nr. 31 SGÄndG wurde die besondere Altersgrenze der Stabshauptleute gesetzlich gleich der für Majore geltenden besonderen Altersgrenzen geregelt. Eine materielle Änderung ging damit nicht einher, da die bisherige Regelung durch eine Verwaltungsvorschrift auf eine gesetzliche Basis gestellt wurde.[702]

Darüber hinaus wurden redaktionelle Überarbeitungen zur einheitlichen rechtsförmlichen Gestaltung von Rechtsvorschriften vorgenommen.[703]

k Gesetz zur Neuausrichtung der Bundeswehr (Bundeswehrneuausrichtungsgesetz – BwNeuAusrG) vom 20. Dezember 2001[704]

Mit dem BwNeuAusrG gingen keine Änderungen der allgemeinen oder der besonderen Altersgrenzen einher. Dennoch enthielt das Gesetz altersbezogene Ruhestandsregelungen.

Gemäß Art. 2 Nr. 4 BwNeuAusrG wurde aus dem militärgeographischen Dienst der Geoinformationsdienst der Bundeswehr.

Mit Art. 4 BwNeuAusrG wurde das Gesetz zur Anpassung der Personalstärke der Streitkräfte (Personalanpassungsgesetz – PersAnpassG) geschaffen. Gemäß Art. 4 § 1 Abs. 1 BwNeuAusrG konnten im Zeitraum 2002 bis 2006 3.000 Berufssoldatinnen und Berufssoldaten mit ihrer Zustimmung vorzeitig in den Ruhestand versetzt werden, soweit sie das 50. Lebensjahr vollendet hatten und die Zurruhesetzung der Schaffung von Jahrgangsstrukturen diente, die an das jeweils gültige Personalstrukturmodell angepasst waren.[705]

Art. 11 BwNeuAusrG nahm eine Folgeänderung für das VReformG vom 29. Juni 1998 vor, indem er den Geoinformationsdienst der Bundeswehr auch dort einbrachte. Die Altersgrenzen wurden nicht angepasst.

Das Gesetz diente der konzeptionellen und planerischen Neuausrichtung der Bundeswehr.[706] Neben der Verkürzung des Grundwehrdienstes bildete die dauerhafte Bereinigung der unausgewogenen Altersstruktur der Offiziere und Unteroffiziere den Schwerpunkt der gesetzlichen Initiative, wie dem Gesetzesentwurf zu entnehmen ist.[707] Diesem Ziel widmete der Gesetzgeber insbesondere Art. 11

---

702 BT-Drs. 14/4062, S. 21.

703 Ebenda; BT-Drs. 14/4548, S. 4.

704 BGBl. 2001 I S. 4013.

705 BT-Drs. 14/6881, S. 28; Walz/Eichen/Sohm, 2. Aufl., § 44 Rn. 60.

706 BT-Drs. 14/6881, S. 19.

707 Ebenda, S. 1.

BwNeuAusrG, der es 3.000 Berufssoldatinnen und Berufssoldaten ermöglichte, freiwillig frühzeitig, nämlich noch vor der besonderen Altersgrenze, in den Ruhestand versetzt zu werden.

Gemessen am Personalstrukturmodell 340 waren laut Gesetzesbegründung in den Geburtenjahrgängen 1945 bis 1968 ca. 4.500 Berufsoffiziere und rund 3.500 Berufsunteroffiziere überhängig, so dass der von der Bundeswehr festgelegte geordnete Verwendungsaufbau inklusive der erforderlichen Verwendungsbreite nicht sichergestellt werden könne und letztlich mit diesem Status Quo die Einsatzbereitschaft gefährdet sei.[708] Der Dienstherr habe keine Möglichkeit, lebensältere Berufssoldatinnen und Berufssoldaten auf die Soll-Vorgaben zu korrigieren.[709] Der Gesetzesbegründung ist zu entnehmen, dass die Inhalte des Personalstrukturmodells von haushaltsbezogenen Vorgaben im Hinblick auf die Personalumfänge der Streitkräfte abhingen.[710] Es lagen jedoch lediglich Vorgaben zum zahlenmäßigen Umfang der Streitmacht vor, Vorgaben zu einer bestimmten Altersstruktur gab es nicht.

Auch das PersStärkeG aus dem Jahr 1991 ermöglichte das freiwillige Ausscheiden ab dem 48. Lebensjahr von nach dem Personalstrukturmodell festgelegten, überbesetzten Jahrgängen lediglich bis Ende 1994. Demnach führte schon 1991 die vorhandene Unwucht in den jüngeren Geburtsjahrgängen, die eine strukturgerechte Einstellung nicht ermöglicht hatte, zur Bindung von Haushaltsmitteln.[711] Um lebensältere Berufssoldatinnen und Berufssoldaten aller Laufbahnen und aller Laufbahngruppen zum frühen einvernehmlichen Ausscheiden aus dem Dienst zu bewegen, sollte nach der Gesetzesbegründung auf etwaige Versorgungsabschläge verzichtet werden.[712] Es sollten diejenigen Dienstbezüge versorgungswirksam sein, die bei einem Verbleib im Dienst bis zur maßgeblichen Altersgrenze angesetzt worden wären.[713] Mehr als eine Kürzung von 5 v. H. der ruhegehaltfähigen Dienstbezüge sollte nicht vorgenommen werden.[714]

Den oben bezeichneten ca. 8.000 überhängigen Berufssoldatinnen und Berufssoldaten stand ein Fehl von rund 4.000 Unteroffizieren ohne Portepee sowie

708 Ebenda, S. 20 Walz/Eichen/Sohm, 2. Aufl., § 44 Rn. 59.
709 BT-Drs. 14/6881, S. 20, 28 f.
710 Ebenda, S. 28 f.
711 Ebenda, S. 20.
712 Ebenda, S. 20, 29.
713 Ebenda, S. 20, 29.
714 Ebenda, S. 29.

eine ungünstige Bewerberlage gegenüber.[715] Der ungünstigen Bewerberlage sollte durch ein Absenken der Zugangsvoraussetzungen entgegengewirkt werden.[716]

Die konkrete Bezeichnung des 50. Lebensjahres in Art. 4 Abschnitt 1 § 1 Nr. 1 BwNeuAusrG wurde trotz Diskussion nicht zu Gunsten einer individuellen Mindestdienstzeit ersetzt, da dies nach der Gesetzesbegründung „einen unnötigen Verwaltungsmehraufwand" bedeutet hätte.[717] Wie umfangreich dieser Verwaltungsaufwand bei 3.000 gesetzlich vorgesehenen Fällen im Vergleich zur altersbezogenen Gestaltung wäre, kann nicht beurteilt werden.

Der zu beteiligende Deutsche Gewerkschaftsbund (DGB) und der Deutsche Bundeswehrverband (DBwV) forderten die Herabsetzung des Mindestalters für vorzeitige Zurruhesetzung auf 48 Jahre und auf eine unbegrenzte Zahl von Fällen sowie eine finanzielle Verbesserung im Hinblick auf die versorgungsrechtlichen Vorschriften.[718]

Der Bundesrat gab in seiner Stellungnahme vom 27. September 2001 zum BwNeuAusrG zu bedenken, dass die demographische Entwicklung insgesamt für den öffentlichen Dienst hohe Versorgungsausgaben begründe.[719] Ebenso sei einem großen Personalkörper des öffentlichen Dienstes eine unausgewogene Altersstruktur eigen.[720] Diese legitimiere jedoch nicht, großzügige versorgungsrechtliche Frühpensionierungsregelungen, wie sie nun für die Soldatinnen und Soldaten geltend gemacht würden, zu erlassen.[721] Insgesamt konterkariere der Gesetzesentwurf die vorgesehenen anderen Maßnahmen (Kürzungen bei den Versorgungsregelungen) zur Begrenzung des Anstiegs der Versorgungsaufwendungen der öffentlichen Hand.[722] Die angestrebten Versorgungsregelungen würden zudem die Berufssoldaten unangemessen gegenüber der Beamtenschaft privilegieren.[723] Das Personalanpassungsgesetz mit seiner Möglichkeit der Frühpensionierung der Berufssoldaten ab dem 50. Lebensjahr stehe auch im

---

715 Ebenda, S. 27 ff.

716 Ebenda, S. 28: Statt Berufsabschluss wird eine erfolgreiche Berufseignungsfeststellung (im Rahmen des Annahmeverfahrens eines Zentrums für Nachwuchsgewinnung) gefordert.

717 Ebenda, S. 28.

718 Ebenda, S. 36.

719 BR-Drs. 627/01, S. 3 f.

720 BT-Drs. 14/7746, S. 1.

721 BR-Drs. 627/01, S. 3.

722 Ebenda, S. 4; BT-Drs. 14/7746, S. 2.

723 BT-Drs. 14/7746, S. 2.

Widerspruch mit der zweimaligen Anhebung der allgemeinen und besonderen Altersgrenzen für Berufssoldaten am 1. Januar 2002 und am 1. Januar 2007.[724]

Dem Bericht des Verteidigungsausschusses (12. Ausschuss) vom 26. Oktober 2001 zum BwNeuAusrG ist zu entnehmen, dass die Maßnahme zur Personalanpassung das identifizierte Problem des Personalüberhangs älterer Berufssoldatinnen und Berufssoldaten nicht zu lösen vermag.[725] Ebenso passe die geplante Personalanpassungsmaßnahme nicht in den gesamtgesellschaftlichen Kontext, die Lebensarbeitszeit zu verlängern, um eine Überlastung der Alterungssicherungssysteme zu verhindern.[726]

Die Kostenschätzung der gesetzlichen Maßnahme belief sich auf ca. DM 1,65 Mrd. bis in das Jahr 2011.[727]

l Erstes Gesetz zur Änderung des Personalanpassungsgesetzes vom 7. Dezember 2007[728]

Durch dieses Gesetz erfuhr die Geltungsdauer des Personalanpassungsgesetzes vom 20. Dezember 2001 eine Verlängerung von ursprünglich 2006 bis zum Jahr 2011. Gemäß Art. 1 des Gesetzes zur Änderung des Personalanpassungsgesetzes konnten nunmehr im verlängerten Zeitraum 2007 bis 2011 weitere 1.200 Berufssoldatinnen und Berufssoldaten mit ihrer Zustimmung vorzeitig in den Ruhestand versetzt werden, soweit sie die besondere Altersgrenze noch nicht überschritten hatten, das 50. Lebensjahr vollendet hatten, keine adäquate andere Verwendungsmöglichkeit bestand und die Zurruhesetzung der Schaffung von Jahrgangsstrukturen diente, welche die Einsatzbereitschaft der Bundeswehr nachhaltig verbesserten.[729] Das Gesetz beinhaltete den schematischen Abbau personalstruktureller Überhänge in abgegrenzten Jahrgängen bis 2011.[730] Eine weitere Voraussetzung der Gesetzesverlängerung war nunmehr, dass keine andere Verwendungsmöglichkeit im öffentlichen Dienst für die Betroffenen vorhanden war (Art. 1 § 1 Abs. 1 Nr. 2 des Ersten Gesetzes zur Änderung des Personalanpassungsgesetzes).

---

724 Ebenda.

725 BT-Drs. 14/7235, S. 19 f.

726 Ebenda.

727 BT-Drs. 14/6881, S. 2.

728 BGBl. 2007 I S. 2807.

729 Für 3.000 der Berufssoldatinnen und Berufssoldaten war dies schon von 2002 bis 2006 möglich.

730 Walz/Eichen/Sohm, 2. Aufl., § 44 Rn. 59.

Der Gesetzesbegründung ist zu entnehmen, dass das Ziel der dauerhaften Bereinigung der unausgewogenen Altersstruktur der Offiziere und Unteroffiziere mit dem ursprünglichen Personalanpassungsgesetz vom 20. Dezember 2001[731] nicht erreicht wurde, da nach wie vor Unwuchten im militärischen Personalkörper bestanden, die notwendige Verwendungsflüsse vereitelten.[732] Über die ursprünglich im Überhang vorhandenen 3.000 Berufssoldatinnen und Berufssoldaten wurden nunmehr weitere 1.200 überhängige Berufssoldatinnen und Berufssoldaten ab dem 50. Lebensjahr aus der Bundeswehr – wenn auch einvernehmlich – ausgeschieden.[733]

Im PersAnpassG (i. d. F. vom 7. Dezember 2007) sah die Bundesregierung in Zusammenschau mit der Frühverrentungsmöglichkeit sowie den dazugehörigen Versorgungsregelungen ein Privileg zu Gunsten der betroffenen Berufssoldaten.[734] Der Deutsche Bundeswehrverband bezweifelte, dass mit dieser Gesetzesänderung die strukturellen Überhänge umfassend abgebaut werden könnten.[735] Er forderte daher eine unbegrenzte Regelung, um sämtliche strukturellen Überhänge nachhaltig auch für die Zukunft abzubauen.[736] Auch der Verteidigungsausschuss (12. Ausschuss) hielt den Abbau von lebensälteren Berufssoldatinnen und Berufssoldaten für notwendig, da strukturgerechte Einstellungen ansonsten behindert würden.[737] Den Grundzügen der Konzeption der Bundeswehr aus dem Jahr 2004 waren auch Gründe zu entnehmen, die über die Notwendigkeit einer Personalreduktion sowie der Ausscheidung älterer Berufssoldatinnen und Berufssoldaten hinausgingen: der mit der Umstrukturierung verbundene Personalrückgang schaffe finanzielle Spielräume, die weitere Mittel für verteidigungsinvestive Ausgaben ermöglichten.[738]

Noch in einer Antwort der Bundesregierung auf eine Kleine Anfrage der Fraktion der FDP – Drucksache 16/3869 – zur Personalplanung der Bundeswehr führte die Bundesregierung aus, dass bei Überlegungen im Rahmen der Verlängerung der Regelungen des Personalanpassungsgesetzes auch die Verlängerung

---

731 BGBl. 2001 I S. 4013.
732 BT-Drs. 16/6123, S. 6.
733 Ebenda, S. 6.
734 Ebenda, S. 7.
735 Ebenda, S. 6.
736 Ebenda, S. 6.
737 Ebenda, S. 1.
738 Grundzüge der Konzeption der Bundeswehr 10. August 2004, Seite 39, http://www.rk-marine-kiel.de/files/bundeswehr/informationen/grundzuege_der_konzeption_der_bundeswehr_2004.pdf; Stand: 9. Oktober 2016.

der Lebensarbeitszeit berücksichtigt werden muss.[739] Eine Abwägung der Verlängerung des Personalanpassungsgesetzes mit der grundsätzlichen Verlängerung der Lebensarbeitszeit fand ausweislich der Begründung des Gesetzentwurfes nicht statt.[740]

m Gesetz zur Neuordnung und Modernisierung des Bundesdienstrechts (Dienstrechtsneuordnungsgesetz – DNeuG) vom 5. Februar 2009[741]

Eine Anhebung der Altersgrenzen beschloss die Bundesregierung zur Übertragung der Anhebung der gesetzlichen Rentenversicherung in das Soldatenrecht (Art. 10 Nr. 20 DNeuG).[742] Art. 10 Nr. 20 DNeuG bestätigte nicht nur die allgemeinen und besonderen Altersgrenzen, sondern weitete die Regelungen noch aus, indem nun für alle Berufssoldatinnen und Berufssoldaten allgemeine und besondere Altersgrenzen eingezogen wurden.

Für Generäle, Oberste sowie für Offiziere in den Laufbahnen des Sanitätsdienstes, des Militärmusikdienstes und des Geoinformationsdienstes der Bundeswehr wurde die allgemeine Altersgrenze auf die Vollendung des 65. Lebensjahres festgesetzt. Dieses entspricht einer formal wesentlichen Anhebung im Verhältnis zum Stand des 1. Januar 2007 um drei Jahre von 62 auf 65. Im Gegenzug wurde für diese Berufsgruppe mit Ausnahme der Oberste im Truppendienst erstmals eine besondere Altersgrenze eingeführt und auf die Vollendung des 62. Lebensjahres – und damit auf den Stand der ursprünglichen allgemeinen Altersgrenze – festgesetzt. Damit sind erstmals Generäle sowie die Offiziere in den Laufbahnen des Sanitätsdienstes, des Militärmusikdienstes und des Geoinformationsdienstes der Bundeswehr in die Kann-Bestimmung der besonderen Altersgrenze einbezogen.[743] Da bei den Generälen schon immer die jederzeitige Versetzung in den Ruhestand auch aus strukturbedingten Gründen möglich war, vermag § 50 Abs. 1 Soldatengesetz (i. d. F. vom 30. Mai 2005) vor diesem Hintergrund nicht recht zu überzeugen.[744] Über die Einführung einer besonderen Altersgrenze ist nämlich keine weitere oder günstigere Versetzung in den Ruhestand für Generäle möglich.[745] Die Oberste im

739 BT-Drs. 16/3995, S. 1.

740 BT-Drs. 16/6123.

741 BGBl. 2009 I S. 160.

742 BT-Drs. 16/7076, S. 174.

743 Ebenda.

744 BVerwG, Urteil vom 24. Februar 1966 – VIII C 115.64, BVerwGE 23, 295 (303); Eichen, NZWehrr 2008, 171, 175. Ob diese Auslegung nach Einführung des DNeuG noch aufrecht erhalten bleiben kann, ist fraglich.

745 Eichen, NZWehrr 2008, 171, 175.

Truppendienst hatten mit der Gesetzesänderung die Erhöhung ihrer bisher geltenden besonderen Altersgrenze von der Vollendung des 61. Lebensjahres um ein Jahr auf die Vollendung des 62. Lebensjahres mitzutragen.[746] Der Gesetzesbegründung ist zu entnehmen, dass Berufssoldatinnen und Berufssoldaten in den Besoldungsgruppen ab B3 aufwärts regelmäßig bis zur allgemeinen Altersgrenze im Dienst verbleiben sollten, soweit keine besonderen Gründe dagegen sprachen.[747] Soweit ersichtlich, ist dieses Vorhaben gesetzlich jedoch unverbindlich geblieben.

Des Weiteren wurde durch Art. 10 Nr. 20 DNeuG die allgemeine Altersgrenze für die Offiziere des Truppendienstes bis zum Oberstleutnant, die Offiziere des militärfachlichen Dienstes und die Berufsunteroffiziere auf die Vollendung des 62. Lebensjahres festgesetzt. Da zuvor für diese Berufsgruppe die allgemeine Altersgrenze galt, die am 1. Januar 2007 auf die Vollendung des 62. Lebensjahres bezogen war, ging mit dieser Gesetzesänderung keine Anhebung der Altersgrenzen einher.

Die Anhebung der besonderen Altersgrenzen für die Offiziere des Truppendienstes (Oberstleutnant, Major) und Stabshauptleute erfolgte um zwei Jahre; für Hauptleute, Oberleutnante, Leutnante und Berufsunteroffiziere wurden diese um ein Jahr angehoben. Dieser Unterscheidung war nach der zu Grunde liegenden Gesetzesbegründung notwendig, da letztere Gruppe „häufig in körperlich fordernden Truppenverwendungen stehen und an Auslandseinsätzen teilnehmen".[748]

Keine Anpassungen wurden für die besondere Altersgrenze der Offiziere der strahlgetriebenen Kampfflugzeuge vorgenommen, da sich seit Einführung der besonderen Altersgrenze das Grenzalter für die besondere Fliegerverwendungsfähigkeit flugmedizinisch vertretbar nicht geändert habe.[749]

Art. 10 Nr. 20 DNeuG fügte einen neuen Abs. 4 in den § 45 ein und sah vor, dass ab dem Jahr 2024 ein durchschnittliches Zurruhesetzungsalter gegeben sein soll, das um mindestens zwei Jahre über dem durchschnittlichen Zurruhesetzungsalter des Stands vom 1. Januar 2007 liegt. Ungeachtet der Unterscheidung zwischen besonderer und allgemeiner Altersgrenze war das durchschnittliche Lebensalter der Berufssoldatinnen und Berufssoldaten, die in den Ruhestand versetzt wurden oder in den Ruhestand getreten sind, am 1. Januar 2007 55,2 Jahre.[750] Ab dem Jahr 2018 wird dazu ein Bericht ergehen.

746 BT-Drs. 16/7076, S. 174.
747 Ebenda, S. 174.
748 Ebenda, S. 174.
749 Ebenda, S. 174.
750 Ebenda, S. 175.

Art. 10 Nr. 28 DNeuG fügte einen neuen § 96 SG ein, der als Übergangsvorschrift aus Anlass des Dienstrechtsneuordnungsgesetzes die gestaffelte Einführung der angehobenen allgemeinen und besonderen Altersgrenzen nach Dienstgradzugehörigkeit, Laufbahnzugehörigkeit sowie Datum der Ernennung zur Berufssoldatin oder zum Berufssoldaten ab dem Jahr 2013 bis in das Jahr 2024 zum Gegenstand hatte. Für die Jahre 2008 bis 2012 wurde die Gesetzeslage vom 1. Januar 2007 aus Vertrauensschutzgründen herangezogen.[751] Sofern Oberste A 16, Oberstleutnante A 14 und Majore schon vor dem 1. Januar 1999 zu Berufssoldatinnen oder Berufssoldaten ernannt wurden, wurde die Rechtslage vor dem 1. Januar 2007 mit den verkürzten Altersgrenzen herangezogen, da für sie bereits mit dem Versorgungsreformgesetz 1998 eine noch nicht vollzogene Steigerung im Jahr 2015 um ein Jahr festgelegt wurde.[752]

Im DNeuG konnte auf die Beibehaltung einer besonderen Altersgrenze ausweislich der Gesetzesbegründung nicht verzichtet werden, da diese dem BMVg die notwendige Flexibilität gebe, um den Herausforderungen einer umzugestaltenden Bundeswehr begegnen zu können.[753] Die Unterscheidung der allgemeinen Altersgrenze auf Dienstgradebene erfolgte nach der Gesetzesbegründung auch, um Ausbildung und Erfahrung von Berufssoldatinnen und Berufssoldaten, die in höheren Dienstgraden und in „Fachlaufbahnen" dienten, für die Bundeswehr länger nutzbar zu machen.[754] Der Eintritt der Berufssoldatinnen und Berufssoldaten in den Ruhestand soll individuell nach militärischen Notwendigkeiten, der Leistungsfähigkeit der Berufssoldatin oder des Berufssoldaten sowie des Personalbedarfs zwischen der besonderen Altersgrenze, die im Ermessen des Dienstherrn steht und der allgemeinen Altersgrenze, die kraft Gesetzes angewendet wird, entschieden werden.[755] Um diesem Ermessensspielraum im Rahmen der allgemeinen Bestrebungen der Erhöhung der Lebensarbeitszeit zur Geltung zu verhelfen, fügte der oben bezeichnete Art. 10 Nr. 20 DNeuG einen neuen Abs. 4 in den § 45 ein.

751 Ebenda, S. 175.
752 Ebenda, S. 174 f.
753 Ebenda, S. 174; vgl. Walz/Eichen/Sohm, § 45 Rn. 24.
754 Ebenda, S. 174.
755 Ebenda, S. 175.

n *Gesetz zur Begleitung der Reform der Bundeswehr (Bundeswehrreform-Begleitgesetz – BwRefBeglG) vom 21. Juli 2012*[756]

Mit diesem Artikelgesetz traten zahlreiche Änderungen für die Beschäftigten im Ressortbereich des BMVg in Kraft. Zwar wurden keine neuen Altersgrenzen gesetzt, es wurden jedoch altersbezogene Regelungen, die auf Personen insbesondere über dem 50. Lebensjahr abzielen, in Kraft gesetzt. Das Gesetz diente im Wesentlichen der Umsetzung der auf dem Reformbegleitprogramm und den Verteidigungspolitischen Richtlinien basierenden Vorgaben für die Struktur der Bundeswehr und schloss fast nahtlos die Lücke zum Ersten Gesetz zur Änderung des Personalanpassungsgesetzes vom 7. Dezember 2007.[757]

Art. 1 BwRefBeglG hat das Gesetz zur Anpassung der personellen Struktur der Streitkräfte (Streitkräftepersonalstruktur-Anpassungsgesetz – SKPersStruktAnpG) zum Inhalt. Art. 1 Abschnitt I § 2 BwRefBeglG sieht die bis zum 31. Dezember 2017 befristete Möglichkeit zur einvernehmlichen Versetzung in den Ruhestand vor Erreichen der Altersgrenze vor. Art. 1 Abschnitt I § 2 Abs. 1 Satz 1 BwRefBeglG setzt dafür mehrere Voraussetzungen fest: Zustimmungserfordernis der Berufssoldatin oder des Berufssoldaten, Ruhestandsversetzung ist zur Verringerung der Zahl der Soldatinnen und Soldaten erforderlich, eine zumutbare Weiterverwendung bei einem anderen öffentlichen Dienstherrn ist nicht möglich, dienstliche Gründe stehen der Versetzung in den Ruhestand nicht entgegen, die Berufssoldatin oder der Berufssoldat hat eine Dienstzeit von mindestens zwanzig Jahren abgeleistet.

Die Möglichkeit zur frühzeitigen Versetzung in den Ruhestand mit lebenslanger Versorgung wird als Grundtatbestand schon ab dem 40. Lebensjahr eröffnet (Art. 1 § 2 Abs. 1 Nr. 4 BwRefBeglG).[758] Bei älteren Berufssoldatinnen und Berufssoldaten (Berufsunteroffiziere mit Vollendung des 50. Lebensjahres und Berufsoffiziere mit Vollendung des 52. Lebensjahres) kann eine Versetzung in den Ruhestand daneben „auch zur Verjüngung des Personalkörpers erfolgen" (Art. 1 Abschnitt I § 2 Abs. 1 Satz 2 BwRefBeglG). Damit wird klargestellt, dass 40- bis 50-/52-jährige Berufssoldatinnen und Berufssoldaten ausschließlich zur Verkleinerung der Bundeswehr frühzeitig in den Ruhestand versetzt werden können und nicht zur Verjüngung des Personalkörpers beitragen. Dies entspricht

756 BGBl. 2012 I S. 1583.

757 BGBl. 2007 I S. 2807.

758 BT-Drs. 17/9954, S. 9; BT-Drs. 17/9792, S. 15 nach Annahme des Änderungsantrages der Fraktionen der CDU/CSU und der FDP vom 22. Mai 2012, 17/3023 – 5420-10 (Ausschuss-Drucksache 17(12)933).

auch den Regelungen im ursprünglichen Gesetzentwurf der Bundesregierung vom 13. Februar 2012: Auch hier konnten Berufsunteroffiziere nach Vollendung des 50. Lebensjahres oder Berufsoffiziere nach Vollendung des 52. Lebensjahres nicht nur in den Ruhestand versetzt werden, soweit dies zur Verjüngung des Personalkörpers erforderlich war, sondern auch soweit dies der Verringerung der Zahl der Soldatinnen und Soldaten dient.[759]

Damit dienen ausschließlich die über 50- und 52-jährigen Berufssoldatinnen und Berufssoldaten den Verjüngungsbestrebungen der Streitkräfte. Für diesen Personenkreis ist innerhalb des fünfjährigen Geltungszeitraumes die Hinzuverdienstgrenze für Einkommen aus anderen Quellen als denen des öffentlichen Dienstes aufgehoben (Art. 1 Abschnitt 3 § 7 BwRefBeglG).

Bis einschließlich 2017 sind der Gesetzesbegründung zufolge 9.200 Berufssoldatinnen und Berufssoldaten überhängig.[760] Durch frühzeitige Reduzierung der Personalergänzungen schon ab 2010 sowie Verwendung von Berufsunteroffizieren auf Dienstposten von Soldatinnen und Soldaten auf Zeit, konnte diese Anzahl um ein Drittel auf ca. 6.200 Berufssoldatinnen und Berufssoldaten verringert werden.[761] Die Vorruhestandsregelungen des BwRefBeglG sind auf 2.170 Fälle beschränkt, d.h. 35 % des vorbezeichneten Überhangpersonals können durch frühzeitige Versetzungen in den Ruhestand eintreten bzw. ab Vollendung des 40. Lebensjahres abgebaut werden.[762] Die Fallzahl kann gemäß Art. 1 Abschnitt I § 2 Satz 1 a. E. BwRefBeglG auf 3.100 Berufssoldatinnen und Berufssoldaten erhöht werden, soweit das BMVg nach dem 30. September 2014 einen unabweisbaren Bedarf für weitere Zurruhesetzungen feststellt. Darüber ist ein in Abstimmung mit dem Bundesministerium des Inneren einvernehmlich zu erstellender Bericht dem Kabinett bis zum 31. Dezember 2014 vorzulegen (Art. 1 Abschnitt I § 11 BwRefBeglG).[763] Dieser unabweisbare Mehrbedarf wurde vom

---

759 Gesetzentwurf der Bundesregierung – Entwurf eines Gesetzes zur Begleitung der Reform der Bundeswehr (Bundeswehrreform-Begleitgesetz – BwRefBeglG) vom 13. Februar 2012 http://www.bmvg.de/resource/resource/MzEzNTM4MmUzMzMyMmUzMTM1MzMyZTM2MzIzMDMwMzAzMDMwMzAzMDY3Nzk2ZjM1NzI2YzMxN2EyMDIwMjAyMDIw/Gesetzentwurf%20der%20Bundesregierung.pdf, Stand: 8. Oktober 2016.

760 BT-Drs. 17/9340, S. 23; Walz/Eichen/Sohm, § 44 Rn. 60.

761 BT-Drs. 17/9340, S. 23; vgl. Walz/Eichen/Sohm, § 44 Rn. 61.

762 Walz/Eichen/Sohm, § 44 Rn. 62.

763 Zweifelnd, dass der Personalüberhang richtig (zu niedrig) quantifiziert wurde, Lars Klingbeil (SPD) BT-Plenarprotokoll 10/184 21977 (21979 B).

BMVg auch festgestellt, da ohne diesen die Strukturziele nicht erreicht werden könnten[764].

Gemäß Art. 1 Abschnitt II BwRefBeglG ist für die früheren Austritte aus der Bundeswehr ein finanzieller Ausgleich vorgesehen, der zwischen Ruhestandsversetzungen unter 50 (Art. 1 Abschnitt II § 6 BwRefBeglG) und über 50 Lebensjahren (Art. 1 Abschnitt II § 7 BwRefBeglG) unterscheidet. Damit die Berufssoldatinnen und Berufssoldaten die Möglichkeit zur vorzeitigen Zurruhesetzung annehmen, gewährt Art. 1 Abschnitt II § 6 BwRefBeglG den Berufssoldatinnen und Berufssoldaten diejenige Versorgung, die für sie oder ihn regulär erreichbar gewesen wäre.[765]

Ziel des BwRefBeglG ist die deutliche Verringerung des militärischen und zivilen Personals sowie die grundlegende Umstrukturierung des verbleibenden sowie neu zu rekrutierenden Personalkörpers hin zu einer stärkeren Einsatzausrichtung und Effizienzsteigerung.[766] Die angestrebte Personalkörperanpassung, niedergelegt im Reformbegleitprogramm, soll durch den „Abbau lebensälterer Berufssoldatinnen und Berufssoldaten zu Gunsten von Neueinstellungen" erreicht werden.[767] Die nicht mehr benötigten Berufssoldatinnen und Berufssoldaten sollen vorrangig anderweitig Verwendung finden.[768] Mit Dienstzeitverkürzungen, vorzeitigen und teilweise abschlagsfreien Ruhestandsregelungen erfolgen für den Weggang aus dem aktiven Erwerbsleben insbesondere für ältere Berufssoldatinnen und Berufssoldaten zusätzliche Anreize.[769] Die Maßnahmen des Gesetzes, für eine schnelle, einsatzorientierte und sozialverträgliche Personalanpassung zu sorgen, dienen der Reduktion und „Verjüngung" des Personals.[770] So wird nicht nur Personal abgebaut, sondern durch jüngeres Personal ersetzt – „Dreiklang von Aufbau, Umbau und Abbau".[771]

Die abgestuften Regelungen zur vorzeitigen Versetzung in den Ruhestand werden mit dem Ziel der Strukturreform der Bundeswehr begründet, welches auf Einsatzausrichtung, Effizienzsteigerung und Verschlankung sowie Umorganisation der Streitkräfte von der Wehrpflichtarmee zur Freiwilligenarmee abzielt.[772] Da die

---

764 Walz/Eichen/Sohm, § 44 Rn. 63.
765 BT-Drs. 17/9340, S. 32.
766 BT-Drs. 17/9340, S. 1; BT-Plenarprotokoll 17/175, S. 20752; Walz/Eichen/Sohm, § 44 Rn. 59.
767 Reformbegleitprogramm, S. 3.
768 BT-Drs. 17/9340, S. 1; Walz/Eichen/Sohm, § 44 Rn. 62.
769 Reformbegleitprogramm, S. 3.
770 BT-Drs. 17/9340, S. 1.
771 Reformbegleitprogramm, S. 1; vgl. dazu Walz/Eichen/Sohm, § 44 Rn. 65.
772 BT-Drs. 17/9340, S. 30.

rechtlichen Instrumente des Personalanpassungsgesetzes vom 20. Dezember 2001 ausgeschöpft waren, wurde eine neue rechtliche Grundlage notwendig, um den Personalkörper der Bundeswehr an das Strukturreformziel anzupassen.[773] Es ist jedoch auch der Gesetzesbegründung zu entnehmen, dass die ausgewählten Instrumente zur Zielerreichung neuartig sind, so dass Interdependenz und Akzeptanz der gewählten Maßnahmen in der praktischen Anwendung nicht prognostiziert werden konnten.[774] Schon zu diesem Zeitpunkt werden Feinjustierungen in den Mengengerüsten und weitere Korrekturmaßnahmen angekündigt.[775] So können nach der gemäß § 11 SKPersStruktAnpG vorgeschriebenen Evaluation auch weiteren Maßnahmen zur Reduktion des Personals in Betracht kommen.[776]

2. Überblick über die aktuellen altersbezogenen Regelungen für Berufssoldatinnen und Berufssoldaten

Die aktuellen altersbezogenen Ruhestandsregelungen für Berufssoldatinnen und Berufssoldaten enthalten dienstgradabhängige allgemeine Altersgrenzen und besondere Altersgrenzen.

a Allgemeine Altersgrenze gemäß § 44 Abs. 1 i. V. m. § 45 Abs. 1 SG

Nach § 44 Abs. 1 i. V. m. § 45 Abs. 1 SG gilt für alle Berufssoldatinnen und Berufssoldaten eine allgemeine Altersgrenze.[777] Bei deren Erreichen findet der Wechsel vom aktiven Dienst zum Ruhestand für alle Berufssoldatinnen und Berufssoldaten zwingend kraft Gesetzes mit Ablauf des Monats statt, in dem die Altersgrenze erreicht wird.[778] Ab dem Überschreiten der allgemeinen Altersgrenzen wird der Eintritt der Dienstunfähigkeit der Berufssoldatin oder des Berufssoldaten vermutet.[779] Wegen der Möglichkeit der Wiederverwendung der Berufssoldatinnen

773 BT-Drs. 17/9340, S. 30; Walz/Eichen/Sohm, § 44 Rn. 61.

774 BT-Drs. 17/9340, S. 3, 26; BT-Drs. 17/9994.

775 BT-Drs. 17/9340, S. 3, 26; BT-Drs. 17/9994.

776 Walz/Eichen/Sohm, § 44 Rn. 63.

777 Falsch in Scherer/Alff/Poretschkin, § 45 Rn. 2, der in der 9. Aufl. nicht die neue gesetzliche Regelung kommentiert, sondern die Kommentierung aus der 8. Aufl. zur alten Rechtslage übernommen hat.

778 Walz/Eichen/Sohm, § 44 Rn. 10, 45: Soweit die Berufssoldatinnen oder der Berufssoldat eine Dienstzeit von weniger als fünf Jahren abgeleistet hat oder infolge einer Wehrdienstbeschädigung dienstunfähig geworden ist, wird er gemäß § 46 Abs. 2 Satz 1 Nr. 6 SG aus dem Wehrdienstverhältnis entlassen; Scherer/Alff/Poretschkin, § 44 Rn. 1; Sanne/Weniger, § 44 Rn. 2 und 5.

779 Walz/Eichen/Sohm, § 45 Rn. 22.

und Berufssoldaten kann es sich hierbei nicht mehr um eine unwiderlegliche gesetzliche Vermutung der Dienstunfähigkeit handeln.[780] Die allgemeine Altersgrenze gemäß § 45 Abs. 1 Nr. 1 SG differenziert die Generäle, Oberste sowie die Offiziere in den Laufbahnen des Sanitätsdienstes, des Militärmusikdienstes und des Geoinformationsdienstes der Bundeswehr und setzt für diese Gruppe die allgemeine Altersgrenze auf 65 Jahre fest (soweit sie mindestens der Besoldungsgruppe B 3 angehören[781]). Unberührt von der allgemeinen Altersgrenze bleibt die Möglichkeit, vom Dienstgrad des Brigadegenerals an aufwärts Berufssoldatinnen und Berufssoldaten jederzeit in den einstweiligen Ruhestand zu versetzen (§ 50 SG). Für alle anderen Berufssoldatinnen und Berufssoldaten gilt die Vollendung des 62. Lebensjahres als allgemeine Altersgrenze (§ 45 Abs. 1 Nr. 2 SG).

b Besondere Altersgrenze gemäß § 44 Abs. 2 i. V. m. § 45 Abs. 2 SG

Soweit die Berufssoldatin oder der Berufssoldat die in § 45 Abs. 2 SG bestimmte besondere Altersgrenze überschritten hat, kann der Dienstherr einseitig mit Ablauf eines Monats die Berufssoldatin oder den Berufssoldaten jederzeit in den Ruhestand versetzen. Es handelt sich bei der Formulierung des § 44 Abs. 2 SG um eine Kann-Bestimmung, so dass kein Rechtsanspruch auf die Versetzung in den Ruhestand zu diesem Zeitpunkt besteht.[782] Mit Überschreiten der jeweiligen besonderen Altersgrenze kann der Dienstherr anhand pflichtgemäßen Ermessens nach dienstlichen Belangen entscheiden, ob eine Pensionierung auch schon vor der allgemeinen Altersgrenze in Betracht kommt.[783] Diese Regelung eröffnet dem Dienstherrn eine Zeitspanne zwischen der besonderen und allgemeinen Altersgrenze, binnen derer er die Versetzung einer Berufssoldatin oder eines Berufssoldaten in den Ruhestand aussprechen kann.[784] Tatbestandliche Voraussetzungen hat er hierzu nicht zu beachten.[785]

Die besonderen Altersgrenzen umfassen gemäß § 45 SG sowohl die Berufsunteroffiziere (55. Lebensjahr) bis zum General (62. Lebensjahr) als auch die in der Verwendung als Flugzeugführer oder Waffensystemoffiziere in strahlgetriebenen Kampfflugzeugen tätigen Berufssoldatinnen und Berufssoldaten

780 Vgl. Walz/Eichen/Sohm, § 45 Rn. 22.

781 Walz/Eichen/Sohm, § 44 Rn. 8, da es auch Oberste in der Besoldung A 16 gibt (sog. kleiner Oberst).

782 Walz/Eichen/Sohm, § 44 Rn. 19.

783 Sanne/Weniger, § 44 Rn. 12; Scherer/Alff/Poretschkin, § 44 Rn. 4; Walz/Eichen/Sohm, § 44 Rn. 19.

784 BGH, Beschluss vom 19. Dezember 2012 – XII ZB 299/10, Rn. 11.

785 Walz/Eichen/Sohm, § 44 Rn. 19.

(41. Lebensjahr).[786] Die besondere Altersgrenze findet bei Erfüllung der maßgeblichen Voraussetzung im Zeitpunkt der Zurruhesetzung Anwendung.[787] Im Laufe eines beruflichen Werdeganges können die Berufssoldatinnen und Berufssoldaten daher verschiedenen besonderen Altersgrenzen unterliegen.[788]

Besonders früh, mit Vollendung des 41. Lebensjahres, fallen gemäß § 45 Abs. 2 Nr. 6 SG die Berufsoffiziere in der Verwendung als Flugzeugführer und Waffensystemoffizier der strahlgetriebenen Kampfflugzeuge der besonderen Altersgrenze anheim (der so genannte BO 41). Diese Regelung soll nicht nur die besonders hohe körperliche Anforderung dieser Verwendung reflektieren, sondern auch die Attraktivität des Berufes herausstellen.[789] Als Ausnahmevorschrift ist sie auf keine andere Verwendung übertragbar.[790] § 44 Abs. 2 SG eröffnet der personalbearbeitenden Dienststelle bei Erreichen der Altersgrenze lediglich die Versetzung in den Ruhestand – eine Versetzung aus der konkreten Verwendung heraus kommt mangels gesetzlicher Alternativen nicht in Betracht. Es ist nur statthaft, Personen, die in der Verwendung des BO 41 sind, vor Erreichen dieser besonderen Altersgrenze in eine andere Verwendung zu überführen. Es gibt keinen Anspruch der Angehörigen dieser Personengruppe auf eine bestimmte Verwendung.[791]

Bei Wehrfliegerverwendungsunfähigkeit legte das HStruktG im Jahr 1975 das 40. Lebensjahr als besondere Altersgrenze fest.[792]

c Hinausschieben des Eintritts in den Ruhestand gemäß § 44 Abs. 1 Sätze 2 bis 5 SG[793]

§ 44 Abs. 1 Satz 2 bis 6 SG befassen sich mit dem Hinausschieben des Eintritts in den Ruhestand – es bedarf dazu stets des Vorliegens eines (dringenden)

---

786 Ausgenommen von § 45 Abs. 2 Nr. 6 SG erlangen die gesetzlichen Regelungen erst 2024 vollständige Bedeutung, da bis dahin § 96 SG mit seiner stufenweisen Anpassung gilt. Zudem bleibt die Einführung einer besonderen Altersgrenze für Generale vor dem Hintergrund der Regelung des § 50 SG unklar, da diese ohnehin jederzeit in den vorzeitigen Ruhestand versetzt werden können.

787 Scherer/Alff/Poretschkin, § 45 Rn. 3.

788 Ebenda; so auch anhand der besonderen Altersgrenze Walz/Eichen/Sohm, § 45 Rn. 27.

789 Sanne/Weniger, § 45 Rn. 2.

790 Ebenda, § 45 Rn. 6.

791 Scherer/Alff/Poretschkin, § 45 Rn. 4; Walz/Eichen/Sohm, § 45 Rn. 27.

792 Walz/Eichen/Sohm, § 45 Rn. 28.

793 Ohne Betrachtung des § 44 Abs. 1 Satz 6 SG Hinausschieben des Eintritts in den Ruhestand wegen Verschleppung, Gefangenschaft oder ähnlichen Gründen.

dienstlichen Interesses.[794] Einer Zustimmung der Berufssoldatin und des Berufssoldaten bedarf es nicht.[795] Es handelt sich um eine Entscheidung des Dienstherrn nach pflichtgemäßem Ermessen, welches gerichtsseitig gemäß § 114 VwGO nur auf Ermessensfehler überprüfbar ist.[796]

Gemäß § 44 Abs. 1 Satz 2 SG kann der Eintritt in den Ruhestand bis zum Ablauf des 31. März oder des 30. September, der dem Erreichen der allgemeinen Altersgrenze als nächstes folgt, hinausgeschoben werden. Voraussetzung dafür ist das Bestehen dienstlicher Gründe, die über bloße Unannehmlichkeiten im Dienstbetrieb hinausgehen.[797] Sie können dann angenommen werden, wenn durch die Verlängerung unverhältnismäßigen Erschwernissen im Dienstbetrieb begegnet werden kann.[798] Da der Gesetzgeber die monatliche Zurruhesetzung durch das SGÄndG vom 19. Dezember 2000 zur Regel gemacht hat, dürfte eine Anwendung über eine überschaubare Personengruppe hinaus (pauschale Anordnung für größere Personalkörper) unzulässig sein.[799] Eine andere Ansicht geht davon aus, dass nahezu jeder sachliche dienstliche Grund genügt, wenn die Streitkräfte ein nicht unerhebliches Interesse am Hinausschieben des Ruhestandes haben.[800]

Soweit dringende dienstliche Gründe im Einzelfall dem Eintritt in den Ruhestand entgegenstehen, kann das BMVg den Eintritt in den Ruhestand um maximal drei Jahre[801] einseitig hinausschieben (§ 44 Abs. 1 Satz 3 SG). Dringende dienstliche Gründe sind ausnahmsweise anzunehmen, soweit die Erfüllung wichtiger militärischer Aufgaben durch den Eintritt der Berufssoldatin oder des Berufssoldaten in den Ruhestand schwer beeinträchtigt wäre.[802] Teilweise werden Umstände gefordert, die die Einsatzbereitschaft der Streitkräfte beeinträchtigen und nur durch das Hinausschieben des Ruhestandes gerade dieser Berufssoldatin oder dieses Berufssoldaten abgewendet werden können.[803] Die

---

794 Scherer/Alff/Poretschkin, § 44 Rn. 2.

795 Ebenda.

796 Ebenda; Walz/Eichen/Sohm, § 44 Rn. 11, der darüber hinaus jedoch eine volle Überprüfbarkeit durch die Verwaltungsgerichte im Falle der Verlängerung gemäß § 44 Abs. 1 Satz 3 G annimmt.

797 Walz/Eichen/Sohm, § 45 Rn. 11.

798 Ebenda.

799 Ebenda.

800 Sanne/Weniger, § 44 Rn. 6.

801 geändert ab 1. Januar 2007 durch Art. 4 Gesetz vom 29. Juni 1998, zuletzt geändert durch Art. 9 Gesetz vom 22. April 2005: vorher 4 Jahre.

802 Walz/Eichen/Sohm, § 44 Rn. 12.

803 Sanne/Weniger, § 44 Rn. 7.

Anforderung an die Dringlichkeit des dienstlichen Grundes steigt mit dem Zeitraum der Verlängerung des Wehrdienstverhältnisses.[804]

Sofern die maßgeblichen dienstlichen Belange in der geforderten Intensität vorliegen, kann eine Verlängerung um maximal drei Jahre vorgenommen werden.

Gemäß § 44 Abs. 1 Satz 4 SG kann der Eintritt in den Ruhestand auch auf Antrag der Berufssoldatin oder des Berufssoldaten um bis zu ein Jahr hinausgeschoben werden, wenn ein dienstliches Interesse vorliegt. Der Antrag soll drei Jahre zuvor gestellt werden (§ 44 Abs. 1 Satz 5 SG). Ein dienstliches Interesse kann wegen eines entsprechenden Personalbedarfs bestehen.[805]

d § 44 Abs. 3 und 4 SG – Dienstunfähigkeit

Der Dienstherr kann eine Berufssoldatin oder einen Berufssoldaten wegen des körperlichen Zustandes oder aus gesundheitlichen Gründen, die die Erfüllung der Dienstpflichten dauernd unmöglich machen, in den Ruhestand versetzen.[806] Es stellt eine Ermessensentscheidung im Einzelfall dar, da die Dienstpflichten sich nicht nur aus der gegenwärtigen Dienststellung und der Verwendung der Berufssoldatin oder des Berufssoldaten ergeben, sondern auch aus den wesentlichen Dienststellungen des Dienstgrades. Hier werden insbesondere die Einsatzfähigkeit im Verteidigungsfall und die vielseitige Verwendbarkeit der Soldatinnen und Soldaten Berücksichtigung finden.[807] Dies bedeutet, dass von der Frage der Dienstunfähigkeit die Frage verschiedener Verwendungsfähigkeiten zu trennen ist.[808] Letztere behandelt die Tauglichkeit einzelner, ganz bestimmter Verwendungen, die nicht die Einsetzbarkeit in der Vielzahl der wesentlichen Dienststellungen und Verwendungen hindert.[809]

e § 50 Versetzung in den einstweiligen Ruhestand

Für die Berufsoffiziere vom Brigadegeneral und den entsprechenden Dienstgraden[810] an aufwärts kann der Bundespräsident jederzeit den einstweiligen

804 Ebenda.
805 Walz/Eichen/Sohm, § 44 Rn. 17.
806 Sanne/Weniger, § 44 Rn. 17.
807 Ebenda, § 44 Rn. 17.
808 Ebenda, § 44 Rn. 20.
809 Sanne/Weniger, § 44 Rn. 20.
810 Art. 1 Abs. 1 Nr. 1 Anordnung des Bundespräsidenten über die Dienstgradbezeichnungen und die Uniform der Soldaten vom 14. Juli 1978 BGBl. 1978 I S. 106, zuletzt geändert durch Art. 1 der Anordnung vom 31. Mai 1996, BGBl. 1996 I S. 746.

Ruhestand anordnen.[811] Grundlage dieser Vorschrift ist das Verhältnis zur jeweiligen politischen Führung.[812] Ob die Begründung der Erhaltung eines angemessenen Altersaufbaus innerhalb der Streitkräfte auch für die Vorschrift genügt, ist zweifelhaft, wurde aber durch das Bundesverwaltungsgericht bestätigt.[813]

f § 51 Wiederverwendung

Gemäß § 51 SG besteht für alle Berufssoldatinnen und Berufssoldaten, die mit Erreichen der besonderen oder allgemeinen Altersgrenze in den Ruhestand versetzt wurden oder eingetreten sind, die Möglichkeit, zu einer Wiederverwendung von mindestens einem Jahr und höchstens zwei Jahren unter Berufung in das Dienstverhältnis herangezogen zu werden.[814] Die Wiederverwendung ist bis zur Vollendung des 65. Lebensjahres möglich.[815] Diese Altersgrenze hat seit der Einführung des Gesetzes über die Rechtsstellung der Soldaten vom 19. März 1956 Bestand.

g § 96 SG – Übergangsvorschrift aus Anlass des Dienstrechtsneuordnungsgesetzes

§ 96 SG ist die vom Gesetzgeber aus Anlass des Dienstrechtsneuordnungsgesetzes eingefügte Übergangsvorschrift. Gemäß § 96 Abs. 1 SG wird in den Jahren 2008 bis 2012 abweichend von § 45 Abs. 1 Nr. 1 SG das vollendete 62. Lebensjahr einheitlich als allgemeine Altersgrenze festgesetzt. Ab dem Jahr 2013 bis zum Jahr 2023 wird die allgemeine Altersgrenze in Dreimonatsschritten für die Dienstgrade General, Oberst und Offiziere in den Laufbahnen des Sanitätsdienstes, Militärmusikdienstes und des Geoinformationsdienstes der Bundeswehr angehoben.

Die besonderen Altersgrenzen werden in Abweichung zu § 45 Abs. 2 SG bis zum Jahr 2023 gestaffelt angehoben (§ 96 Abs. 2 SG). Die Staffelung der Altersgrenzen wird in einem erschöpfend hohen Detailgrad vorgenommen. Es spielen nicht nur zeitliche Aspekte eine Rolle, sondern auch laufbahn-, alters- und dienstgradabhängige Faktoren werden berücksichtigt. Die Staffelung wird in Ein- bis Zweimonatsschritten vorgenommen und ist abhängig vom Ernennungszeitpunkt zur Berufssoldatin oder zum Berufssoldaten.

---

811 Sanne/Weniger, § 50 Rn. 4.
812 Ebenda, § 50 Rn. 1, 6.
813 BVerwG, Urteil vom 24. Februar 1966 – VIII C 115.64; Sanne/Weniger, § 50 Rn. 6.
814 Sanne/Weniger, § 51 Rn. 5, 7.
815 Ebenda, § 51 Rn. 5.

h § 2 Streitkräfte Personalstruktur-Anpassungsgesetz

Gemäß § 2 Abs. 1 können bis zum 31. Dezember 2017 maximal 3.100 Berufssoldatinnen und Berufssoldaten mit ihrer Zustimmung einvernehmlich in den Ruhestand versetzt werden, soweit nach Ableistung von 20 Dienstjahren das 40. Lebensjahr vollendet ist und die Maßnahme der Verringerung des Personalkörpers dient.

Für Berufsunteroffiziere, die das 50. Lebensjahr vollendet haben, und Berufsoffiziere, die das 52. Lebensjahr vollendet haben, gilt § 2 Abs. 1 Satz 1 SKPersStruktAnpG mit der Maßgabe, dass eine Versetzung in den Ruhestand auch zur Verjüngung des Personalkörpers erfolgen kann.[816]

i Die Anwendung der besonderen Altersgrenze unter Beachtung der personalstrukturellen Vorgaben der Streitkräfte

Berufssoldatinnen und Berufssoldaten sind grundsätzlich verpflichtet, bis zur allgemeinen Altersgrenze Dienst zu leisten. Ein Anspruch auf eine frühzeitigere Entlassung nach den Regelungen der besonderen Altersgrenzen besteht nicht.[817]

Die Entscheidung über die Anwendung der besonderen Altersgrenze unterliegt dem Ermessen des Dienstherrn.[818] Der Gesetzgeber hat dazu keine tatbestandlichen Merkmale formuliert.[819] Die Entscheidung über die Anwendung der besonderen Altersgrenze darf nicht willkürlich oder aus sachfremden Erwägungen getroffen werden.[820] Ebenso darf der Gleichbehandlungsgrundsatz nicht verletzt werden.[821] Der Dienstherr entscheidet nach pflichtgemäßem Ermessen unter Berücksichtigung der dienstlichen Belange darüber einzelfallbezogen.[822] Altersstruktur, Bedarf, haushälterische Zwänge usw. können im Rahmen der Ermesseneinzelfallentscheidung von der Dienststelle berücksichtigt werden, sachfremd ist jedoch der Aspekt des Abbaus eines Beförderungsstaus.[823] Detaillierte

816 Walz/Eichen/Sohm, § 44 Rn. 64.
817 Ebenda, § 44 Rn. 19.
818 Scherer/Alff/Poretschkin, § 44 Rn. 4.
819 Walz/Eichen/Sohm, § 44 Rn. 19.
820 Ebenda, § 44 Rn. 20.
821 Ebenda, § 44 Rn. 20.
822 Scherer/Alff/Poretschkin, § 44 Rn. 4; Walz/Eichen/Sohm, § 44 Rn. 19 f.
823 Scherer/Alff/Poretschkin, § 44 Rn. 4; Walz/Eichen/Sohm, § 44 Rn. 22.

Vorgaben dazu liefert die Zentrale Dienstvorschrift A-1420/4 „Verfahren bei altersgrenzenbedingter Beendigung des Wehrdienstverhältnisses".[824]

Doch werden die Berufssoldatinnen und Berufssoldaten nur ausnahmsweise erst mit Erreichen der allgemeinen Altersgrenze in den Ruhestand versetzt.[825] Dieses verkehrt das Ausnahme-Regel-Verhältnis ins Gegenteil. Die tatsächliche Praxis der Zurruhesetzung führt nämlich zur vermehrten Anwendung der besonderen Altersgrenzen im Sinne einer Regelanwendung.[826] Die Inanspruchnahme der besonderen Altersgrenzen richtet sich nach personalstrukturellen Vorgaben der militärischen Personalführung, in denen aufgesetzte starre Quoten in bestimmten Altersbändern niedergelegt sind.[827] Soweit diese Quoten überschritten werden, kommt es zu schematischen Versetzungen in den Ruhestand.[828] Eine Einzelfallentscheidung, wie dies in § 44 Abs. 2 SG niedergelegt ist, liegt damit jedoch nicht mehr vor.

Personalstrukturelle Vorgaben lassen sich den Personalstrukturmodellen entnehmen. Das Personalstrukturmodell ist das Ergebnis modellhafter Berechnungen, basierend auf Umfangsvorgaben und Organisationsstrukturen.[829] Hier werden qualitative Anforderungen, empirisch ermittelte Werte zu Ausfallquoten, Bewerberverhalten sowie finanzplanerische Vorgaben verarbeitet.[830] Das

---

824 Scherer/Alff/Poretschkin, § 44 Rn. 4; Walz/Eichen/Sohm, § 45 Rn. 20, zuvor ZDv 14/5 „Bestimmungen über das Verfahren bei altersgrenzenbedingter Beendigung des Wehrdienstverhältnisses" B 151 für die Berufssoldatinnen und Berufssoldaten und B 152 für die Berufsoffiziere in strahlgetriebenen Kampfflugzeugen, Walz/Eichen/Sohm, 2. Aufl., § 45 Rn. 20.

825 Scherer/Alff/Poretschkin, § 44 Rn. 4; Sanne/Weniger, § 44 Rn. 12; Walz/Eichen/Sohm, § 44 Rn. 21 f.

826 BGH, Beschluss vom 19. Dezember 2012 – XII ZB 299/10, Rn. 14; BGH, Beschluss vom 25. Januar 2012 – XIIZB 371/11, Rn. 18; Walz/Eichen/Sohm, § 44 Rn. 19 und 21 f.; Eichen, NZWehrr 2008, 171, 174.

827 Walz/Eichen/Sohm, § 44 Rn. 19 und 21 f.; Eichen, NZWehrr 2008, 171, 174.

828 Walz/Eichen/Sohm, § 44 Rn. 22.: Von 2000 bis 2008 wurde kein Unteroffizier erst mit Erreichen der allgemeinen Altersgrenze in den Ruhestand versetzt, woran sich nach Eichen bis heute nichts geändert haben dürfte, zumindest seien hier große Zweifel angebracht; Eichen, NZWehrr 2008, 171, 174.

829 https://www.bmvg.de/portal/a/bmvg/!ut/p/c4/NY69DoMwEIOfhQdoDroUdSti6VqpLbCFEIVTyY8uF1j68E2G2pKXz7IME2Q7uaORjN7JDQYYFV7nQ8x2NyKiWjWtGjkGvyHjR8zJLToeeiXhdJIpUu5wcgbeZWzRQnmnuSRrx5jTkGRPInjirZBElInABca66bu6qf9qvu3r2U9Dczn39-5RBgNJYyWMzp-UzG8gWNset6r6ASqbu_s!/, Stand: 8. Oktober 2016.

830 Ebenda.

Personalstrukturmodell ist ein lebendes Modell, welches laufend die personellen Forderungen an das militärische Personal ableitet und an organisatorische Ausplanungen anpasst.[831] Das aktuelle Personalstrukturmodell 185 ist aus dem konzeptionellen Ansatz der Neuausrichtung der Bundeswehr entwickelt worden und umfasst eine Zielgröße von 185.000 Soldatinnen und Soldaten.[832] Der Vorgänger, das Personalstrukturmodell 2010, umfasste eine Zielgröße von 250.000 Soldatinnen und Soldaten.[833] So kann das BMVg Abweichungen zur gegebenen Zielerreichung messen und Steuerungsimpulse geben.[834] Insbesondere dient das Personalstrukturmodell 185 durch Reduzierung von Berufssoldatinnen und Berufssoldaten der Verjüngung des Personalkörpers.[835] Durch Straffung der Kommando- und Ämterebene werden personelle und materielle Spielräume geschaffen.[836] Das Personalstrukturmodell wird mit den tatsächlichen Entwicklungen synchronisiert[837] und ist somit fließend. Autor dieser Personalstrukturmodelle ist das BMVg.[838]

Die im Personalstrukturmodell festgelegten Quoten führen dazu, dass ggf. über einzelne gesetzliche Initiativen (PersAnpassG) vollständige Jahrgänge schematisch mit Überschreiten der besonderen Altersgrenze in den Ruhestand versetzt werden.[839] Diese Handhabung dürfte den gesetzlichen Vorgaben einer Ermessensentscheidung der § 44 Abs. 2 i. V. m. § 45 Abs. 2 SG im Einzelfall nicht gerecht werden und daher unzulässig sein.[840] Zwar mag es Einzelfälle geben,

---

831 Ebenda.

832 Ebenda.

833 http://www.bundeswehr.de/resource/resource/MzEzNTM4MmUzMzMyMmUzMTM1MzMyZTM2MzIzMDMwMzAzMDMwMzAzMDY4MzQzNjc1NjE3YTc4NjYyMDIwMjAyMDIw/Wesentliche%20Veränderungen%20im%20Detail.pdf, Stand: 8. Oktober 2016.

834 https://www.bmvg.de/portal/a/bmvg/!ut/p/c4/NY69DoMwEIOfhQdoDroUdSti6VqpLbCFEIVTyY8uF1j68E2G2pKXz7IME2Q7uaORjN7JDQYYFV7nQ8x2NyKiWjWtGjkGvyHjR8zJLToeeiXhdJIpUu5wcgbeZWzRQnmnuSRrx5jTkGRPInjirZBElInABca66bu6qf9qvu3r2U9Dczn39-5RBgNJYyWMzp-UzG8gWNset6r6ASqbu_s!/, Stand: 8. Oktober 2016.

835 Ebenda.

836 Ebenda.

837 Ebenda.

838 Ebenda.

839 Vgl. Walz/Eichen/Sohm, § 44 Rn. 22.

840 Walz/Eichen/Sohm, § 44 Rn. 21 f.

in denen es erforderlich ist, besondere Verwendungen mit lebensjüngeren Berufssoldatinnen und Berufssoldaten zu besetzen, um die Einsatzbereitschaft zu sichern.[841] Da die besonderen Altersgrenzen jedoch hauptsächlich dienstgradbezogen sind und sich eben nicht auf die konkrete Verwendung beziehen, unterscheiden sie nicht zwischen soldatischer Lebensaltersgrenze und soldatischem Verwendungsgrenzalter.[842] Diese Vorgehensweise ist den Regelungen des Soldatengesetzes so nicht entnehmbar.[843]

Noch nach § 1 Abs. 1 Nr. 2 PersAnpG[844] wurden anhand „des jeweils gültigen Personalstrukturmodells" diejenigen älteren Berufssoldatinnen und Berufssoldaten identifiziert, die den strukturellen Vorgaben zuwiderliefen.[845] Obwohl in Art. 1 Erstes Gesetz zur Änderung des Personalanpassungsgesetzes vom 7. Dezember 2007 das Personalstrukturmodell keine ausdrückliche Erwähnung mehr im Gesetzestext enthält, führt die Begründung das „idealtypische[] Personalstrukturmodell[] 2010 des Bundesministeriums der Verteidigung" als Grundlage der gesetzlichen Maßnahme an.[846] Daraus wird die Notwendigkeit zum Abbau lebensälterer Berufssoldatinnen und Berufssoldaten abgeleitet.[847] Kritisch ist, dass die Anwendung der gesetzlichen Vorschriften zum einen auf idealtypischen Strukturbetrachtungen beruht, die mit existenten personellen Verhältnissen nicht annähernd kongruent sind.[848] Ein weiterer kritischer Faktor liegt darin, dass die Gültigkeit des Personalstrukturmodells stark eingeschränkt ist, da es einem ständigen Wandel durch abweichende Planungen des BMVg unterliegt.[849] Die Gesetzesbegründung zum PersAnpG führt aus, dass die Einsatzbereitschaft der Streitkräfte beeinträchtigt ist, soweit planmäßige, alters- und strukturgerechte Versetzungen von Berufssoldatinnen und Berufssoldaten auf Dienstposten im Interesse eines geordneten Verwendungsaufbaus

841 Ebenda, § 44 Rn. 22.
842 Eichen, NZWehrr 2008, 171, 175.
843 Ebenda, 174.
844 BGBl. 2001 I S. 4013.
845 Walz/Eichen/Sohm, § 44 Rn. 22.
846 BT-Drs. 16/6123, S. 6.
847 Ebenda.
848 Walz/Eichen/Sohm, 2. Aufl., § 44 Rn. 61.
849 Ebenda.

und der erforderlichen Verwendungsbreite verhindert werden.[850] Die Einsatzausrichtung, Effizienzsteigerung und Verschlankung des Personalkörpers der Berufssoldatinnen und Berufssoldaten im BwRefBeglG soll mit den gesetzlichen Maßnahmen, die sich an das PersAnpG anlehnen und dieses fortführen, ermöglicht werden.[851]

Das BMVg ist daher sowohl Autor eines jederzeitigen Änderungen unterworfenen Personalstrukturmodells als auch federführend in den verschiedenen gesetzlichen Initiativen (BwRefBeglG, BwNeuAusrG, PersAnpG etc.). Insofern verzichtet der Gesetzgeber auf die Festlegung gesetzlicher Tatbestandsmerkmale und überantwortet dies der Exekutive.[852] Neben einem signifikanten Abbau wird jedoch ein qualifizierter Regenerationsbedarf von rund 12.500 Soldatinnen und Soldaten jährlich verzeichnet.[853] So stand im PersAnpG und seiner späteren Verlängerung einem im Personalstrukturmodell festgestellten strukturellen Überhang bestimmter Geburtsjahrgänge auch ein Fehl an bestimmten Dienstgraden gegenüber.[854] Strukturelle und bilanzierte Überhänge werden hier miteinander vermischt.[855]

3. Ergebnis

Die für alle Berufssoldatinnen und Berufssoldaten geltende Altersgrenze des Soldatengesetzes (i. d. F. vom 19. März 1956) war das 60. Lebensjahr. Mit dem Gesetz über die Altersgrenzen der Berufssoldaten von 9. Juni 1961 wurden die allgemeine und die besonderen Altersgrenzen eingeführt. Die allgemeine Altersgrenze wurde auf das 60. Lebensjahr festgesetzt. Die besonderen Altersgrenzen waren dienstgradbezogen ausgestaltet und veränderten sich im Laufe der Zeit dienstgrad-, aber auch laufbahnbezogen.

---

850 BT-Drs. 16/3995; BT-Drs. 16/5662; BT-Drs. 16/6123.

851 BT-Drs. 17/9340, S. 30.

852 Walz/Eichen/Sohm, 2. Aufl., § 44 Rn. 61.

853 BMVg, Ressortbericht Mai 2013, S. 22.

854 Walz/Eichen/Sohm, 2. Aufl., § 44 Rn. 65.

855 Ebenda.

Übersicht der chronologischen Entwicklung der besonderen Altersgrenzen ab 2001[856]

Dienstgrade	**Bis 2001**	**Ab 2002**	**Ab 2007**	**Ab 2011**	**Ab 2013**	**Ab 2015**	**Ab 2024**
	Lebensjahr						
Berufsunteroffiziere	53	53	53	53	54	54	55
Offiziere (Leutnant bis Hauptmann)	53	54	54	55	55	55	56
Stabshauptmann	55	56	57	57	57	57	59
Major	55	56	56	56	56	57	59
Oberstleutnant A 14	57	58	58	58	58	59	61
Oberstleutnant A15	57	58	59	59	59	59	61
Oberst A 16	59	60	60	60	60	61	62
Oberst B3	59	60	61	61	61	61	62
Strahlflugzeugführer (BO 41)	41	41	41	41	41	41	41
General (allgemeine Altersgrenze)	60	61	62	62	62*)	62	62

*) Für Generäle (sowie Laufbahnen des Sanitätsdienstes, des Militärmusikdienstes und des Geoinformationsdienstes der Bundeswehr) wurden bis zum 31. Dezember 2012 keine besonderen Altersgrenzen festgesetzt.

Im Ergebnis kann festgestellt werden, dass die besonderen Altersgrenzen grundsätzlich dienstgradbezogen sind.[857] Dieses war zum Zeitpunkt des Erlasses des Gesetzes über die Altersgrenzen 1961 auch nachvollziehbar, da exemplarisch an der jeweiligen Dienststellung die körperliche Anforderung im Ernstfall darstellbar war.[858] Ebenfalls bekannt waren die Dienstposten mit geringeren körperlichen Anforderungen, die nicht ausreichten, um diejenigen aufzunehmen, die den körperlichen Anforderungen anderer Dienstposten aus Altersgründen nicht mehr genügten.[859]

Hinter den verschiedenen gesetzlichen Initiativen verstecken sich einerseits Kostengründe (Verkürzung der Versorgungszeit aufgrund des demographischen Wandels[860]) und andererseits Verkleinerungsabsichten unter Ausschaltung einer Überalterung der Bundeswehr.[861] Gute Beförderungsaussichten durch die

856 BT-Drs. 17/13590, S. 19 – Fünfter Versorgungsbericht der Bundesregierung inklusive der Übergangsvorschrift § 96 SG.
857 Ausnahme dazu bilden die BO 41.
858 Walz/Eichen/Sohm, § 45 Rn. 25.
859 Ebenda.
860 BT-Drs. 16/7076, A.
861 Reformbegleitprogramm, S. 1.

frühzeitige Zurruhesetzung der Berufssoldatinnen und Berufssoldaten waren ebenfalls willkommen.[862]

Die im Wehrrecht gesetzten Altersgrenzen sind nach den mannigfaltigen Gesetzesänderungen (Korrektur nach oben, Korrektur nach unten) zu hinterfragen. Es ist eine sachliche Begründung dafür notwendig, warum Berufssoldatinnen und Berufssoldaten vor dem Hintergrund einer enorm gestiegenen Lebenserwartung einer geringeren Altersgrenze mit lebenslänglichem Versorgungsanspruch unterliegen als die Militärpersonen, die zu Beginn des 20. Jahrhunderts ihre Dienste versahen.

Im Vergleich der zu Beginn des 19. und 20. Jahrhunderts und heute bestehenden durchschnittlichen Lebenserwartung fällt auf, dass sich diese nur unwesentlich auf die militärischen Altersgrenzen ausgewirkt hat.[863] Da eine gestiegene statistische Lebenserwartung nicht zwangsnotwendig zu einer größeren, im Sinn einer verlängerten Leistungsfähigkeit im Berufsleben führen muss, ist eine Betrachtung angezeigt, inwieweit sich die konkreten beruflichen und militärischen Verwendungsszenarien der Berufssoldatinnen und Berufssoldaten heute von den im Gesetzesentwurf von 1956 und 1961 zugrundeliegenden Erwägungen entfernt haben.[864] In der damaligen Gesetzesbegründung wurde schon darauf abgestellt, dass bei Einführung der Altersgrenzen die eigenen Kriegserfahrungen und die anderer Staaten zugrunde gelegt wurden.[865] Jedoch sind diese körperlichen Belastungen, die der Kampf in einem Massenheer auslöst, in den aktuellen Verwendungen nicht mehr ausnahmslos gefordert.[866] Soweit es um Spezialaufgaben mit polizeiähnlichem Charakter (Geiselbefreiung im Ausland durch Kommando Spezialkräfte[867]) oder besonderen Anforderungen (Gebirgsluftrettung[868]) geht, werden diese ohnehin durch speziell ausgebildete Einheiten übernommen.[869]

---

862 Walz/Eichen/Sohm, § 45 Rn. 26.

863 Vgl. RT-Drs. 1921/1648, S. 1202.

864 Eichen, NZWehrr 2008, 171, 173.

865 BT-Drs. 2/1700, S. 31; Walz/Eichen/Sohm, § 44 Rn. 21.

866 Walz/Eichen/Sohm, § 44 Rn. 21; Eichen, NZWehrr 2008, 171, 173 f.

867 http://www.deutschesheer.de/portal/a/heer/!ut/p/c4/DcLBDYAgDADAWVyg_ftzC_VXbcUGKISiJk6vucMVf0a3BupajBLOuOw6bg-cIg1Yxbx7B_YIIamwtMsCxJIzGRev8iql2EiOLljjNHz_MG3q/, Stand: 8. Oktober 2016.

868 http://www.luftwaffe.de/portal/a/luftwaffe/!ut/p/c4/04_SB8K8xLLM9MSSzPy8xBz9CP3I5EyrpHK9nHL9cJBsSqpecn5eagmILEnNK8kEkulFiSX5RXoF-UUlOSCZ0qIioIxeZop-pIGhi5OBmQEMGNZY-IY6ukZaGBi4eDoF6Rfk5joCAPguQFU!/, Stand: 8. Oktober 2016.

869 Eichen, NZWehrr 2008, 171, 173 f.

Nach Ansicht von Eichen waren Teile der von der Bundeswehr festgestellten Überhänge mancher Jahrgänge für die Einsatzbereitschaft der Streitkräfte eher förderlich; das wurde aber in den jeweiligen Gesetzgebungsverfahren nicht thematisiert.[870]

Die Struktur der §§ 44, 45 SG dient der (Wieder-)Herstellung oder der Beibehaltung einer jungen Altersstruktur bei den Berufssoldatinnen und Berufssoldaten,[871] wobei die allgemeine Altersgrenze die Schwelle darstellt, ab deren Überschreitung der Eintritt der Dienstunfähigkeit der Berufssoldaten vermutet wird.[872]

Auch die Neuausrichtung der Bundeswehr hin zu einer Einsatzarmee hat nicht zu wesentlichen Veränderungen in den individuellen Verwendungsbiografien der Berufssoldatinnen und Berufssoldaten geführt.[873] Die Auslandseinsätze dauern wenige Monate an und betreffen einen kleinen Teil der Berufssoldatinnen und Berufssoldaten.[874] Mit Stand vom 4. Oktober 2016 waren nach Angaben des BMVg insgesamt 3.393 Berufssoldatinnen und Berufssoldaten von 176.509 aktiven Berufssoldatinnen und Berufssoldaten (ohne Reservisten),[875] das bedeutet ca. 1,9 %, in Einsätzen im Ausland gebunden. 247 Reservistinnen und Reservisten sind ebenfalls bei diesen Einsätzen dabei.[876] Dies sind 7,3 %. Diese beiden Prozentzahlen veranschaulichen, dass mit der Errichtung einer Einsatzarmee nicht der dauerhafte oder längerfristige Auslandseinsatz eines Großteils der Berufssoldatinnen und Berufssoldaten einhergeht.[877] Zudem können offenbar auch Reservistinnen und Reservisten im Rahmen von Wehrübungen unproblematisch an Auslandseinsätzen teilnehmen. Die Teilnahme an Auslandseinsätzen zur Begründung deutlich verringerter allgemeiner und im speziellen besonderer Altersgrenzen heranzuziehen, scheint nicht geeignet, die Unterschiedlichkeiten vollumfänglich zu rechtfertigen.[878]

---

870 Walz/Eichen/Sohm, § 45 Rn. 26, Fn. 52.

871 Sanne/Weniger, § 44 Rn. 12.

872 Walz/Eichen/Sohm, § 45 Rn. 22.

873 Eichen, NZWehrr 2008, 171, 174.

874 Ebenda.

875 https://www.bundeswehr.de/portal/a/bwde/!ut/p/c4/04_SB8K8xLLM9MSSzPy8xBz9CP3I5EyrpHK9pPKUVL3UzLzixNSSqlS90tSk1KKknMzkbL2qxIyc1Dz9gmxHRQDYLHC-/, Stand: 8. Oktober 2016.

876 Ebenda.

877 Mit dem gleichen Ergebnis schon Eichen, NZWehrr 2008, 171, 174.

878 Eichen, NZWehrr 2008, 171, 174.

Im Vergleich dazu werden Auslandseinsätze bei wehrübenden Reservistinnen und Reservisten nicht in einer Anpassung der Altersgrenze berücksichtigt.[879] Dies gilt auch für den Einsatz von Angehörigen der Bundeswehrverwaltung im Ausland.[880]

Im Rahmen der aufgezeigten Begründungen für die einzelnen gesetzlichen Initiativen, ist dem Aspekt der körperlichen Anforderungen im Laufe der Zeit immer weniger Beachtung geschenkt worden.[881] Dies ist unter Berücksichtigung der Wandlung von bewaffneten Konflikten hin zu verschiedensten Formen soldatischer Dienstleistungen (auch reine Bürotätigkeit) im Friedensdienstbetrieb auch verständlich.[882]

Für die Gesetzesbegründungen waren nunmehr Sparzwänge und die Verringerung der Anzahl der Berufssoldatinnen und Berufssoldaten unter zeitgleicher Bereinigung struktureller Verwerfungen vorrangig.[883] Mit letzterem Aspekt war ebenfalls die Verbesserung der Beförderungssituation verbunden.[884]

III. Altersgrenzen der Bundesbeamtinnen und Bundesbeamten im Geschäftsbereich BMVg[885]

Die altersbezogenen Ruhestandsregelungen der Beamtinnen und Beamten im Bundesdienst werden anhand der verschiedenen Gesetzesinitiativen und deren Begründungen betrachtet.

Nach dem Gesetz zur vorläufigen Regelung der Rechtsverhältnisse der im Dienst des Bundes stehenden Personen,[886] welches nach dem Zweiten Weltkrieg bis zum Erlass des Bundesbeamtengesetzes 1953 Geltung beanspruchte, wurde die geltende Altersgrenze von 65 Lebensjahren nur gemäß § 3 Nr. 10 Gesetz zur vorläufigen Regelung der Rechtsverhältnisse der im Dienst des Bundes stehenden Personen für Bundesrichter aufgehoben. Für alle anderen Bundesbediensteten galt die Altersgrenze von 65 Jahren gemäß §§ 67, 68 DBG[887] (i. d F. vom 26 Januar 1937).

---

879 Ebenda.
880 Ebenda.
881 Walz/Eichen/Sohm, § 45 Rn. 26.
882 Ebenda.
883 Ebenda.
884 Ebenda.
885 Ohne Differenzierung nach West und Ost.
886 BGBl. 1950 I S. 207.
887 RGBl. 1937 I S. 39.

Das am 14. Juli 1953 erlassene Bundesbeamtengesetz[888] übernahm in § 41 Abs. 1 BBG (i. d F. vom 14 Juli 1953) diese Höchstaltersgrenze von 65 Lebensjahren. Die Altersgrenze war auch Inhalt des zugrundeliegenden Gesetzesentwurfes.[889] Den Zeitpunkt der Altersgrenze weiter hinauszuschieben wurde darin ausdrücklich aufgrund der gestiegenen Lebenserwartung als gerechtfertigt angesehen, zumal damit auch eine erhebliche Versorgungslastminderung einherginge.[890] Zu Gunsten des Unterbringungszwanges von Kriegsheimkehrern, verdrängten Beamtinnen und Beamten sowie von Nachwuchskräften wurde davon jedoch „einstweilen" Abstand genommen.[891] Das Hinausschieben des Eintritts in den Ruhestand über die Altersgrenze hinaus war gemäß § 41 Abs. 2 BBG (i. d F. vom 14 Juli 1953) durch dringende dienstliche Belange gerechtfertigt, jedoch nicht über die Vollendung des 68. Lebensjahres hinaus. Andererseits wird Beamten, die das zweiundsechzigste Lebensjahr vollendet haben, die Möglichkeit belassen, sich auf ihren Antrag ohne Nachweis der Dienstunfähigkeit in den Ruhestand versetzen zu lassen, § 42 Abs. 3 BBG (i. d F. vom 14 Juli 1953).

Das Gesetz zur Änderung des Beamtenversorgungsgesetzes und sonstiger dienst- und versorgungsrechtlicher Vorschriften vom 18. Dezember 1989 änderte an der Altersgrenze der Bundesbeamtinnen und Bundesbeamten nichts.

Am 20. Dezember 1991 wurde mit dem Gesetz zur Anpassung der Zahl von Beamten im Geschäftsbereich des Bundesministers der Verteidigung an die Verringerung der Streitkräfte (Bundeswehrbeamten Anpassungsgesetz – BwBAnpG[892]) eine bis zum 31. Dezember 1997 befristete, ruhestandsbezogene Regelung eingefügt: Gemäß § 1 BwBAnpG konnten Beamtinnen und Beamte des Verteidigungsressorts nach Vollendung des 55. Lebensjahres auf Antrag in den Ruhestand versetzt werden, soweit eine Weiterverwendung nicht möglich oder nach allgemeinen beamtenrechtlichen Grundsätzen nicht zumutbar war. Damit wurde die gemäß § 42 Abs. 3 BBG geltende Altersgrenze von 62 Lebensjahren herabgesetzt.[893] Grund der gesetzlichen Maßnahme war die außenpolitisch bedingte Verringerung der Streitkräfte (PersStärkeG vom 20. Dezember 1991[894]). Der Begründung des Gesetzentwurfes lässt sich entnehmen, dass ca. 4.860 Beamtenstellen wegen Auflösung

888 BGBl. 1953 I S. 551.
889 BT-Drs. 1/2846.
890 BT-Drs. 1/2846, S. 34, 41; Kremer, DÖD 1991, 121, 124.
891 BT-Drs. 1/2846, S. 34, 41.
892 BGBl. 1991 I S. 2378.
893 BT-Drs. 12/1281, S. 6.
894 BGBl. 1991 I S. 2376.

ganzer Standorte und weiterer regionaler Standortentscheidungen wegfielen.[895] Ausweislich der Gesetzesbegründung führte jedoch schon die normale Fluktuation durch übliche Zurruhesetzung und Abwanderungen in andere Geschäftsbereiche zur Reduktion der ausgewiesenen überhängigen Beamtenstellen.[896] Insgesamt kam man jedoch zu dem Ergebnis, dass Standortauflösungen regionale Unterbringungsmöglichkeiten verhinderten und damit nicht sozialverträglich waren.[897] Daher sollte die Hälfte der zu streichenden Haushaltsstellen nach den Regelungen des Gesetzentwurfes erreicht werden, also durch die Eröffnung eines bis zu zehn Jahre früheren Ruhestandseintritts. Eine Fallzahlbeschränkung wurde gesetzlich jedoch nicht verankert. Die ruhegehaltfähige Dienstzeit wurde, um geeignete Anreize zu setzen, gemäß § 2 Abs. 1 BwBAnpG um die Zeit vom Eintritt in den Ruhestand bis zum Ablauf des Monats in dem das 65. Lebensjahr vollendet wird, erhöht. Der Forderung des Bundesrates, den Vorrang der anderweitigen Verwendung vor der Zurruhesetzung durch gesetzlich zu regelnde Maßnahmen zu fördern, wurde nicht entsprochen.[898] Diese Forderung beruhte insbesondere auf der Annahme, dass in den neuen Bundesländern ein auf lange Zeit nicht zu befriedigender Bedarf an qualifiziertem Verwaltungs- und Führungspersonal bestünde.[899]

Weitere ruhestandsbezogene Gesetzesänderungen kamen am 6. März 2012. Bis zum 11. Februar 2009 lag die Altersgrenze gemäß § 41 Abs. 1 Satz 1 BBG[900] bei der Vollendung des 65. Lebensjahres. Dies änderte sich mit dem Gesetz zur Neuordnung und Modernisierung des Bundesdienstrechts (Dienstrechtsneuordnungsgesetz – DNeuG) vom 5. Februar 2009.[901] Gemäß §§ 50, 51 Abs. 1 Satz 1 und 2 BBG treten die Beamtinnen und Beamte des Bundes kraft Gesetzes i. d. R. nunmehr mit Vollendung des 67. Lebensjahres als Regelaltersgrenze in den Ruhestand, soweit sie grundsätzlich die erforderliche versorgungsrechtliche Wartezeit erreicht haben.[902] Beginnend ab 2012 wurde die stufenweise Anhebung der gesetzlichen Altersgrenze für Beamtinnen und Beamte auf das 67. Lebensjahr eingeführt.[903]

895 BT-Drs. 12/1281, S. 6.
896 Ebenda.
897 Ebenda, S. 6.
898 Ebenda, S. 8.
899 Ebenda, S. 8.
900 Battis, 3. Aufl., § 41 Rn. 1.
901 BGBl. 2009 I S. 160.
902 Battis, § 51 Rn. 2, 8; Plog/Wiedow/Lemhöfer, 2009, § 51 Rn. 0.1 und a.a.O. BeamtStG § 25 Rn. 1, Plog/Wiedow/Lemhöfer, § 41 Rn. 3.
903 Plog/Wiedow/Lemhöfer, 2009, § 51 Rn. 0.1 und a.a.O. BeamtStG § 25 Rn. 1, Plog/Wiedow/Lemhöfer, § 41 Rn. 3.

Damit sollte das BBG den gesellschaftlichen und wirtschaftlichen Entwicklungen angepasst werden; insbesondere sollte die Anhebung des Pensionseintrittsalters auf 67 Jahre und die Einschränkung der Altersteilzeit mit dem BBG durchgesetzt werden.[904] Diese Beweggründe entsprechen vollumfänglich dem Kapitel 3.3 des Koalitionsvertrages, das die Erhöhung der Erwerbsbeteiligung vor allem von Älteren anstrebt.[905] In der Gesetzesbegründung wird die wirkungsgleiche Übertragung der Maßnahmen in der gesetzlichen Rentenversicherung auf das System des Beamtenrechts aufgeführt.[906]

§ 52 BBG ermöglicht einen früheren Ruhestand, soweit die Beamtin oder der Beamte einen Antrag stellt, das 62. Lebensjahr vollendet hat und eine Schwerbehinderung nach § 2 Abs. 2 des Neunten Buches Sozialgesetzbuch vorliegt. Nicht schwerbehinderte Beamtinnen und Beamte können nach Abs. 3 unter entsprechenden Pensionsabzügen in den Ruhestand treten, ohne eine Dienstunfähigkeit nachweisen zu müssen.[907]

Das Hinausschieben der Regelaltersgrenze um drei Jahre ist ebenfalls auf Antrag der Beamtin oder des Beamten nach § 53 Abs. 1 BBG möglich. Ohne Antrag ist das Hinausschieben allein durch Entscheidung des Dienstherrn möglich, soweit es erforderlich ist, dass diese bestimmte Beamtin oder der bestimmte Beamte die Aufgabe erfüllt. Unter den Voraussetzungen des § 53 Abs. 4 bis Abs. 6 BBG wird das Hinausschieben des Ruhestandes um zwei Jahre auf Antrag und bei Vorliegen eines dienstlichen Interesses ermöglicht. Ebenso schafft der Spannungs- und Verteidigungsfall gemäß §§ 133a ff. BRRG (a.F.) für die Zwecke der Verteidigung eine Verlängerungsmöglichkeit der Dienstzeit.

Eine weitere ruhestandsbezogene Altersgrenzenregelung fand Eingang im Gesetz zur Begleitung der Reform der Bundeswehr (Bundeswehrreform-Begleitgesetz – BwRefBeglG) vom 21. Juli 2012.[908] Art. 2 1. Abschnitt BwRefBeglG führte die bis zum 31. Dezember 2017 befristete frühere Pensionierungsmöglichkeit für 1.050 Beamtinnen und Beamte auf deren Antrag ein, soweit sie das 60. Lebensjahr vollendet haben, keine weitere Verwendung möglich ist und dienstliche Gründe nicht entgegenstehen. Noch im Reformbegleitprogramm vom 18. Oktober 2011, S. 4, welches die Neuausrichtung der Bundeswehr umreißt, sollten schon Beamtinnen und Beamte, die das 55. Lebensjahr vollendet haben, auf Antrag und mit Zustimmung des Dienstherrn vorzeitig in den Ruhestand versetzt werden können.

904 BT-Drs. 16/7076, S. 93 f.
905 Koalitionsvertrag zwischen CDU/CSU und SPD 2013, S. 24.
906 BT-Drs. 16/7076, S. 113.
907 Ebenda, S. 114; Walz/Eichen/Sohm, § 45 Rn. 17.
908 BGBl. 2012 I S. 1583.

Die Versorgung sollte diejenige sein, die den vorzeitig Pensionierten bei einem Verbleiben im Dienst bis zur gesetzlichen Altersgrenze zugestanden hätte.[909] Die Anhebung der Altersgrenze war offenbar den Kabinettsberatungen, insbesondere den Verhandlungen mit dem Bundesministerium der Finanzen geschuldet.[910]

Konkret heißt es jedoch dann in Art. 2 BwRefBeglG §§ 1, 4 des Entwurfes des Gesetzes zur personellen Ausgliederung der Beamtinnen und Beamten der Bundeswehr (Bundeswehrbeamten-Ausgliederungsgesetz – BwBeamtAusglG-E), dass 1.050 Beamtinnen und Beamte bis zum 31. Dezember 2017 auf Antrag ab Vollendung des 60. Lebensjahres in den Ruhestand versetzt werden können, soweit eine Weiterverwendung bei einem anderen Dienstherrn nicht möglich ist oder nach allgemeinen beamtenrechtlichen Dienstgrundsätzen nicht zugemutet werden kann und sonstige dienstliche Gründe nicht entgegen stehen.[911] Die Altersgrenze von 60 Jahren, die für alle Laufbahngruppen Geltung entfalten soll, wird damit begründet, dass nur so der Zweck der Maßnahme – Verjüngung der überalterten Personalstruktur – erreicht werden könne.[912]

Zum Anreiz dient Art. 2 BwRefBeglG, der gemäß § 5 Abs. 2 BwBeamtAusglG-E eine mit dem Dienstalter ansteigende Einmalzahlung bei Weiterverwendung bei einem anderen Dienstherrn auslobt.[913] Diese Regelung soll sicherstellen, dass die Umstellung der persönlichen Lebensumstände an das ggf. niedrigere Einkommensniveau in der neuen Verwendung schrittweise vollzogen werden kann.[914] Die Kopplung der Einmalzahlungen an das Dienstalter geschieht unter Verweis auf die Richtlinie 2000/78/EG.[915]

Es bleibt festzustellen, dass in der Bundesrepublik Deutschland die Altersgrenzen und die altersbezogenen Ruhestandsregelungen für die Bundesbeamtinnen und Bundesbeamten im Geschäftsbereich des BMVg nur eine geringe Anzahl an Änderungen erfahren haben. Die gesetzlich geltende Altersgrenze von 65 Lebensjahren wurde erst im Jahr 2009 auf die Vollendung des 67. Lebensjahres im

---

909 Reformbegleitprogramm, S. 4.

910 Spiegel online - Kabinett beschließt Bundeswehrreform-Begleitgesetz, http://www.spiegel.de/politik/deutschland/weniger-berufssoldaten-kabinett-beschliesst-bundeswehrreform-begleitgesetz-a-815545.html, Stand: 8. Oktober 2016.

911 BT-Drs. 17/9340.

912 Ebenda, S. 35; ähnlich schon Kabinettbeschluss zum BwRefBeglG-E vom 13. Februar 2012, S. 42, 61.

913 Ebenda; so auch Kabinettbeschluss zum BwRefBeglG-E vom 13. Februar 2012.

914 BT-Drs. 17/9340, S. 35, so auch Kabinettbeschluss zum BwRefBeglG-E vom 13. Februar 2012, S. 62.

915 Ebenda.

DNeuG (gestaffelt ab 2012) abgeändert. Zeitlich begrenzte Möglichkeiten zum freiwilligen früheren Ausscheiden wurden 1991 (ab Vollendung des 55. Lebensjahres) und 2012 (ab Vollendung des 60. Lebensjahres) parallel zu gesetzlichen Initiativen zur Verringerung der Streitkräfte eingeführt.

IV. Exkurs – Altersgrenzen anderer Dienste

1. Altersgrenzen der Beamtinnen und Beamten im Bundespolizeidienst

Die Bundespolizei beschäftigt Beamtinnen und Beamte. Gemäß § 1 Abs. 1 Bundespolizeibeamtengesetz (BPolBG)[916] gilt das Gesetz für die Polizeivollzugsbeamten in der Bundespolizei, im kriminalpolizeilichen Vollzugsdienst des Bundes und für den Inspekteur der Bereitschaftspolizeien der Länder. Polizeivollzugsbeamte im Sinne dieser gesetzlichen Vorschrift sind die mit polizeilichen Aufgaben betrauten und zur Anwendung unmittelbaren Zwanges befugten Beamten.

Gemäß § 2 BPolBG unterliegen Beamtinnen und Beamte der Bundespolizei den Vorschriften des BBG, soweit nicht anders geregelt. In Abweichung zu den Pensionierungsvorschriften der Bundesbeamtinnen und Bundesbeamten gemäß § 51 BBG sieht § 5 BPolBG spezielle Pensionierungsvorschriften vor. Gemäß § 5 Abs. 1 BPolBG treten Polizeivollzugsbeamtinnen und -beamte auf Lebenszeit mit dem Ende des Monats in den Ruhestand, in dem sie das 62. Lebensjahr vollenden. Zuvor lag das Pensionierungsalter bei der Vollendung des 60. Lebensjahres, wurde auch im Rahmen des DNeuG um zwei Jahre auf die Vollendung des 62. Lebensjahres angehoben. Dieses Vorgehen stellte die Anpassung der Lebensarbeitszeit an die Erwägungen zum gestiegenen Lebensalter auf eine gesetzliche Basis.[917] Ausdrücklich wird in der Begründung ausgeführt, dass dies keine Neuregelung der besonderen Altersgrenzen der Bundespolizei sei.[918] Die Anhebung erfolgt wie in anderen Gesetzen auch stufenweise, siehe hierzu § 5 Abs. 2 BPolBG.

Daneben regelt § 4 Abs. 1 BPolBG eine spezielle Polizeidienstunfähigkeit. Diese liegt vor, soweit die Polizistin oder der Polizist den besonderen gesundheitlichen Anforderungen für den Polizeivollzugsdienst nicht mehr genügt und keine Besserung innerhalb von zwei Jahren in Aussicht steht. Die Polizeidienstunfähigkeit ist amtsärztlich festzustellen (§ 4 Abs. 2 BpolBG). Liegt die Polizeidienstunfähigkeit

---

916 Bundespolizeibeamtengesetz vom 3. Juni 1976 (BGBl. I S. 1357), das zuletzt durch Artikel 3 des Gesetzes vom 15. März 2012 (BGBl. I S. 462) geändert worden ist.

917 BT-Drs. 16/7076, S. 171.

918 Ebenda.

vor, ist nicht sofortige Pensionierung die Rechtfolge. Obligatorisch ist im Falle der Polizeidienstunfähigkeit eine andere Verwendungsmöglichkeit gemäß § 4 Abs. 3 BPolBG i. V. m. § 44 Abs. 2 bis 5 BBG zu prüfen, da diese stets Vorrang hat. Der Gesetzgeber formuliert dann auch: „zur Vermeidung der Versetzung in den Ruhestand".

2. Altersgrenzen der Beamtinnen und Beamten im Feuerwehrdienst der Bundeswehr

Für mit speziellen Aufgaben betraute Beamtinnen und Beamte bedurfte es Ausnahmeregelungen zu den üblichen Altersgrenzen des § 51 BBG, so eigens für die im Feuerwehrdienst der Bundeswehr verbeamteten Personen.[919] Diese Vorgabe wurde 1993 eingefügt, um sämtliches Personal, welches zu einem Großteil in einem Angestelltenverhältnis beschäftigt war, in das Beamtenverhältnis zu übernehmen.[920] Gemäß § 51 Abs. 3 BBG wird daher der Ruhestand mit Vollendung des 62. Lebensjahres erreicht, nach dem alten, bis zum 11. Februar 2009 geltenden § 41a BBG lag diese Altersgrenze beim 60. Lebensjahr. Als eng auszulegende Ausnahme ist diese Vorschrift nur auf diejenigen Beamtinnen und Beamten anwendbar, die im Feuerwehrdienst eingesetzt sind; auf einen als Sachbearbeiter im BMVg verwendeten Beamten kann diese Regelung nicht übertragen werden.[921] Die Begründung zu dieser Regelung stellt auf die besonderen Anforderungen des Feuerwehrdienstes an körperlichem Einsatz, schneller Entschlusskraft und Beweglichkeit ab.[922]

Die Pensionierungsvorgaben für Beamtinnen und Beamte im Bundespolizeivollzugsdienst und im Feuerwehrdienst der Bundeswehr sehen nach Abschluss der stufenweisen Anhebung eine reguläre Pensionierung mit Vollendung des 62. Lebensjahres vor.

V. Ergebnis

Im Geschäftsbereich des BMVg sind im Rahmen der gesetzlichen Pensionierungen von Berufssoldatinnen und Berufssoldaten sowie Beamtinnen und Beamten wie oben dargelegt im Grundsatz zwei Konstellationen zu unterscheiden:

---

919 Battis, § 51 Rn. 3.

920 Plog/Wiedow/Lemhöfer, § 41a Rn. 1.

921 Ebenda, § 41 Rn. 3.

922 BVerwG, Urteil vom 8. Juni 2000, ZBR 2001, 102; Plog/Wiedow/Lemhöfer, § 41 Rn. 2.

das unfreiwillige und freiwillige Ausscheiden aus dem Dienst der Berufssoldatin oder des Berufssoldaten sowie der Beamtinnen und Beamten.

Ohne Mitwirkung scheiden die Berufssoldatinnen und Berufssoldaten mit Erreichen der gesetzlichen allgemeinen Altersgrenze gemäß § 44 Abs. 1 Satz 1 i. V. m. § 45 Abs. 1 SG, respektive § 51 BBG für Bundesbeamtinnen und Bundesbeamte, aus dem Dienst aus und treten in den gesetzlich angeordneten Ruhestand. Beamtinnen auf Lebenszeit und Beamte auf Lebenszeit im Feuerwehrdienst der Bundeswehr treten gemäß § 51 Abs. 3 BBG mit dem Ende des Monats in den Ruhestand, in dem sie das 62. Lebensjahr vollenden. Identisch sind die Regelungen für die Bundespolizeivollzugsbeamtinnen und -beamten.

Für Berufssoldatinnen und Berufssoldaten stellt mit dem Erreichen der besonderen Altersgrenze § 44 Abs. 2 i. V. m. § 45 Abs. 2 SG den Zeitpunkt des Eintritts in den Ruhestand in das alleinige Ermessen des Dienstherrn. Auch hier ist eine Mitwirkung der Betroffenen nicht vorgesehen.

Ein Hinausschieben des Eintritts in den Ruhestand bis zum Erreichen der allgemeinen Altersgrenze ist einseitig durch den Dienstherrn gemäß § 44 Abs. 1 Satz 2 und Satz 3 um maximal drei Jahre möglich, soweit (dringende) dienstliche Gründe vorliegen. Gemäß § 53 BBG kann der Ruhestand der Beamtin oder des Beamten bis zu drei Jahre hinausgeschoben werden. Die Wiederverwendungsgrenze gemäß § 51 SG liegt bei der Vollendung des 65. Lebensjahres, bis zu der eine einseitige zweijährige Verlängerung durch den Dienstherrn nach pflichtgemäßem Ermessen angeordnet werden kann.

Unter Mitwirkung der Berufssoldatin oder des Berufssoldaten ist das antragsgebundene Hinausschieben des Eintritts in den Ruhestand gemäß § 44 Abs. 1 Satz 4 SG um ein Jahr möglich, soweit ein dienstliches Interesse vorliegt.

Daneben gibt es die Regelungen des SKPersStruktAnpG für die Ausgliederung von Soldatinnen und Soldaten und das BwBeamtAusglG für die Ausgliederung der Beamtinnen und Beamten. Das Gesetz ermöglicht das Ausscheiden von maximal 3.100 Berufssoldatinnen und Berufssoldaten und von 1.050 Beamtinnen und Beamten auf freiwilliger Basis ab einem vor dem regulären Pensionsalter liegenden Alter.[923]

Die Beamtinnen und Beamten im Feuerwehrdienst der Bundeswehr sowie die Bundespolizeibeamtinnen und -beamten unterliegen einer einheitlichen Altersgrenze von 62 Lebensjahren.

923 Walz/Eichen/Sohm, 2. Aufl., § 44 Rn. 62. f.

F. Die ruhestandsbezogenen Altersgrenzen der Streitkräfte im Hinblick auf das Verbot der Altersdiskriminierung

Die Evolution der Altersgrenzen im Geschäftsbereich des BMVg war volatil. Außen- und europapolitische Impulse (Zwei-plus-Vier-Vertrag,[924] Richtlinie 2000/78/EG) und weitere Veränderungen, beispielsweise durch den technischen Fortschritt, die nationale Politik in Reaktion auf den demographischen Wandel, asymmetrische sowie Cyber-Bedrohungsszenarien und transnationalen Terrorismus in Deutschland rückten in den Fokus und führten zu einem Anpassungszwang der Bundeswehr.

Diese Entwicklungen wurden mit einer Zielvorstellung für eine optimale Struktur einer Bundeswehr verbunden, die mithilfe eines Personalstrukturmodells an die sicherheitspolitische Lage Deutschlands angepasst wurde. Darin wurden Überhänge ganzer älterer Jahrgänge mit dem Verweis auf die Sicherung der Einsatzfähigkeit der Bundeswehr nach Erreichen der besonderen Altersgrenze ausgliedert.[925] Ob dies der in § 44 Abs. 2 SG gebotenen Ermessenentscheidung gerecht wird, die es in jedem Einzelfall zu treffen gilt, scheint zweifelhaft.

Der Eliminierung vollständiger älterer Jahrgänge aus dem Dienst sowie der Ermöglichung einer noch vor der besonderen Altersgrenze liegenden Pensionierung unter attraktiver Gestaltung von Pensionsbezügen stehen diverse nationale Programme und Ansätze in Deutschland gegenüber, die die Teilhabe Älterer am Erwerbsleben erhöhen sollen. Nach der Bundesregierung ist ein Leitbild vom Alter notwendig, welches die vorhandenen Fähigkeiten und Stärken (hohe Leistungsfähigkeit, Kreativität und Innovationskraft) älterer Menschen betont.[926] Dem Sechsten Altersbericht zufolge stellen Regelaltersgrenzen ein rechtliches Hemmnis der Teilhabe Älterer am Erwerbsleben dar.[927] Die Bundesregierung unterstreicht, dass vorhandene Fehlanreize für ein frühes Ausscheiden älterer Beschäftigter aus dem Arbeitsleben abgebaut und positive Anreize für Arbeitgeber geschaffen werden müssen, ältere Menschen zu beschäftigen.[928] Diesen Ansprüchen halten die immer

924 BGBl. 1990 II S. 1317.

925 Eichen, NZWehrr 2008, 171, 174.

926 BT-Drs 17/3815, S. V und S. 94.

927 Ebenda, S. 211.

928 Ebenda, S. V.

wieder bestätigten frühen Altersgrenzen sowie deren Anwendungspraxis für Berufssoldatinnen und Berufssoldaten nicht stand.

Die heutigen Aufgaben und Tätigkeiten der Berufssoldatinnen und Berufssoldaten sind nicht mehr wie in den ersten Jahren nach Gründung der Bundesrepublik Deutschland geprägt durch die Erfahrungen bewaffneter Auseinandersetzungen wie denen des Zweiten Weltkrieges. Berufssoldatinnen und Berufssoldaten führen trotz des Trennungsgebotes nach Art. 87a und Art. 87b GG und trotz Beendigung der Truppenverwaltung in der ursprünglichen Ausdehnung militärische Verwaltungsaufgaben sowie Stabs- und Bürotätigkeiten aus.[929] Kriegerische Auseinandersetzungen haben ihr Erscheinungsbild in den zurückliegenden Jahren und Jahrzehnten sehr verändert. Die Verwendungswirklichkeit der Soldatinnen und Soldaten ist trotz angekündigter Armee im Einsatz friedensbezogen. Stabs- und Bürotätigkeiten sind gelebter Alltag. Durch einen hohen Technisierungsgrad haben sich auch die Tätigkeiten im konkreten Einsatz weg von einer körperlichen Anforderung entwickelt. Beamtinnen und Beamte sowie Reservistinnen und Reservisten werden andererseits ggf. unter Verleihung des Soldatenstatus (für Beamtinnen und Beamte) in den Einsatz entsendet, ohne dass dies Einfluss auf deren Regelaltersgrenze hätte.[930]

Wie können diese dargestellten verschiedenen frühen Altersgrenzen und deren Entwicklungen dem Verbot der Altersdiskriminierung gerecht werden?

Aus verschiedenen Rechtsquellen speist sich das allgemeine Verbot der Altersdiskriminierung.[931] Unionsrechtlich ergibt es sich aus primären und sekundären Verboten der Altersdiskriminierung.[932]

Das Grundgesetz kennt im Rahmen des Art. 3 Abs. 2 Satz 1 und Abs. 3 GG kein spezielles Diskriminierungsverbot des Alters.[933] Das Alter wird im Grundgesetz über den allgemeinen Gleichheitssatz gemäß Art. 3 Abs. 1 GG geschützt.[934] Darunter fallen ebenfalls die Soldatinnen und Soldaten.

---

929 Eichen, NZWehrr 2008, 171, 174.

930 Ebenda.

931 Rothermund/Temming, Diskriminierung aufgrund des Alters, S. 63.

932 Ebenda.

933 Däubler/Bertzbach-*Däubler*, AGG, Einleitung, Rn. 48; Däubler/Bertzbach-*Mahlmann*, AGG, § 24 Rn. 3. Dies gilt gleichermaßen für die sexuelle Identität: Däubler-*Schiek*, Tarifvertragsgesetz, Einleitung, Rn. 267; Rothermund/Temming, Diskriminierung aufgrund des Alters, S. 63; m. w. N. Schiek/Schiek, AGG, Einleitung, Rn. 38 ff.

934 Däubler/Bertzbach-*Mahlmann*, AGG, § 24 Rn. 3; Laskowski, in: Rust/Falke, AGG, Einleitung, Rn. 355; Fitting, 24. Aufl., § 75 Rn. 28.

Der Grundsatz, dass alle Menschen vor dem Gesetz gleich sind, soll eine ungerechtfertigte Verschiedenbehandlung von Personen verhindern.[935] Eine strenge Bindung an diesen Grundsatz besteht regelmäßig bei einer Ungleichbehandlung von Personengruppen.[936] Handelt es sich um personenbezogene Merkmale, die den in Art. 3 Abs. 3 GG genannten ähneln, fällt die Prüfung des BVerfG auch streng aus.[937] Es ist zu unterscheiden, ob auf das Merkmal ein willentlicher Einfluss durch den Betroffenen ausgeübt werden kann: Bei lediglich verhaltensbezogenen Unterscheidungen hängt das Maß der Bindung davon ab, inwieweit die Betroffenen in der Lage sind, durch ihr Verhalten die Verwirklichung der Merkmale zu beeinflussen, nach denen unterschieden wird.[938]

Beim Alter handelt es sich um ein personenbezogenes Merkmal, so dass die Anwendung einer Altersgrenze zu einer Differenzierung führt, die an personenbezogene Merkmale anknüpft und sich erheblich auf das allgemeine Persönlichkeitsrecht auswirkt.[939] Das Alter gilt als höchstpersönliches Merkmal.[940] Ungleichbehandlungen sind hier nur bei einer strikten Anwendung des Verhältnismäßigkeitsprinzips zulässig.[941] Insofern ist der für das Alter durch Art. 3 Abs. 1 GG gewährte Schutz nicht dem Schutz aus Art. 3 Abs. 2 Satz 1 und Abs. 3 GG nachrangig.[942]

Speziell ist das Verbot der Altersdiskriminierung auf nationaler Ebene im AGG niedergelegt[943]. Für die Berufssoldatinnen und Berufssoldaten wurde eigens das SoldGG in Art. 2 EUGleichbUmsG geschaffen.[944] Dieses und auch § 3 SG, der die Ernennungs- und Verwendungsgrundsätze festlegt, nehmen jedoch das Diskriminierungsmerkmal „Alter“ speziell für die Streitkräfte aus.

Anders ist dies bei Beamtinnen und Beamten: Obwohl § 9 Satz 1 BBG den Leistungsgrundsatz aus Art. 3 und Art. 33 Abs. 2 GG wiederholt, verbietet er ebenfalls alle verpönten Merkmale des AGG – außer dem des Alters.[945] Eine Begründung

---

935 BVerfG, Urteil vom 26. Januar 1993 – 1 BvL 38/92, Rn. 35.

936 Ebenda, Rn. 35.

937 Ebenda, Rn. 35.

938 Ebenda, Rn. 35.

939 Ebenda, Rn. 38.

940 Däubler/Bertzbach-*Mahlmann*, AGG, § 24 Rn. 3.

941 BVerfG, Urteil vom 26. Januar 1993 – 1 BvL 38/92, Rn. 38; vgl. Däubler/Bertzbach-*Mahlmann*, AGG, § 24 Rn. 3.

942 Däubler/Bertzbach-*Mahlmann*, AGG, § 24 Rn. 3.

943 Hey/Forst, AGG, § 1 Rn. 63.

944 Däubler/Bertzbach-*Mahlmann*, AGG, § 24 Rn. 12; Laskowski, in: Rust/Falke, AGG, § 24 Rn. 5.

945 Däubler/Bertzbach-*Mahlmann*, AGG, § 24 Rn. 6.

liegt hierfür nicht vor.[946] Hier lebt aber das altersbezogene Diskriminierungsverbot wegen § 24 i. V. m. §§ 1, 7 AGG auf.[947] Indes besteht eine unionsrechtliche Pflicht zur Umsetzung hinsichtlich des Merkmals Alter.[948]

I. Das Verbot der Altersdiskriminierung im nationalen Recht unter Betrachtung des Gesetzes zur Umsetzung europäischer Richtlinien zur Verwirklichung des Grundsatzes der Gleichbehandlung (EUGleichbUmsG[949])

Auf nationaler Ebene nimmt sich das Gesetz zur Umsetzung europäischer Richtlinien zur Verwirklichung des Grundsatzes der Gleichbehandlung (EUGleichbUmsG), welches die vier folgenden Europäischen Richtlinien umsetzt, des diskriminierungsfreien Umgangs an.[950]

Umsetzung der Richtlinien:

- Richtlinie 2000/43/EG des Rates vom 29. Juni 2000 zur Anwendung des Gleichbehandlungsgrundsatzes ohne Unterschied der Rasse oder der ethnischen Herkunft (ABl. EG L 180 S. 22);
- Richtlinie 2000/78/EG des Rates vom 27. November 2000 zur Festlegung eines allgemeinen Rahmens für die Verwirklichung der Gleichbehandlung in Beschäftigung und Beruf (ABl. EG L 303 S. 16);
- Richtlinie 2002/73/EG des Europäischen Parlaments und des Rates vom 23. September 2002 zur Änderung der Richtlinie 76/207/EWG des Rates zur Verwirklichung des Grundsatzes der Gleichbehandlung von Männern und Frauen hinsichtlich des Zugangs zur Beschäftigung, zur Berufsbildung und zum beruflichen Aufstieg sowie in Bezug auf die Arbeitsbedingungen (ABl. EG L 269 S. 15);
- Richtlinie 2004/113/EG des Rates vom 13. Dezember 2004 zur Verwirklichung des Grundsatzes der Gleichbehandlung von Männern und Frauen zum Zugang zu und bei der Versorgung mit Gütern und Dienstleistungen (ABl. EG L 373 S. 37)

---

946 Vgl. BT-Drs. 16/1780, S. 28.

947 Däubler/Bertzbach-*Mahlmann*, AGG, § 24 Rn. 6, 8; mit der Begründung einer richtlinienkonformen Auslegung Laskowski, in: Rust/Falke, AGG, § 24 Rn. 8 f.

948 Laskowski, in: Rust/Falke, AGG, § 24 Rn. 7.

949 BGBl. 2006 I S. 1897.

950 Bauer/Krieger, AGG, Einleitung, Rn. 1; Däubler/Bertzbach-*Däubler*, AGG, Einleitung, Rn. 3; DKKW-*Berg*, 12. Aufl., § 75 Rn. 12.

Ob die altersbezogenen Regelungen der § 44 und § 45 SG sowie des § 2 SKPersStruktAnpG an den Anforderungen des EUGleichbUmsG gemessen werden können, wird nachfolgend dargestellt.

1. Anwendung des Allgemeinen Gleichbehandlungsgesetzes[951]

Teil des EUGleichbUmsG ist das Allgemeine Gleichbehandlungsgesetz (AGG), welches am 16. August 2006 in Kraft getreten ist. Das AGG verbietet neben anderen Anknüpfungstatbeständen eine allein anhand des biologischen Alters ausgerichtete arbeitsrechtliche und/oder personalwirtschaftliche, sachlich nicht zu rechtfertigende Diskriminierung. Der Gesetzesbegründung kann entnommen werden, dass die Angestellten des Bundes ebenfalls unter den persönlichen Anwendungsbereich des § 6 Abs. 1 AGG fallen.[952] Gemäß § 24 AGG gilt das Gesetz unter Berücksichtigung der speziellen Rechtsstellung entsprechend auch für Beamtinnen und Beamte sowie Richterinnen und Richter des Bundes, wobei die Besonderheiten dieser Rechtsverhältnisse zu berücksichtigen sind.[953] Der Umkehrschluss aus § 24 AGG ergibt, dass das Gesetz nicht, auch nicht entsprechend für Berufssoldatinnen und Berufssoldaten Anwendung findet.[954]

2. Anwendung des SoldGG

a Die Altersdiskriminierung im SoldGG

Für Soldatinnen und Soldaten gilt Art. 2 EUGleichbUmsG. Für diese Personengruppe wurde ein eigenständiges Gesetz vorgesehen – das Gesetz über die

---

951 BT-Drs. 16/1780, S. 2.

952 BGBl. 2006 I S. 1897; vgl. Hey/Forst, AGG, § 24 Rn. 4.

953 BT-Drs. 16/1780, S. 49; Adomeit/Mohr, AGG, § 24 Rn. 1; Däubler/Bertzbach-*Mahlmann*, AGG, § 24 Rn. 1; Hey/Forst, AGG, § 24 Rn. 4; Meinel/Heyn/Herms, AGG, § 24 Rn. 5; Schiek/Welti, AGG, § 24 Rn. 1.

954 BVerwG, Urteil vom 30. Oktober 2014 - 2 C 39.13, Rn. 11; BVerwG, Beschluss vom 27. August 2013 - 1 WB 25.12, Rn. 21; BVerwG, Urteil vom 15. Dezember 2011 - 2 A 13.10, Rn. 13; BVerwG, Beschluss vom 28. Oktober 2008 - 1 WB 32.08, Rn. 27; BVerwG, Beschluss vom 18. Oktober 2007 - 1 WB 67.06, Rn. 31; Bauer/Krieger, AGG, § 24 Rn. 3; Meinel/Heyn/Herms, AGG, § 24 Rn. 11; Laskowski, in: Rust/Falke, SoldGG, Rn. 1; D. W. Belling, in: Erman, BGB, Kommentar, § 24 AGG Rn. 1; v. Roetteken, AGG, § 24 Rn. 3; BestNBAntr II Rds Abschnitt 1 Rn. 2; Gerbener, NZWehrr 2013, 77, 78; Thüsing, Arbeitsrechtlicher Diskriminierungsschutz, Rn. 132.

Gleichbehandlung der Soldatinnen und Soldaten (Soldatinnen- und Soldaten-Gleichbehandlungsgesetz – SoldGG).[955] Das SoldGG dient für den beruflichen Bereich der Soldatinnen und Soldaten der Umsetzung der Richtlinien 2000/43/EG und 2000/78/EG und ist im Aufbau stark an das AGG angelehnt.[956] Im Allgemeinen Teil werden das Ziel des Gesetzes (§ 1 SoldGG), sein Anwendungsbereich (§ 2 SoldGG) und Begriffsbestimmungen (§ 3 SoldGG) geregelt.[957]

Der persönliche Anwendungsbereich wird in § 6 SoldGG festgelegt und in § 7 SoldGG das eigentliche Benachteiligungsverbot ausgesprochen.[958] Weitere Aspekte zu Organisationspflichten des Dienstherrn, Beschwerderecht, Entschädigungs- und Schadensersatzregelungen werden ebenfalls festgelegt.[959] Da im Geschäftsbereich des BMVg neben Soldatinnen und Soldaten auch Beamtinnen und Beamte sowie Arbeitnehmerinnen und Arbeitnehmer tätig sind, ist für die Anwendung des SoldGG nicht der Status der Person entscheidend, die die Benachteiligung begeht.[960] So werden die Schutzvorschriften des SoldGG auch ausgelöst, wenn die Benachteiligung einer Soldatin oder eines Soldaten durch einen zivilen Angehörigen der Bundeswehr vorgenommen wurde.[961]

Gemäß § 1 Abs. 1 SoldGG ist es Ziel des Gesetzes, Benachteiligungen aus Gründen der Rasse, der ethnischen Herkunft, der Religion, der Weltanschauung oder der sexuellen Identität für den Dienst als Soldatin oder Soldat zu verhindern oder

---

955 Adomeit/Mohr, AGG, § 24 Rn. 1; Däubler/Bertzbach-*Klose*, AGG, § 24 Rn. 85; Hey/Forst, AGG, § 6 Rn. 5, § 8 Rn. 43; Meinel/Heyn/Herms, AGG, § 24 Rn. 11; Eichen, SoldGG, Einleitung, Rn. 4; Ernst/Braunroth/Franke/Wascher, AGG, Einleitung, Rn. 1; Knittel, SGB IX, § 24 AGG Rn. 3; Wendeling-Schröder/Stein/*Wendeling-Schröder*, AGG, § 24 Rn. 5; Laskowski, in: Rust/Falke, AGG, § 24 Rn. 5; Schiek/Welti, AGG, § 24 Rn. 1; v. Roetteken, GiP 2007, 13, 13; Thüsing, Arbeitsrechtlicher Diskriminierungsschutz, Einleitung, Rn. 19.

956 Däubler/Bertzbach-*Klose*, AGG, § 24 Rn. 85; Eichen, SoldGG, Einleitung, Rn. 9, 11; Meinel/Heyn/Herms, AGG, § 24 Rn. 11; Laskowski, in: Rust/Falke, AGG, SoldGG Rn. 1, 3.

957 Eichen, SoldGG, Einleitung, Rn. 9, 11; Laskowski, in: Rust/Falke, AGG, SoldGG mit einer näheren Gegenüberstellung der Regelungen des AGG und des SoldGG.

958 Däubler/Bertzbach-*Klose*, AGG, § 24 Rn. 87, 92; Hey/Forst, AGG, § 6 Rn. 5, § 8 Rn. 43; Eichen, SoldGG, Einleitung, Rn. 11; Laskowski, in: Rust/Falke, AGG, SoldGG, Rn. 4, 5.

959 Däubler/Bertzbach-*Klose*, AGG, § 24 Rn. 88, 100; Eichen, SoldGG, Einleitung, Rn. 11.

960 Eichen, SoldGG, Einleitung, Rn. 12.

961 Ebenda; Laskowski, in: Rust/Falke, AGG, SoldGG Rn. 5 ff.

zu beseitigen.[962] § 1 Abs. 2 SoldGG erweitert den Schutz und führt auf, dass es auch Ziel des Gesetzes ist, Soldatinnen und Soldaten vor Benachteiligungen auf Grund des Geschlechts in Form von Belästigung und sexueller Belästigung im Dienstbetrieb zu schützen.[963] Andere Benachteiligungen wegen des Geschlechts außer Belästigungen und sexueller Belästigungen sind bereits nach Maßgabe des Gesetzes zur Gleichstellung von Soldatinnen und Soldaten der Bundeswehr (Soldatinnen- und Soldatengleichstellungsgesetz – SGleiG)[964] verboten.[965]

Die vom SoldGG verpönten Benachteiligungsgründe werden in § 1 Abs. 1 sowie Abs. 2 SoldGG abschließend aufgezählt.[966]

Während das Alter als verpöntes Merkmal vollständig vom Geltungsbereich des SoldGG ausgenommen wurde,[967] ist für das Merkmal der Behinderung ein anderer Weg gewählt worden, obschon die Richtlinie 2000/78/EG den Mitgliedstaaten gestattet, das Merkmal Behinderung grundsätzlich auszunehmen: Die Behinderung ist als verpöntes Merkmal nicht aus dem SoldGG verbannt worden, soweit § 18 SoldGG ein Verbot der Benachteiligung für schwerbehinderte Soldatinnen und Soldaten enthält.[968] Voraussetzung ist, dass die Personen ihre Schwerbehinderung im Wehrdienstverhältnis erlitten haben.[969]

Dass die Schwerbehinderung im Wehrdienstverhältnis erlitten worden sein muss, folgt aus § 37 Abs. 1 Nr. 3 SG, der zwingend für die Berufung in ein Dienstverhältnis festlegt, dass die charakterliche, geistige und körperliche Eignung vorliegen muss, die zur Erfüllung der Aufgaben als Soldatin oder Soldat erforderlich ist. Von diesem Erfordernis kann bei Berufung in ein Dienstverhältnis nicht abgewichen werden.[970] Dies ergibt der Umkehrschluss aus § 37 Abs. 2 SG,

---

962 Däubler/Bertzbach-*Klose*, § 24 Rn. 86; Laskowski, in: Rust/Falke, AGG, SoldGG Rn. 3.

963 Däubler/Bertzbach-*Klose*, § 24 Rn. 86; Laskowski, in: Rust/Falke, AGG, SoldGG Rn. 5.

964 Soldatinnen- und Soldatengleichstellungsgesetz vom 27. Dezember 2004 (BGBl. I S. 3822), das zuletzt durch Artikel 21 des Gesetzes vom 24. April 2015 (BGBl. I S. 642) geändert worden ist.

965 Däubler/Bertzbach-*Klose*, AGG, § 24 Rn. 86, 90; Laskowski, in: Rust/Falke, AGG, SoldGG, Rn. 3, 8.

966 Eichen, SoldGG, § 1 Rn. 17.

967 Däubler/Bertzbach-*Klose*, AGG, § 24 Rn. 86; Hey/Forst, AGG, § 10 Rn. 58; v. Roetteken, GiP 2007, 13, 13; Rust, Stellungnahme zur Anhörung im BT-Ausschuss, A-Drs. 15(12)440-O+2 vom 7. März 2005 zum ADG; Laskowski, in: Rust/Falke, AGG, SoldGG Rn. 3; Gerbener, NZWehrr 2013, 77, 79.

968 Däubler/Bertzbach-*Klose*, AGG, § 24 Rn. 86, 98; Eichen, SoldGG, § 1 Rn. 18; Laskowski, in: Rust/Falke, AGG, SoldGG Rn. 3.

969 Eichen, SoldGG, § 1 Rn. 18.

970 Vgl. Däubler/Bertzbach-*Klose*, AGG, § 24 Rn. 98.

der dem BMVg Ausnahmen lediglich von der Voraussetzung des § 37 Abs. 1 Nr. 1 SG (Deutscher i. S. d. Art. 116 GG zu sein) zugesteht, soweit hierfür ein dienstliches Bedürfnis besteht.

Damit ist das Alter im Gegensatz zur Behinderung kein verpöntes Merkmal, auf welches eine Soldatin oder ein Soldat Ansprüche wegen einer möglichen Benachteiligung stützen können. Der deutsche Gesetzgeber hat bewusst das Alter als Diskriminierungsmerkmal ausgenommen; damit verbietet es sich, das Alter in den Wortlaut hinein zu lesen.[971]

b Ergebnis

Durch Herausnahme des Diskriminierungsmerkmals „Alter“ in § 1 SoldGG und § 3 SG bleibt allen Soldatinnen und Soldaten in jeglicher Hinsicht die Berufung auf eine Altersdiskriminierung nach nationalem Recht verschlossen.[972] Der aus den Erwägungsgründen eröffneten Möglichkeit, dem Altersdiskriminierungsverbot soweit wie möglich Geltung zu verschaffen, indem die Anwendung der Ausnahme soweit wie möglich, beispielsweise auf bestimmte Verwendungen in den Streitkräften, reduziert wird, hat sich der Gesetzgeber bei der Umsetzung nicht angenommen.

3. Ergebnis

Berufssoldatinnen und Berufssoldaten können sich mangels eröffnetem persönlichen Anwendungsbereich des § 24 AGG nicht auf das im AGG geregelte Verbot der Altersdiskriminierung berufen.[973]

Das für die Berufssoldatinnen und Berufssoldaten eigens geschaffene SoldGG gilt nicht für das Diskriminierungsmerkmal „Alter“, da dieses nicht zu den verpönten Merkmalen des § 1 Abs. 1 SoldGG zählt. Das SGleiG schützt ebenfalls nicht das Alter.

Damit verbleibt den Berufssoldatinnen und Berufssoldaten der grundrechtliche Schutz auf nationaler Ebene. Obwohl aufgrund des höchstpersönlichen Merkmals Alter der Schutz in Art. 3 Abs. 1 GG nicht nur am Rahmen einer

---

971 So auch Gerbener, NZWehrr 2013, 77, 80.

972 VG Trier, Urteil vom 25. September 2012 – 1K 858/12.TR, Rn. 22; Gerbener, NZWehrr 2013, 77, 79 f., die wegen des Verstoßes der Rahmenrichtlinie gegen EU-Primärrecht die Umsetzung des SoldGG für unvereinbar mit EU-Recht hält.

973 VG Trier, Urteil vom 25. September 2012 – 1K 858/12.TR, Rn. 21; Knittel, SGB IX, § 24 AGG Rn. 3; Thüsing, Arbeitsrechtlicher Diskriminierungsschutz, Rn. 132.

Willkürprüfung sichergestellt wird, ist das Schutzniveau gegenüber allen anderen Berufsgruppen erheblich abgesenkt.

Regelungen für die Bundespolizei sehen die Pensionierung gemäß § 5 BPolBG mit Vollendung des 62. Lebensjahres vor. Die gleiche Altersgrenze nennt § 51 Abs. 3 BBG für die Beamtinnen und Beamten im Feuerwehrdienst der Bundeswehr. Zur Vermeidung der Versetzung in den Ruhestand sieht § 4 BPolBG i. V. m. § 44 Abs. 2 bis 5 BBG für den Polizeivollzugsdienst für dienstunfähige Beamtinnen und Beamte vor, dass die anderweitige Verwendung Vorrang hat.

Zwar gilt für die Berufssoldatinnen und Berufssoldaten auch eine Regelung wegen Dienstunfähigkeit, § 44 Abs. 3 SG regelt:

> *„Ein Berufssoldat ist in den Ruhestand zu versetzen, wenn er wegen seines körperlichen Zustandes oder aus gesundheitlichen Gründen zur Erfüllung seiner Dienstpflichten dauernd unfähig (dienstunfähig) ist. Als dienstunfähig kann er auch dann angesehen werden, wenn auf Grund der in Satz 1 genannten Umstände die Wiederherstellung seiner Fähigkeit zur Erfüllung seiner Dienstpflichten nicht innerhalb eines Jahres zu erwarten ist.“*

Diese Regelung greift aber nur, soweit die Grenzalter in § 45 Abs. 1 und 2 SG durch die Berufssoldatin oder den Berufssoldaten noch nicht erreicht sind. Somit liegen einerseits Regelungen für den Umgang mit dienstunfähigen Berufssoldatinnen und Berufssoldaten vor, so dass der Anwendungsfall der besonderen Altersgrenze nicht als spezieller Dienstunfähigkeitsfall angesehen werden kann. Die allgemeine Altersgrenze stellt aufgrund Weiterverwendungsmöglichkeiten und der Möglichkeit zum Hinausschieben des Dienstendes keine unwiderlegliche Vermutung für eine Dienstunfähigkeit dar.

Unter Heranziehung dieser Umstände vermögen die Regelungen des AGG und insbesondere die des SoldGG nicht zu überzeugen, da den Berufssoldatinnen und Berufssoldaten ausnahmslos die Berufung auf das Verbot der Altersdiskriminierung einfachgesetzlich verwehrt wird.

II. Das Unionsrecht als Rechtsquelle für das Verbot der Altersdiskriminierung

1. Das Primärrecht und das Sekundärrecht der EU

Der allgemeine Grundsatz des Verbots der Altersdiskriminierung in Art. 21 Abs. 1 der GRCh wurde im Dezember 2009 rechtsverbindlich kodifiziert.[974] Zuvor hatte

974 EuGH, Urteil vom 13. September 2011, C-447/09 – Prigge, Rn. 38; Meinel/Heyn/Herms, AGG, Einleitung, Rn. 5; Schulze/Zuleeg/Kadelbach, Handbuch Europarecht, § 39 Rn. 13; Trute-Lahmann, S. 46.

der EuGH im Urteil Mangold[975] den ungeschriebenen allgemeinen Grundsatz des primären unionsrechtlichen Verbotes der Altersdiskriminierung aus Art. 6 Abs. 3 EUV abgeleitet.[976]

In dieser vielbeachteten Entscheidung war die Umsetzungsfrist der Richtlinie für Deutschland noch nicht abgelaufen.[977] Dennoch prüfte der EuGH die gesetzliche Maßnahme an Art. 6 Abs. 1 Richtlinie 78/2000/EG, da die Wahrung einer Gleichbehandlung nicht vom Ablauf einer Frist abhängen kann, die den Mitgliedstaaten zur Umsetzung einer Richtlinie eingeräumt worden ist.[978]

Im Urteil Kücükdeveci fand die frühere Auffassung des EuGH Bestätigung, dass ein Verbot der Diskriminierung wegen des Alters besteht, welches als ein allgemeiner Grundsatz des Unionsrechts anzusehen ist.[979] Da seit dem 1. Dezember 2009 die Bundesrepublik Deutschland an die GRCh gebunden ist, ist der ungeschriebene allgemeine Grundsatz des primären unionsrechtlichen Verbotes der Altersdiskriminierung nur bis zum 30. November 2009 relevant.[980] Die Verträge und die Charta der Grundrechte stehen gleichberechtigt nebeneinander, so dass die in der Charta der Grundrechte enthaltenen Grundrechte dem Primärrecht angehören.[981] Der primärrechtliche Schutz vor Diskriminierung ist auf den Anwendungsbereich nach Art. 51 GRCh beschränkt: Die EU-Mitgliedstaaten

975 EuGH, Urteil vom 22. November 2005, C-144/04 – Mangold.

976 EuGH, Urteil vom 22. November 2005, C-144/04 – Mangold, Rn. 74 ff.; bestätigt EuGH, Urteil vom 13. September 2011, C-447/09 – Prigge, Rn. 38; zuletzt EuGH, Urteil vom 19. April 2016, C441/14 – Dansk Industri (Rasmussen), Rn. 22; Meinel/Heyn/Herms, AGG, Einleitung, Rn. 5; Nollert-Borasio/Perreng, AGG, § 1 Rn. 33; Schulze/Zuleeg/Kadelbach, Handbuch Europarecht, § 39 Rn. 94.

977 EuGH, Urteil vom 22. November 2005, C-144/04 – Mangold, Rn. 25, Meinel/Heyn/Herms, AGG, Einleitung, Rn. 5; Groß, S. 161.

978 EuGH, Urteil vom 22. November 2005, C-144/04 – Mangold, Rn. 76, im zugrundeliegenden Fall machte Herr Werner Mangold die Unwirksamkeit seines gemäß § 14 Abs. 3 Teilzeit- und Befristungsgesetz a.F. geltend. Diese Vorschrift erlaubte den Abschluss von sachgrundlosen befristeten Arbeitsverhältnissen mit Personen ab dem 52. Lebensjahr. Im Ergebnis hielt die Vorschrift den Rechtfertigungsvoraussetzungen des Art. 6 Abs. 1 Richtlinie 78/2000/EG nicht stand, da die Vorschrift nicht der Angemessenheit und der Erforderlichkeit entsprach.

979 EuGH, Urteil vom 19. Januar 2010, C-555/07 – Kücükdeveci, Rn. 21, 27; EuGH, Urteil vom 13. September 2011, C-447/09 – Prigge, Rn. 38.

980 Sonnenberg, BLJ 2012, 9, 9 f; Rothermund/Temming, Diskriminierung aufgrund des Alters, S. 64; Trute-Lahmann, S. 46.

981 Meinel/Heyn/Herms, AGG, Einleitung, Rn. 6.

werden gemäß Art. 51 GRCh bei der Durchführung des Unionsrechts an die Charta der Grundrechte der Europäischen Union gebunden.[982]

Sekundärrechtlich findet sich das allgemeine Verbot der Altersdiskriminierung in der Richtlinie 2000/78/EG des Rates vom 27. November 2000 zur Festlegung eines allgemeinen Rahmens für die Verwirklichung der Gleichbehandlung in Beschäftigung und Beruf.[983] Art. 21 Abs. 1 der GRCh stellt damit als Primärrecht den Referenzstandard dar, nach dem die Bestimmungen der Rahmenrichtlinie auszulegen sind.[984].

Einem primärrechtlichen Verbot der Altersdiskriminierung (ungeschrieben i. S. d. Art. 6 Abs. 3 EUV oder geschrieben i. S. d. Art. 21 Abs. 1 GRCh) unterfällt eine Altersgrenze nur dann, wenn dieses Verbot nicht spezieller durch Sekundärrecht der Europäischen Union konkretisiert wird, wie es bei der Richtlinie 2000/78/EG der Fall ist.[985] Dabei sind die Bestimmungen der Richtlinie unter Berücksichtigung des Inhalts des Primärrechts auszulegen.[986]

So käme vorliegend nur dann das Primärrecht des allgemeinen Verbots der Altersdiskriminierung statt der Rahmenrichtlinie als Maßstab des Unionsrechts zur Anwendung, soweit eine Altersgrenzenregelungen vorliegt, jedoch wegen einer im Sekundärrecht zugelassenen Ausnahme dem Sekundärrecht selbst nicht untersteht.[987] Soweit eine unzulässige Altersdiskriminierung nach der Rahmenrichtlinie vorliegt, indiziert eine solche einen Verstoß gegen Art. 21 Abs. 1 GRCh, selbst wenn nicht jeder Richtlinienverstoß primärrechtswidrig ist.[988]

Im Ergebnis konkretisiert die Richtlinie den primärrechtlichen Gleichbehandlungsgrundsatz (geht aber nicht darüber hinaus),[989] der als einen Unterfall auch ein Verbot der Altersdiskriminierung enthält, so dass Primärrecht und

---

982 Ebenda, Rn. 8.

983 ABl. EG L 303 S. 16.

984 Meinel/Heyn/Herms, AGG, Einleitung, Rn. 10; Nollert-Borasio/Perreng, AGG, § 1 Rn. 33; Sonnenberg, BLJ 2012, 9, 9 f.; Thüsing/Pötters, ZIP 2011, 1886, 1886; vgl. Mörsdorf, EuR 2009, 219, 233.

985 Schlussanträge des Generalanwalts vom 19. Mai 2011, C-447/09 – Prigge, Rn. 24 und 27; Rothermund/Temming, Diskriminierung aufgrund des Alters, S. 67; Geipel, S. 46 f.

986 Däubler/Bertzbach-*Däubler*, AGG, Einleitung, Rn. 124; Meinel/Heyn/Herms, AGG, Einleitung, Rn. 10; Preis/Temming, NZA 2010, 185, 187; Thüsing/Pötters, ZIP 2011, 1886, 1886.

987 Geipel, S. 47 f.

988 Sonnenberg, BLJ 2012, 9, 10.

989 EuGH, Urteil vom 19. April 2016, C-441/14 – Dansk Industri (Rasmussen), Rn. 23; EuGH, Urteil vom 1. Oktober 2015, C-432/14 – O (Bio Philippe Auguste SARL),

Sekundärrecht regelmäßig parallel verlaufen.[990] Hierzu führt der EuGH aus, dass er zwar den allgemeinen Grundsatz des Verbots der Altersdiskriminierung anerkennt und selbiger durch die Rahmenrichtlinie für den Bereich Beschäftigung und Beruf konkretisiert wurde,[991] er jedoch, soweit beide Normenbereiche betroffen sind, die Frage nur im Hinblick auf die Richtlinie und nicht im Hinblick auf Primärrecht prüft.[992]

Gerbener bejaht die Anwendung des primärrechtlichen Verbots der Altersdiskriminierung, da sie aufgrund der vom EuGH entwickelten Vorgaben davon ausgeht, dass die pauschale Ausnahmeregelung für Streitkräfte schon in der Richtlinienbestimmung dem Primärrecht widerspricht.[993]

Geipel nimmt wegen Art. 3 Abs. 4 Richtlinie 2000/78/EG an, dass die Anwendung sowohl der Richtlinie als auch des Primärrechts ausgeschlossen ist.[994] Eine Begründung gibt er hierfür nicht. Rothermund/Temming teilen dies im Ergebnis.[995]

Dies wird nachfolgend konkret zu betrachten sein.

2. Die Folgen für die Anwendung nationalen Rechts bei Anwendbarkeit des Unionsrechts

Der Konfliktfall des nationalen Rechts mit dem Unionsrecht hat Konsequenzen. Diese bestehen einmal in der Verpflichtung zur unionsrechtskonformen Auslegung oder – soweit die Auslegung nicht möglich ist – zur Nichtanwendung entgegenstehenden nationalen Rechts.[996]

Rn. 40; Meinel/Heyn/Herms, AGG, Einleitung, Rn. 10; Benecke, EuZW 2016, 466, 469; Mörsdorf, EuR 2009, 219, 234.

990 Thüsing/Pötters, ZIP 2011, 1886, 1886, m. w. N. Mörsdorf, EuR 2009, 219, 237.

991 EuGH, Urteil vom 19. April 2016, C-441/14 – Dansk Industri (Rasmussen), Rn. 23; EuGH, Urteil vom 13. November 2014, C-416/13 – Pérez, Rn. 24.

992 EuGH, Urteil vom 13. November 2014, C-416/13 – Pérez, Rn. 25; in diesem Sinne EuGH, Urteil vom 7. Juni 2012, C-132/11 – Tyrolean Airways, Rn. 23.

993 Gerbener, NZWehrr 2013, 77, 80 f.

994 Geipel, S. 54.

995 Rothermund/Temming, Diskriminierung aufgrund des Alters, S. 67.

996 Adomeit/Mohr, AGG, Einleitung, Rn. 129; Meinel/Heyn/Harms, AGG, Einleitung, Rn. 16, 19.

a Unionsrechtskonforme Auslegung und Nichtanwendung nationaler Vorschriften

Das Unionsrecht hat Anwendungsvorrang vor dem nationalen Recht.[997] Die Rechtslage seit 1. Dezember 2009 stellt die Basis dafür dar.[998] Die Träger öffentlicher Gewalt in den Mitgliedstaaten sind gemäß Art. 291 Abs. 1 AEUV verpflichtet, alle Maßnahmen zu ergreifen, um das durch eine Richtlinie verfolgte Ziel zu erreichen.[999] Dieser dem Unionsrecht immanente Grundsatz verpflichtet die nationalen Gerichte, das innerstaatliche Recht – soweit im Anwendungsbereich des Unionsrechts befindlich – so weit wie möglich anhand des Wortlauts und des Zweckes der Richtlinien auszulegen[1000] und so Widersprüche zu vermeiden.[1001] Dieses entspricht der Verpflichtung der Mitgliedstaaten aus Art. 288 Abs. 3 AEUV, Richtlinien effektiv umzusetzen.[1002]

Ist eine unionsrechtskonforme Auslegung dem nationalen Gericht nach der eigenen nationalen Methodik der Auslegung nicht möglich,[1003] muss es die dem Unionsrecht widersprechende nationale Norm unangewendet lassen.[1004] Dies gilt auch, wenn das Bundesverfassungsgericht diese Bestimmung zuvor (noch) nicht für verfassungswidrig erklärt hat.[1005] Die Auslegungsgrenze ist erreicht, wenn diese contra legem wäre oder den eindeutigen Inhalt aus Wortsinn und Zweck überschreitet.[1006]

---

997 Meinel/Heyn/Harms, AGG, Einleitung, Rn. 16.

998 Ebenda, Rn. 15.

999 Ebenda, Rn. 16.

1000 EuGH, Urteil vom 9. März 2004, C-397/01 – Pfeiffer, Rn. 113; Meinel/Heyn/Harms, AGG, Einleitung, Rn. 17; Bauer/Krieger, AGG, Einleitung, Rn. 45; vgl. Däubler/Bertzbach-*Däubler*, AGG, Einleitung, Rn. 77, 85; Nollert-Borasio/Perreng, AGG, § 1 Rn. 36; Schleusener/Suckow/Voigt, AGG, § 1 Rn. 11; Mörsdorf, EuR 2009, 219, 232; m. w. N. Tonikidis, JA 2013, 598, 598.

1001 Däubler/Bertzbach-*Däubler*, AGG, Einleitung, Rn. 77.

1002 Ebenda, Rn. 79.

1003 Ebenda, Rn. 85; Meinel/Heyn/Harms, AGG, Einleitung, Rn. 17.

1004 EuGH, Urteil vom 19. April 2016, C-441/14 – Dansk Industri (Rasmussen), Rn. 35; Meinel/Heyn/Harms, AGG, Einleitung, Rn. 19; Nollert-Borasio/Perreng, AGG, § 1 Rn. 36; Schleusener/Suckow/Voigt, AGG, § 1 Rn. 12; Krieger, ArbRAktuell 2016, 305, 305; Forst, EWiR 2016, 381, 382.

1005 EuGH, Urteil vom 19. Januar 2010, C-555/07 – Kücükdeveci, Rn. 56; Däubler/Bertzbach-*Däubler*, AGG, Einleitung, Rn. 92; Streinz/*Ehricke*, EUV/AEUV, Art. 267 Rn. 40.

1006 EuGH, Urteil vom 19. April 2016, C-441/14 – Dansk Industri (Rasmussen), Rn. 35; Däubler/Bertzbach-*Däubler*, AGG, Einleitung, Rn. 75; Forst, EWiR 2016, 381, 382;

Dieses ist auch gegenüber einem öffentlichen Arbeitgeber unproblematisch, da die unmittelbare vertikale Wirkung der Richtlinien im Interesse der Durchsetzung des Gemeinschaftsrechts als unbedenklich eingestuft wurde.[1007] Schließlich sollte sich der Staat, der eine Richtlinie nicht, nicht rechtzeitig oder nicht vollständig umgesetzt hat, nicht auf seine eigene Säumigkeit berufen können.[1008]

Die Nichtanwendung einer nationalen Norm stellt jedoch die ultima ratio dar.[1009] Enthält die nationale Vorschrift einen Teil, der mit Unionsrecht zu vereinbaren ist, so soll nach einer Ansicht die Vorschrift insoweit aufrechterhalten werden; eine Nichtanwendung findet nur insoweit statt, als ein Widerspruch zu den in Rede stehenden Richtlinien besteht (sog. unionsrechtskonforme Reduktion).[1010] Mit diesem Vorgehen könne der Wille des nationalen Gesetzgebers berücksichtigt, gleichzeitig aber ein unionsrechtskonformer Zustand gewährleistet werden.[1011] Zudem geht der EuGH davon aus, dass der Mitgliedstaat bei der Umsetzung von Richtlinien die Intention hat, die sich aus der betreffenden Richtlinie ergebenden Verpflichtungen in vollem Umfang zu erfüllen.[1012]

Hat ein Mitgliedstaat eine Richtlinie nicht, nicht rechtzeitig oder unzureichend umgesetzt, handelt er rechtswidrig.[1013] Verkürzt er hiermit die Rechtspositionen seiner Bürger, kann er daraus keinen Vorteil ziehen.[1014] Damit eine Richtlinie direkte Anwendung finden kann, muss sie im Falle der mangelhaften

---

Krieger, ArbRAktuell 2016, 305, 305; Kühling, JuS 2014, 481, 483; Tonikidis, JA 2013, 598, 604.

1007 EuGH, Urteil vom 26. Februar 1986, Rs. 152/84 – Marshall, Rn. 49; Bauer/Krieger, AGG, Einleitung, Rn. 49 f.; Däubler/Bertzbach-*Däubler*, AGG, Einleitung, Rn. 93; Meinel/Heyn/Harms, AGG, Einleitung, Rn. 20; Rust, in: Rust/Falke, AGG, Einleitung, Rn. 279; Grabitz/Hilf, Das Recht der Europäischen Union, Art. 13 in Rn. 257; Thüsing, Arbeitsrechtlicher Diskriminierungsschutz, Einleitung, Rn. 39.

1008 EuGH, Urteil vom 26. Februar 1986, Rs. 152/84 – Marshall, Rn. 47; Däubler/Bertzbach-*Däubler*, AGG, Einleitung, Rn. 92; Grabitz/Hilf, Das Recht der Europäischen Union, Art. 13 Rn. 258; Meinel/Heyn/Harms, AGG, Einleitung, Rn. 20; Rust, in: Rust/Falke, AGG, Einleitung, Rn. 279.

1009 Meinel/Heyn/Harms, AGG, Einleitung, Rn. 24.

1010 Ebenda.

1011 Ebenda.

1012 EuGH, Urteil vom 9. März 2004, C-397/01 – Pfeiffer, Rn. 112.; Däubler/Bertzbach-*Däubler*, AGG, Einleitung, Rn. 86; Kühling, JuS 2014, 481, 482.

1013 Pfeiffer, in: Heidel/Hüßtege/Mansel/Noack, BGB, EGBEB, Rn. 34.

1014 Ebenda.

Umsetzung unbedingt und hinreichend bestimmt sein.[1015] So dürfen keine weiteren Ereignisse oder Handlungen notwendig sein.[1016] Die Richtlinie selbst muss sich auf den konkreten Streitfall anwenden lassen,[1017] gegebenenfalls auch in Zusammenschau mit der nationalen Konkretisierung eines unbestimmten Bestandteiles einer Regelung der Richtlinie, soweit andere Bestandteile der Richtlinie ihrerseits hinreichend bestimmt und genau sind.[1018]

Abschließend ist jedoch darauf hinzuweisen, dass jede Norm, die den sachlichen Anwendungsbereich der Richtlinie 2000/78/EG betrifft, in den Anwendungsbereich des Unionsrechts fällt.[1019] Dies bedeutet, dass die entsprechende Norm nicht nur an der Richtlinie, sondern auch einem allgemeinen Gleichbehandlungsgebot in seiner Ausprägung des Verbots von Diskriminierungen wegen des Alters zu messen ist.[1020]

Nach Benecke ist in der Rechtssache Dansk Industri (Rasmussen) insbesondere beachtlich, dass der EuGH auf den Schutz vor Altersdiskriminierung auch durch Art. 21 GRCh hingewiesen hat, da dieser weiter ist im Anwendungsbereich als derjenige der Richtlinie 2000/78/EG.[1021] Im zugrundeliegenden Fall stand die Frage im Raum, ob Herrn Rasmussen eine Entlassungsabfindung von seinem Arbeitgeber (Dansk Industri) zustand, da nach dänischem Recht möglicherweise ein Abfindungsanspruch bei ausscheidenden Arbeitnehmern besteht, soweit diese keinen Anspruch auf eine Altersrente haben, die von dem Arbeitgeber aus einem Rentensystem gezahlt wird, dem der Arbeitnehmer vor Vollendung seines 50. Lebensjahres beigetreten ist. In der Entscheidung betont der EuGH, dass das allgemeine Verbot der Diskriminierung wegen des Alters durch die Richtlinie

---

1015 Däubler/Bertzbach-*Däubler*, AGG, Einleitung, Rn. 91; Pfeiffer, in: Heidel/Hüßtege/Mansel/Noack, BGB, EGBEB, Rn. 35; Kühling, JuS 2014, 481, 482; Michl, JuS 2009, 1065, 1066; Tonikidis, JA 2013, 598, 604.

1016 Däubler/Bertzbach-*Däubler*, AGG, Einleitung, Rn. 91.

1017 Ebenda.

1018 Pfeiffer, in: Heidel/Hüßtege/Mansel/Noack, BGB, EGBEB, Rn. 37.

1019 EuGH, Urteil vom 19. Januar 2010, C-555/07 – Kücükdeveci, Rn. 25; Meinel/Heyn/Harms, AGG, Einleitung, Rn. 12.

1020 Vgl. Meinel/Heyn/Harms, AGG, Einleitung, Rn. 13.

1021 Benecke, EuZW 2016, 466, 469: Verf. stellt für das Urteil des EuGH vom 19. April 2016, C-441/14 – Dansk Industri (Rasmussen), fest, dass es in Diskriminierungsfällen für die contra-lege-Grenze, die eigentlich für die Verpflichtung zur europarechtskonformen Auslegung durch die nationalen Gerichte gilt, praktisch kein Raum bestehe; vgl. zum Umfang Bauer/Krieger, AGG, Einleitung, Rn. 15; ErfK-Schlachter, AGG, Vorbemerkung, Rn. 3.

2000/78/EG konkretisiert wird, jedoch nicht selbst in ihr verankert ist.[1022] Im Ergebnis bejaht der EuGH einen Verstoß gegen das allgemeine Verbot der Diskriminierung wegen des Alters.[1023] Darüber hinaus betont der EuGH, dass es einem nationalen Gericht nicht erlaubt sein kann, eine Abwägung zwischen dem allgemeinen Verbot der Diskriminierung wegen des Alters und den Grundsätzen der Rechtssicherheit und des Vertrauensschutzes dergestalt vorzunehmen, dass dem Diskriminierungsschutzsuchenden wegen Vorrang des Vertrauensschutzes der Schutz, um den ersucht wird, versagt bleibt.[1024]

Insofern sind die für die deutschen Berufssoldatinnen und Berufssoldaten bestehenden altersbezogenen Regelungen zumindest am allgemeinen Grundsatz des Verbots von Diskriminierungen wegen des Alters zu messen, wie er durch die Richtlinie konkretisiert wurde.

b Die Vorabentscheidung nach Art. 267 AEUV

Gemäß Art. 267 Abs. 1 AEUV entscheidet der EuGH im Wege der Vorabentscheidung über die Auslegung der Verträge (lit. a), Primärrecht, sowie über die Gültigkeit und die Auslegung der Handlungen der Organe, Einrichtungen oder sonstigen Stellen der Union (lit. b), hier gemäß Art. 13 Abs. 1 EUV das gesamte sekundäre Unionsrecht.[1025] Prüfungsmaßstab ist dabei wesentlich das jeweils ranghöhere Recht.[1026]

Das Vorabentscheidungsverfahren nach Art. 267 AEUV ist ein Instrument richterlicher Zusammenarbeit zwischen dem nationalen Richter und dem EuGH.[1027] Wohingegen der nationale Richter mit einem konkreten, anhängigen Rechtsstreit befasst ist, ist der EuGH in einem Zwischenverfahren abstrakt mit der Klärung entscheidungserheblicher Fragen des Unionsrechts beschäftigt.[1028]

1022 EuGH, Urteil vom 19. April 2016, C-441/14 – Dansk Industri (Rasmussen), Rn. 23.

1023 Ebenda, Rn. 27.

1024 Ebenda, Rn. 41.

1025 EuGH, Empfehlung vom 6. November 2012, C-338/1 I 2; Streinz/*Ehricke*, EUV/AEUV, Art. 267 Rn. 18–20, 23.

1026 Streinz/*Ehricke*, EUV/AEUV, Art. 267 Rn. 25.

1027 Ausdrücklich dazu EuGH, Empfehlung vom 6. November 2012, C-338/1 I 5, „da das Vorabentscheidungsverfahren auf der Zusammenarbeit zwischen dem Gerichtshof und den mitgliedsstaatlichen Gerichten beruht, erscheint es im Interesse einer vollen Wirksamkeit dieses Verfahrens zweckdienlich, diesen Gerichten die folgenden Empfehlungen zu geben.“; Streinz/*Ehricke*, EUV/AEUV, Art. 267 Rn. 7.

1028 EuGH, Empfehlung vom 6. November 2012, C-338/1 I 7; Streinz/*Ehricke*, EUV/AEUV, Art. 267 Rn. 7.

Damit wird klar, dass es sich beim Vorabentscheidungsverfahren nicht um die Manifestation eines Über- oder Unterordnungsverhältnis handelt, sondern dass im Rahmen einer Kooperation auf horizontaler Ebene, eines dialogischen Verfahrens zwischen den Gerichten eine Rechtsentscheidung gefunden wird.[1029] Während und nach Abschluss des Zwischenverfahrens bleibt der nationale Richter Herr des Verfahrens, denn der EuGH darf nicht über Fragen innerstaatlichen Rechts befinden.[1030]

Das Vorabentscheidungsverfahren dient der Sicherstellung der einheitlichen Auslegung und Anwendung des Unionsrechts,[1031] aber auch der Rechtsfortbildung.[1032] Grundlegende Strukturprinzipien konnte der EuGH darüber implementieren: Vorrang des Unionsrechts, unmittelbare Wirkung des Unionsrechts, Grundsätze einer unionsrechtlichen Staatshaftung.[1033]

Die Vorabentscheidung kann ein deutsches Gericht, welches die Frage für entscheidungserheblich hält, dem EuGH via Beschluss unabhängig vom Stand des nationalen Prozesses, jedoch vor Abschluss des gerichtlichen Verfahrens zur Entscheidung vorlegen.[1034] Gemäß Art. 267 Abs. 2 AEUV hat das Gericht ein Recht zur Vorlage.[1035] Es steht ihm ein Beurteilungsspielraum zu, ob es die Vorlage für erforderlich hält.[1036] Eine Überprüfung durch den EuGH findet nicht statt.[1037] Die Parteien des Ausgangsrechtsstreits sind nicht vorlageberechtigt,[1038] können dies jedoch beim nationalen Gericht anregen.[1039]

Legt das nationale Gericht nicht vor, kann es das in Rede stehende unmittelbar geltende Unionsrecht selbst auslegen und anwenden.[1040] Dennoch hat der

---

1029 Streinz/*Ehricke*, EUV/AEUV, Art. 267 Rn. 7.

1030 Ebenda, Rn. 7, 14.

1031 EuGH, Empfehlung vom 6. November 2012, C-338/1 I 1.

1032 Streinz/*Ehricke*, EUV/AEUV, Art. 267 Rn. 9.

1033 Ebenda, Rn. 9.

1034 Ebenda, Rn. 28, 38, 55.

1035 EuGH, Empfehlung vom 6. November 2012, C-338/1 I 9 f.; BAG, Urteil v. 9. Oktober 1991, Az.: 5 AZR 598/90, Rn. 14; Däubler/Bertzbach-*Däubler*, AGG, Einleitung, Rn. 87.

1036 EuGH, Empfehlung vom 6. November 2012, C-338/1 I 11; BAG, Urteil v. 9. Oktober 1991, Az.: 5 AZR 598/90, Rn. 14; Däubler/Bertzbach-*Däubler*, AGG, Einleitung, Rn. 88; Streinz/*Ehricke*, EUV/AEUV, Art. 267 Rn. 35.

1037 Streinz/*Ehricke*, EUV/AEUV, Art. 267 Rn. 36.

1038 Ebenda, Rn. 28.

1039 Bauer/Krieger, AGG, Einleitung Rn. 56; Streinz/*Ehricke*, EUV/AEUV, Art. 267 Rn. 35.

1040 EuGH, Empfehlung vom 6. November 2012, C-338/1 I 13; Meinel/Heyn/Harms, AGG, Einleitung, Rn. 26; Streinz/*Ehricke*, EUV/AEUV, Art. 267 Rn. 6.

EuGH als zentrale Gerichtsinstanz das Auslegungsmonopol für das Unionsrecht, welches er im Verfahren gemäß Art. 267 AUEV ausübt.[1041]

Gemäß Art. 267 Abs. 3 AEUV ist das jeweilige, mit dem konkreten Rechtsstreit befasste, deutsche letztinstanzliche Hauptsachegericht, gegen dessen Entscheidung keine nationalen ordentlichen Rechtsmittel gegeben sind, zur Vorlage verpflichtet.[1042] Es besteht nach Ansicht des EuGH jedoch auch eine Vorlagepflicht nicht letztinstanzlicher Gerichte, soweit ein nationales Gericht eine Unionsnorm für ungültig hält und diese nicht anwenden will.[1043] Legt es nicht vor, obwohl zu einer entscheidungserheblichen Rechtsfrage des Unionsrechts keine einschlägige, gesicherte Rechtsprechung oder offenkundige Klarheit über die Auslegung vorliegt, verletzt es gemäß Art. 101 Abs. 1 S. 2 GG den Anspruch auf den gesetzlichen Richter.[1044]

Das deutsche Gericht muss im Vorlagebeschluss den tatsächlichen und rechtlichen Rahmen des Ausgangsstreites detailliert darstellen.[1045] Es muss die Gründe darstellen, aus denen seine Zweifel an der Auslegung oder der Gültigkeit einer unionsrechtlichen Norm hervorgehen und den Zusammenhang zum nationalen Recht.[1046]

Der EuGH entscheidet durch Urteil, welches gemäß § 65 VerfO EuGH in Rechtskraft erwächst.[1047] Nach allgemeiner Ansicht besteht eine Bindungswirkung inter partes.[1048] Für andere Verfahren besteht nach herrschender Meinung

1041 Bauer/Krieger, AGG, Einleitung, Rn. 55; Streinz/*Ehricke*, EUV/AEUV, Art. 267 Rn. 6.

1042 BAG, Urteil v. 9. Oktober 1991, Az.: 5 AZR 598/90, Rn. 14: Bauer/Krieger, AGG, Einleitung, Rn. 60; Däubler/Bertzbach-*Däubler*, AGG, Einleitung, Rn. 87; Meinel/Heyn/Harms, AGG, Einleitung, Rn. 25 f.; Streinz/*Ehricke*, EUV/AEUV, Art. 267 Rn. 41, 42, nicht zu den ordentlichen Rechtsmitteln im Sinne der Vorschrift gehören Verfassungsbeschwerde oder Wiederaufnahmeersuchen.

1043 EuGH, Urteil vom 22. Oktober 1987, C-314/85 – Foto-Frost, Rn. 15, 17; EuGH, Empfehlung vom 6. November 2012, C-338/1 I 16; Streinz/*Ehricke*, EUV/AEUV, Art. 267 Rn. 45.

1044 Meinel/Heyn/Harms, AGG, Einleitung, Rn. 27, 31; m. w. N. Streinz/*Ehricke*, EUV/AEUV, Art. 267 Rn. 47, 49 ff.

1045 Streinz/*Ehricke*, EUV/AEUV, Art. 267 Rn. 55. in.

1046 EuGH, Empfehlung vom 6. November 2012, C-338/1 I 22; Streinz/*Ehricke*, EUV/AEUV, Art. 267 Rn. 37.

1047 Streinz/*Ehricke*, EUV/AEUV, Art. 267 Rn. 68.

1048 EuGH, Urteil vom 24. Juni 1969, Rs. 29/68 – Milch-, Fett- und Eierkontor, Rn 3; BAG, Urteil v. 9. Oktober 1991, Az.: 5 AZR 598/90, Rn. 14; Däubler/Bertzbach-*Däubler*, AGG, Einleitung, Rn. 89; Gaitanidis, in: von der Groeben/Schwarze/Hatje, Europäisches Unionsrecht, Art. 267 Rn. 89; Streinz/*Ehricke*, EUV/AEUV, Art. 267 Rn. 68.

eine „gelockerte“ Bindungswirkung erga omnes: soweit die Ungültigkeit einer Organhandlung festgestellt wird, sind nationale Gerichte daran gebunden, da ansonsten die einheitliche Anwendung des Unionsrechts und die Durchsetzung des Prinzips der Rechtssicherheit verhindert werden.[1049]

Stellt der EuGH durch Urteil die Gültigkeit von Organhandlungen fest, so wird keine Bindungswirkung erga omnes geschaffen, um erneute Vorlagen zu ermöglichen.[1050]

Betrifft eine Entscheidung des EuGH die Auslegung von Unionsrecht, ist zu differenzieren: letztinstanzliche Gerichte sind zur Berücksichtigung der Auslegung des EuGH gehalten; wollen sie abweichen, müssen sie dem EuGH erneut vorliegen.[1051] Nicht entschieden ist bislang, ob auch unterinstanzliche Gerichte vorlegen müssen, soweit sie abweichen wollen. Dagegen steht der eindeutige Wortlaut des Art. 267 Abs. 2 AEUV. Man wird jedoch davon ausgehen müssen, dass sich auch unterinstanzliche Gerichte an die Auslegung des EuGH halten, schon allein um zu vermeiden, dass bei Nichtbeachtung der EuGH-Rechtsprechung regelmäßig ein Berufungs- oder Revisionsgrund vorliegt.[1052]

Die Verwaltungsorgane der Mitgliedstaaten sind nach Ansicht des EuGH in der Pflicht, geeignete allgemeine und besondere Maßnahmen zu ergreifen, die die Beachtung des Unionsrechts sicherstellen, soweit sich aufgrund eines auf ein Vorabentscheidungsersuchen ergangenen Urteils die Unvereinbarkeit einer nationalen Rechtsvorschrift mit dem Gemeinschaftsrecht ergibt.[1053] Das nationale Recht muss so schnell wie möglich mit dem Gemeinschaftsrecht in Einklang gebracht werden.[1054]

1049 Däubler/Bertzbach-*Däubler*, AGG, Einleitung, Rn. 92; Ehricke, Seite 46 ff., Gaitanidis, in: von der Groeben/Schwarze/Hatje, Europäisches Unionsrecht, Art. 267 Rn. 90 ff.; Streinz/*Ehricke*, EUV/AEUV, Art. 267 Rn. 69 f.

1050 Streinz/*Ehricke*, EUV/AEUV, Art. 267 Rn. 71.

1051 BAG, Urteil v. 9. Oktober 1991, Az.: 5 AZR 598/90, Rn. 14; Däubler/Bertzbach-*Däubler*, AGG, Einleitung, Rn. 89; Streinz/*Ehricke*, EUV/AEUV, Art. 267 Rn. 72.

1052 Streinz/*Ehricke*, EUV/AEUV, Art. 267 Rn. 72.

1053 EuGH, Urteil vom 21. Juni 2007, C-231/06 – Jonkmann, C-232/06 – Vercheval, C233/06 – Permesaen, Rn. 38, 41; Streinz/*Ehricke*, EUV/AEUV, Art. 267 Rn. 73.

1054 EuGH, Urteil vom 21. Juni 2007, C-231/06 – Jonkmann, C-232/06 – Vercheval, C233/06 – Permesaen, Rn. 41.

III. Das Verbot der Altersdiskriminierung der Richtlinie 2000/78/EG des Rates vom 27. November 2000 zur Festlegung eines allgemeinen Rahmens für die Verwirklichung der Gleichbehandlung in Beschäftigung und Beruf[1055]

Auf europäischer Ebene gibt die Richtlinie 2000/78/EG des Rates vom 27. November 2000 zur Festlegung eines allgemeinen Rahmens für die Verwirklichung der Gleichbehandlung in Beschäftigung und Beruf für das Verbot der Altersdiskriminierung eine Konkretisierung vor. Diese Richtlinie wird im Folgenden auch als „Rahmenrichtlinie" bezeichnet.[1056] Die Rechtsgrundlage für den Erlass der Rahmenrichtlinie bildet nach dem für das Unionsrecht geltenden allgemeinen Grundsatz der begrenzten Einzelermächtigung Art. 13 EGV (heute Art. 19 AEUV).[1057] Art. 19 AEUV enthält selbst kein Diskriminierungsverbot, sondern eine Zuständigkeitsregelung für die Europäische Union.[1058] Die Rahmenrichtlinie dient der Gewährung eines allgemeinen Schutzes vor Diskriminierungen aus einem der in Art. 1 der Richtlinie 2000/78/EG genannten Gründe, darunter auch des Alters.[1059] Die Bestimmungen der Rahmenrichtlinie sind in Fragen der Altersdiskriminierung heranzuziehen.[1060]

1. Grundsätzliche Anwendbarkeit des Unionsrechts

Um die gesetzlichen Regelungen der besonderen Altersgrenzen und der Frühpensionierungsregelungen an der Richtlinie 2000/78/EG prüfen zu können, muss im Hinblick auf diese gesetzlichen Regelungen der Anwendungsbereich des Unionsrechts eröffnet sein, wozu ein unionsrechtlicher Bezug notwendig ist.[1061]

1055 ABl. EG L 303 S. 16.

1056 So auch Däubler/Bertzbach-*Däubler*, AGG, Einleitung, Rn. 3.

1057 Schulze/Zuleeg/Kadelbach, Handbuch Europarecht, § 39 Rn. 6 f.; Schmidt, S. 59; Waltermann, ZfA 2006, 305, 310; m. w. N. Schiek/Schiek, AGG, Einleitung, Rn. 33.

1058 Schulze/Zuleeg/Kadelbach, Handbuch Europarecht, § 39 Rn. 44; Schmidt, S. 61.

1059 EuGH, Urteil vom 13. November 2014, C-416/13 – Pérez, Rn. 28; EuGH, Urteil vom 18. Juni 2009, C-88/08 – Hütter, Rn. 33.

1060 OLG Hamm, Urteil vom 3. Dezember 2014 – 11 U 6/13, Rn. 39.

1061 EuGH, Urteil vom 23. September 2008, C-427/06 – Bartsch, Rn. 25; Joannidis, S. 90.

Der EuGH stellte für ex-Art. 13 EG (aktuell Art. 19 AEUV[1062]) im Urteil Bartsch fest, dass dieser selbst keinen Unionsrechtsbezug herstellen kann.[1063] Dieses Urteil wurde vor dem Ablauf der Umsetzungsfrist (für Deutschland lief die Umsetzungsfrist gemäß Art. 18 Unterabs. 2 Richtlinie 2000/78/EG am 2. Dezember 2006 ab[1064]) für die Rahmenrichtlinie gefällt. Nach Ablauf der Umsetzungsfrist ist zur Herstellung des unionsrechtlichen Bezuges die Rahmenrichtlinie selbst in der Lage.[1065] Die Umsetzungsfrist war jedenfalls bei Erlass des DNeuG im Jahr 2009, in welchem die allgemeinen und besonderen Altersgrenzen eine Bestätigung erfuhren, sowie zum Zeitpunkt der Verabschiedung des BwRefBeglG im Jahr 2012 abgelaufen.

Die Anwendbarkeit des Unionsrechts ist gegeben, soweit die Bundesrepublik Deutschland Unionsrecht ausführt.[1066] Das ist der Fall, soweit die in Rede stehenden nationalen Maßnahmen die Erreichung des mit der Richtlinie 2000/78/EG verfolgten Ziels gewährleisten sollen.[1067] Dazu gehören sowohl die Umsetzung von Richtlinien[1068] als auch die Maßnahmen, mit denen „nach der eigentlichen Umsetzung die bereits erlassenen nationalen Rechtsvorschriften ergänzt oder geändert werden".[1069] Dient die Norm nicht selbst der Umsetzung der Richtlinie, genügt es, dass die nationale Norm einen Gegenstand der Richtlinie betrifft.[1070]

1062 Art. 19 Abs. 1 AEUV: „Unbeschadet der sonstigen Bestimmungen der Verträge kann der Rat im Rahmen der durch die Verträge auf die Union übertragenen Zuständigkeiten gemäß einem besonderen Gesetzgebungsverfahren und nach Zustimmung des Europäischen Parlaments einstimmig geeignete Vorkehrungen treffen, um Diskriminierungen aus Gründen des Geschlechts, der Rasse, der ethnischen Herkunft, der Religion oder der Weltanschauung, einer Behinderung, des Alters oder der sexuellen Ausrichtung zu bekämpfen."

1063 EuGH, Urteil vom 23. September 2008, C-427/06 – Bartsch, Rn. 25; Joannidis, S. 91.

1064 EuGH, Urteil vom 22. November 2005, C-144/04 – Mangold, Rn. 13.

1065 EuGH, Urteil vom 19. Januar 2010, C-555/07 – Kücükdeveci, Rn. 24 f.; Joannidis, S. 91.

1066 Joannidis, S. 90 f.; Rothermund/Temming, Diskriminierung aufgrund des Alters, S. 64.

1067 EuGH, Urteil vom 22. November 2005, C-144/04 – Mangold, Rn. 51; zustimmend Preis/Temming, NZA 2010, 185, 187.

1068 Rothermund/Temming, Diskriminierung aufgrund des Alters, S. 64.

1069 EuGH, Urteil vom 22. November 2005, C-144/04 – Mangold, Rn. 51; vgl. Schulze/Zuleeg/Kadelbach, Handbuch Europarecht, § 2 Rn. 48.

1070 EuGH, Urteil vom 19. Januar 2010, C-555/07 – Kücükdeveci, Rn. 25; Meinel/Heyn/Herms, AGG, Einleitung, Rn. 11; Joannidis, S. 92.

Formelle Bundesgesetze, die eine Altersgrenze enthalten, unterliegen daher im Grundsatz dem Unionsrecht und damit der Gleichbehandlungs-Rahmenrichtlinie 2000/78/EG.[1071]

2. Anwendbarkeit des Unionsrechts auf Sachverhalte im Verteidigungsbereich

Obwohl Altersgrenzen und altersbezogene Ruhestandsregelungen im Grundsatz als formelle Bundesgesetze dem Unionsrecht in Gestalt der Rahmenrichtlinie unterliegen, ist nunmehr zu prüfen, ob solche Regelungen auch dann dem Unionsrecht anheimfallen, soweit sie für den Verteidigungssektor eines EU-Mitgliedstaates erlassen wurden.

Soweit die EU-Mitgliedstaaten bei der Umsetzung der Richtlinie vorgesehen haben, dass sie eine Ausnahme wegen der Diskriminierungsmerkmale „Behinderung" und „Alter" für die Streitkräfte nach Art. 3 Abs. 4 Richtlinie 2000/78/EG vorsehen, können Ungleichbehandlungen zulässig sein.[1072] Ist eine Ungleichbehandlung wegen des Alters vom Schutzbereich des Diskriminierungsverbotes ausgenommen, wird die Regelung schon tatbestandlich nicht erfasst.[1073]

a Die Entscheidungen des EuGH in den Fällen Sirdar, Kreil und Dory

Die Verteidigung ist nach europäischen Maßstäben im Grundsatz eine Angelegenheit der EU-Mitgliedstaaten. Der EuGH entschied in drei Rechtssachen, dass dieser Bereich jedoch nicht vollständig dem Geltungsbereich des EU-Rechts entzogen ist.

(i) EuGH, Urteil vom 26. Oktober 1999, C-273/97 – Sirdar

Frau Angela Maria Sirdar war Köchin bei der königlichen Artillerie und begehrte die Aufnahme in die britische Spezialkampfeinheit der „Royal Marines".[1074] Damit war ein verhältnismäßig kleiner Teil der gesamten möglichen Verwendungsbreite betroffen.[1075] Aufgrund der Politik der zuständigen Stellen der Royal

1071 Vgl. EuGH, Urteil vom 19. Januar 2010, C-555/07 – Kücükdeveci, Rn. 25; Preis/Temming, NZA 2010, 185, 187; Geipel, S. 47.

1072 Joannidis, S. 113.

1073 Groß, S. 31.

1074 Spranger, NZWehrr 2000, 100 17, 118.

1075 EuGH, Urteil vom 26. Oktober 1999, C-273/97 – Sirdar; Spranger, NZWehrr 2000, 117, 118.

Marines werden Frauen vom Dienst ausgeschlossen, da sie nicht allseitig verwendbar seien.[1076]

Der EuGH entschied, die EU-Mitgliedstaaten dürften geeignete Maßnahmen zur Gewährleistung ihrer inneren und äußeren Sicherheit treffen und Entscheidungen über die Organisation ihrer Streitkräfte erlassen. Dieses führe jedoch nicht dazu, dass derartige Entscheidungen vollständig der Anwendung des Unionsrechts entzogen seien.[1077] Konkret heißt es dann in der entsprechenden Entscheidung in Rn. 20:

> *„Auf die erste und die zweite Frage ist daher zu antworten, daß Entscheidungen der Mitgliedstaaten, die den Zugang zur Beschäftigung, die Berufsbildung und die Arbeitsbedingungen in den Streitkräften betreffen und zur Gewährleistung der Kampfkraft erlassen worden sind, nicht allgemein vom Anwendungsbereich des Gemeinschaftsrechts ausgenommen sind.“*

Die entsprechende Vorlage des Industrial Tribunal Bury St. Edmunds, Vereinigtes Königreich, fragte danach, ob

> „[…] *politische Entscheidungen eines Mitgliedstaats in Friedenszeiten und/oder bei der Vorbereitung auf einen Krieg, die den Zugang zu Beschäftigung, die Berufsbildung, die Arbeitsbedingungen oder den Einsatz in den Streitkräften betreffen und im Hinblick auf die Kampfkraft erlassen worden sind, vom Anwendungsbereich des EWG-Vertrags und/oder der auf seiner Grundlage erlassenen Rechtsvorschriften, insbesondere der Richtlinie 76/207/EWG des Rates, ausgenommen*“

seien.[1078]

Der EuGH prüfte eine Rechtfertigung über Art. 2 Abs. 2 der Richtlinie 76/207/EWG, der als Ausnahme von einem in der Richtlinie verankerten individuellen Recht für spezielle berufliche Tätigkeiten eng auszulegen ist.[1079] Der EuGH prüfte konkret bei Art. 2 Abs. 2 Richtlinie 76/207/EWG die Beachtung der formellen und verfahrensmäßigen Grenzen, die der Mitgliedstaat mit seiner Regelung einhalten muss.[1080] Soweit ein EU-Mitgliedstaat hier von der Ausnahmeermächtigung Gebrauch macht, prüft der EuGH substantiell, ob sich der Mitgliedstaat mit seiner Regelung innerhalb der äußersten Grenzen

---

1076 EuGH, Urteil vom 26. Oktober 1999, C-273/97 – Sirdar, Rn. 7.

1077 EuGH, Urteil vom 26. Oktober 1999, C-273/97 – Sirdar, Rn. 15; Däubler/Bertzbach-*Däubler*, AGG, Einleitung, Rn. 110.

1078 EuGH, Urteil vom 26. Oktober 1999, C-273/97 – Sirdar, Rn. 10.

1079 Ebenda, Rn. 23.

1080 Gronimus, NZWehrr 2001, 60, 65 f.

seines nationalen Beurteilungsspielraums bewegt.[1081] Im Ergebnis dürfen Ausnahmen nicht über das hinausgehen, was zur Erreichung des verfolgten Ziels angemessen und erforderlich ist.[1082] Der Grundsatz der Gleichbehandlung ist soweit wie möglich mit den Erfordernissen der öffentlichen Sicherheit in Einklang zu bringen.[1083]

Im Ergebnis wurde der Ausschluss von Frauen bei den Royal Marines mit dem Argument nicht beanstandet, dass der Ausschluss sich auf einen kleinen Teil der gesamten möglichen Verwendungsbreite – einer kleinen Spezialeinheit, den britischen Royal Marines – bezieht.

(ii) EuGH, Urteil vom 11. Januar 2000, C-285/98 – Kreil

Der EuGH bestätigte in seinem Urteil vom 11. Januar 2000 in der Rechtssache Kreil die in der Sirdar-Entscheidung vertretene Auffassung, dass auch Maßnahmen die Verteidigung betreffend, also jede nationale Maßnahme, die im Interesse der öffentlichen Sicherheit getroffen wird, nicht vollständig dem Anwendungsbereich des Unionsrechts entzogen sind.[1084]

Die Rechtssache befasst sich mit der Bewerbung von Frau Tanja Kreil für den freiwilligen Dienst in der Bundeswehr auf eine Stelle als Elektronikerin innerhalb der Instandsetzung. Sie erhielt mit dem Hinweis auf den damals gültigen § 1 Abs. 2 Satz 3 SG wegen ihres Geschlechts eine Ablehnung.[1085]

Wie schon der Rechtssache Sirdar zu entnehmen, wird hier bestätigt, dass Ausnahmen eng auszulegen sind und, soweit es um konkrete berufliche Anforderungen geht, für jede Tätigkeit gesondert zu prüfen ist, ob diese auch durch Frauen an der Waffe ausgeführt werden können.[1086] Es wurde die Schlagkraft und Funktionsfähigkeit des einzelnen Verbandes als Maßstab dafür herangezogen, in welchem Maße Frauen der Waffendienst vorenthalten werden durfte.[1087]

Im Ergebnis kam der EuGH zu dem Ergebnis, dass in Anbetracht der Reichweite des deutschen Ausschlusses der Frauen für alle militärischen Verwendungen

---

1081 Ebenda, 65 f.

1082 EuGH, Urteil vom 26. Oktober 1999, C-273/97 – Sirdar, Rn. 26.

1083 Ebenda.

1084 EuGH, Urteil vom 11. Januar 2000, C-285/98 – Kreil, Rn. 15 f.; Däubler/Bertzbach-*Däubler*, AGG, Einleitung, Rn. 110; *Heun*, in: v. Mangoldt/Klein/Starck, GG I, Art. 12a Rn. 5; Kämmerer, EuR 2000, 102, 108.

1085 Dietrich, NZWehrr 2000, 102, 103.

1086 Stahn, EuGRZ 2000, 121, 130.

1087 Stahn, EuGRZ 2000, 121, 130.

keine rechtfertigungsfähige Ausnahme vorliegt, da Art. 2 Abs. 2 Richtlinie 76/207/EWG nur spezifische Tätigkeiten betrifft.[1088]

(iii) EuGH, Urteil vom 11. März 2003, C-186/01 - Dory

Auch das EuGH-Urteil vom 11. März 2003 in der Rechtssache Dory stellte fest:

> *„Die von den Mitgliedstaaten insoweit getroffenen Maßnahmen sind nicht schon deshalb in ihrer Gesamtheit der Anwendung des Gemeinschaftsrechts entzogen, weil sie im Interesse der öffentlichen Sicherheit oder der Landesverteidigung ergehen."*

Herr Alexander Dory begehrte ohne Erfolg aufgrund der Richtlinie 76/207/EWG die Herausnahme aus der deutschen Wehrerfassung und die Befreiung von der Wehrpflicht. Die EU-Mitgliedstaaten haben nach Art. 2 Abs. 2 der Richtlinie 76/207/EWG die Befugnis, von dem Anwendungsbereich der Richtlinien solche beruflichen Tätigkeiten und gegebenenfalls die dazu jeweils erforderliche Ausbildung für die das Geschlecht aufgrund ihrer Art oder der Bedingungen ihrer Ausübung eine unabdingbare Voraussetzung darstellt, auszuschließen. Der EuGH stellt seinen Erwägungen voran, dass die von den EU-Mitgliedstaaten getroffenen Maßnahmen nicht schon deshalb in ihrer Gesamtheit der Anwendung des Unionsrechts entzogen wären, weil sie im Interesse der öffentlichen Sicherheit oder der Landesverteidigung ergangen sind[1089].

Eine andere Sichtweise gefährdet die Verbindlichkeit und die einheitliche Anwendung des Gemeinschaftsrechts.[1090] Daher prüfte der EuGH gleichlautend zu den Urteilen Sirdar und Kreil gemäß Art. 2 Abs. 2 der Richtlinie 76/207/EWG, ob die Maßnahmen, die die nationalen Stellen in Ausübung des ihnen zuerkannten Ermessens getroffen haben, tatsächlich das Ziel verfolgen, die öffentliche Sicherheit zu gewährleisten und ob sie angemessen und erforderlich sind, um dieses Ziel zu erreichen.[1091][1092]

1088 EuGH, Urteil vom 11. Januar 2000, C-285/98 - Kreil, Rn. 27.

1089 EuGH, Urteil vom 11. März 2003, C-186/01 - Dory, Rn. 30.

1090 Ebenda, Rn. 31.

1091 Ebenda, Rn. 34.

1092 Der EuGH verknüpfte sein Urteil vom 11. März 2003, C-186/01 - Dory in Rn. 41 mit dem ausdrücklichen Hinweis, dass er bei einer anderen Entscheidung in die Zuständigkeit des Mitgliedstaates eingegriffen hätte, da ansonsten der betroffene Mitgliedstaat gezwungen wäre, die im Wehrdienst bestehenden Verpflichtungen auf Frauen auszudehnen und ihnen somit dieselben Nachteile beim Zugang zur Beschäftigung aufzuerlegen oder die Wehrpflicht abzuschaffen.

b *Auswirkungen der Entscheidungen des EuGH in den Fällen Sirdar, Kreil und Dory auf die Richtlinie 2000/78/ EG*

Die vorbezeichneten Entscheidungen des EuGH beziehen sich auf die Richtlinie 76/207/EWG vom 9. Februar 1976.[1093] Diese Richtlinie soll die Gleichstellung von Männern und Frauen beim Zugang zu Beschäftigung, zur Berufsbildung und zum beruflichen Aufstieg sowie in Bezug auf die Arbeitsbedingungen gewährleisten und somit einen allgemeinen Rahmen für die Verwirklichung der Gleichbehandlung in Beschäftigung und Beruf festlegen.

Der EuGH verdeutlichte jedoch klar in diesen Entscheidungen, dass nationale Maßnahmen, die den Zugang zur Beschäftigung, die Berufsbildung und die Arbeitsbedingungen in den Streitkräften betreffen, von gemeinschaftsrechtlicher Relevanz sind.[1094] Zu Recht ist damit das traditionelle Verständnis, das die nationale Sicherheit in die ausschließliche Zuständigkeit der Mitgliedstaaten überantwortet sehen will, überkommen.[1095] Dieses entspricht dem System des EU-Rechts: Danach können nationale Maßnahmen der äußeren Sicherheit, soweit sie gegen Grundsätze des Gemeinschaftsrechts verstoßen, gerechtfertigt werden, jedoch keine Bereichsausnahme per se für sich in Anspruch nehmen.[1096] Soweit eine nationale Regelung nicht auf einen verteidigungspolitischen Aspekt begrenzt ist, sondern darüber hinaus auch Sachverhalte berührt, die dem Kompetenzbereich der Gemeinschaft unterstehen, ist der Anwendungsbereich des Gemeinschaftsrechts

---

1093 Später dann Richtlinie 2002/73/EG des Europäischen Parlaments und des Rates vom 23. September 2002 zur Änderung der Richtlinie 76/207/EWG des Rates zur Verwirklichung des Grundsatzes der Gleichbehandlung von Männern und Frauen hinsichtlich des Zugangs zur Beschäftigung, zur Berufsbildung und zum beruflichen Aufstieg sowie in Bezug auf die Arbeitsbedingungen, ABl. EG L 269/15.

1094 Vgl. Stahn, EuGRZ 2000, 121, 121.

1095 Vgl. Kämmerer, EuR 2000, 102, 107; Stahn, EuGRZ 2000, 121, 122; so noch BVerwG, Urteil vom 10. November 1999 – 6 C 30.98, Rn. 46: „Art. 18 Abs. 1 EG [heute Art. 21 Abs. 1 AEUV] findet jedoch keine Anwendung auf solche Beschränkungen der Ausreisefreiheit, die ausschließlich verteidigungspolitischer Natur sind."; ablehnend Spranger, NZWehrr 2000, 117, 117.

1096 *Heun*, in: v. Mangoldt/Klein/Starck, GG I, Art. 12a Rn. 6; Stahn, EuGRZ 2000, 121, 124; a. A. Eichen, NZWehrr 2000, 45, 51 f.: Eichen sieht darin eine Befugniserweiterung, welcher das für das europäische Gemeinschaftsrecht prägende Prinzip der begrenzten Einzelermächtigung entgegensteht; Dreist, NZWehrr 2000, 65, 66 f lehnt EuGH als „unzuständiges Gericht" ab und beklagt das Nichtvorhandensein eines europäischen Instanzenzugs, i. E. stimmt er inhaltlich aber den Entscheidungen des EuGH zu.

eröffnet.[1097] Insofern ist das Wesen des Gleichheitssatzes eine „Querschnittsmaterie", die sich auch auf Bereiche wie den der Verteidigung auswirkt.[1098] Damit kann sich das Gemeinschaftsrecht einer möglichst großen Effizienz versichern.[1099] Zu weit geht aber wohl die Feststellung, dass den in der Rechtssache Sirdar und Kreil getroffenen Feststellungen des EuGH eine staatsorganisationsrechtliche Dimension zu entnehmen sei.[1100]

Zu Recht stellt der EuGH mit diesem Vorgehen die Verbindlichkeit und die einheitliche Anwendung des Gemeinschaftsrechts sicher.[1101]

Gemäß Art. 1 Richtlinie 2000/78/EG werden diejenigen Merkmale, die bislang durch die Richtlinie 76/207/EWG – Verwirklichung des Grundsatzes der Gleichbehandlung von Männern und Frauen hinsichtlich des Zugangs zur Beschäftigung, zur Berufsbildung und zum beruflichen Aufstieg sowie in Bezug auf Arbeitsbedingungen – und die Richtlinie 2000/43/EG zur Anwendung des Gleichbehandlungsgrundsatzes ohne Unterschied der Rasse oder der ethnischen Herkunft noch keinen Schutz erfahren haben, im allgemeinen Diskriminierungsschutz auf europarechtlicher Ebene hinzugenommen, so auch Erwägungsgrund der 12 Richtlinie 2000/78/EG.

Erwägungsgrund 6 der Rahmenrichtlinie stellt die Bedeutsamkeit heraus, ältere Menschen sozial und wirtschaftlich einzugliedern. Nach Erwägungsgrund 8 Satz 2 der Rahmenrichtlinie erfährt die Unterstützung älterer Arbeitnehmer mit dem Ziel der Erhöhung ihres Anteils an der Erwerbsbevölkerung besondere Aufmerksamkeit. Diskriminierungen wegen des Alters können nach Erwägungsgrund 11 der Richtlinie 2000/78/EG der Verwirklichung der im EG-Vertrag festgelegten Ziele entgegenstehen, insbesondere die Erreichung eines hohen Beschäftigungsniveaus behindern.

Für das Merkmal Geschlecht gilt eine Unverwechselbarkeit dergestalt, dass es für die Merkmalsträgerin oder für den Merkmalsträger (fast) ausgeschlossen

---

1097 *Heun*, in: v. Mangoldt/Klein/Starck, GG I, Art. 12a Rn. 6; Glawe, Organkompetenzen und Handlungsinstrumente auf dem Gebiet der nationalen Sicherheit, S. 187; Stahn, EuGRZ 2000, 121, 124; a. A. Eichen, NZWehrr 2000, 45, 53: Eichen sieht darin die Ausdehnung bisher eher im Wirtschaft- und Sozialbereich angesiedelter Grundrechtspositionen auf Felder, welche die Vertragsstaaten gerade noch nicht dem Gemeinschaftsrecht unterstellen wollten; Spranger, NZWehrr 2000, 117, 117.

1098 *Heun*, in: v. Mangoldt/Klein/Starck, GG I, Art. 12a Rn. 6; Stahn, EuGRZ 2000, 121, 126, in Ansehung der Richtlinie 76/207/EWG vom 9. Februar 1976.

1099 Stahn, EuGRZ 2000, 121, 124.

1100 so Dreist, NZWehrr 2000, 65, 66; Stahn, EuGRZ 2000, 121, 122.

1101 Vgl. EuGH, Urteil vom 11. März 2003, C-186/01 – Dory, Rn. 31.

ist, eine verhaltenssteuerbare Einwirkung darauf zu nehmen. Als höchstpersönliches Merkmal gilt diese Unverwechselbarkeit aber auch für das Alter. Beide Merkmale haften einer Person unausweichlich an.

Daher kann festgestellt werden, dass nicht nur bei der Geschlechter- oder Rassendiskriminierung, sondern auch bei der Diskriminierung wegen des Alters, eine Querschnittsmaterie betroffen ist, die auch im Verteidigungsbereich Auswirkungen entfaltet. Aufgrund der in weiten Teilen gegebenen Ähnlichkeit der Richtlinie 76/207/EWG zur Rahmenrichtlinie ist anzuerkennen, dass die für die Richtlinie 76/207/EWG geltenden Vorgaben und gefundenen Auslegungen im Grundsatz auch auf die Rahmenrichtlinie anwendbar sein können.[1102]

Die Möglichkeit, dass weitere EG-Richtlinien auf den Bereich der militärischen Landesverteidigung angewendet werden, sah schon Eichen, der, schon um ein Präjudiz zu verhindern, sich klar gegen die Anwendbarkeit der Gleichbehandlungsrichtlinie im Bereich der militärischen Landesverteidigung ausgesprochen hat.[1103]

Für die gleiche Geltung in beiden Richtlinien spricht aber im Ergebnis, dass der Gemeinschaftsgesetzgeber in den Begründungen zu den vier Antidiskriminierungsrichtlinien davon ausging, menschenrechtliche Prinzipien zu konkretisieren.[1104] Menschenrechtliche Prinzipien sind jedoch einer unterschiedlichen Behandlung der einzelnen Merkmale aufgrund ihrer überragenden Unverzichtbarkeit nicht zugänglich.

c Ergebnis

Das Unionsrechtsrecht findet grundsätzlich Anwendung auf die altersbezogenen Regelungen für Berufssoldatinnen und Berufssoldaten.

3. Ungleiche Behandlung aufgrund des Alters gemäß Art. 2 Abs. 2 Richtlinie 2000/78/EG

Eine Ungleichbehandlung wegen des Alters bedeutet gemäß Art. 2 Abs. 1 Richtlinie 2000/78/EG, dass es keine unmittelbare oder mittelbare Diskriminierung wegen eines der in Art. 1 der Rahmenrichtlinie genannten Gründe geben darf. Nach Art. 2 Abs. 2 lit. a Richtlinie 2000/78/EG liegt eine unmittelbare Diskriminierung vor, wenn eine Person wegen eines der in Art. 1 genannten Gründe

---

1102 So auch Joannidis, S. 106.

1103 Eichen, NZWehrr 2000, 45, 63.

1104 Däubler/Bertzbach-*Däubler*, AGG, Einleitung, Rn. 102b; Schiek/Schiek, AGG, Einleitung, Rn. 78; vgl. Bauer/Krieger, AGG, Einleitung, Rn. 14.

in einer vergleichbaren Situation eine weniger günstige Behandlung erfährt, als eine andere Person erfährt, erfahren hat oder erfahren würde.[1105]

a Die besonderen Altersgrenzen nach § 44 Abs. 2 i. V. m. § 45 Abs. 2 SG

Bei der abstrakt-generellen Wirkung eines Gesetzes besteht die unmittelbare Altersdiskriminierung in den unterschiedlichen Rechtsfolgen einschließlich der ungleichen Auswirkungen für die Vergleichsgruppen,[1106] soweit unmittelbar an das Lebensalter von Personen angeknüpft wird.[1107] Diskriminierungen liegen immer dann vor, wenn ein faktischer Nachteil ausgelöst wird, selbst wenn sie aus wohlmeinenden Differenzierungsgründen (Schutz der Betroffenen vor Überlastung) geschaffen wurden.[1108]

Die gesetzlich verankerten besonderen Altersgrenzen für Berufssoldatinnen und Berufssoldaten gemäß § 44 Abs. 2 i. V. m. § 45 Abs. 2 SG sind als Altersschranken im Sinne adressatenbezogener Höchstaltersgrenzen zu qualifizieren. Sie bewirken den Ausschluss von der Teilhabe am Erwerbsleben als Berufssoldatin oder Berufssoldat.

Die besonderen Altersgrenzen gemäß § 44 Abs. 2 i.V. m. § 45 Abs. 2 SG ermöglichen der Behörde, Berufssoldatinnen und Berufssoldaten in den Ruhestand zu versetzen, sobald das in § 45 Abs. 2 SG bezeichnete Alter erreicht wird. Die Entscheidung ist abhängig vom Ermessen der Behörde; Tatbestandsvoraussetzungen sind nicht formuliert. Damit können Berufssoldatinnen und Berufssoldaten ohne ihr Einverständnis in den Ruhestand versetzt werden. Zu diskutieren ist, ob die Versetzung in den Ruhestand als Aufhebung der Dienstverpflichtung gegen Gewährung einer Pension eine weniger günstige Behandlung ist. Jedenfalls ist die Höhe einer nach dem Ausscheiden zu gewährenden Pension nahezu unbeachtlich.[1109] Da mit der gesetzlich angeordneten Altersbegrenzung den Betroffenen die Ausübung der Tätigkeit als Berufssoldatin oder Berufssoldat nicht mehr möglich ist, werden sie an der Ausübung ihrer Diensttätigkeiten gehindert.

1105 EuGH, Urteil vom 19. Januar 2010, C-555/07 – Kücükdeveci, Rn. 28; EuGH, Urteil vom 16. Oktober 2007, C 411/05 – Palacios, Rn. 50; bestätigt in EuGH, Urteil vom 1. Oktober 2015, C-432/14 – O (Bio Philippe Auguste SARL), Rn. 29; so für das AGG Däubler/Bertzbach-*Schrader/Schubert*, AGG, § 3 Rn. 15; m. w. N. Rust, in: Rust/Falke, AGG, § 3 Rn. 7 ff.

1106 Rothermund/Temming, Diskriminierung aufgrund des Alters, S. 69 f.

1107 Geipel, S. 59.

1108 Schulze/Zuleeg/Kadelbach, Handbuch Europarecht, § 39 Rn. 47.

1109 Däubler/Bertzbach-*Brors*, AGG, § 10 Rn. 92.

Dies stellt eine weniger günstige Behandlung dar, als ohne diese Regelung.[1110] Die Auflösung des Dienstverhältnisses lässt den Personen, die das entsprechende Alter erreicht haben, unmittelbar eine weniger günstige Behandlung zukommen, als denjenigen die dieses Alter noch nicht erreicht haben.[1111]

b Die altersbezogenen Ruhestandsregelungen nach § 2 SKPersStruktAnpG

Neben den besonderen Altersgrenzen der Berufssoldatinnen und Berufssoldaten gibt es die Regelungen des BwRefBeglG, hier insbesondere das SKPersStruktAnpG für die Ausgliederung von Soldatinnen und Soldaten. Das Gesetz ermöglicht das von der Zustimmung der Berufssoldatin oder des Berufssoldaten abhängige Ausscheiden ab einem vor dem regulären Pensionsalter liegenden Alter, welches die Pensionsansprüche wenn überhaupt nur unerheblich beeinträchtigt. Adressatenbezogene Mindestaltersgrenzen liegen vor, soweit eine Regelung vorsieht, dass denjenigen, die das festgelegte Lebensalter überschritten haben, etwas zusteht was Anderen, mit Rücksicht auf deren Lebensalter, genau deshalb nicht zusteht.[1112]

Diese Vorschrift gewährt einem bestimmbaren Personenkreis die Inanspruchnahme einer Möglichkeit, die anderen Personen, die das Alter (noch) nicht erreicht haben oder im Rahmen der begrenzten Fallzahlen keine Berücksichtigung finden, nicht zur Verfügung steht. Dass das Gebrauch machen von der Möglichkeit seitens des Dienstherrn an die Zustimmung der Betroffenen gebunden ist, ändert an dem Vorliegen der Ungleichbehandlung nichts. Bei diesem Gesetz ist den Betroffenen ein Antragsrecht auf frühzeitige Pensionierung zuerkannt, soweit sie ein bestimmtes Alter erreicht haben. Der Eintritt der Rechtsfolge ist an das Ermessen der Behörde gebunden.

Nach Rothermund/Temming dürfte eine unmittelbare Diskriminierung auch im Reformbegleitprogramm des BMVg zu erblicken sein. Der EuGH ordnete öffentliche Äußerungen des Arbeitgebers als Vorliegen einer unmittelbar diskriminierenden Einstellungspolitik i. S. d. Art. 8 Abs. 1 Richtlinie 2000/43/EG ein. Dieses ist nach Rothermund/Temming auf die Rahmenrichtlinie übertragbar.[1113] Das Reformbegleitprogramm S. 1 nennt als Ziel der Bundeswehrreform

1110 Vgl. EuGH, Urteil vom 21. Juli 2011, C-159/10 – Fuchs und C-160/10 – Köhler, Rn. 34; vgl., Adomeit/Mohr, AGG, § 10 Rn. 162.

1111 EuGH, Urteil vom 6. November 2012, C-286/12 – Kommission / Ungarn, Rn. 51; EuGH, Urteil vom 21. Juli 2011, C-159/10 – Fuchs und C-160/10 – Köhler, Rn. 35; EuGH, Urteil vom 16. Oktober 2007, C-411/05 – Palacios, Rn. 51.

1112 Geipel, S. 27.

1113 Rothermund/Temming, Diskriminierung aufgrund des Alters, S. 70.

die „Verjüngung“ des Personalkörpers. Eine unmittelbare Diskriminierung ist jedenfalls dann mit den gesetzlichen Regelungen gegeben.

4. Art. 3 Abs. 1 lit. c Richtlinie 2000/78/EG

Für den Geltungsbereich ist Art. 3 Richtlinie 2000/78/EG heranzuziehen. Art. 3 Abs. 1 lit. c Richtlinie 2000/78/EG sieht ausdrücklich vor, dass die Richtlinie für alle Personen im öffentlichen und privaten Bereich, einschließlich öffentlicher Stellen in Bezug auf die Beschäftigungs- und Arbeitsbedingungen, einschließlich der Entlassungsbedingungen und des Arbeitsentgelts gilt.[1114] Inhalt und Ziel der Richtlinie 2000/78/EG ist die Schaffung eines allgemeinen Rahmens für die Gleichbehandlung auch in Bezug auf das Alter für jeden in Beschäftigung und Beruf.[1115]

§ 44 Abs. 2 i. V. m. § 45 Abs. 2 SG enthält Höchstaltersgrenzen für die Wehrdienstausübung, soweit der Dienstherr von seinem Ermessen entsprechenden Gebrauch macht, und § 2 SKPersStruktAnpG enthält Mindestaltersgrenzen für die Pensionierung vor Erreichen der besonderen Altersgrenzen.

Zu diesen Beschäftigungsverhältnissen gehört nicht nur das beamtenrechtliche Dienstverhältnis, sondern auch das besondere Statusverhältnis der Berufssoldatinnen und Berufssoldaten.[1116] Eine solche Erstreckung ist auch den Rechtssachen Sirdar und Kreil zu entnehmen, die sich auf die Gender-Richtlinie 76/207/EWG vom 9. Februar 1976[1117] beziehen. Für die Gleichbehandlungsrichtlinie 76/207/

1114 EuGH, Urteil vom 9. September 2015, C-20/13 – Ungarn, Rn. 28; EuGH, Urteil vom 13. November 2014, C-416/13 – Pérez, Rn. 28 und 29; Schlussanträge des Generalanwalts Mengozzi vom 17. Juli 2014 zur Rechtssache C-416/13, Rn. 9; EuGH, Urteil vom 19. Juni 2014, C-501/12 bis C-506/12, C-540/12 und C-541/12 – Specht u. a., Rn. 36; Mann, Altersdiskriminierung durch gesetzliche Höchstaltersgrenzen, S. 46; Trute-Lahmann, S. 50.

1115 EuGH, Urteil vom 18. Juni 2009, C-88/08 – Hütter, Rn. 33 f; EuGH, Urteil vom 12. Januar 2010, C-229/08 – Wolf, Rn. 24; Waltermann, NZA, 2005, 1265, 1266.

1116 BT-Drs. 16/1780, S. 49; Schiek/Welti, AGG, § 24 Rn. 1; Eichen, NZWehrr 2000, 45, 47 f.; Joannidis, S. 93.

1117 Die Richtlinie 76/207/EWG des Rates vom 9. Februar 1976 zur Verwirklichung des Grundsatzes der Gleichbehandlung von Männern und Frauen hinsichtlich des Zugangs zur Beschäftigung, zur Berufsbildung und zum beruflichen Aufstieg sowie in Bezug auf die Arbeitsbedingungen, ABl. EG L 39/40 v. 14.2.1976, wurde erheblich geändert. Es gibt weitere Richtlinien, die ebenfalls Bestimmungen enthalten, deren Ziel die Verwirklichung des Grundsatzes der Gleichbehandlung von Männern und Frauen ist. Aus Gründen der Klarheit wurde eine Neufassung sowie die Zusammenfassung der wichtigsten Bestimmungen auf diesem Gebiet mit verschiedenen

EWG lautete jedoch der Beschluss des Ersten Wehrdienstsenates des BVerwG vom 20. Mai 1999, dass diese unanwendbar für Wehrdienstverhältnisse sei, da auf dem Gebiet der Verteidigung keine gemeinschaftsrechtliche Zuständigkeit bestehe.[1118] Dieser Auffassung trat der EuGH entschieden entgegen: Den Urteilen in den Rechtssachen Sirdar und Kreil konnte man die Auffassung des EuGH entnehmen, europarechtliche Schutzvorschriften für Beschäftigte seien grundsätzlich auch auf Angehörige der deutschen Sonderstatusverhältnisse wie Beamtinnen und Beamte, Richterinnen und Richter sowie Berufssoldatinnen und Berufssoldaten anzuwenden.[1119] Auch die Formulierung in Art. 3 Abs. 1 der Rahmenrichtlinie stützt dies, indem die Vorschrift „alle Personen in öffentlichen und privaten Bereichen, einschließlich öffentlicher Stellen" benennt.[1120] Zudem wäre die Regelung in Art. 3 Abs. 4 der Richtlinie 2000/78/EG obsolet, soweit Berufssoldatinnen und Berufssoldaten schon dem Grunde nach von der Rahmenrichtlinie nicht umfasst wären.[1121]

Auch Erwägungsgrund 14 der Richtlinie 2000/78/EG ist hier nicht einschlägig, obwohl er für die Richtlinie festlegt, dass dieser nicht die mitgliedstaatliche Festsetzung von Altersgrenzen für den Eintritt in den Ruhestand berührt.[1122] Dies entschied der EuGH in der Rechtssache Palacios:

Herr Félix Palacios de la Villa wehrte sich gegen die automatische Beendigung seines Arbeitsvertrages aufgrund einer nationalen Norm. Diese ermöglichte es tarifvertraglich, die sozialversicherungsrechtlich vorgeschriebene Regelaltersgrenze als allgemeine Altersgrenze für den Eintritt in den Ruhestand unter der Bedingung zu vereinbaren, dass die sozialversicherungsrechtlichen Voraussetzungen

---

Entwicklungen aufgrund der Rechtsprechung des EuGH in der Richtlinie 2006/54/ des Europäischen Parlaments und des Rates vom 5. Juli 2006 zur Verwirklichung des Grundsatzes der Chancengleichheit und Gleichbehandlung von Männern und Frauen in Arbeits- und Beschäftigungsfragen (Neufassung) veranlasst, ABl. EG L 204/23 v. 26.7.2006, so genannte Gleichbehandlungsrichtlinie.

1118 BVerwG, Beschluss vom 20. Mai 1999 – 1 WB 94/98, Leitsatz „Die Richtlinie 76/207/ EWG des Rates vom 09. Februar 1976 (Gleichbehandlungsrichtlinie) findet auf Wehrdienstverhältnisse keine Anwendung.".

1119 Dietrich, NZWehrr 2000, 102, 104 ff. für die Richtlinie 76/207/EWG; Eichen, NZWehrr 2000, 45, 47 f.; Gronimus, NZWehrr 2001, 60, 62 f., 66 m. w. N. der aus der Entscheidung Kreil, auch auf die Geltung weiterer europarechtlicher Richtlinien für das Sonderstatusverhältnis Berufssoldatentum schließt: Arbeitsstättenverordnung, Bildschirmarbeitsplatzverordnung, Arbeitszeitrichtlinie 93/104/EWG etc.

1120 Knittel, SGB IX, § 24 AGG Rn. 3.

1121 Vgl. Thüsing, Arbeitsrechtlicher Diskriminierungsschutz, Rn. 133.

1122 Adomeit/Mohr, AGG, § 10 Rn. 174.

für einen Anspruch auf eine beitragsbezogene Regelaltersgrenze durch den Arbeitnehmer erfüllt waren.[1123]

In diesem Urteil stellte der EuGH für den Erwägungsgrund 14 der Richtlinie 2000/78/EG klar, dass die Richtlinie nicht die Zuständigkeit der Mitgliedstaaten tangiert, das Alter für den Eintritt in den Ruhestand zu bestimmen.[1124] Nichts stehe der Anwendung der Richtlinie auf nationale Maßnahmen entgegen, mit denen die Bedingungen geregelt werden, unter denen ein Arbeitsvertrag endet, wenn das auf diese Weise festgesetzte Ruhestandsalter erreicht wird.[1125]

Soweit nämlich mit der nationalen Maßnahme Bedingungen geregelt werden, die die Dauer der Berufsausübung betreffen, indem sie Betroffene hindern, am Erwerbsleben zukünftig teilnehmen zu können, sind dies keine Maßnahmen, die dem Erwägungsgrund 14 der Richtlinie 2000/78/EG unterliegen.[1126] Die Konsequenzen, die sich für den einzelnen aus den einzelstaatlichen Maßnahmen ergeben, müssen an den Maßstäben des Diskriminierungsverbotes der Rahmenrichtlinie gemessen werden.[1127]

So wendet auch der EuGH in der Rechtssache C-159/10 Fuchs und Rechtssache C-160/10 Köhler[1128] die Rahmenrichtlinie auf Altersgrenzen (der Beamten) an:[1129]

Herr Gerhard Fuchs und Herr Peter Köhler, beide Staatsanwälte im Land Hessen, wehrten sich gegen die zwangsweise Versetzung in den Ruhestand mit Erreichen der Altersgrenze von 65 Jahren. Der EuGH prüfte im Rahmen des Art. 6 Abs. 1 Richtlinie 2000/78/EG, ob für die obligatorische Versetzung in den Ruhestand mit Erreichen der Altersgrenze ein legitimes Ziel vorliegt. Darunter

---

1123 Groß, S. 162.

1124 EuGH, Urteil vom 16. Oktober 2007, C 411/05 – Palacios, Rn. 44.

1125 Ebenda.

1126 Ebenda, Rn. 44, f.; EuGH, Urteil vom 5. März 2009, C-388/07 – Age Concern, Rn. 25; Temming, NZA 2007, 1193, 1195; a. A. Schlussanträge des Generalanwalts vom 15. Februar 2007, C 411/05 – Palacios, Rn. 67.

1127 OLG Hamm, Urteil vom 3. Dezember 2014 – 11 U 6/13, Rn. 40.

1128 EuGH, Urteil vom 21. Juli 2011, C-159/10 – Fuchs und C-160/10 – Köhler: Herr Gerhard Fuchs und Herr Peter Köhler, beide Staatsanwälte im Land Hessen, wehrten sich gegen die zwangsweise Versetzung in den Ruhestand im Alter von 65 Jahren. Der EuGH urteilte hier in Bezug auf das hessische Beamtenrecht, dass die Regelaltersgrenze von 65 Jahren für Beamte europarechtlich nicht zu beanstanden sei; mit Erwägungsgrund 14 der Richtlinie 2000/78/EG beschäftigt sich der EuGH im vorliegenden Urteil nicht.

1129 Ebenda, Rn. 34; OLG Hamm, Urteil vom 3. Dezember 2014 – 11 U 6/13; OVG NRW, Beschluss vom 3. März 2012 – 1 A 882/10, Rn. 12; Nussberger, JZ 2002, 524, 530; a. A. OVG NRW, Beschluss vom 30. September 2009 – 1 B 1412/09, Rn. 11.

seien insbesondere rechtmäßige Ziele aus den Bereichen Beschäftigungspolitik, Arbeitsmarkt und berufliche Bildung zu verstehen. Zudem müsse die Ungleichbehandlung gerechtfertigt und die Mittel zur Erreichung dieses Ziels angemessen und erforderlich sein.[1130] Auch soweit das angestrebte Ziel einer nationalen Regelung unbezeichnet bleibe, sei es möglich, die Maßnahme nach Art. 6 Abs. 1 Richtlinie 2000/78/EG zu rechtfertigen.[1131] Entscheidend sei, dass andere – aus dem allgemeinen Kontext der betreffenden Maßnahme abgeleitete – Anhaltspunkte die Feststellung des hinter dieser Maßnahme stehenden Ziels ermöglichen.[1132] Der EuGH stellte unter Betonung des weiten Ermessensspielraums der Mitgliedstaaten[1133] fest, dass die Setzung von Altersgrenzen nicht unvernünftig ist, soweit damit eine ausgewogene Altersstruktur geschaffen werden soll, um die Planbarkeit des Ausscheidens zu erreichen, die Beförderung insbesondere von jüngeren Beamten zu gewährleisten und Rechtsstreitigkeiten vorzubeugen, die im Zusammenhang mit der Versetzung in den Ruhestand entstehen können.[1134] Mit Verweis auf Art. 15 Abs. 1 GRCh erinnerte der EuGH daran, das mit der Richtlinie 2000/78/EG aufgestellte Verbot der Diskriminierung wegen des Alters dürfe durch die Mitgliedstaaten nicht ausgehöhlt werden,[1135] da die Teilhabe älterer Arbeitnehmer am wirtschaftlichen, kulturellen und sozialen Leben ein im Erwägungsgrund 25 der Richtlinie 2000/78/EG anerkanntes Ziel sei.[1136] Dennoch könnten die Mitgliedstaaten aufgrund politischer, wirtschaftlicher, sozialer, demographischer und/oder haushaltsbezogener Erwägungen die Lebensarbeitszeit der Arbeitnehmer verlängern oder einen früheren Eintritt in den Ruhestand vorsehen, da es im Rahmen der Sozialpolitik Angelegenheit der Mitgliedstaaten sei, zwischen den widerstreitenden Interessen einen gerechten Ausgleich zu finden.[1137] So könne die zwangsweise Versetzung in den Ruhestand mit Vollendung des 65. Lebensjahres erlaubt sein, wenn den betroffenen Arbeitnehmern eine nicht als unangemessen betrachtete Rente zugute komme.[1138] Der EuGH stellte fest, dass die zwangsweise Versetzung in den Ruhestand trotz Bestehen

---

1130 EuGH, Urteil vom 21. Juli 2011, C-159/10 – Fuchs und C-160/10 – Köhler, Rn. 35.
1131 Ebenda, Rn. 39.
1132 Ebenda, Rn. 39; so auch schon EuGH, Urteil vom 12. Januar 2010, C-341/08 – Petersen, Rn. 41.
1133 EuGH, Urteil vom 21. Juli 2011, C-159/10 – Fuchs und C-160/10 – Köhler, Rn. 61.
1134 Ebenda, Rn. 60.
1135 Ebenda, Rn. 62.
1136 Ebenda, Rn. 63.
1137 Ebenda, Rn. 65.
1138 Ebenda, Rn. 66; EuGH, Urteil vom 16. Oktober 2007, C-411/05 – Palacios, Rn. 73.

der Möglichkeit, bis zum 68. Lebensjahr weiterzuarbeiten, unionsrechtskonform ist, sofern ein solches Gesetz zum Ziel habe, eine ausgewogene Altersstruktur zu schaffen, um die Einstellung und die Beförderung von jüngeren Berufsangehörigen zu begünstigen, die Personalplanung zu optimieren und damit Rechtsstreitigkeiten über die Fähigkeit der Beschäftigten, seine Tätigkeit über ein bestimmtes Alter hinaus auszuüben, vorzubeugen, und es die Erreichung dieses Ziels mit angemessenen erforderlichen Mitteln ermögliche.[1139] Für gesetzliche Regelungen, die zur Beendigung von Dienstverhältnissen unter Bezug eines vollen Ruhegehaltes bei Beamtinnen und Beamten führen, hat der EuGH damit entschieden, dass es sich um Arbeits- und Beschäftigungsbedingungen i. S. d. Art. 3 Abs. 1 lit. c Richtlinie 2000/78/EG handelt.[1140]

Die gesetzlich verankerten besonderen Altersgrenzen für Berufssoldatinnen und Berufssoldaten gemäß § 44 Abs. 2 i. V. m. § 45 Abs. 2 SG sind als Altersschranken im Sinne adressatenbezogener Höchstaltersgrenzen zu qualifizieren. Sie betreffen den zwangsweisen Übertritt in den Ruhestand. Derartige Bestimmungen hindern die Betroffenen, über das jeweilig bezeichnete Lebensalter hinaus zukünftig am Erwerbsleben als Berufssoldatin oder Berufssoldat teilzunehmen.[1141] Es handelt sich daher um Beschäftigungsbedingungen i. S. d. Art. 3 Abs. 1 lit. c Richtlinie 2000/78/EG.

Das SKPersStruktAnpG, welches die Ausgliederung von Soldatinnen und Soldaten zum Gegenstand hat, ermöglicht das Ausscheiden der Betroffenen ab einem vor dem regulären Pensionsalter liegenden Alter. Da § 2 SKPersStruktAnpG nicht antragsgebunden ist, identifiziert die Personal bearbeitende Dienststelle diejenigen Berufssoldatinnen und Berufssoldaten, die im Rahmen der Neuausrichtung der Bundeswehr wegfallen können.[1142] Es werden in § 2 SKPersStruktAnpG Mindestaltersgrenzen festgelegt, ab deren Erreichen die Versetzung in den Ruhestand vollzogen werden kann (§ 2 SKPersStruktAnpG). Den Begrifflichkeiten in Art. 3 Abs. 1 lit. c Richtlinie 2000/78/EG sind alle Bedingungen, die für ein Arbeits(-Dienst)verhältnis gelten oder vom (öffentlichen) Arbeitgeber angewendet werden können, zuzuordnen.[1143] Insoweit sind die Entlassungsbedingungen und Bedingungen für Arbeitsentgelte rein deklaratorischer Natur.[1144]

1139 EuGH, Urteil vom 21. Juli 2011, C-159/10 – Fuchs und C-160/10 – Köhler, Rn. 75.

1140 Ebenda, Rn. 35.

1141 I. d. S. EuGH, Urteil vom 21. Juli 2011, C-159/10 – Fuchs und C-160/10 – Köhler, Rn. 34.

1142 Vgl. dazu Walz/Eichen/Sohm, § 44 Rn. 69.

1143 Joannidis, S. 107.

1144 Joannidis, S. 107.

Da mit § 2 SKPersStruktAnpG nur einem aufgrund eines Mindestalters abgetrennten Personenkreis die Möglichkeit zum früheren Ausscheiden aus dem Dienstverhältnis gewährt wird, werden damit Bedingungen für die Entlassung geregelt.

5. Die Ausnahme gemäß Art. 3 Abs. 4 Richtlinie 2000/78/EG

Für den Geltungsbereich der Rahmenrichtlinie ist Art. 3 Abs. 4 Richtlinie 2000/78/EG zu berücksichtigen. Diese Vorschrift befasst sich mit der Geltung der Richtlinie für die Streitkräfte der Mitgliedstaaten. Art. 3 Abs. 4 der Richtlinie 2000/78/EG gestattet den Mitgliedstaaten zu regeln,

> *„dass die Richtlinie hinsichtlich der Diskriminierung wegen Behinderung und Alter nicht für Streitkräfte gilt".*

Davon hat der deutsche Gesetzgeber Gebrauch gemacht: Das EUGleichbUmsG sieht gemäß Art. 3 Abs. 12 EUGleichbUmsG vor, dass in § 3 SG das Alter als Bezugspunkt nicht übernommen wird.[1145] § 3 Abs. 1 SG regelt näher die Ernennungs- und Verwendungsgrundsätze: Danach ist der Soldat nach Eignung, Befähigung und Leistung ohne Rücksicht auf Geschlecht, sexuelle Identität, Abstammung, Rasse, Glauben, Weltanschauung, religiöse oder politische Anschauungen, Heimat, ethnische oder sonstige Herkunft zu ernennen und zu verwenden. Durch diese Maßnahmen brachte der Gesetzgeber zum Ausdruck, im Rahmen der genannten Vorschriften das Alter als einen zulässigen Differenzierungsgrund zulassen zu wollen[1146].

Auch § 1 SoldGG oder das SGleiG umfassen das Diskriminierungsmerkmal Alter nicht. § 24 AGG sorgt dafür, dass den Berufssoldatinnen und Berufssoldaten die Berufung auf das das Alter schützende AGG verwehrt ist. Damit hat der deutsche Gesetzgeber vollumfänglich bewirkt, dass die Soldatinnen und Soldaten sich in keiner Hinsicht auf das Alter als Diskriminierungsmerkmal berufen können. Die Bundesregierung begründet den Regelungsgehalt des § 1 SoldGG sowie des § 3 Abs. 1 SG mit der ihr in Art. 3 Abs. 4 Richtlinie 2000/78/EG zugewiesenen Möglichkeit, aufgrund des

> *„überragenden Erfordernisses der Einsatzbereitschaft und Schlagkraft der Streitkräfte, die Alters- und Behindertendiskriminierung aus dem Gesetzeswortlaut herauszunehmen".*[1147]

1145 Falke, in: Rust/Falke, Artikel 3, Rn. 3.

1146 Vgl. VG Köln, Urteil vom 5. August. 2015 – Az.: 23 K 4502/12, Rn. 22.

1147 BT-Drs. 16/1780, S. 27, 53; BVerwG, Beschluss vom 11. März 2008 – 1 WB 8.08 für das Merkmal der Behinderung; vgl. Däubler/Bertzbach-*Klose*, AGG, § 24 Rn. 86.

Das Erfordernis der Einsatzbereitschaft und Schlagkraft der Streitkräfte, die die äußere Sicherheit und die Existenz des staatlichen Gemeinwesens gewährleisten sollen, stellt für die Bundesregierung einen gewichtigen militärischen Grund dar, der staatspolitisch fundiert sei.[1148] Wörtlich heißt es dazu in der Begründung zu Art. 2 EUGleichbUmsG:

> *„[...] rechtfertigt es, für die Streitkräfte von der Auflage abzusehen, Personen einstellen oder weiterbeschäftigen zu müssen, die hinsichtlich ihrer körperlichen oder geistigen Fähigkeiten oder aus Altersgründen nicht in der Lage sind, den jeweiligen Anforderungen an sämtliche, ihnen zu stellende militärische Aufgaben zu erfüllen".*[1149]

Damit könnte die Richtlinie aufgrund der Bereichsausnahme keine Anwendung auf die altersbezogenen Regelungen aller Streitkräfte haben[1150]. Für die Reichweite einer Bereichsausnahme sind jedoch neben dem bloßen Wortlaut noch andere Aspekte der Rechtsetzung zu berücksichtigen, die nachfolgend dargestellt werden.

a Entstehungsgeschichte der Richtlinie 2000/78/EG

Im Vorschlag für die Rahmenrichtlinie vom 6. Januar 2000 war weder im Anwendungsbereich noch im Rahmen der Rechtfertigung eine Ausnahme für das Diskriminierungsverbot des Alters bei Streitkräften vorgesehen.[1151] Lediglich Art. 4 Abs. 1 des Entwurfes der Rahmenrichtlinie gestattete bei wesentlichen beruflichen Anforderungen ein Absehen vom Diskriminierungsverbot (so auch der endgültige Art. 4 Abs. 1 der Richtlinie 2000/78/EG), so finden besondere Erwähnung die öffentlichen oder privaten Organisationen, die in den Bereichen der Religion und des Glaubens eine bestimmte weltanschauliche Tendenz verfolgen (Art. 4 Abs. 2 des Entwurfes der Rahmenrichtlinie). Die Stellungnahme des Wirtschafts- und Sozialausschusses zum Vorschlag der Rahmenrichtlinie vom 25. Mai 2000 sah ebenfalls keine Einschränkung für das Diskriminierungsverbot hinsichtlich des Alters bei Streitkräften vor.[1152] Eher befürchtete der Wirtschafts- und Sozialausschuss eine Ausweitung der Legitimierung einer Diskriminierung

---

1148 BT-Drs. 16/1780, S. 27.

1149 BT-Drs. 16/1780, S. 27.

1150 So VG Köln, Urteil vom 5. August 2015 – Az.: 23 K 4502/12, Rn. 22.

1151 Vorschlag für eine Richtlinie des Rates zur Festlegung eines allgemeinen Rahmens für die Verwirklichung der Gleichbehandlung in Beschäftigung und Beruf, ABl. C 177 E/42-46 v. 27.6.2000.

1152 Stellungnahme des Wirtschaft- und Sozialausschusses zu dem „Vorschlag für eine Richtlinie des Rates zur Festlegung eines allgemeinen Rahmens für die Verwirklichung der Gleichbehandlung in Beschäftigung und Beruf" vom 25. Mai 2000, ABl. C 204/82.

aufgrund des Alters vor dem Hintergrund arbeitsmarktpolitischer Erwägungen.[1153] Die Stellungnahme des Ausschusses der Regionen vom 12. April 2000 trifft zu den in Rede stehenden Merkmalen keine Aussagen.[1154] Auch der geänderte Vorschlag für eine Rahmenrichtlinie vom 12. Oktober 2000 beinhaltete keine neuen Regelungen hinsichtlich des Diskriminierungsmerkmals des Alters bei Angehörigen der Streitkräfte.[1155] Erstmals in den Beratungsergebnissen des Rates vom 17. Oktober 2000 findet sich in Art. 3 Abs. 4 und vorab im Erwägungsgrund 18a des Entwurfes der Rahmenrichtlinie eine den Mitgliedstaaten eingeräumte Möglichkeit, bezüglich des Merkmals des Alters bei Streitkräften vom grundsätzlichen Diskriminierungsverbot abzusehen.[1156] Dieses Engagement ging auf die irische und britische Delegation zurück.[1157] Eine nähere Ausführung zu den Gründen, die kurz vor der endgültigen Verabschiedung der Rahmenrichtlinie zu diesen Änderungen führten, ist aus den Motiven selbst nicht zu erkennen. Die Ausnahme für körperliche Anforderungen bei speziellen Tätigkeiten war ohnehin in Art. 4 Abs. 1 der Rahmenrichtlinie niedergelegt.

Nach Ansicht des BVerwG handelt es sich bei der kurzfristigen Aufnahme der Bereichsausnahme um eine Reaktion, die eine vergleichbare Entwicklung, d. h. eine Erstreckung der Richtlinie auf die Streitkräfte (wie bei der Richtlinie 76/207/EWG geschehen) verhindern sollte.[1158] Dieses Motiv könnte dafür sprechen, dass die Bereichsausnahme in der Rahmenrichtlinie umfassend zu verstehen ist und dass die Streitkräfte der Mitgliedstaaten als Ganzes und hinsichtlich aller Maßnahmen von der Wirkung der Rahmenrichtlinie ausgenommen werden können sollten.[1159]

1153 Stellungnahme des Wirtschaft- und Sozialausschusses zu dem „Vorschlag für eine Richtlinie des Rates zur Festlegung eines allgemeinen Rahmens für die Verwirklichung der Gleichbehandlung in Beschäftigung und Beruf“ vom 25. Mai 2000, ABl. C 204/82, Ziffer. 5.5.

1154 Stellungnahme des Ausschusses der Regionen zu dem „Vorschlag für eine Richtlinie des Rates zur Festlegung eines allgemeinen Rahmens für die Verwirklichung der Gleichbehandlung in Beschäftigung und Beruf“ vom 12. April 2000, ABl. C 226/1.

1155 Geänderter Vorschlag für eine Richtlinie des Rates zur Festlegung eines allgemeinen Rahmens für die Verwirklichung der Gleichbehandlung in Beschäftigung und Beruf vom 12. Oktober 2000 KOM (2000) 652 – 1999/0225 (CNS).

1156 Rat der Europäischen Union vom 17. Oktober 2000, Dok. 12494/00 SOC 365 JAI 125.

1157 BVerwG, Urteil vom 30. Oktober 2014 – 2 C 39.13, Rn. 10; Rudolf/Mahlmann, Gleichbehandlungsrecht, § 6 Rn. 135.

1158 BVerwG, Urteil vom 30. Oktober 2014 – 2 C 39.13, Rn. 10.

1159 Ebenda, Rn. 12.

b Die Auswirkungen der Erwägungsgründe 18 und 19 der Richtlinie 2000/78/EG

Sofern man auf den eigentlichen Wortsinn des Art. 3 Abs. 4 Richtlinie 2000/78/EG abstellt, war dem nationalen Gesetzgeber bedingungsfrei die Nichtanwendbarkeit der Richtlinienvorgaben für die Streitkräfte ermöglicht. Art. 3 Abs. 4 Richtlinie 2000/78/EG steht jedoch nicht allein. Er ist begleitet von Erwägungen, für die es im Einzelfall den Bedeutungsgehalt zu ermitteln gilt.

Die in der Gesetzesbegründung gewählte Formulierung[1160] stellt (fast wörtlich) auf den Erwägungsgrund 18 der Richtlinie 2000/78/EG ab, der statuiert, dass

> *„den Streitkräften [..] unter Berücksichtigung des rechtmäßigen Ziels, die Einsatzbereitschaft dieser Dienste zu wahren, nicht zur Auflage gemacht werden [darf], Personen einzustellen oder weiter zu beschäftigen, die nicht den jeweiligen Anforderungen entsprechen, um sämtliche Aufgaben zu erfüllen, die ihnen übertragen werden können."*

Erwägungsgrund 19 der Rahmenrichtlinie sieht die Möglichkeit vor, die Richtlinie hinsichtlich der Merkmale Behinderung und Alter für die gesamten Streitkräfte oder Teile davon nicht anzuwenden. Satz 2 des Erwägungsgrundes 19 der Richtlinie 2000/78/EG fordert den nationalen Gesetzgeber auf, eine Festlegung zu treffen, ob die Ausnahme für Teile oder für die gesamten Streitkräfte gelten soll.

Der Wortlaut der Erwägungsgründe ist enger als der des Richtlinientextes, da sie die Ausnahme nur in Verbindung mit einem rechtmäßigen Ziel zulassen: Nimmt man zum Wortlaut des Art. 3 Abs. 4 der Rahmenrichtlinie die Erwägungsgründe 18 und 19 Richtlinie 2000/78/EG hinzu, kann festgestellt werden, dass die Ausnahme für die Streitkräfte nur unter Berücksichtigung des rechtmäßigen Ziels, die Einsatzbereitschaft der Streitkräfte zu wahren und die Schlagkraft der Streitkräfte sicherzustellen, vorgesehen ist und damit enger als der Wortlaut des Art. 3 Abs. 4 Richtlinie 2000/78/EG selbst ist.

Rechtlich unterschiedlich werden die Auswirkungen der Erwägungsgründe von europäischen Richtlinien bewertet:

Einer Ansicht zufolge legen die Erwägungsgründe ausschließlich dar, warum eine Richtlinie erlassen wurde.[1161] Zur Auslegung des Anwendungsbereiches einer Richtlinie und dessen Reichweite oder inhaltlicher Beschränkung seien sie grundsätzlich nicht heranzuziehen.[1162]

1160 BT-Drs. 16/1780, S. 27.

1161 Groß, S. 102.

1162 Ebenda.

Nach einer anderen Ansicht handelt es sich in Befolgung von Art. 296 AEUV bei den Erwägungsgründen nicht nur um unbeachtliche Programmsätze, sondern Maßgaben, die entscheidende Hinweise für die Auslegung der Richtlinie geben und wesentlicher Bestandteil derselben seien.[1163] Sie stehen demnach gleichberechtigt neben Wortlaut, Systematik und dem teleologischen Gebot der praktischen Wirksamkeit.[1164]

Eine vermittelnde Position vertritt Däubler, der den Stellenwert des jeweiligen Erwägungsgrundes im Einzelfall bestimmt[1165] und ihm in Rückgriff auf die Entstehungsgeschichte zur Ermittlung des Norminhalts erhebliche Bedeutung zumisst.[1166] Diese Entstehungsgeschichte, die häufig in den Erwägungsgründen zum Ausdruck gebracht wird, sowie Vorschläge und Vorentwürfe der Beteiligten (Kommission, Europäisches Parlament, Stellungnahmen einzelner Ausschüsse) sind – wenn teilweise auch unverbindlich – heranzuziehen.[1167] Alles bestimmender Auslegungsmaßstab bleibt jedoch die objektive Zielsetzung, die mit dem Rechtsakt verfolgt wird.[1168] Ein solches Vorgehen verhilft der Richtlinie zur größtmöglichen Wirksamkeit, wozu die Mitgliedstaaten gemäß Art. 288 Abs. 3 AEUV ohnehin verpflichtet sind.[1169]

Folgt man den gesetzlichen Begründungen zu §§ 44 und 45 SG und § 2 SKPersStruktAnpG, gelten diese gerade in Ansehung der Erhaltung der Schlagkraft der Streitkräfte.[1170] Daneben kommen jedoch auch finanzielle Gründe und Verkleinerungsabsichten mit nicht unerheblichem Gewicht zum Ausdruck, wie sie in den einzelnen Gesetzesvorhaben dargelegt wurden.

Das BVerwG führt in seiner Entscheidung vom 30. Oktober 2014[1171] aus, dass trotz des Wortlautes des Art. 3 Abs. 4 der Rahmenrichtlinie und seiner Entstehungsgeschichte zwar einiges für die Annahme spreche, dass diese Bereichsausnahme umfassend zu verstehen sei, dagegen jedoch die Formulierung des

---

1163 Schlussanträge des Generalanwalts vom 15. Februar 2007, C-411/05 – Palacios, Rn. 65; OVG NRW, Beschluss vom 30. September 2009 – 1 B 1412/09, Rn. 11; Nussberger, JZ 2002, 524, 530 Fn. 82, die den Erwägungsgrund 14 der Richtlinie 78/2000/EG direkt anwendet.

1164 OVG NRW, Beschluss vom 30. September 2009 – 1 B 1412/09, Rn. 11.

1165 Däubler/Bertzbach-*Däubler*, AGG, Einleitung, Rn. 123.

1166 Ebenda, Rn. 135.

1167 Ebenda, Einleitung, Rn. 135.

1168 Ebenda, Rn. 135; Schiek/Schiek, AGG, Einleitung, Rn. 72.

1169 Däubler/Bertzbach-*Däubler*, AGG, Einleitung, Rn. 79.

1170 Walz/Eichen/Sohm, § 44 Rn. 60.

1171 BVerwG, Urteil vom 30. Oktober 2014 – 2 C 39.13.

Erwägungsgrundes 19 Satz 1 der Richtlinie 2000/78/EG stehe, der Anlass für eine einschränkende Auslegung gebe.[1172] Im zu Grunde liegenden Fall ging es um einen Soldaten, der sich gegen den altersgestaffelten Sold wehrte. Das VG Trier erklärte in 1. Instanz, dass die Besoldungsvorschriften dem Sinn und Zweck nach nicht der Schlagkraft und Einsatzbereitschaft der Streitkräfte dienen und insoweit der deutsche Gesetzgeber seinen Umsetzungsspielraum im EUGleichbUmsG überspannt habe.[1173] Das BVerwG erwog, ob eine als unzureichend angesehene Besoldung für die Motivation der Streitkräfte und damit für die Einsatzfähigkeit von Belang sei, ging dieser Erwägung jedoch nicht näher nach.[1174] Im Ergebnis war die Reichweite der Bereichsausnahme nach Art. 3 Abs. 4 Richtlinie 2000/78/EG nicht entscheidungserheblich.

Unzweifelhaft ist, dass die Erwägungsgründe den Wortlaut des Art. 3 Abs. 4 Richtlinie 2000/78/EG einschränken. Angesichts der überragenden Bedeutung des Schutzes des höchstpersönlichen Merkmals Alter darf das Diskriminierungsmerkmal Alter, um das objektive Ziel der Richtlinie nicht außer Acht zu lassen, nur insoweit nicht vom Geltungsbereich ausgenommen werden, als es der Sicherung der Schlagkraft und der Einsatzfähigkeit der Streitkräfte dient. Die durch Erwägungsgrund 19 der Rahmenrichtlinie aufgezeigte Möglichkeit, die Ausnahmeregelung nur auf einen Teil der Streitkräfte zu begrenzen, zeigt, dass der Richtliniengeber eine Zurückdrängung des Schutzniveaus nur dort zulassen wollte, wo dies unbedingt erforderlich ist.

c Bestimmung des objektiven Ziels der Richtlinie 2000/78/EG unter Berücksichtigung des Ausnahmecharakters des Art. 3 Abs. 4 und der Erwägungsgründe 18 und 19 Richtlinie 2000/78/EG

Im Ergebnis ist der alles bestimmender Auslegungsmaßstab die objektive Zielsetzung, die mit der Richtlinie verfolgt wird.[1175] Wie dem Erwägungsgrund 4 Satz 1 der Rahmenrichtlinie zu entnehmen ist, ist die Gleichbehandlung ein allgemeines Menschenrecht. Zu berücksichtigen ist ebenfalls der Ausnahmecharakter des Art. 3 Abs. 4 Richtlinie 2000/78/EG.

Der nationale Gesetzgeber hat das Verbot der Diskriminierung wegen des Alters anders als wegen einer Behinderung für die gesamten Streitkräfte für alle Bereiche (Ernennung, Verwendung, Beförderung, Besoldung etc.) ausgenommen.

1172 Ebenda, Rn. 12.

1173 VG Trier, Urteil vom 25. September 2012 – 1K 858/12.TR, Rn. 22.

1174 BVerwG, Urteil vom 30. Oktober 2014 – 2 C 39.13, Rn. 12.

1175 Däubler/Bertzbach-*Däubler*, AGG, Einleitung, Rn. 135.

Art. 3 Abs. 4 der Rahmenrichtlinie ist daher, wie auch dem Erwägungsgrund 19 der Rahmenrichtlinie zu entnehmen, eine Ausnahmeregelung vom Anwendungsbereich der Richtlinie. Der EuGH hat in mehreren Entscheidungen bestätigt, dass Ausnahmeregelungen wie Art. 2 Abs. 5 und Art. 4 Abs. 1 Richtlinie 2000/78/EG eng auszulegen sind.[1176] Dieser Grundsatz gilt auch für Art. 3 Abs. 4 Richtlinie 2000/78/EG, um die Wirksamkeit der Maßnahme sicherzustellen. Einschränkend wirken die Erwägungsgründe.

Erwägungsgrund 19 der Richtlinie 2000/78/EG eröffnet die Möglichkeit, das Diskriminierungsverbot für „Behinderung" und „Alter" nur auf Teile der Streitkräfte und nur insoweit zu beschränken, als dies die Sicherung der Schlagkraft der Streitkräfte erfordert. Art. 3 Abs. 4 Richtlinie 2000/78/EG hat die Möglichkeit der Teilbereichsausnahme im Wortlaut nicht übernommen; auch eine Zielverknüpfung wie Erwägungsgrund 18 der Richtlinie 2000/78/EG ist dort nicht niedergelegt.

In Anbetracht des Wortlautes der Erwägungsgründe 18 und 19 der Richtlinie könnte die Möglichkeit der Mitgliedstaaten zur Nutzung der Bereichsausnahme des Art. 3 Abs. 4 Richtlinie 2000/78/EG dahingehend eingeengt sein, dass die Ausnahme für die gesamten Streitkräfte bezüglich aller Handlungen und aller Teilbereiche nur dann in Anspruch genommen werden kann, soweit dies der Sicherung der Schlagkraft der Streitkräfte tatsächlich dient.[1177]

Die Inanspruchnahme der Bereichsausnahme wird von der Bundesregierung

„mit dem überragenden Erfordernis der Einsatzbereitschaft und Schlagkraft der Streitkräfte"

und mit der Andersartigkeit des militärischen Dienstes, der die äußere Sicherheit und die Existenz des staatlichen Gemeinwesens gewährleistet, begründet.[1178] Einsatzbereitschaft und allseitige Verwendbarkeit der Soldatinnen und Soldaten hätten einen besonderen Stellenwert.[1179] Weiter führt die Bundesregierung in der Gesetzesbegründung aus:

1176 EuGH, Urteil vom 13. November 2014, C-416/13 – Pérez, Rn. 47; EuGH, Urteil vom 13. September 2011, C-447/09 – Prigge, Rn. 56; EuGH, Urteil vom 12. Januar 2010, C-341/08 – Petersen, Rn. 61; EuGH, Urteil vom 5. Oktober 2004, C-397/01 – Pfeiffer, Rn. 52; Däubler/Bertzbach-*Däubler*, AGG, Einleitung, Rn. 132: Insoweit gilt, dass Ausnahmevorschriften nur dann eng auszulegen sind, wenn es um Ausnahmen von grundlegenden Prinzipien geht.

1177 So VG Trier, Urteil vom 25. September 2012 – 1K 858/12.TR, Rn. 22; für BVerwG, Urteil vom 30. Oktober 2014 – 2 C 39.13 war die Frage der Reichweite der Bereichsausnahme gemäß Art. 3 Abs. 4 der Rahmenrichtlinie nicht entscheidungserheblich.

1178 BT-Drs 16/1780, S. 24.

1179 Ebenda.

„*Dieser gewichtige militärische Grund, der staatspolitisch fundiert ist, rechtfertigt es, für die Streitkräfte von der Auflage abzusehen, Personen einstellen oder weiterbeschäftigen zu müssen, die hinsichtlich ihrer körperlichen oder geistigen Fähigkeiten oder aus Altersgründen nicht in der Lage sind, den jeweiligen Anforderungen an sämtliche, ihnen zu stellende militärische Aufgaben zu erfüllen.*“[1180]

Auch sei die Tätigkeit der Soldatinnen und Soldaten, die die äußere Sicherheit und die Existenz des staatlichen Gemeinwesens gewährleiste, nicht ohne weiteres mit sonstigen staatlichen Tätigkeiten im öffentlichen Dienst vergleichbar.[1181]

Bei genauer Betrachtung des Wortlautes unterscheidet die Bundesregierung in der Begründung zwischen der Unfähigkeit zur Aufgabenerfüllung aus körperlichen oder geistigen Gründen sowie solchen aus Altersgründen („körperlichen oder geistigen Fähigkeiten *oder* aus Altersgründen“[1182]). Diese Differenzierung wird nicht weiter ausgeführt. Insofern handelt es sich dem Wortlaut zufolge bei der altersbedingten Unfähigkeit gerade nicht um den Fall der körperlichen oder geistigen Unfähigkeit.

Oftmals wird das Merkmal „Alter“ als Stellvertretermerkmal für zumeist dahinter liegende, vermutete Eigenschaften, wie zum Beispiel nachlassende Leistungsfähigkeit, genutzt.[1183] Das „Alter“ dient grundsätzlich dann der pauschalierenden Betrachtung,[1184] indem zwischen nicht beobachtbaren, aber entscheidungserheblichen Merkmalen und den Informationssurrogaten ein statistischer Zusammenhang unterstellt wird (so genannte statistische Diskriminierung).[1185] Eine nachlassende Leistungsfähigkeit aufgrund des Alters ist im absoluten Sinne jedoch wissenschaftlich bisher nicht nachweisbar;[1186] es handelt sich eher um eine Verschiebung der Fähigkeiten und ist in höchstem Maße individuell.[1187] Insofern ist kein Zusammenhang zwischen generalisiertem feststellbaren Abbau an körperlichen Fähigkeiten und niedrigerer Produktivität eines älteren Menschen festzustellen.[1188] Ältere Menschen arbeiten

---

1180 Ebenda, S. 24.

1181 Ebenda, S. 27.

1182 Ebenda, S. 24.

1183 Groß, S. 60; Trebeck, S. 11, 19.

1184 Groß, S. 61.

1185 Bouchouaf, KJ 2006, 310, 312.

1186 Däubler/Bertzbach-*Brors*, AGG, § 8 Rn. 25; Falke, in: Rust/Falke, AGG, § 8 Rn. 40; Nussberger, JZ 2002, 524, 532; Trebeck, S. 19; Trute-Lahmann, S. 31.

1187 BT-Drs. 17/3815 S. 212; Bouchouaf, Statistische Altersdiskriminierung S. 311; Groß, S. 60; Trebeck, S. 19; Trute-Lahmann, S. 30 f.

1188 COM (2006) 571 S. 6; Summer, ZBR 2007, 368, 371; Trebeck, S. 20; Trute-Lahmann, S. 30 f.

häufig erheblich ökonomischer und gestalten ihre Arbeitsabläufe günstiger als Lebensjüngere.[1189] Danach kann sinnvollerweise bei der Prüfung von Altersgrenzen nicht mehr auf ein bloßes chronologisches Alter einer Person zurückgegriffen werden.[1190]

Die Wirkung dieser gerontologischen Erkenntnisse fasst Nußberger zusammen, dass

> „[…] *Alter nicht mehr ist, was Alter einmal war.*“.[1191]

Unter Berücksichtigung dieser Erkenntnis lässt die Begründung insgesamt ein objektives Argument dafür vermissen, warum das Alter aus sich selbst heraus einen Hinderungsgrund für die Nichterfüllung (von Teilen) militärischer Anforderungen darstellt.

Die Begründung setzt sich nicht mit den speziellen Altersanforderungen für Berufssoldatinnen und Berufssoldaten auseinander. Anders als bei der Behinderung, die mit der Einschränkung geistiger, seelischer und körperlicher Fähigkeiten sachlogisch verbunden ist und oftmals keinen positiven oder negativen Veränderungen mehr unterworfen ist, wird das Alter aus sich heraus als Nachweis herangezogen

> „[…] *oder aus Altersgründen nicht in der Lage sind*“

die Anforderungen zu erfüllen.[1192] Solche Anforderungen wurden in der Begründung zum Altersgrenzengesetz von 1961 aufgestellt. Hier wurden auf Basis der Erfahrungen aus den vorangegangenen (nicht zwangsläufig eigenen) Kriegserfahrungen Grenzalter für Dienstgrade eingezogen, die zusammen mit der Anzahl der vorhandenen Dienstposten maßgeblichen Einfluss auf die auszuscheidenden Berufssoldaten[1193] hatte.[1194] Die in der Aufstellungsphase der Bundeswehr gültigen Einsatzbedingungen und Verwendungsformen in den Streitkräften haben sich indes gründlich geändert.[1195] Insgesamt sind sowohl die einzelnen dienstlichen Verwendungen der Berufssoldatinnen und Berufssoldaten als auch die

1189 Trebeck, S. 20; so auch Trute-Lahmann, S. 30 f.

1190 Nussberger, JZ 2002, 524, 532.

1191 Ebenda, 531.

1192 BT-Drs 16/1780, S. 27.

1193 Zu dieser Zeit waren noch keine Frauen in den Streitkräften zugelassen.

1194 BT-Drs. 3/2391, S. 4.

1195 Eichen, NZWehrr 2008, 171, 173. Im Soldatengesetz vom 19. März 1956 wurde – wenn auch nur vorläufig – die Altersgrenze für alle Gruppen der Berufssoldaten auf das 60. Lebensjahr festgesetzt; für Berufsunteroffiziere gilt heute eine besondere Altersgrenze ab Vollendung des 55. Lebensjahres.

militärischen Anforderungen an bestimmte Dienstposten sehr unterschiedlich geprägt. Daher fällt es schwer, Grenzalter weiterhin als Basis dafür heranzuziehen, dass ab dem Erreichen eines gewissen Alters die Ausübung bestimmter Dienstposten so erschwert sei, dass die Einsatzfähigkeit der gesamten Streitkräfte darunter leide.[1196]

Der EuGH hat in der Mangold-Entscheidung das Verbot der Diskriminierung wegen des Alters zu einem allgemeinen Grundsatz des Gemeinschaftsrechts erhoben.[1197] Mit dieser Formulierung hat der EuGH ein grundrechtsgleiches Recht beschrieben, was vielfach auf Ablehnung stieß.[1198] Däubler stützt das Ergebnis des EuGH trotz der knappen und wenig überzeugenden Begründung des EuGH im Ergebnis auf ex-Art. 3 Abs. 2 EG (aktuell Art. 8 AEUV), der die Gemeinschaft und damit auch alle ihre Organe verpflichtet, „Ungleichheiten zu beseitigen".[1199] Das Merkmal Alter zählt zu den diskriminierungsverdächtigen Merkmalen, die vom allgemeinen Gleichbehandlungsgrundsatz der Gemeinschaft erfasst werden.[1200] Das Verbot der Altersdiskriminierung ist daher der spezifische Ausdruck des allgemeinen Gleichheitssatzes, der zu den Grundlagen der Gemeinschaft gehört.[1201] Aus der Mangold-Entscheidung wird deutlich, dass der nationale Gesetzgeber nicht ohne jede Grundlage unterschiedliche, an das Alter anknüpfende Regelungen erlassen kann, sondern plausible Überlegungen hinsichtlich Geeignetheit, Erforderlichkeit und Angemessenheit anstellen muss.[1202] Insbesondere rügt der EuGH in dieser Entscheidung die überschießende Wirkung der nationalen gesetzlichen Maßnahme, die dazu führen könne, älteren Arbeitnehmern vollständig den Schutz gegen unbefristete Beschäftigungsverhältnisse vorzuenthalten.[1203]

1196 Vgl. Eichen, NZWehrr 2008, 171, 174, 176.

1197 EuGH, Urteil vom 22. November 2005, C-144/04 – Mangold, Rn. 75; Däubler/Bertzbach-*Däubler*, AGG, Einleitung, Rn. 102a; Laskowski, in: Rust/Falke, AGG, Einleitung, Rn. 354; Nicolai, DB 2005, 2638, 2642.

1198 Nicolai, DB 2005, 2638, 2642; Preis, NZA 2006, 401, 402: „Diese vom EuGH vorgenommene Ableitung ist sensationell."; Thüsing, ZIP 2005, 2149, 2149 und 2150 „kopernikanische Wende im Europarecht, wenn der EuGH denn tatsächlich das gemeint hat, was er gesagt hat."

1199 Däubler/Bertzbach-*Däubler*, AGG, Einleitung, Rn. 102a.

1200 Laskowski, in: Rust/Falke, AGG, Einleitung, Rn. 360.

1201 Laskowski, in: Rust/Falke, AGG, Einleitung, Rn. 360.

1202 Nicolai, DB 2005, 2638, 2641.

1203 Ebenda.

Für den deutschen Gesetzgeber wurde das Verbot der Benachteiligung wegen des Alters auch als wichtigster Bestandteil des zu schaffenden Antidiskriminierungsgesetzes bezeichnet.[1204] Dies wohl auch deswegen, da jeder Mensch in jeder Situation seines Lebens von Altersdiskriminierung betroffen sein kann und die nationalen Rechtsordnungen vielerlei Rechtsregeln und Verfahrensweisen kennen, die unmittelbar oder mittelbar an das Alter anknüpfen.[1205]

Die Bestätigung, dass das Verbot der Diskriminierung wegen des Alters ein allgemeiner Grundsatz des Unionsrechts ist, der durch die Rahmenrichtlinie konkretisiert werde, erfolgte in der Kücükdeveci-Entscheidung des EuGH vom 19. Januar 2010.[1206]

Der Aspekt, dass es sich bei dem Verbot der Benachteiligung wegen des Alters um ein Grundprinzip, ein menschenrechtliches Prinzip handelt, lässt sich nicht leugnen[1207]. Diesem Prinzip ist zur Durchsetzung zu verhelfen.

d Die Anforderungen der Aufgaben der Berufssoldatinnen und Berufssoldaten in Abwägung zum objektiven Ziel der Richtlinie 2000/78/EG

Soldatinnen und Soldaten werden nicht nur kernmilitärisch eingesetzt.[1208] Sie werden in der Eigenverwaltung, anderen Behörden, in staatlichen Einrichtungen, im Leitungsbereich des BMVg, auf Wechselstellen etc. eingesetzt und erfüllen dort ihren Dienst – oft in „jahrzehntelanger Stabs- und Bürotätigkeit".[1209] Die im Zweiten Weltkrieg abverlangten körperlichen Belastungen, die über eine lange Zeit hinweg bestanden, sind in den heutigen Einsatzszenarien nicht mehr in dem Maße relevant, da im Normalfall, d.h. im Friedensfall, die auf einige Monate begrenzte Teilnahme an friedenserhaltenden Maßnahmen die Regel ist.[1210] Sofern spezielle körperliche Anforderungen an bestimmte Verwendungen gestellt werden, werden

---

1204 Waltermann, NZA 2005, 1265, 1265.

1205 Preis, NZA 2006, 401, 410. Einen Überblick über ca. 1.250 Altersschranken gewährt Geipel, S. 1 ff.

1206 EuGH, Urteil vom 19. Januar 2010, C-555/07 – Kücükdeveci, Rn. 20 f.; zuletzt EuGH, Urteil vom 19. April 2016, C-441/14 – Dansk Industri (Rasmussen) und EuGH, Urteil vom 1. Oktober 2015, C-432/14 – O (Bio Philippe Auguste SARL), Rn. 21; Däubler/Bertzbach-*Däubler*, AGG, Einleitung, Rn. 102a.

1207 Vgl. Schiek/Schiek, AGG, Einleitung, Rn. 78.

1208 Walz/Eichen/Sohm, § 45 Rn. 26.

1209 Eichen, NZWehrr 2008, 171, 174.

1210 Ebenda, 173.

solche Einsätze durch kleinere Kampfgruppen, die speziell ausgebildet werden, vollzogen.[1211]

Eine spezifizierte nachweisbare Darlegung anhand konkreter Untersuchungen zu tatsächlichen (körperlichen und geistigen) Anforderungen der einzelnen Dienstposten und spezifischen Verwendungen, wie sie im Fall Wolf[1212] vorgelegt wurden, lässt die gesetzliche Begründung zur vollumfänglichen Inanspruchnahme der Bereichsausnahme vermissen.[1213] Schlagwortartig klingt die Begründung, dass das überragende Erfordernis der Einsatzbereitschaft und Schlagkraft der Streitkräfte die vollumfängliche Bereichsausnahme erfordere.[1214] Aus Reduzierungsgründen müsse dies für die gesamten Streitkräfte gelten.[1215]

Der Aspekt der körperlichen Belastung ist bei der Setzung und Anpassung von Altersgrenzen bei Berufssoldatinnen und Berufssoldaten im Laufe der Zeit weitgehend in den Hintergrund getreten.[1216] In den unterschiedlichen gesetzlichen Initiativen waren entweder Kostengründe, also die Einsparung von Versorgungslasten, für die Anhebung der Altersgrenzen, oder die Bereinigung struktureller Verwerfungen im soldatischen Personalbestand für die (zeitweilige) Absenkung der Altersgrenzen maßgebend.[1217] Die Altersgrenzen der Berufsfeuerwehr liegen nach Auskunft des Deutschen Feuerwehrverbandes zwischen 60 und 65 Jahren.[1218]

Die Altersgrenze der Beamtinnen und Beamten auf Lebenszeit im Feuerwehrdienst der Bundeswehr liegt bei der Vollendung des 62. Lebensjahres (§ 51 Abs. 3 Satz 1 BBG), ebenso wie diejenigen der Bundespolizei im Vollzugsdienst gemäß § 5 BPolBG. Ein Berufsunteroffizier des österreichischen Bundesheeres unterliegt der allgemeinen österreichischen beamtenrechtlichen Ruhestandsregelung (65. Lebensjahr) und keiner speziellen niedrigeren Altersgrenze.[1219]

Jedoch nur die bewiesene und detailliert dargelegte Tatsache, teilweise beruhend auf wissenschaftlichen Untersuchungen, dass die Tätigkeiten des in Rede stehenden Dienstes überwiegend körperlicher Art seien, führte im Fall Wolf zur

1211 Ebenda, 173 f.

1212 EuGH, Urteil vom 12. Januar 2010, C-229/08 – Wolf.

1213 Vgl. Gerbener, NZWehrr 2013, 77, 81 die die Begründung des Gesetzgebers als „stellenweise haltlos" bezeichnet.

1214 BT-Drs 16/1780, S. 27.

1215 Ebenda.

1216 Walz/Eichen/Sohm, § 45 Rn. 26.

1217 Ebenda.

1218 Altersgrenzen bei der Feuerwehr - Übersicht des Deutschen Feuerwehrverbandes Berlin, März 2016, Übersicht IV S. 5.

1219 Walz/Eichen/Sohm, § 45 Rn. 26.

Anerkennung der Rechtmäßigkeit der unterschiedlichen Behandlung wegen des Alters durch den EuGH.[1220] Dieses geht auch deutlich aus dem EuGH-Urteil im Fall Pérez hervor, in dem der EuGH eine Rechtfertigung der Höchstaltersgrenzen gemäß Art. 4 Abs. 1 Richtlinie 2000/78/EG deswegen ablehnte, da keine wissenschaftlichen Daten dafür vorgelegt wurden, dass regelmäßig eine körperliche Eignung verlangt wird, die außergewöhnlich hohe Anforderungen stellt.[1221] Vor diesem Hintergrund klingt die Gesetzesbegründung zur Bereichsausnahme im EUGleichbUmsG bemüht. Sie scheint durch textlich inszenierte Dramaturgie oder Pathos durch Formulierungen wie

> *„Dieser gewichtige militärische Grund, der staatspolitisch fundiert ist,* [...]",[1222]

statt mit wirklichem Inhalt zu körperlichen Anforderungen von Teilen der Verwendungen und Dienstposten überzeugen zu wollen.

Insofern fehlt es an einem aufgezeigten Zusammenhang, dass die Aufgaben und Verwendungen aller Berufssoldatinnen und Berufssoldaten den Ausschluss des Diskriminierungsmerkmals Alter erforderlich machen.

e Ergebnis

Wie dargelegt, handelt es sich bei der Diskriminierung wegen des Alters wie bei der Geschlechter- oder Rassendiskriminierung um eine Querschnittsmaterie. Durch die Kodifizierung eines allgemeinen Grundsatzes des Verbots der Altersdiskriminierung in Art. 21 Abs. 1 GRCh am 1. Dezember 2009 im Vertrag von Lissabon wurde das Verbot der Altersdiskriminierung in das geschriebene Primärrecht übernommen.[1223] Dies ist nicht gleichbedeutend damit, dass es zu einer Erweiterung der Kompetenzen der Union geführt hat, sondern zeigt die ohnehin bestehenden Kompetenzen.[1224] Auch wenn kein einklagbarer Anspruch eines Einzelnen dadurch geschaffen wurde, bindet Art. 51 Abs. 1 Satz 1 GRCh die Organe, Einrichtungen und sonstigen Stellen der Union sowie die Mitgliedstaaten bei der Durchführung des Rechts der Union.[1225] Dadurch erlangt das

1220 EuGH, Urteil vom 13. November 2014, C-416/13 – Pérez, Rn. 53.
1221 Ebenda, Rn. 50 ff.
1222 BT-Drs. 16/1780, S. 24.
1223 Art. 6 Abs. 1 EUV i. d. F. vom 13. Dezember 2007, ABl. EU 2010, C 83/13; EuGH, Urteil vom 19. April 2016, C-441/14 – Dansk Industri (Rasmussen), Rn. 22; EuGH, Urteil vom 19. Januar 2010, C-555/07 – Kücükdeveci, Rn. 22.
1224 Falke, in: Rust/Falke, AGG, Einleitung, Rn. 292.
1225 Gerbener, NZWehrr 2013, 77, 80.

Primärrecht konkrete Bedeutung[1226] und stellt den Referenzstandard dar, nach dem die Bestimmungen der Rahmenrichtlinie auszulegen sind.[1227]

Mit der Entscheidung Mangold ließ der EuGH keinen Zweifel daran, Diskriminierungen ahnden zu wollen und den Mitgliedstaaten dadurch den Ermessensspielraum einzudämmen.[1228] Insoweit wurde das Grundrecht durch den EuGH engmaschig geschützt.[1229] Die Mitgliedstaaten respektive die gesetzgebende Körperschaft als Organ eines Mitgliedstaates müssen bei der Durchführung und Umsetzung von Unionsrecht die im Unionsrecht niedergelegten Erfordernisse des Grundrechtsschutzes beachten.[1230] Der EuGH stellt in seinen Entscheidungen Mangold und Kücükdeveci den Vorrang des gesamten rechtsverbindlichen Unionsrechts auf wirksame Weise sicher.[1231]

Berücksichtigt man diese Erwägungen im Rahmen der Reichweite der Bereichsausnahme des Art. 3 Abs. 4 und der Erwägungsgründe 18 und 19 der Rahmenrichtlinie, ist der Durchsetzung des Diskriminierungsverbotes soweit wie möglich Geltung zu verschaffen.

Unter Berücksichtigung des primärrechtlich verankerten Diskriminierungsschutzes wegen Alters ist der Rahmenrichtlinie soweit wie möglich zur Wirksamkeit zu verhelfen, in dem die Erwägungsgründe 18 und 19 Richtlinie 2000/78/EG zur Bestimmung der Reichweite der Ausnahmevorschrift des Art. 3 Abs. 4 Richtlinie 2000/78/EG herangezogen werden. Art. 3 Abs. 4 Richtlinie 2000/78/EG ist im Wege der teleologischen Reduktion auf das notwendige Maß zu beschränken, indem nur solche Ausnahmen vom Geltungsbereich rechtmäßig durch die Mitgliedstaaten in Anspruch genommen werden dürfen, soweit die Schlagkraft und die Einsatzfähigkeit der Streitkräfte dies erfordern.

Gemäß Art. 288 Abs. 3 AEUV ist das mit der Richtlinie festgelegte Ziel für jeden Mitgliedstaat verbindlich, überlassen bleibt ihm indes die Wahl der Form und Mittel.[1232] Dies bedeutet, dass die Mitgliedstaaten verpflichtet sind Richtlinien effektiv umzusetzen.[1233] Diese Zielverpflichtung impliziert die bei Nichtbeachtung

1226 Schulze/Zuleeg/Kadelbach, Handbuch Europarecht, § 39 Rn. 13, 44.

1227 VG Trier, Urteil vom 25. September 2012 – 1K 858/12.TR, Rn. 26; Sonnenberg, BLJ 2012, 9, 9 f.; Thüsing/Pötters, ZIP 2011, 1886, 1886.

1228 Preis, NZA 2006, 401, 403.

1229 Ebenda.

1230 Ebenda, 402, 405.

1231 Preis/Temming, NZA 2010, 185, 189.

1232 Schulze/Zuleeg/Kadelbach, Handbuch Europarecht, § 2 Rn. 44, 51, § 39 Rn. 5; OLG Hamm Urteil vom 3. Dezember 2014 – 11 U 6/13, Rn. 39.

1233 Däubler/Bertzbach-*Däubler*, AGG, Einleitung, Rn. 79.

negativ sanktionierte Verpflichtung der Mitgliedstaaten zur fristgemäßen und zielkonformen Umsetzung.[1234]

Der deutsche Gesetzgeber hat den Aspekt, inwieweit die festgesetzten besonderen Altersgrenzen und die Maßnahmen der Frühpensionierung gemäß § 2 SKPersStruktAnpG konkret für die Einsatzfähigkeit und Schlagkraft der gesamten Streitkräfte dienstposten- und verwendungsunabhängig erforderlich waren, nicht berücksichtigt. Er hat pauschal und ohne nähere Erläuterung von der Bereichsausnahme Gebrauch gemacht. Um dem wichtigen Altersdiskriminierungsverbot zur Geltung zu verhelfen, wäre es notwendig gewesen, das Für und Wider einer Begrenzung der Ausnahme abzuwägen.

Gestützt wird die Inanspruchnahme der Bereichsausnahme für die gesamten Streitkräfte, statt die Ausnahme auf einen Teil der Streitkräfte zu beschränken, in der Gesetzesbegründung auf die im Rahmen der Transformation der Bundeswehr vorzunehmende Reduzierung des militärischen Personals.[1235] Der vom Gesetzgeber aufgeführte Gesichtspunkt der Personalreduktion gehört jedoch mitnichten zu den Zielvorgaben der Rahmenrichtlinie und kann daher auch nicht als schlüssiges Argument dafür verwendet werden, nicht nur Teile der Streitkräfte oder besondere Verwendungen von Altersdiskriminierung auszunehmen, sondern den Schutz der Altersdiskriminierung allen Angehörigen der Streitkräfte in allen Belangen zu versagen.

Selbst wenn man davon ausgeht, dass die Reduktion der Streitkräfte vornehmlich die Einsatzfähigkeit verbessert, ist damit nicht zwangsnotwendig eine Altersstruktur vorgegeben. Eine solche ist in concreto der Gesetzesbegründung nicht zu entnehmen und darin nicht vorgetragen.

Auch die zeitliche Dimension der Bereichsausnahme kann durch das gewählte Argument nicht zufriedenstellend erläutert werden: Die in der Gesetzesbegründung benannte Transformation der Bundeswehr ist zeitlich durch Erreichen des Zielzustandes begrenzt, die Inanspruchnahme der Ausnahme ist indes zeitlich unbegrenzt. Dies bedeutet, dass selbst wenn die Personalreduktion und die Transformation der Bundeswehr vollumfänglich abgeschlossen sind, die Berufssoldatinnen und Berufssoldaten weiterhin vom Verbot der Altersdiskriminierung in jeder Hinsicht ausgenommen sein werden. Insofern wohnt diesem Argument (spätestens) nach Abschluss der Transformation nur ein zeitlich befristetes relevantes Moment inne.

1234 Schulze/Zuleeg/Kadelbach, Handbuch Europarecht, § 2 Rn. 48, 50.
1235 BT-Drs 16/1780, S. 24, 27.

Die für die Inanspruchnahme der Bereichsausnahme gewählte Begründung des deutschen Gesetzgebers vermag auch hinsichtlich eines weiteren Aspektes nicht recht zu überzeugen: Es geht um eine mögliche, gegebenenfalls garantierte Weiterverwendung trotz fehlender körperlicher Eignung gemäß § 3 Abs. 2 SG und § 7 Gesetz zur Regelung der Weiterverwendung nach Einsatzunfällen (Einsatz-Weiterverwendungsgesetz – EinsatzWVG[1236]).[1237] Denn hiernach wird die Voraussetzung der körperlichen Eignung zugunsten einer geringeren körperlichen Eignung, der so genannten Dienstfähigkeit, reduziert, sodass der oder die Betroffene u. U. einen Anspruch auf ein Dienstverhältnis einer Berufssoldatin oder eines Berufssoldaten hat, ohne dass die Berufungsvoraussetzungen gemäß § 37 Abs. 1 SG vorliegen.

Die Begründung des BwRefBeglG geht offen von der notwendigen Verjüngung des Personalkörpers der Streitkräfte aus. Dieses entspricht wie oben dargelegt nicht in jeder Hinsicht der Sicherung der Schlagkraft oder der Einsatzfähigkeit. Die Neubesetzung von Dienstposten mit Lebensjüngeren erhöht nicht die Einsatzbereitbereitschaft der Streitkräfte.[1238]

Gerbener kommt dann auch zu dem Ergebnis, dass sowohl die Ausnahmeregelung in der Rahmenrichtlinie als auch die deutschen Umsetzungsnormen nicht dem spätestens seit der Mangold-Entscheidung und in der Kücükdeveci-Entscheidung bestätigten Verbot der Altersdiskriminierung als allgemeinem Rechtsgrundsatz im Range des Primärrechts entspricht.[1239]

Um dem Diskriminierungsverbot wegen Alters Rechnung zu tragen, muss der Wortlaut des Art. 3 Abs. 4 Richtlinie 2000/78/EG im Rahmen der Vorgaben des 18. und 19. Erwägungsgrundes der Rahmenrichtlinie teleologisch auf das notwendig Erforderliche begrenzt werden. Daher ist eine Ausnahme nur dann europarechtskonform, wenn dies zur Erreichung des Ziels erforderlich und verhältnismäßig ist.

In Verkennung des überragenden Verbotes der Altersdiskriminierung hat der deutsche Gesetzgeber den eröffneten Umsetzungsspielraum des Art. 3 Abs. 4 der Richtlinie 2000/78/EG zulasten der Berufssoldatinnen und Berufssoldaten überschritten, da dieser lediglich Ausnahmen vom Diskriminierungsverbot zulässt, soweit die Schlagkraft und die Einsatzbereitschaft der Streitkräfte gewahrt werden sollen.[1240] Die gesetzliche Bestätigung der früheren Altersgrenzen wird

1236 BGBl. 2007 I S. 2861.

1237 Eichen, SoldGG, § 1 Rn. 18.

1238 Eichen, NZWehrr 2008, 171, 176.

1239 Gerbener, NZWehrr 2013, 77, 81.

1240 VG Trier, Urteil vom 25. September 2012 – 1K 858/12.TR, Rn. 22.

mit der angeführten Begründung der Maßgeblichkeit des Verbots der Altersdiskriminierung nicht gerecht. Dies geht an den Erwägungsgründen 18 und 19 der Rahmenrichtlinie vorbei; diese lassen die Ausnahmeregelung nur

> *„unter Berücksichtigung des rechtmäßigen Ziels, die Einsatzbereitschaft dieser Dienste zu wahren"*

und

> *„zur Sicherung der Schlagkraft ihrer Streitkräfte"*

zu, so dass die frühen altersbezogenen Regelungen der §§ 44, 45 SG sowie § 2 SKPersStruktAnpG nicht durch die Bereichsausnahme des Art. 3 Abs. 4 Richtlinie 2000/78/EG vom Geltungsbereich der Richtlinie ausgenommen sind.

Das Vorgehen des deutschen Gesetzgebers ist überdies nicht verhältnismäßig. Dies bestätigt auch das Urteil des BVerwG vom 13. Dezember 2012,[1241] in dem das BVerwG die Auffassung vertritt, dass das Alter als Differenzierungsgrund in der Laufbahn eines Militärmusikers nicht als Auswahlkriterium im Rahmen des Art. 33 Abs. 2 GG herangezogen werden darf. Diese Entscheidung fußte insbesondere auf der Erwägung, dass der Militärmusikdienst keine Funktion der Verteidigung wahrnimmt, sondern lediglich im Rahmen protokollarischer Aufführungen auftritt. Vor dem Hintergrund dieser Entscheidung ist die besondere Altersgrenze, die es für die Laufbahn des Militärmusikdienstes gemäß § 45 Abs. 1 und Abs. 2 Nr. 1 SG gibt (Vollendung des 62. Lebensjahres) infrage zu stellen.

Die Bereichsausnahme kann demgemäß nicht angewendet werden. Es verbleibt daher bei den allgemeinen Vorschriften der Richtlinie 2000/78/EG.

6. Zielbestimmung der besonderen Altersgrenzen gemäß § 44 Abs. 2 i. V. m. § 45 Abs. 2 SG und § 2 SKPersStruktAnpG

a Zielbestimmung der besonderen Altersgrenze, § 44 Abs. 2 i. V. m. § 45 Abs. 2 SG

Dem Wortlaut des Soldatengesetzes im Allgemeinen und § 44 Abs. 2 i. V. m. § 4 Abs. 2 SG im Besonderen ist selbst keine Zielbestimmung zu entnehmen. Soweit keine genaue Angabe zum verfolgten Ziel vorliegt, ist es, wie der Gerichtshof bereits entschieden hat, wichtig, dass andere, aus dem allgemeinen Kontext der betreffenden Maßnahme abgeleitete Anhaltspunkte die Feststellung des hinter dieser Maßnahme stehenden Ziels ermöglichen, damit dessen Rechtmäßigkeit

1241 BVerwG, Urteil vom 13. Dezember 2012 – 2 C 11.11.

sowie die Angemessenheit und Erforderlichkeit der zu seiner Erreichung eingesetzten Mittel gerichtlich überprüft werden können.[1242]

Der allgemeine Kontext ist den Gesetzesbegründungen zur Schaffung oder Bestätigung der besonderen Altersgrenzen zu entnehmen.

(i) Entwicklung der besonderen Altersgrenze im Soldatengesetz

Im Deutschen Reich waren Altersgrenzen im Sinne adressatenbezogener Höchstaltersschranken nicht vorgesehen. Ab Vollendung des 60. Lebensjahres konnte Offizieren und den im Offiziersrang stehenden Militärärzten eine lebenslange Pension auf Antrag gewährt werden (§ 28 Pensionsgesetz i. d. F. v. 27. Juni 1871). Unteroffiziere und Soldaten konnten nur eine dienstzeitabhängige Versorgung beanspruchen.

Ab 1906 gewährte § 4 Abs. 4 Militärpensionsgesetz (i. d. F. v. 31. Mai 1906) den Offizieren bei Vollendung des 65. Lebensjahres eine lebenslange Versorgung. Eine Altersgrenze gab es auch hier nicht.

Das Wehrmachtsversorgungsgesetz (i. d. F. v. 4. August 1921) schaffte die lebensaltersabhängige Versorgung der Offiziere ab und löste diese durch eine dienstzeitabhängige und eine dienstunfähigkeitsbezogene Versorgung ab. Echte Altersgrenzen waren nicht geregelt.

Bei Gründung der Streitkräfte wurden schon im Entwurf des Gesetzes über die Rechtsstellung der Soldaten vom 1. Juli 1955[1243] nun Altersgrenzen (48 Jahre bei Hauptleuten, 50 Jahre bei Majoren) kontrovers diskutiert.[1244] Die Begründung für die gegenüber Beamtinnen und Beamten deutlich verkürzten Altersgrenzen stützte sich auf die nachlassende Verwendbarkeit im Militärdienst[1245] – eine Erfahrung, die aus den Kriegsjahren sowie aus den Erfahrungen anderer Nationen gewonnen wurde.[1246] Jedoch wies schon das Bundesministerium der Finanzen im Rahmen der damaligen Ressortabstimmung darauf hin, dass derartig frühe Altersgrenzen nicht nur finanziell, sondern auch individuell beträchtliche Nachteile für die Berufssoldaten und die Volkswirtschaft brächten.[1247]

1242 EuGH, Urteil vom 12. Januar 2010, C-341/08 – Petersen, Rn. 40; EuGH, Urteil vom 5. März 2009, C-388/07 – Age Concern, Rn. 45; EuGH, Urteil vom 16. Oktober 2007, C 411/05 – Palacios, Rn. 57; vgl. OLG Hamm, Urteil vom 3. Dezember 2014 - 11 U 6/13, Rn. 42.

1243 BR-Drs 211/35.

1244 Walz/Eichen/Sohm, § 45 Rn. 2.

1245 BT-Drs. 2/1700, S. 31.

1246 Ebenda; vgl. Walz/Eichen/Sohm, § 45 Rn. 2.

1247 Walz/Eichen/Sohm, § 45 Rn. 3.

Das Soldatengesetz (i. d. F. v. 19. März 1956) führte nur eine vorläufige Altersgrenze für alle Berufssoldaten ein und setzte diese auf die Vollendung des 60. Lebensjahres fest, wobei dem Bundesminister für Verteidigung in Einzelfällen erlaubt war, den Eintritt in den Ruhestand maximal um fünf Jahre hinauszuschieben. Die Altersgrenze wurde § 16 Abs. 1 Gesetz zur vorläufigen Regelung der Rechtsverhältnisse der Polizeivollzugsbeamten des Bundes (vorl. BPolG)[1248] ohne weitere Begründung entlehnt.[1249]

(ii) Gesetz über die Altersgrenzen der Berufssoldaten vom 9. Juni 1961[1250]

Das endgültige Ergebnis der Beratungen führte zu allgemeinen und besonderen dienstgradabhängigen Altersgrenzen im Gesetz über die Altersgrenzen der Berufssoldaten vom 9. Juni 1961.

Die allgemeine Altersgrenze wurde in Art. 1 Nr. 1 des Gesetzes über die Altersgrenzen der Berufssoldaten vom 9. Juni 1961 auf die Vollendung des 60. Lebensjahres festgesetzt und musste sich mit der Annahme des Leistungsabfalls der körperlichen und geistigen Kräfte, der jeden weiteren Wehrdienst ausschließe, begnügen.[1251]

Die besonderen Altersgrenzen gemäß Art. 1 Nr. 2 des Gesetzes über die Altersgrenzen der Berufssoldaten reichten vom 52. bis zum 58. Lebensjahr und wurden für die Berufsunteroffiziere und die genannten Dienstgrade damit gerechtfertigt, dass diese Altersgrenzen sich vornehmlich auf Verwendungen in der Truppe bezögen, die ein hohes Maß an körperlicher Leistungsfähigkeit voraussetzten.[1252] Für die genannten Offiziere im Truppendienst galt, dass diese nur in jüngeren Lebensjahren die „körperliche Frische und die Kraft zu entschlossenem Handeln" gewährleisteten, die notwendig zu dieser Diensterfüllung seien.[1253] Aufgrund der Gefahr eines Staus überalterter Offiziere komme ein Verbleib auch in nicht körperlich fordernden Dienststellungen darüber hinaus bis zur allgemeinen Altersgrenze nicht in Frage.[1254]

1248 BGBl. 1953 I S. 899.
1249 BT-Drs. 2/2140, S. 12.
1250 BGBl. 1961 I S. 723.
1251 Sanne/Weniger, § 44 Rn. 12; Walz/Eichen/Sohm, § 45 Rn. 6, 22.
1252 Walz/Eichen/Sohm, § 45 Rn. 6.
1253 Vgl. Walz/Eichen/Sohm, § 45 Rn. 6, 25.
1254 Walz/Eichen/Sohm, § 45 Rn. 6.

Eindeutig war aber auch, dass die 1961 eingeführten Altersgrenzen eine Handhabe geboten haben, die als notwendig erachtete Verjüngung des Offiziers- und Unteroffizierskorps zu erreichen.[1255] Dieses wurde ausdrücklich begrüßt.[1256]

Die Wiederverwendungsgrenze war seit Gründung der Bundesrepublik Deutschland von Beginn an auf die Vollendung des 65. Lebensjahres bezogen. Sie blieb bislang unangetastet.

(iii) HStruktG[1257] vom 18. Dezember 1975

Ohne Beachtung physischer oder psychischer Leistungsfähigkeit oder jeglicher anderer militärischer Belange wurden 1975 gemäß Art. 9 § 1 des HStruktG[1258] alle besonderen Altersgrenzen jeweils um ein Jahr erhöht.[1259] Die allgemeine Altersgrenze (Vollendung des 60. Lebensjahres) blieb unangetastet. Das Ziel der gesetzlichen Maßnahme war ausschließlich auf die Erzielung von Sparmaßnahmen gerichtet.[1260]

(iv) BeamtVGÄndG vom 18. Dezember 1989[1261]

Ebenso verzichtete das BeamtVGÄndG vom 18. Dezember 1989 nicht auf die Trennung zwischen besonderer und allgemeiner Altersgrenze. Das Gesetz fasste sich in der Herleitung der besonderen Altersgrenzen nicht kurz, stützte sich dabei jedoch inhaltlich auf Erkenntnisse des Gesetzes über die Altersgrenzen der Berufssoldaten vom 9. Juni 1961, die schon zu dem damaligen Zeitpunkt mehr als 28 Jahre zurücklagen.[1262] An den besonderen Altersgrenzen sollte zur Sicherstellung und Erhaltung der Einsatzbereitschaft der Streitkräfte festgehalten werden.[1263] Die festgesetzten besonderen Altersgrenzen berücksichtigten zweierlei:

Erstens, die Berufssoldatinnen und Berufssoldaten genügten nach Einschätzung der Bundesregierung je nach Laufbahnzugehörigkeit oder spezieller Verwendung den an sie zu stellenden hohen körperlichen Anforderungen nach Überschreiten der besonderen Altersgrenze oft nicht mehr.[1264] Dies wurde ausschließlich auf die

1255 BT-Drs. 3/2705, S. 1.
1256 Ebenda.
1257 BGBl. 1975 I S. 3091.
1258 BGBl. 1975 I S. 3091.
1259 BT-Drs. 7/4127, S. 39, 43.
1260 Ebenda.
1261 BGBl. 1989 I S. 2218.
1262 BT-Drs. 11/5372, S. 31 f.
1263 Ebenda, S. 31.
1264 Ebenda, S. 31.

Gesetzesbegründung des Gesetzes über die Altersgrenzen der Berufssoldaten von 1961 gestützt.[1265] Zweitens komme es ohne die besondere Altersgrenze zu einem Verwendungsstau, der die Einsatzbereitschaft beeinträchtige.[1266]

(v) VReformG vom 29. Juni 1998[1267]

Auch das VReformG vom 29. Juni 1998 bestätigte die besonderen Altersgrenzen mit einer sehr knappen Begründung: Diese seien weiterhin unverzichtbar, da die Personalstruktur der Streitkräfte nur so einsatzfähig erhalten werden könne.[1268] Weitere Informationen existieren dazu nicht.

(vi) DNeuG vom 5. Februar 2009[1269]

Die jüngste Bestätigung erfuhren die besonderen Altersgrenzen im DNeuG. Der Gesetzesbegründung zufolge soll mit der Neufassung die von der Bundesregierung beschlossene Übertragung der Maßnahmen in der gesetzlichen Rentenversicherung zur Anhebung der Altersgrenzen unter Berücksichtigung der Unterschiedlichkeit der Systeme in das Soldatenrecht erreicht werden.[1270] Dies bedeutet, dass grundsätzlich die Altersgrenzen angehoben werden sollen. Dies geschah für Generäle, Oberste sowie für Offiziere in den Laufbahnen des Sanitätsdienstes, des Militärmusikdienstes und des Geoinformationsdienstes der Bundeswehr jedoch eher halbherzig: Zwar wurde die allgemeine Altersgrenze auf die Vollendung des 65. Lebensjahres (vorher 62. Lebensjahr) festgesetzt, für die benannten Dienstgrade wurde im Gegenzug jedoch erstmals eine besondere Altersgrenze eingeführt und auf die Vollendung des 62. Lebensjahres festgesetzt.

Der Gesetzgeber statuiert, dass die besonderen Altersgrenzen weiterhin erforderlich seien, da sie der militärischen Personalführung die erforderliche Flexibilität verschafften, den Transformationsprozess der Bundeswehr zu gestalten und die Einsatzbereitschaft der Streitkräfte zu erhalten.[1271]

Um bedarfs- und strukturgerechte Entscheidungen über Versetzungen in den Ruhestand einerseits zu ermöglichen und andererseits Deckungsgleichheit mit der Erhöhung des Renteneintrittsalters und den Steigerungen im Beamtenbereich sicherzustellen, gibt § 45 Ab. 4 SG vor, dass 2024 ein durchschnittliches

1265 Ebenda, S. 31.
1266 Ebenda, S. 32.
1267 BGBl. 1998 I S. 1666.
1268 BT-Drs. 13/9527, S. 32.
1269 BGBl. 2009 I S. 160.
1270 BT-Drs. 16/7076, S. 174.
1271 Ebenda, S. 174.

Zurruhesetzungsalter erreicht sein muss, das um mindestens zwei Jahre über dem Zurruhesetzungsalter nach dem Stand vom 1. Januar 2007 (zu diesem Zeitpunkt 55,2 Jahre) liegen muss. Dieses soll erreicht werden, indem insbesondere hoch qualifizierte Berufssoldatinnen und Berufssoldaten, die überwiegend in wenig körperlich fordernden und belastenden Verwendungen eingesetzt sind, bedarfsbezogen deutlich über die besondere Altersgrenze hinaus im Dienst verbleiben.[1272] Hier tritt im Umkehrschluss deutlich zutage, dass trotz geringer körperlich anspruchsvoller Aufgaben Berufssoldatinnen und Berufssoldaten lediglich aufgrund ihres Jahrganges aus den Diensten der Bundeswehr ausscheiden müssen.

Der Gesetzesbegründung ist zu entnehmen, dass die Ermessensentscheidung über die Versetzung in den Ruhestand nicht allein auf das Überschreiten der besonderen Altersgrenze gestützt werden darf.[1273] Hierzu heißt es:

> *„Der Einräumung eines Ermessensspielraums liegt die Annahme zu Grunde, dass allein das Überschreiten der besonderen Altersgrenze nicht zum Anlass genommen wird, Versetzungen in den Ruhestand vorzunehmen.“*[1274]

Diese Annahme geht jedoch fehl: Die tatsächliche Handhabung der Ermessensentscheidung zeigt nämlich, dass die besonderen Altersgrenzen faktisch die allgemeine Altersgrenze darstellen.[1275] Trotz dessen verzichtete der Gesetzgeber bislang darauf, seine Beweggründe, dass die besonderen Altersgrenzen nicht aufgrund der Zugehörigkeit zu einem Jahrgang zu nutzen sind, in Tatbestandsmerkmale zu gießen und in § 45 Abs. 2 SG einzufügen, so dass die Verwaltung einen begrenzenden Rahmen für ihre für die betroffenen Berufssoldatinnen und Berufssoldaten durchaus einschneidende Ermessensentscheidung, die es in jedem Einzelfall zu treffen gilt, hat.

(vii) Zwischenergebnis

Die Festsetzung der allgemeinen Altersgrenze im Jahr 2009 basiert auf der Annahme, dass ab deren Überschreitung der Eintritt der Dienstunfähigkeit des Soldaten vermutet werden kann.[1276] Aufgrund der Möglichkeit der Wiederverwendung der Berufssoldatinnen und Berufssoldaten ist nicht von einer unwiderleglichen

1272 Ebenda, S. 175.

1273 Ebenda, S. 175.

1274 Ebenda, S. 175.

1275 Sanne/Weniger, § 4 Rn. 12; Eichen, NZWehrr 2008, 171, 174.

1276 BVerwG, Beschluss des Ersten Wehrdienstsenats vom 18. Oktober 2007 – 1 WB 67.06, Rn. 30; v. Roetteken, B II.2 SoldGG; Walz/Eichen/Sohm, § 45 Rn. 22.

gesetzlichen Vermutung der Dienstunfähigkeit auszugehen.[1277] Der erste Wehrdienstsenat bestätigte 2007 die Vermutung des Gesetzgebers als unbeanstandbar, dass bei Erreichen oder Überschreiten der allgemeinen oder besonderen Altersgrenzen die militärische Verwendbarkeit grundsätzlich nicht mehr in einem hinreichenden Maße gegeben sei und die Berufssoldatin oder der Berufssoldat auf die Möglichkeiten des Hinausschiebens des Eintritts in den Ruhestand gemäß § 44 Abs. 1 Satz 2 bis 4 SG, der Fortsetzung des Dienstverhältnisses gemäß § 44 Abs. 2 Satz 2 SG und der Wiederverwendung gemäß § 51 SG sowie des Einsatzes im Rahmen von Wehrübungen zu verweisen sei.[1278]

Das Ziel der besonderen Altersgrenze ist die Schaffung oder Beibehaltung einsatzfähiger Streitkräfte, wobei sich die Einsatzfähigkeit ausschließlich an personalstrukturellen Vorgaben orientiert. Insbesondere ist die Verjüngung des Personalkörpers fast ausschließlich durchweg exponierter Beweggrund der jeweiligen Initiativen.[1279] Hier findet eine Gleichsetzung von Verjüngung und Einsatzfähigkeit statt.

b Zielbestimmungen des § 2 SKPersStruktAnpG

Bis zum 31. Dezember 2017 erlaubt das im Jahr 2012 geschaffene SKPersStruktAnpG[1280] das einvernehmliche Ausscheiden von maximal 3.100 Berufssoldatinnen und Berufssoldaten, die das 40. oder 50. respektive 52. Lebensjahr vollendet haben. Frühzeitige Zurruhesetzungen ab dem 40. Lebensjahr sind möglich, soweit dies der Verkleinerung der Bundeswehr dient (§ 2 Abs. 1 Satz 1 Nr. 1 SKPersStruktAnpG). Soweit Berufsunteroffiziere das 50. Lebensjahr und Berufsoffiziere das 52. Lebensjahr vollendet haben, kann die Versetzung in den Ruhestand statt zur Verringerung zur Verjüngung des Personalkörpers erfolgen (§ 2 Abs. 1 Satz 2 SKPersStruktAnpG).

Schon das Reformbegleitprogramm stellt klar, dass aus der Einsatzausrichtung, Effizienzsteigerung und Verschlankung der Streitkräfte sich die Ziele der Verjüngung des Personalkörpers, der Professionalisierung und der Reduzierung von Personalumfängen ableiten lassen.[1281] Die Idee des Reformbegleitprogramms

---

1277 Walz/Eichen/Sohm, § 45 Fn. 42 zu Rn. 22.

1278 BVerwG, Beschluss des Ersten Wehrdienstsenats vom 18. Oktober 2007 – 1 WB 67.06, Rn. 30.

1279 BT-Drs. 3/2705, S. 1; BT-Drs. 11/5372, S. 31 f.; BT-Drs. 13/9527, S. 32; BRH, Bemerkungen zur Haushalts- und Wirtschaftsführung des Bundes 2014, S. 254 (BT-DRs. 18/3300, S. 254); Sanne/Weniger, § 44 Rn. 12.

1280 BGBl. 2012 I S. 1583.

1281 Reformbegleitprogramm, S. 1.

ist, die als zwingend erachtete Verjüngung des auf 185.000 Gesamtumfang begrenzten Personalkörpers durch den Abbau lebensälterer Berufssoldatinnen und Berufssoldaten, die durch lebensjüngere, einzustellende Berufssoldatinnen und Berufssoldaten ersetzt werden, zu erreichen.[1282] Dies bedeutet, dass mehr als zur Erreichung des Gesamtumfangs notwendige lebensältere Berufssoldatinnen und Berufssoldaten abgebaut werden sollen. Die dann zum Gesamtumfang fehlenden Soldatinnen und Soldaten sollen durch lebensjüngere Neueinstellungen aufgestockt werden. Bei der Maßnahme des SKPersStruktAnpG handelt es nicht nur um eine Personalabbau-, sondern um eine Personalumbaumaßnahme, so dass (älteres) Personal über den Bedarf hinaus entlassen und teilweise durch neues (jüngeres) Personal ersetzt wird.[1283] Damit werden die Ziele des PersAnpG[1284] und des Ersten Gesetzes zur Änderung des PersAnpG[1285] weiterverfolgt.[1286] Die Verjüngungsabsicht geht aus den Beschlussempfehlungen und Berichten des Verteidigungsausschusses (12. Ausschuss) hervor.[1287]

Neben den genannten schafften auch frühere Gesetzesinitiativen (PersStruktG-Streitkräfte[1288], PersStärkeG[1289]) – befristete – Möglichkeiten, ältere Berufssoldatinnen und Berufssoldaten zur Verbesserung der Einsatz- und Regenerationsfähigkeit aus der Truppe zu entfernen. Bei genauerer Betrachtung treten im Zuge des Auslaufens der gesetzlichen Maßnahmen Verlängerungen oder Anschlusslösungen (fast nahtlos) an die Stelle der alten Regelungen.

Von 1986 bis 1991 ermöglichte das PersStruktG-Streitkräfte die vorzeitige Pensionierung bestimmter älterer Jahrgänge auf Antrag, soweit sie das 45. Lebensjahr vollendet hatten. Gemäß § 1 Abs. 1 PersStruktG-Streitkräfte wurde diese gesetzliche Maßnahme „zur Verbesserung der Personalstruktur in den Streitkräften" durchgeführt[1290] und war auf die Geburtsjahrgänge 1932–1944 von 1.200 Berufsoffizieren des Truppendienstes begrenzt. Dieses Ziel der Verbesserung der Personalstruktur war kein Selbstzweck, sondern zielte auf die Erhaltung der Einsatzbereitschaft der Streitkräfte ab, indem durch die gesetzliche

1282 Ebenda.

1283 Bundestag, Plenarprotokoll 17/184, S. 21984; Bundestag, Plenarprotokoll 17/1875, S. 20752; Walz/Eichen/Sohm, § 44 Rn. 65.

1284 BGBl. 2001 I S. 4013.

1285 BGBl. 2007 I S. 2807.

1286 Walz/Eichen/Sohm, § 44 Rn. 61.

1287 BT-Drs. 17/9954, S. 1; BT-Drs. 17/9792, S. 1, 8.

1288 BGBl. 1985 I S. 1621.

1289 BGBl. 1991 I S. 2376.

1290 BT-Drs. 10/2887, S. 1.

Maßnahme erforderliche Verwendungsflüsse wieder ermöglicht werden sollten und „der Abbau der Überalterung im Bereich der Berufsoffiziere des Truppendienstes“ vor der Zeit vorangetrieben werden konnte.[1291] Zeitgleich sollte damit aber auch die Attraktivität der Dienstleistung als Offizier auf Zeit erhalten bleiben.[1292] Bestimmender Maßstab, der der Festlegung der Fallzahlen als auch den ausgewählten Geburtsjahrgängen zugrunde lag, war das Struktur-Soll, welches ohne die gesetzlichen Maßnahmen – so die Gesetzesbegründung – nicht erreicht werden konnte.[1293]

Im Zuge des Zwei-plus-Vier-Vertrags sollte der Personalumfang der Streitkräfte nochmals reduziert werden. Das PersStärkeG knüpfte daher in den Jahren 1992 bis 1998 nach Auslaufen des PersStruktG-Streitkräfte nahtlos an und setzte die besonderen Altersgrenzen für bestimmte Laufbahngruppen (frühestens ab Vollendung des 48. Lebensjahres) herab. Hier wurden Maßnahmen zum freiwilligen Ausscheiden und Zwangsmaßnahmen festgelegt. Diese Zielfestlegung ist nicht dem Gesetzestext selbst, jedoch dem Gesetzesentwurf zu entnehmen.[1294] Die Gesetzesbegründung führt aus, dass die auf internationalen Verträgen beruhende Verkleinerung auch durch eine reduzierte Heranziehung von Grundwehrdienstleistenden hätte erreicht und gehalten werden können, dies jedoch den Strukturbedarfen nicht entspräche.[1295] Mithin ist die Höhe der vorübergehenden besonderen Altersgrenzen allein anhand eines strukturgerechten Personalaufbaus abgeleitet.[1296] Nach Ansicht des Bundesrates sind aufgrund des hohen bestehenden Bedarfes an qualifiziertem Verwaltungs- und Führungspersonal im öffentlichen Dienst die Regelungen für die Bedingungen der Entlassung in den vorzeitigen Ruhestand der Öffentlichkeit nicht zu vermitteln.[1297]

Vier Jahre später folgte das PersAnpG mit einer Begrenzung auf 3.000 Personen. Es ermöglichte innerhalb der Jahre 2002 bis 2006 mit Zustimmung der Berufssoldatin oder des Berufssoldaten die vorzeitige Versetzung in den Ruhestand ab Vollendung des 50. Lebensjahres. Das Ziel der Maßnahme ist im Gesetzestext selbst in § 1 Nr. 2 PersAnpG definiert: Die Versetzung in den Ruhestand ist lediglich möglich, soweit dadurch Jahrgangsstrukturen erreicht werden, die den „Vorgaben des jeweils gültigen Personalstrukturmodells“ entsprechen. Diese

---

1291 Ebenda, S. 4 f.
1292 Ebenda, S. 4.
1293 Ebenda, S. 4 f.
1294 BT-Drs. 12/1269, S. 1 und 5.
1295 Ebenda, S. 5.
1296 Ebenda, S. 6.
1297 Ebenda, Anlage 2, S. 11.

Regelung postuliert damit einen unscharfen Regelungsbereich, da die im Personalstrukturmodell zusammengefassten Bedarfe jederzeitiger Änderung durch das BMVg unterliegen.[1298] Eine Fallzahlbeschränkung scheint hier daher zwangsnotwendig erforderlich. Ziel ist nach der Gesetzesbegründung, „den Bestand lebensälterer Berufssoldatinnen auf die Soll-Vorgaben zurückzuführen.[1299] Die Feststellung struktureller Überhänge basiert aber auf dem jeweils gültigen Personalstrukturmodell.[1300]

Direkt anschließend ermöglichte im Zeitraum 2007 bis 2011 das Erste Gesetz zur Änderung des PersAnpG weiteren 1.200 Berufssoldatinnen und Berufssoldaten, freiwillig vorzeitig in den Ruhestand versetzt zu werden, soweit das 50. Lebensjahr vollendet wurde. Das Ziel ist die Behebung des Fehls in jüngeren Geburtsjahrgängen.[1301] Dieser Fehl hat seinen Ursprung in mangelnden Verwendungsflüssen.[1302] Letztere basieren ihrerseits auf der geringen Zurruhesetzung lebensälterer Berufssoldatinnen und Berufssoldaten.[1303] Die geringe Zahl der Zurruhesetzungen wurde aufgrund des vom BMVg aufgesetzten idealtypischen

1298 Insoweit könnte der Bestimmtheitsgrundsatz gemäß Art. 20 GG betroffen sein (BSG Urteil vom 6. Februar 2007 B 8 KN 3/06 R): Das Gebot der Bestimmtheit förmlicher Gesetze ist Ausdruck der Garantie von Rechtssicherheit im Rechtsstaatsprinzip (BVerfGE 80, 103, 107; BVerfGE 87, 234, 263 = SozR 3-4100 § 137 Nr. 3 S 36). Der Bestimmtheitsgrundsatz gebietet, dass eine gesetzliche Ermächtigung der Exekutive zur Vornahme von Verwaltungsakten nach Inhalt, Zweck und Ausmaß hinreichend bestimmt ist, sodass der Betroffene seine Normunterworfenheit und die Rechtslage so konkret erkennen kann, dass er sein Verhalten danach auszurichten vermag, die gesetzesausführende Verwaltung für ihr Verhalten steuernde und begrenzende Handlungsmaßstäbe vorfindet und die Gerichte die Rechtskontrolle durchführen können (BVerfGE 108, 52, 75 m. w. N.; BVerfGE 110, 33, 53; BVerfGE 62, 169, 183). Dabei zwingt das rechtsstaatliche Gebot der Gesetzesbestimmtheit den Gesetzgeber nicht, Regelungstatbestände stets mit genau erfassbaren Maßstäben zu umschreiben. Er ist lediglich gehalten, seine Regelungen so bestimmt zu fassen, wie dies nach der Eigenart des zu ordnenden Lebenssachverhalts mit Rücksicht auf den Normzweck möglich ist (BVerfGE 102, 254, 337 m. w. N.). Das Bestimmtheitsgebot ist verletzt, wenn eine willkürliche Handhabung durch die Behörden ermöglicht wird (BVerfGE 80, 137, 161).

1299 BT-Drs. 14/6881, S. 20.

1300 Ebenda, S. 28.

1301 BT-Drs. 16/6123, S. 1.

1302 Ebenda, S. 6.

1303 Ebenda, S. 6.

Personalstrukturmodells 2010 identifiziert (Überhang von 4.200 Berufssoldatinnen und Berufssoldaten bezogen auf alle Geburtsjahrgänge).[1304]

Die Zielbestimmungen des § 2 SKPersStruktAnpG und der vorangegangenen einzelnen gesetzlichen Initiativen ist vorrangig die Erreichung der Struktur, welche im Personalstrukturmodell niedergelegt ist. Das Personalstrukturmodell stellt den verbindlichen Ausgangspunkt für die Einzelmaßnahmen dar. Augenfällig ist, dass alle gesetzlichen Einzelmaßnahmen fast nahtlos aneinandergereiht werden und stets die Verjüngung des Personalkörpers im Blick haben.

c Ergebnis der Zielbestimmung

Gemein ist allen gesetzlichen Initiativen, welche die besonderen Altersgrenzen heraufsetzen oder herabsetzen (diese im Ergebnis jedenfalls immer bestätigen), und den gesetzlichen Maßnahmen, die – quasi nebenbei – befristete Möglichkeit schaffen, zusätzlich zu den besonderen, ermessensabhängigen Altersgrenzen eine Personalreduktion zu ermöglichen, die angestrebte Einsatzbereitschaft der Streitkräfte durch Verjüngung des Personalkörpers zu erzielen. Gemein ist weiterhin allen gesetzlichen Initiativen, vorhandenes Personal den als idealtypisch erachteten personalstrukturellen Bedarfen unterzuordnen. Sie stellen den einzigen Ausgangspunkt für die Identifizierung der besonderen Altersgrenzen einerseits und der auszuscheidenden Jahrgänge andererseits dar. Das Ziel ist damit die einsatzerhöhende, idealtypische Verjüngung des Personalkörpers der Streitkräfte.

7. Öffentliche Sicherheit und Ordnung gemäß Art. 2 Abs. 5 Richtlinie 2000/78/EG

a Umfang und Prüfungsmaßstab des Art. 2 Abs. 5 Richtlinie 2000/78/EG

Soweit eine unmittelbare Benachteiligung wegen des Alters auf staatliche Maßnahmen, wie Gesetze, zurückzuführen ist, ist Art. 2 Abs. 5 Richtlinie 2000/78/EG relevant. Nach diesem Artikel bleiben die einzelstaatlichen Maßnahmen unangetastet, die für die Gewährleistung der öffentlichen Sicherheit, die Verteidigung der Ordnung und die Verhütung von Straftaten, zum Schutz der Gesundheit und zum Schutz der Rechte und Freiheiten anderer notwendig sind.

1304 Ebenda, S. 1, 6.

Für den EuGH ist Art. 2 Abs. 5 Richtlinie 2000/78/EG ein Rechtfertigungstatbestand.[1305] Diese Einordnung ist aufgrund des Wortlautes des Richtlinientextes nicht zwingend.[1306] Auch eine Ausnahmeregelung für den Geltungsbereich kommt in Betracht.[1307] Danach wären alle im einzelstaatlichen Recht enthaltenen Maßnahmen zur Gewährleistung der öffentlichen Sicherheit, Verteidigung der Ordnung, zum Gesundheitsschutz etc. von der Geltung der Richtlinie ausgenommen.[1308]

Im Prigge-Urteil[1309] hat der EuGH seine Einstufung von Art. 2 Abs. 5 Richtlinie 2000/78/EG als Rechtsfertigungstatbestand bestätigt.[1310] Die Mitgliedstaaten können staatliche Regelungen, die für die öffentliche Sicherheit und das Funktionieren der staatlichen Ordnung notwendig sind, daher rechtfertigen.[1311]

Der Unionsgesetzgeber wirkt mit Art. 2 Abs. 5 der Rahmenrichtlinie dem Entstehen eines Spannungsfeldes entgegen.[1312] Dieses ergibt sich im Rahmen eines Anspruches auf Gleichbehandlung einerseits und der notwendigen Gewährleistung der öffentlichen Ordnung, Sicherheit und Gesundheit, der Verhütung von Rechtsverstößen sowie dem Schutz der individuellen Rechte und Freiheiten, die für das Funktionieren einer demokratischen Gesellschaft unerlässlich sind, andererseits.[1313] Der Unionsgesetzgeber sieht für die in Art. 2 Abs. 5 Richtlinie 2000/78 aufgeführten Fälle vor, dass die in der Rahmenrichtlinie aufgestellten

---

1305 EuGH, Urteil vom 12. Januar 2010, C-341/08 – Petersen, Rn. 49; Rothermund/Temming, Diskriminierung aufgrund des Alters, S. 74.

1306 Geipel, S. 52; Groß, S. 38, 103; a. A. Schlachter, S. 29.

1307 Schlachter, S. 29.

1308 Schlachter, S. 29.

1309 EuGH, Urteil vom 13. September 2011, C-447/09 – Prigge: Herr Reinhard Prigge, Herr Michael Fromm und Herr Volker Lambach, drei Flugzeugkapitäne, wollten in einem Musterverfahren unter anderem feststellen lassen, dass ihre Arbeitsverhältnisse nicht mit Vollendung ihres 60. Lebensjahres geendet hatten. Sie wehrten sich gegen die Wirksamkeit der Altersgrenzen der deutschen Lufthansa AG aus § 19 des Manteltarifvertrages Nr. 5a, der für das Cockpitpersonal die automatische Beendigung des Arbeitsverhältnisses mit Vollendung des 55., spätestens jedoch mit Vollendung des 60. Lebensjahres vorsah. Der EuGH stellte unter Berufung auf Art. 16 Abs. 1 lit. b Richtlinie 2000/78/EG fest, dass auch Tarifverträge die Vorgaben der Richtlinie beachten müssen. Das Ziel der tariflichen Regelung war die Gewährleistung der Flugsicherheit.

1310 EuGH, Urteil vom 13. September 2011, C-447/09 – Prigge, Rn. 64.

1311 Ebenda, Rn. 54 f; Däubler/Bertzbach-*Brors*, AGG, § 8 Rn. 8; Groß, S. 38, die Art. 2 Abs. V der Richtlinie 2000/78/EG als eine Ausnahme zum persönlichen Anwendungsbereich begreift.

1312 EuGH, Urteil vom 13. September 2011, C-447/09 – Prigge, Rn. 55.

1313 Ebenda.

Grundsätze für solche Maßnahmen nicht gelten, die Ungleichbehandlungen wegen eines der in Art. 1 der Richtlinie genannten Gründe enthalten, soweit diese Maßnahmen zum Erreichen der oben genannten Ziele „notwendig" sind.[1314]

Für Maßnahmen zum Schutz der in Art. 2 Abs. 5 Richtlinie 2000/78/EG aufgeführten Rechtsgüter gelten die in dieser Richtlinie aufgestellten Grundsätze zum Schutz vor Ungleichbehandlungen wegen einer der in Art. 1 der Rahmenrichtlinie genannten Gründe nicht.[1315] Voraussetzung dafür ist, dass die in Rede stehenden Maßnahmen zum Erreichen eines der in Art. 2 Abs. 5 Richtlinie 2000/78/EG genannten Ziele notwendig sind.[1316]

Der EuGH bestätigte mehrfach, dass die Verteidigung ein Teil der öffentlichen Sicherheit in Form der äußeren Sicherheit darstellt und dass die organisatorischen Maßnahmen zur Gewährleistung der inneren und äußeren Sicherheit zuerst in die Zuständigkeit der Mitgliedstaaten gehören.[1317] Dafür spricht auch der Wortlaut der Erwägungsgründe 18 und 19 Richtlinie 2000/78/EG, die die Streitkräfte im Grundsatz mit umfassen.

Obwohl den Mitgliedstaaten im Rahmen das Art. 2 Abs. 5 Richtlinie 2000/78/EG ein Wertungsspielraum zuzuerkennen ist, muss das genannte Ziel kohärent und systematisch durch die gesetzlichen Maßnahmen erreicht werden.[1318]

Im Ergebnis legt der EuGH Art. 2 Abs. 5 Richtlinie 2000/78/EG als Abweichung vom Grundsatz eng aus.[1319] Daher ist in diesen Fällen eine Einzelabwägung verpflichtend.[1320]

b Zielkongruenz i. S. d. Art. 2 Abs. 5 Richtlinie 2000/78/EG

Das Ziel der besonderen Altersgrenzen gemäß § 44 Abs. 2 i. V. m. § 45 Abs. 2 SG und § 2 SKPersStruktAnpG ist die Erhaltung der Einsatzbereitschaft der Streitkräfte, welche durch Verjüngung des Personalkörpers erzielt werden soll. Diese

---

1314 Ebenda.

1315 Ebenda.

1316 Ebenda.

1317 EuGH, Urteil vom 11. März 2003, C-186/01 – Dory, Rn. 32, 36; EuGH, Urteil vom 11. Januar 2000, C-285/98 – Kreil, Rn. 17; EuGH, Urteil vom 26. Oktober 1999, C-273/97 – Sirdar, Rn. 17; Dietrich, NZWehrr 2000, 102, 108; a. A. Eichen, NZWehrr 2000, 45, 55.

1318 EuGH, Urteil vom 12. Januar 2010, C-341/08 – Petersen, Rn. 52 f.

1319 Ebenda, Rn. 61; EuGH, Urteil vom 13. September 2011, C-447/09 – Prigge, Rn. 56.

1320 EuGH, Urteil vom 11. März 2003, C-186/01 – Dory, Rn. 34 f.; EuGH, Urteil vom 11. Januar 2000, C-285/98 – Kreil, Rn. 15. f. und 25; Däubler/Bertzbach-*Brors*, AGG, § 8 Rn. 8 f.

Zielbestimmung ist auch allen anderen gesetzlichen Initiativen zu entnehmen, die die besonderen Altersgrenzen bestätigten. Die Erhaltung der Einsatzfähigkeit der Streitkräfte eines Mitgliedstaates scheint nicht von vorneherein ungeeignet, die öffentliche Sicherheit i. S. v. Art. 2 Abs. 5 Richtlinie 2000/78/EG zu gewährleisten. Der Gesetzesbegründung zum EUGleichbUmsG ist auch zu entnehmen, dass die Einsatzbereitschaft und Schlagkraft der Streitkräfte die äußere Sicherheit und die Existenz des staatlichen Gemeinwesens gewährleisten.[1321] Daher unterfallen die in Rede stehenden Maßnahmen einem der in Art. 2 Abs. 5 Richtlinie 2000/78/EG genannten Ziele.

c Notwendigkeit der Maßnahme i. S. d. Art. 2 Abs. 5 Richtlinie 2000/78/EG

Aufgrund des strengen Maßstabs des Art. 2 Abs. 5 Richtlinie 2000/78/EG müssen die gesetzlichen Maßnahmen der § 44 Abs. 2 i. V. m. § 45 Abs. 2 SG und § 2 SKPersStruktAnpG zur Zielerreichung notwendig sein.[1322] Daher müssen die gesetzlichen Maßnahmen nicht nur in untergeordneter Weise zur öffentlichen Sicherheit beitragen, sondern es muss sich um Bestimmungen handeln, die gerade in Verfolgung der besonders schutzwürdigen Ziele erlassen wurden.[1323] Insofern sind altersgrenzengebundene Maßnahmen für die Streitkräfte nur dann geeignet, die Verwirklichung des geltend gemachten Ziels zu gewährleisten, wenn sie tatsächlich dem Anliegen gerecht werden, die Erhaltung der Einsatzfähigkeit in kohärenter und systematischer Weise zu erreichen.[1324]

(i) Unterschiedliche altersgrenzenbezogene Regelungen für die Streitkräfte

Berufssoldatinnen und Berufssoldaten sehen sich in Abgrenzung zu den im Geschäftsbereich des BMVg tätigen Beamtinnen und Beamten einer Vielzahl von differenzierenden altersbezogenen Regelungen gegenüber. Neben den bereits dargestellten allgemeinen und besonderen Altersgrenzen und den einzelnen gesetzlichen Initiativen bestehen weitere Maßnahmen, die die Altersgrenzen betreffen.

Das Hinausschieben des Eintritts in den Ruhestand ist einseitig durch den Dienstherrn gemäß § 44 Abs. 1 Satz 2 und Satz 3 SG um maximal drei Jahre möglich, soweit dringende dienstliche Gründe vorliegen. Unter Mitwirkung der Berufssoldatin oder des Berufssoldaten ist das antragsgebundene Hinausschieben des

1321 BT-Drs. 16/1780, S. 27.

1322 Vgl. EuGH, Urteil vom 13. September 2011, C-447/09 – Prigge, Rn. 56.

1323 Schlussanträge des Generalanwalts vom 19. Mai 2011, C-447/09 – Prigge, Rn. 52.

1324 Vgl. EuGH, Urteil vom 12. Januar 2010, C-341/08 – Petersen, Rn. 53.

Eintritts in den Ruhestand gemäß § 44 Abs. 1 Satz 4 SG[1325] um ein Jahr möglich, soweit ein dienstliches Interesse vorliegt. Die Wiederverwendungsgrenze gemäß § 51 SG liegt bei der Vollendung des 65. Lebensjahres, bis zu der eine zweijährige Verlängerung durch den Dienstherrn nach pflichtgemäßem Ermessen angeordnet werden kann.

Insofern stellt die Vollendung des 65. Lebensjahres die Grenze dar, ab der Berufssoldatinnen und Berufssoldaten grundsätzlich als verwendungstauglich betrachtet werden.

Dies stellt eine Ausnahme zu der sonst angestrebten Verjüngung des Personalkörpers der Streitkräfte dar. Ausnahmen von den Bestimmungen eines Gesetzes können in bestimmten Fällen dessen Kohärenz beeinträchtigen, insbesondere wenn sie wegen ihres Umfangs zu einem Ergebnis führen, dass dem mit dem Gesetz verfolgten Ziel widerspricht.[1326] Als ungeschriebenes Tatbestandsmerkmal hängt die Wiederverwendung vom dienstlichen Grund ab.[1327] An das dienstliche Interesse stellt die Vorschrift grundsätzlich keine besonderen Anforderungen, es muss jedoch ein besonderer Grund vorliegen, etwa ein akuter Mangel in einer bestimmten Verwendung mit erforderlichen Spezialkenntnissen.[1328] Eine solche Ausnahme scheint nicht geeignet, die Erreichung des angestrebten Ziels zu beeinträchtigen und bewirkt damit keine Inkohärenz der Regelung.[1329]

(ii) Verknüpfung zwischen Maßnahme und Ziel i. S. d. Art. 2 Abs. 5 Richtlinie 2000/78/EG

Zur Wahrung der Einsatzfähigkeit der Streitkräfte muss das gewählte Mittel, der Abbau lebensälterer Berufssoldatinnen und Berufssoldaten, notwendig sein. Insofern muss eine hinreichende Verknüpfung zwischen der Maßnahme und dem Ziel vorliegen.[1330] Dies bedeutet, dass lebensältere Berufssoldatinnen und Berufssoldaten die Einsatzfähigkeit der Streitkräfte gefährden müssen. Eine Einsatzfähigkeitsgefährdung liegt dann vor, wenn die Streitkräfte Berufssoldatinnen und Berufssoldaten beschäftigen, die ihre Aufgabe nicht erfüllen können.

1325 Bezieht sich auf die allgemeine Altersgrenze, da die Anwendung der besonderen Altersgrenze ohnehin im Ermessen des Dienstherrn gemäß § 45 Abs. 2 SG liegt.

1326 EuGH, Urteil vom 21. Juli 2011, C-159/10 – Fuchs und C-160/10 – Köhler, Rn. 86; vgl. EuGH, Urteil vom 12. Januar 2010, C-341/08 – Petersen, Rn. 53.

1327 Sanne/Weniger, § 51 Rn. 6.

1328 Ebenda.

1329 Vgl. EuGH, Urteil vom 21. Juli 2011, C-159/10 – Fuchs und C-160/10 – Köhler, Rn. 89.

1330 Sonnenberg, BLJ 2012, 9, 11.

Die frühen Altersgrenzen werden mit der durch den Dienst in den Streitkräften bedingten erhöhten körperlichen Belastung begründet.[1331] Eine solche Begründung ist hier nur dann statthaft, wenn tatsächlich erhöhte körperliche Belastungen vorliegen.

In der Konzeption des § 44 und § 45 SG ist ein Regel-Ausnahme-Verhältnis begründet, indem eine gegenüber den Beamtinnen und Beamten verkürzte regelmäßige, allgemeine Altersgrenze („tritt in den Ruhestand") und eine für Ausnahmefälle gedachte besondere Altersgrenze auf Ermessensbasis („kann mit Ablauf eines Monats in den Ruhestand versetzt werden") eingeführt ist.[1332] Der Gesetzgeber geht also davon aus, dass die erhöhte körperliche Belastung nicht als Regelfall anzuerkennen ist (siehe hierzu § 44 Abs. 2 SG), sondern eine Ausnahme darstellt, die in jedem Einzelfall zu begründen ist. Einer durchaus nicht zu leugnenden größeren körperlichen Beanspruchung gegenüber der von Beamtinnen und Beamten auszufüllenden Tätigkeit kommt der Gesetzgeber insofern nach, als dass er eine allgemeine Altersgrenze gemäß § 45 Abs. 1 SG eingeführt hat, die schon gegenüber derjenigen, die für Bundesbeamtinnen und Bundesbeamten gilt (§ 51 Abs. 1 BBG: Vollendung des 67. Lebensjahres), verringert ist. Die Anwendung der besonderen Altersgrenzen sollte nur ausnahmsweise ausgesuchten, speziellen Verwendungen in der Truppe zugeordnet werden und im Rahmen der Ermessensbetätigung im Einzelfall zugebilligt werden.[1333]

Selbst unter Zugrundelegung des Abbaus primärer körperlicher Leistungsfähigkeit ab einem bestimmten Alter ist diese Leistungsausprägung nur dann relevant, soweit es bei der jeweiligen Tätigkeit in besonderem Maße auf eine körperliche oder psychische Belastbarkeit ankommt, und die körperliche Leistungsfähigkeit nicht durch die Verschiebung in den Fähigkeiten älterer Arbeitnehmer zu effizientem und ökonomischen Arbeiten aufgefangen werden kann.[1334]

Aufgrund veränderter Einsatzbedingungen und Verwendungsflüsse in den Streitkräften und der tatsächlichen Praxis der schematischen Zurruhesetzung bei Überschreiten der jeweiligen besonderen Altersgrenzen geht die gesetzliche Maßnahme über das hinaus, was notwendigerweise für die Erhaltung der Einsatzfähigkeit der Streitkräfte als Ganzes notwendig wäre.

Nach Ansicht von Eichen kann nur in Konstellationen, in denen das Lebensalter ein echtes Eignungsmerkmal ist, bei Berufssoldatinnen und Berufssoldaten

---

1331 Sanne/Weniger, § 44 Rn. 12; Walz/Eichen/Sohm, § 44 Rn. 21.

1332 Walz/Eichen/Sohm, § 44 Rn. 21.

1333 Ebenda, Rn. 21 f.

1334 Vgl. Trebeck, S. 21.

die Zugehörigkeit zu einem Geburtsjahrgang eine Rolle spielen, wenn erfahrungsgemäß nur in einem begrenzten Altersband von der notwendigen physischen und psychischen Eignung für die Ausübung einer Funktion ausgegangen werden kann.[1335]

Ob das Lebensalter an sich ein echtes Eignungsmerkmal ist, darf bezweifelt werden. Das BVerwG hat entschieden, dass das Lebensalter an sich bei einer Förderung innerhalb einer Laufbahn kein mit dem Leistungsgedanken des Art. 33 Abs. 2 GG, § 3 SG zu vereinbarender Grundsatz ist.[1336] Lediglich bei einem Laufbahnwechsel können nach Ansicht des BVerwG verteidigungspolitische Zweckmäßigkeitsüberlegungen eine altersaufbauorientierte Entscheidung zulässig machen.[1337] Insofern dürfen die zuständigen militärischen Stellen Auswahlentscheidungen bzgl. Laufbahnen, nicht jedoch solche über eine förderliche Verwendung, in rechtlich zulässiger Weise nicht nur im Hinblick auf den fachlichen Verwendungsbereich, sondern auch hinsichtlich des jeweiligen Geburtsjahrgangs von Bedarfsgesichtspunkten abhängig machen.[1338] Die Bedarfsermittlung selbst ist nach Ansicht des BVerwG wehrdienstgerichtlich nicht überprüfbar.[1339] Laufbahnentscheidungen werden auf Grundlage struktureller Vorgaben und der haushalterischen Möglichkeiten für Ergänzungsquoten für das jeweilige Jahr bezogen auf den Geburtsjahrgang und differenziert nach Ausbildungs- und Verwendungsreihen/Werdegängen nach Ansicht des BVerwG rechtsfehlerfrei festgelegt.[1340] Durch Altersgrenzen kann der Leistungsgrundsatz gemäß Art. 33 Abs. 2 GG für Beamtinnen und Beamte eingeschränkt werden, weil sie im Lebenszeitprinzip als einem durch Art. 33 Abs. 5 GG gewährleisteten hergebrachten Grundsatz des Berufsbeamtentums angelegt sind.[1341] Nach Ansicht des BVerfG

1335 Walz/Eichen/Sohm, 2. Aufl., § 44 Rn. 65.

1336 BVerwG, Urteil vom 19. Februar 2009 – 2 C 18/07, NVwZ 2009, 840, 840; BVerwG, Beschluss vom 30. August 1989 – 1 WB 115/87, Rn. 65; Tettinger, DVBl. 2005, 1397, 1397.

1337 BVerwG, Beschluss vom 30. August 1989 – 1 WB 115/87, Rn. 65.

1338 BVerwG, Beschluss vom 13. Dezember 2011 – 1 WB 37.10, Rn. 69; BVerwG, Beschluss vom 11. Mai 2006 – 1 WB 38.05, Rn. 17.

1339 BVerwG, Beschluss vom 13. Dezember 2011 – 1 WB 37.10, Rn. 70; BVerwG, Beschluss vom 11. Mai 2006 – 1 WB 38.05, Rn. 18.

1340 BVerwG, Urteil vom 13. Dezember 2012 – 2 C 11.11, Rn. 14; BVerwG, Beschluss vom 13. Dezember 2011 – 1 WB 37.10, Rn. 68; BVerwG, Beschluss vom 28. Oktober 2008 – 1 WB 32.08, Rn. 69.

1341 BVerwG, Urteil vom 19. Februar 2009 – 2 C 18/07, NVwZ 2009, 840, 840.

strahlt das Alimentationsprinzip, die Fürsorgepflicht u. ä. über Art. 33 Abs. 5 GG auch auf das Soldatenverhältnis aus.[1342]

Im Rahmen der Zulassungsentscheidung einer Soldatin oder eines Soldaten auf Zeit zur Berufssoldatin oder zum Berufssoldaten ist das Lebensalter nur dann ein leistungsbezogenes Kriterium i. S. d. Art. 33 Abs. 2 GG und § 3 Abs. 1 SG oder im Sinne eines außerhalb von Art. 33 Abs. 2 GG ebenfalls mit Verfassungsrang ausgestatteten Belanges, soweit die Annahme gerechtfertigt ist, dass die Bewerberin oder der Bewerber bei Überschreitung eines bestimmten Lebensalters typischerweise den Anforderungen des Amtes oder einer Laufbahn nicht mehr genügt.[1343]

Jedenfalls hat das Interesse des Dienstherrn an der Schaffung oder Aufrechterhaltung ausgewogener Altersstrukturen kein ausreichendes verfassungsrechtliches Gewicht, um eine Einschränkung des in Art. 33 Abs. 2 GG gewährleisteten Zugangsrechts zu rechtfertigen.[1344] Dieses verfassungsrechtliche Gewicht kommt in diesem Zusammenhang auch nicht dem Verteidigungsauftrag der Bundeswehr gemäß Art. 87a Abs. 1 Satz 1 GG zu: Dieser trifft lediglich eine verfassungsrechtliche Grundentscheidung für eine wirksame militärische Landesverteidigung, welche auch die Gestaltungsfreiheit beinhaltet, das innere Gefüge der aufzustellenden Streitkräfte so anzuordnen, dass die militärischen Aufgaben erfüllt werden können.[1345]

Demzufolge kommt der Art des militärischen Dienstes (Laufbahn, Dienstposten etc.) Bedeutung zu: Das BVerwG hat entschieden, dass das Interesse an einer ausgewogenen Altersstruktur jedenfalls im Bereich des Militärmusikdienstes nicht berücksichtigt werden kann, sondern ausschließlich unmittelbar leistungsbezogene Kriterien i. S. d. Art. 33 Abs. 2 GG der Auswahlentscheidung zu Grunde zu legen sind.[1346] Der Grund war einfach: Es fehlte an einer entsprechenden Tätigkeit des Normgebers, etwaige aus dem Verteidigungsauftrag folgende Besonderheiten für die Personalauswahlwahl zu konkretisieren.[1347] Auch § 1 SoldGG und § 3 SG waren dafür nicht geeignet, da sie ersichtlich nicht den Zweck verfolgen, den unbeschränkt und vorbehaltlos gewährleisteten Leistungsgrundsatz des Art. 33 Abs. 2 GG zu relativieren.[1348] Des Weiteren wurde festgestellt, dass

---

1342 Sanne/Weniger, Einführung Rn. 3.
1343 BVerwG, Urteil vom 13. Dezember 2012 – 2 C 11.11, Rn. 11, 23.
1344 Ebenda, Rn. 25.
1345 Ebenda, Rn. 26.
1346 Ebenda, Rn. 32.
1347 Ebenda, Rn. 27.
1348 Ebenda, Rn. 27.

zumindest die Fachlaufbahn des Militärmusikdienstes nicht bestimmt ist, dem Verteidigungsauftrag der Streitkräfte gemäß Art. 87a GG zu dienen.[1349] Insbesondere komme dem Militärmusikdienst keine militärische Aufgabe zu, da dessen Einsatz auf Friedenszeiten bezogen sei und sich auf repräsentative, protokollarische Auftritte beschränke.[1350] Insofern spielt das Alter für die Fachlaufbahn des Militärmusikdienstes keine Rolle. Mit dieser Entscheidung erteilte das BVerwG dem Interesse des Dienstherrn an einem geordneten Altersaufbau für eine nicht dem militärischen Auftrag dienende Laufbahn eine Absage.

Dieser verwendungsbezogenen Abwägung ist der Gesetzgeber im DNeuG nicht nachgekommen. Im DNeuG führte er sogar erstmalig eine besondere Altersgrenze für den Militärmusikdienst ein. Das BVerwG stellt daher zu Recht fest, dass angesichts der geringen Zahl der im Militärmusikdienst verwendeten Soldatinnen und Soldaten diese keine ernstliche Bedeutung für die Aufrechterhaltung der Funktionsfähigkeit der Streitkräfte haben.[1351] Damit stellt das BVerwG klar, dass es auf die Tätigkeit, Laufbahn und Verwendung ankommt:

> *„Schon im Hinblick auf die Aus- und Vorbildung im Militärmusikdienst kann insoweit aber nicht von einer allseitigen Einsatz- und Verwendbarkeit der Laufbahnangehörigen ausgegangen werden. Dies gilt auch im Hinblick auf die Zweitverwendung bei der Sanitätstruppe.“*[1352]

Dies bedeutet, dass zumindest im Rahmen des Art. 33 Abs. 2 GG das Alter trotz § 1 SoldGG und § 3 SG zumindest dort unberücksichtigt bleiben muss, wo es ersichtlich kein leistungsbezogenes Kriterium in dem Sinne darstellt, dass ab Überschreitung eines bestimmten Lebensalters typischerweise Anforderungen des Amtes oder einer Laufbahn nicht mehr genügt werden kann.[1353]

Soweit aber nach diesem Urteil feststeht, dass die Fachlaufbahn Militärmusikdienst das Alter als Kriterium nicht kennt und der Militärmusikdienst für die Einsatzfähigkeit der Streitkräfte keine Bedeutung hat, ist die besondere Altersgrenze des § 45 Abs. 2 Nr. 1 SG vor dem Hintergrund infrage zu stellen, dass im Grundsatz besondere Altersgrenzen deswegen eingerichtet wurden, um den Erhalt einer jungen Altersstruktur zur Einsatzfähigkeitserhaltung sicherzustellen, da der Dienst in den Streitkräften eine erhöhte körperliche Belastung verlange.

Demzufolge sind dort besondere Altersgrenzen unverhältnismäßig, wo Berufssoldatinnen und Berufssoldaten von der weiteren Dienstleistung in den

---

1349 Ebenda, Rn. 28.
1350 Ebenda, Rn. 27.
1351 Ebenda, Rn. 30.
1352 Ebenda, Rn. 31.
1353 Ebenda, Rn. 11.

Streitkräften lediglich aus Altersgründen ausgeschlossen werden, obwohl die Einsatzfähigkeit der Streitkräfte nicht gefährdet ist.

Insoweit ist das Urteil des BVerwG heranzuziehen, welches die Altersgrenze für Beamtinnen und Beamte auf Lebenszeit im Feuerwehrdienst der Bundeswehr nur auf diejenigen anwendet, welche tatsächlich im Feuerwehrdienst der Bundeswehr tätig sind.[1354] Die bloße Zugehörigkeit zu einer Laufbahn des feuerwehrtechnischen Dienstes genügt nicht.[1355] Im zu Grunde liegenden Fall wurde der Kläger aus dem Feuerwehrdienst der Bundeswehr in das BMVg versetzt und damit nicht mehr im Feuerwehrdienst verwendet.[1356] Die besondere Altersgrenze des § 41a BBG a. F. (§ 51 Abs. 3 BBG n. F.) wendete das BVerwG daher auf den Kläger nicht an.[1357]

Obwohl dem nationalen Gesetzgeber nach Ansicht des EuGH bei der Festlegung von (allgemeinen) Altersgrenzen eine weitreichende Einschätzungsprärogative zukommt, kontrolliert der EuGH andererseits spezifische altersbezogene Regelungen für bestimmte Beschäftigte deutlich strenger.[1358] Diesen großzügigeren Maßstab dürfte der EuGH aufgrund der von ihm respektierten Souveränität der Mitgliedstaaten bei Beschäftigungs- und sozialpolitischen Erwägungen anwenden.[1359] Soweit Sicherheitsaspekte als Begründung für unter dem allgemeinen Renteneintrittsalter liegende Altersgrenzen herangezogen werden, bedürfen die gesetzlichen Maßnahmen jedoch in besonderem Maße einer Rechtfertigung.[1360] Auch wenn bei der Anwendung der besonderen Altersgrenzen eine nicht unbeachtliche Pensionsversorgung ausgeschüttet wird, genügt dies allein für sich nicht als Rechtfertigungsgrund.[1361] Wollte man dies akzeptieren, würde der ideelle Aspekt der Arbeit vollkommen negiert.[1362]

Soweit man insgesamt von der Verschiebung der Tätigkeiten der Soldatinnen und Soldaten hin zu geringeren körperlichen Anforderungen ausgeht, scheint es angezeigt, nicht nur die Handhabung der besonderen Altersgrenzen, sondern auch die gesetzliche Normierung anzupassen, indem tatsächliche

1354 BVerwG Urteil vom 8. Juni 2000 – 2 C 16.99, Rn. 13.
1355 Ebenda, Rn. 13.
1356 Ebenda, Rn. 16.
1357 Ebenda, Rn. 13.
1358 Bauer/v. Medem, NZA 2012, 945, 946; Preis, NZA 2010, 1323, 1327; Thüsing/Pötters, ZIP 2011, 1886, 1887.
1359 Bauer/v. Medem, NZA 2012, 945, 946; Thüsing/Pötters, ZIP 2011, 1886, 1887.
1360 Thüsing/Pötters, ZIP 2011, 1886, 1887.
1361 Bauer/v. Medem, NZA 2012, 945, 950.
1362 Ebenda.

Verwendungsläufe und -planungen für die Festlegung von besonderen Altersgrenzen oder deren Anwendung im Rahmen der Ermessensentscheidung für die Versetzung in den Ruhestand zugrunde gelegt werden.[1363] Dienstgradbezogene Altersgrenzen mögen daher zur Zeit der Errichtung der Bundeswehr unter Berücksichtigung der Erfahrungen aus dem Zweiten Weltkrieg geeignet gewesen sein, da die Zahl der Dienstposten mit geringeren körperlichen Anforderungen zu spärlich war, um einer strukturschädigenden Überalterung entgegenzuwirken.[1364] Insofern bedingten sich die besonderen Altersgrenzen mit der Einsatzbereitschaft der Streitkräfte gegenseitig.[1365] Im Laufe der Zeit sind die Erwägungen zu körperlichen Belastungen im Rahmen der Gesetzesnovellierungen der besonderen Altersgrenzen immer weiter in den Hintergrund getreten.[1366] Dies hat aber nicht dazu beigetragen, von den besonderen Altersgrenzen abzurücken oder sie auf das Notwendige zu beschränken. Aufgrund der geänderten Formen der soldatischen Dienstleistungen (diese können heute in reiner Bürotätigkeit bestehen, stark physisch geprägte Aufgaben werden hingegen von Sondertruppen ausgeführt) scheinen heute lediglich spezifische, individuelle verwendungsbezogene Altersgrenzen zulässig, nicht jedoch die undifferenzierten dienstgradbezogenen Altersgrenzen.[1367]

Auf diesem Weg können auch individuelle Auslandseinsätze Berücksichtigung finden. Nach Eichen sollte jedenfalls der Teilnahme an Auslandseinsätzen keine große Bedeutung im Rahmen der Altersgrenzen zukommen, da sich die Dauer der Einsätze für einen großen Teil der Berufssoldatinnen und Berufssoldaten trotz der Einsatzausrichtung der Streitkräfte auf einige Monate beschränkt.[1368]

Bei den Gesetzesbegründungen für die Bestätigung der besonderen Altersgrenzen traten die Einsparung von Versorgungsleistungen und die Verringerung der Streitkräfte immer weiter in den Vordergrund, um die besonderen Altersgrenzen (zeitweilig) anzupassen.[1369] Diese Aspekte haben mit der ursprünglichen Begründung der besonderen Altersgrenzen nichts mehr zu tun. Insofern erscheint es sachfremd, Kosten- und Reduzierungsgründe für die Aufstellung von besonderen Altersgrenzen heranzuziehen, zumal die in einigen

1363 Eichen, NZWehrr 2008, 171, 174.
1364 Walz/Eichen/Sohm, § 45 Rn. 25.
1365 Ebenda, Rn. 25.
1366 Ebenda, Rn. 26.
1367 Ebenda, Rn. 26, Eichen, NZWehrr 2008, 171, 173 f.
1368 Eichen, NZWehrr 2008, 171, 174.
1369 Walz/Eichen/Sohm, § 45 Rn. 26.

Jahrgängen vorhandenen strukturellen Überhänge an Berufssoldatinnen und Berufssoldaten die Einsatzbereitschaft der Streitkräfte teilweise gleichwohl eher förderten als beeinträchtigten.[1370]

Der Gesetzgeber hat die Art der körperlichen Inanspruchnahme des Dienstes von Berufssoldatinnen und Berufssoldaten und sein Interesse an einer altersgerechten Struktur seiner Streitkräfte schon in der gegenüber Beamtinnen und Beamten niedrigeren allgemeinen Altersgrenze nach § 44 Abs. 1 i. V. m. § 45 Abs. 1 SG (Vollendung des 65. und 62. Lebensjahres) genügend berücksichtigt.[1371] Die Einflussnahme auf die Altersstruktur der Streitkräfte über eine generelle Nutzung besonderer Altersgrenzen wird der Gesetzessystematik nicht gerecht.[1372] Entscheidungen über besondere Altersgrenzen sind Ermessensentscheidungen im Einzelfall.[1373] Die Anwendung der besonderen Altersgrenze sollte nicht automatisch, sondern selektiv nur da eingesetzt werden, wo die Erhöhung der Einsatzfähigkeit durch den Einsatz eines Lebensjüngeren tatsächlich erforderlich ist.[1374]

Auch mit Blick auf die für die Beamtinnen und Beamten im Feuerwehrdienst der Bundeswehr gültigen Altersgrenzen gemäß § 51 Abs. 3 BBG (mit Vollendung des 62. Lebensjahres) scheinen die frühen besonderen Altersgrenzen, beispielsweise die besondere Altersgrenze von 55 Jahre für Berufsunteroffiziere gemäß § 45 Abs. 2 Nr. 5 SG, unverhältnismäßig niedrig. Die Altersgrenze für den Feuerwehrdienst wurde mit den besonderen körperlichen Anforderungen und Beweglichkeit sowie der Notwendigkeit schneller Entschlusskraft begründet, liegt aber dennoch sieben Jahre oberhalb der für Berufsunteroffiziere gültigen besonderen Altersgrenze.[1375]

Auch den Interessen der Berufssoldatinnen und Berufssoldaten dürfte dieses Vorgehen nicht unbedingt gerecht werden, müssen sie doch mit den gegenüber den aktiven Bezügen niedrigeren Pensionsbezügen in einem Alter auskommen, in welchem viele noch laufende Unterhaltsverpflichtungen zu erfüllen haben.

1370 Walz/Eichen/Sohm, § 45 Rn. 26 Fn. 52.

1371 Walz/Eichen/Sohm, § 44 Rn. 22.

1372 Eichen, NZWehrr 2008, 171, 174.

1373 Walz/Eichen/Sohm, § 44 Rn. 22.

1374 Ebenda.

1375 Das Urteil des EuGH (Urteil vom 12. Januar 2010 C-229/08 – Wolf) liefert hier keine weiteren Erkenntnisse. Im zu Grunde liegenden Urteil wurde eine Höchsteinstellungsgrenze für den mittleren Dienst gemäß Art. 4 Abs. 1 Richtlinie 2000/78/EG für rechtmäßig erachtet, da die Bundesregierung unwidersprochen die besondere, ausgeprägte körperliche Eignungsvoraussetzung für den mittleren feuerwehrtechnischen Dienst darlegen konnte.

(iii) Zwischenergebnis

Die Verwendung von Berufssoldatinnen und Berufssoldaten ungeachtet körperlicher und geistiger Anforderungen und die Zurruhesetzungspraxis des BMVg im Rahmen der Ermessensentscheidung nach § 44 Abs. 2 i. V. m. § 45 Abs. 2 SG sind nicht erforderlich, um die Verwirklichung des geltend gemachten Ziels, Erhaltung der Einsatzbereitschaft der Streitkräfte, zu gewährleisten. Soweit ältere Berufssoldatinnen und Berufssoldaten in Stabsstellen in nur wenige Monate umfassenden Einsätzen eingesetzt und von Verwendungen ausgeschlossen werden, die eine sehr hohe körperliche Leistungsfähigkeit (Spezialkommandos, BO 41) verlangen, wird die Einsatzfähigkeit der gesamten Streitkräfte nicht dadurch erreicht, dass diese älteren Berufssoldatinnen und Berufssoldaten allein aufgrund ihres Alters in den Ruhestand versetzt werden. Die Verjüngung der Streitkräfte darf kein Selbstzweck sein. Dies zeigt auch ein Vergleich zu den Altersgrenzen der Beamtinnen und Beamten im Feuerwehrdienst der Bundeswehr oder im Bundespolizeivollzugsdienst. Der Vergleich, dass Auslandseinsätze von Beamtinnen und Beamten keinerlei Auswirkung auf deren Altersgrenze haben, zeigt, wie irrelevant der Auslandseinsatz sein kann.

Die Praxis der pauschalen Anwendung der besonderen Altersgrenzen und der vollständige Ausschluss des Verbotes der Altersdiskriminierung führen daher zu einer unverhältnismäßig starken Belastung der Berufssoldatinnen und Berufssoldaten, da sie in jedem Aspekt ihrer Diensttätigkeit vom Verbot der Altersdiskriminierung ausgeschlossen sind.

Die Maßnahmen, die die Erhöhung der Einsatzfähigkeit durch Verjüngung des Personals erreichen wollen, halten dem strengen Prüfungsmaßstab des Art. 2 Abs. 5 Richtlinie 2000/78/EG nicht stand.

8. Art. 4 Abs. 1 Richtlinie 2000/78/EG

a Zweck der innerstaatlichen Regelung

Die besonderen Altersgrenzen werden mit der Herstellung der erforderlichen Flexibilität der militärischen Personalführung begründet, um den Transformationsprozess der Bundeswehr zu gestalten und die Einsatzbereitschaft der Streitkräfte zu erhalten.[1376] Das Ziel einsatzfähiger Streitkräfte orientiert sich ausschließlich an personalstrukturellen Vorgaben, insbesondere ist die Verjüngung

1376 BT-Drs. 16/7076, S. 174.

des Personalkörpers fast ausschließlich durchweg exponierter Beweggrund der jeweiligen Initiativen.[1377]

Bei den Maßnahmen des SKPersStruktAnpG handelt es sich nach dem Personalstrukturmodell 185 um eine Personalabbaumaßnahme, die mit einer Personaleinstellungsmaßnahme kombiniert wird: Das Reformbegleitprogramm sieht vor, die zwingend erachtete Verjüngung des auf 185.000 Gesamtumfang begrenzten Personalkörpers durch den Abbau lebensälterer Berufssoldatinnen und Berufssoldaten, die durch lebensjüngere, neu einzustellende Berufssoldatinnen und Berufssoldaten ersetzt werden, zu erreichen.[1378] Die Maßnahmen sollen der Einsatzausrichtung der Streitkräfte dienen.

Erwägungsgrund 18 der Richtlinie 2000/78/EG ist hier zu betrachten.[1379] Er geht davon aus, dass die Wahrung der Einsatzbereitschaft der Streitkräfte ein rechtmäßiges Ziel der Mitgliedstaaten darstellen kann,[1380] so dass für dieses Ziel den Streitkräften der Mitgliedstaaten keine Auflagen gemacht werden dürfen, Personen einzustellen oder weiter zu beschäftigen, die den jeweiligen Anforderungen nicht gerecht werden, um sämtliche Aufgaben zu erfüllen, die ihnen übertragen werden können.[1381]

Das Bemühen, die Einsatzbereitschaft der Streitkräfte zu gewährleisten, stellt grundsätzlich einen rechtmäßigen Zweck i. S. v. Art. 4 Abs. 1 Richtlinie 2000/78/EG dar.

b Wesentliche und entscheidende berufliche Anforderung

Art. 4 Abs. 1 Richtlinie 2000/78/EG ist als Rechtfertigungsgrund einer Ungleichbehandlung anzusehen[1382] und legt fest, dass keine Diskriminierung vorliegt, wenn das betreffende Merkmal aufgrund der Art einer bestimmten beruflichen Tätigkeit oder der Bedingungen ihrer Ausübung eine wesentliche

---

1377 BT-Drs. 3/2705, S. 1; BT-Drs. 11/5372, S. 31 f.; BT-Drs. 13/9527, S. 32; Sanne/Weniger, § 44 Rn. 12.

1378 Reformbegleitprogramm, S. 1.

1379 EuGH, Urteil vom 12. Januar 2010, C-229/08 – Wolf, Rn. 38; Schlussanträge vom 3. September 2009 zur Rechtssache C-229/08 – Wolf, Rn. 38.

1380 EuGH, Urteil vom 12. Januar 2010, C-229/08 – Wolf, Rn. 38; Schlussanträge vom 3. September 2009 zur Rechtssache C-229/08 – Wolf, Rn. 38.

1381 EuGH, Urteil vom 12. Januar 2010, C-229/08 – Wolf, Rn. 38.

1382 Schulze/Zuleeg/Kadelbach, Handbuch Europarecht, § 39 Rn. 49.

und entscheidende berufliche Anforderung darstellt, sofern es sich um einen rechtmäßigen Zweck und eine angemessene Anforderung handelt.[1383]

Voraussetzung ist hier, dass ein mit dem Grund, auf den die Ungleichbehandlung gestützt ist, in Zusammenhang stehendes Merkmal eine wesentliche und entscheidende berufliche Anforderung darstellt.[1384] Welche Auswirkung die „wesentliche“ und „entscheidende“ Anforderung stellt oder ob dies als sprachliches Mittel der Hervorhebung verwendet wurde, ist bislang nicht Gegenstand wissenschaftlicher Arbeit gewesen.[1385] Unter diese Anforderung ist jedenfalls der Fall zu subsumieren, dass die Leistung ohne das bestimmende Merkmal faktisch nicht erbringbar ist oder eine unumgängliche Authentizität ohne das Merkmal nicht vorhanden ist.[1386] Damit im Zusammenhang steht auch, dass Merkmalsträger nicht mehr die nötigen Anforderungen erfüllen (können).[1387] Wann dies für das Alter gilt, ist schwer zu bestimmen.[1388]

Art. 4 Abs. 1 Richtlinie 2000/78/EG erlaubt, von einem fundamentalen Grundsatz des Unionsrechts abzuweichen; er ist daher eng auszulegen.[1389] Dieses geht auch aus dem Erwägungsgrund 23 der Rahmenrichtlinie hervor, der festlegt, dass eine Abweichung nur unter „sehr begrenzten“ Bedingungen erfolgen kann.[1390]

Um den Maßstab des Art. 4 Abs. 1 Richtlinie 2000/78/EG hier anzulegen, werden zuvor die Entscheidungen des EuGH in den Fällen Wolf und Pérez betrachtet:

(i) EuGH, Urteil vom 12. Januar 2010, C-229/08 – Wolf

Herr Colin Wolf begehrte die Einstellung in den mittleren feuerwehrtechnischen Dienst. Wegen Überschreitung der Höchstaltersgrenze von 30 Jahren wurde dies abgelehnt.[1391]

1383 EuGH, Urteil vom 12. Januar 2010, C-229/08 – Wolf, Rn. 35; Waltermann, ZfA 2006, 305, 313.

1384 EuGH, Urteil vom 12. Januar 2010, C-229/08 – Wolf, Rn. 35.

1385 So Däubler, ZfA 2006, 479, 484 für den weitgehend formulierungsidentischen § 8 Abs. 1 AGG.

1386 Däubler, ZfA 2006, 479, 484.

1387 Ebenda.

1388 Groß, S. 65; Wiedemann/Thüsing, NZA 2002, 1234, 1237.

1389 EuGH, Urteil vom 13. September 2011, C-447/09 – Prigge, Rn. 72; Schlussanträge des Generalanwalts Mengozzi vom 17. Juli 2014 zur Rechtssache C-416/13 – Pérez, Rn. 25.

1390 Schlussanträge des Generalanwalts Mengozzi vom 17. Juli 2014 zur Rechtssache Pérez, C-416/13 Rn. 25.

1391 EuGH, Urteil vom 12. Januar 2010, C-229/08 – Wolf, Rn. 1.

Der EuGH bestätigte, dass die gesetzliche Maßnahme der Bestimmung einer Höchstaltersgrenze für die Einstellung in den feuerwehrtechnischen Dienst als Regelung einer Einstellungsbedingung i. S. d. Art. 3 Abs. 1 lit. a der Rahmenrichtlinie anzusehen ist.[1392] Die Vorschrift bewirke, dass eine Person wegen Erreichens einer Altersgrenze eine weniger günstige Behandlung erfährt als andere Personen in vergleichbaren Situationen.[1393] Dies begründe eine Ungleichbehandlung wegen des Alters i. S. v. Art. 2 Abs. 2 lit. a Richtlinie 2000/78/EG.[1394]

Obwohl das vorlegende Gericht nur Auslegungsfragen nach Art. 6 Abs. 1 Richtlinie 2000/78/EG stellte, wies der EuGH darauf hin, dass er nicht gehindert sei, dem Gericht alle Hinweise zur Auslegung des Gemeinschaftsrechts zu geben, die diesem bei der Entscheidung des bei ihm anhängigen Verfahrens von Nutzen sein können[1395] und prüfte sodann Art. 4 Abs. 1 und Erwägungsgrund 18 der Rahmenrichtlinie.

Art. 4 Abs. 1 Richtlinie 2000/78/EG sieht vor, dass eine Ungleichbehandlung wegen des Alters keine Diskriminierung darstellt, wenn das betreffende Merkmal, hier also das Alter, aufgrund der Art einer bestimmten beruflichen Tätigkeit oder der Bedingungen ihrer Ausübung eine wesentliche und entscheidende berufliche Anforderung darstellt, sofern es sich um einen rechtmäßigen Zweck und eine angemessene Anforderung handelt. Insofern prüfte der EuGH, ob die körperliche Eignung ein mit dem Alter in Zusammenhang stehendes Merkmal ist und ob sie für die fragliche Berufstätigkeit oder deren Ausübung eine wesentliche und entscheidende berufliche Anforderung darstellt.[1396] Die identifizierte Höchstaltersgrenze bezweckte die Gewährleistung der Einsatzbereitschaft und das ordnungsgemäße Funktionieren der Berufsfeuerwehr, welche zu den Notdiensten zählt. Gemäß Erwägungsgrund 18 der Richtlinie 2000/78/EG darf ihr nicht zur Auflage gemacht werden, Personen einzustellen, die nicht den jeweiligen Anforderungen entsprechen, um sämtliche Aufgaben zu erfüllen die ihnen übertragen werden können.[1397]

Aufgrund unwidersprochenen Vortrags der deutschen Regierung stellte der EuGH fest, dass zur Brandbekämpfung, zur Personenrettung, zur Tierrettung, für Aufgaben im Bereich des Umweltschutzes sowie zur Instandhaltung und zur Kontrolle der Schutzausrüstungen und Einsatzfahrzeuge Tätigkeiten körperlicher

---

1392 Ebenda, Rn. 27.

1393 Ebenda, Rn. 29.

1394 Ebenda, Rn. 29.

1395 Ebenda, Rn. 31 f.

1396 Ebenda, Rn. 36; Groß, S. 167.

1397 EuGH, Urteil vom 12. Januar 2010, C-229/08 – Wolf, Rn. 37 ff.

Art an Ort und Stelle zu erfüllen sind.[1398] Die Feuerwehrleute müssten teilweise ungewöhnlich hohen körperlichen Anforderungen genügen, beispielsweise wiege allein die Schutzkleidung 30 Kilogramm.[1399] Dieses unterscheide die Aufgaben des mittleren feuerwehrtechnischen Dienstes von den Aufgaben der Direktion und der Führungskräfte des feuerwehrtechnischen Dienstes.[1400] Durch die Vorlage wissenschaftlicher Daten aus arbeits- und sportmedizinischen Untersuchungen, aus denen hervorgehe, dass die Leistungsfähigkeit der Lungen und der Muskulatur sowie die körperliche Widerstandsfähigkeit mit dem Alter nachließen, stand für den EuGH fest, dass das Erfordernis der vollen körperlichen Eignung zur Ausübung des Feuerwehrberufs im Zusammenhang mit dem Merkmal des Alters der Angehörigen dieses Dienstes stand.[1401]

Für die Verhältnismäßigkeit prüfte der EuGH, ob die gesetzte Höchstaltersgrenze zur Erreichung des verfolgten Ziels geeignet ist und nicht über das hinausgeht, was hierzu erforderlich ist.[1402] Aufgrund der spezifizierten Darlegung der wissenschaftlichen Daten zur körperlichen Leistungsfähigkeit einerseits und der konkreten Illustration der körperlich anspruchsvollen Aufgaben andererseits gelangte der EuGH zu der Überzeugung, dass die Regelung zur Höchstaltersgrenze als eine Regelung angesehen werden kann, die zum einen dem Ziel, die Einsatzbereitschaft und das ordnungsgemäße Funktionieren der Berufsfeuerwehr zu gewährleisten, angemessen ist und zum anderen nicht über das hinausgeht, was zur Erreichung dieses Ziels erforderlich ist.[1403]

Aus diesem Grund befand der EuGH die Setzung von Höchstaltersgrenzen für den mittleren feuerwehrtechnischen Dienst gemäß Art. 4 Richtlinie 2000/78/EG für gerechtfertigt.[1404,1405]

1398 Ebenda, Rn. 40; Schlussanträge Bot vom 3. September 2009 zur Rechtssache C-229/08 – Wolf, Rn. 26 f.

1399 Schlussanträge Bot vom 3. September 2009 zur Rechtssache C-229/08 – Wolf, Rn. 28.

1400 EuGH, Urteil vom 12. Januar 2010, C-229/08 – Wolf, Rn. 40; Schlussanträge Bot vom 3. September 2009 zur Rechtssache C-229/08 – Wolf, Rn. 26.

1401 EuGH, Urteil vom 12. Januar 2010, C-229/08 – Wolf, Rn. 41.

1402 Ebenda, Rn. 42.

1403 Ebenda, Rn. 43 f.

1404 Ebenda, Rn. 44; Meinel/Heyn/Herms, AGG, § 10 Rn. 56a.

1405 Nach Geipel wäre schon Art. 2 Abs. 5 der Rahmenrichtlinie einschlägig gewesen, welcher Regelungen zum Schutz der öffentlichen Sicherheit und Ordnung aufstellt; dieses hätten EuGH und Generalanwalt Bot übersehen, die auf Art. 2 Abs. 5 Richtlinie 2000/78/EG nicht eingehen. Geipel geht davon aus, dass Art. 2 Abs. 5 der Rahmenrichtlinie eine Bereichsausnahme statuiert, S. 251; Groß, S. 36, die Art. 2 Abs. 5 Richtlinie 2000/78/EG als Ausnahme zum persönlichen Anwendungsbereich prüft;

(ii) EuGH, Urteil vom 13. November 2014, C-416/13 – Pérez

In der Entscheidung Pérez hingegen fehlte die spezifische Darlegung des vorgehenden Falles.

Herr Vital Pérez wehrt sich gegen die Höchstaltersgrenze von 30 Jahren bei der Einstellung in den Dienst der spanischen örtlichen Polizei.

Mit Referenzierung auf die Urteile in den Sachen Wolf und Prigge stellte der EuGH fest, aus Art. 4 Abs. 1 Richtlinie 2000/78/EG ergebe sich, dass nicht der Grund, auf den die Ungleichbehandlung gestützt ist, sondern ein mit diesem Grund im Zusammenhang stehendes Merkmal eine wesentliche und entscheidende berufliche Anforderung darstellen muss.[1406] So stehe nach ständiger Rechtsprechung das Vorhandensein besonderer körperlicher Fähigkeiten im Zusammenhang mit dem Alter.[1407] Mit Blick auf die Aufgaben (Schutz von Personen und Sachen, Festnahmen, Ingewahrsamnahme von Straftätern, präventiver Streifendienst) wurde das Vorhandensein besonderer körperlicher Fähigkeiten als eine „wesentliche und entscheidende berufliche Anforderung“ i. S. v. Art. 4 Abs. 1 Richtlinie 2000/78 für die Ausübung des Berufs eines örtlichen Polizeibeamten bejaht, auch wenn diese Voraussetzung nicht für alle auszuführenden Aufgaben erforderlich sei.[1408] Nach Erwägungsgrund 18 der Richtlinie 2000/78/EG dürfe der Polizei nicht zur Auflage gemacht werden, Personen einzustellen, die nicht den jeweiligen Anforderungen entsprechen, soweit ein rechtmäßiger Zweck damit erreicht werden soll. Da die Erhöhung der Einsatzbereitschaft dieser Dienste im oben bezeichneten Erwägungsgrund enthalten sei, liege ein rechtmäßiger Zweck i. S. v. Art. 4 Abs. 1 Richtlinie 2000/78 vor.[1409]

Darüber hinaus seien unterschiedliche Behandlungen wegen des Alters gemäß Erwägungsgrund 23 der Richtlinie 2000/78/EG nur unter „sehr begrenzten

a. A. Rothermund/Temming, Diskriminierung aufgrund des Alters, stellen fest, dass der EuGH Art. 2 Abs. 5 der Rahmenrichtlinie nicht als sachliche Schutzbereichsbestimmung, sondern als Rechtsfertigungstatbestand sieht, S. 74; in EuGH, Urteil vom 12. Januar 2010, C-341/08 – Petersen, Rn. 50 ff. bestätigt der EuGH und prüft Art. 2 Abs. 5 Richtlinie 2000/78/EG als Rechtfertigungstatbestand.

1406 EuGH, Urteil vom 13. November 2014, C-416/13 – Pérez, Rn. 36; EuGH, Urteil vom 13. September 2011, C-447/09 – Prigge, Rn. 66; EuGH, Urteil vom 12. Januar 2010, C-229/08 – Wolf, Rn. 35; Sonnenberg, BLJ 2012, 9, 11.

1407 EuGH, Urteil vom 13. November 2014, C-416/13 – Pérez, Rn. 37.

1408 Ebenda, Rn. 41.

1409 Ebenda, Rn. 43 f.

Bedingungen“ gerechtfertigt.[1410] In Beachtung des Regel-Ausnahme-Verhältnisses sei Art. 4 Abs. 1 der Rahmenrichtlinie eng auszulegen.[1411]

Der EuGH stellte fest, dass die Rechtsvorschriften der autonomen Gemeinschaften über örtliche Polizeibeamte im Hinblick auf die Festlegung von Altersgrenzen voneinander abweichen. Des Weiteren seien andere nationale Regelungen, die ein Höchstalter von 30 Jahren festsetzten, aufgehoben worden. Im Gegensatz zum Sachverhalt, der dem Urteil Wolf zugrunde lag, wurden keine wissenschaftlichen Daten dafür vorgelegt, dass regelmäßig eine körperliche Eignung verlangt wird, die außergewöhnlich hohe Anforderungen erfüllt. Aus diesen Gründen sah es der EuGH nicht als erforderlich an, eine bestimmte Altersstruktur aufrechtzuerhalten, die es rechtfertigt, ausschließlich Beamte unter 30 Jahren einzustellen.[1412] Mit der Festlegung eines derartigen Höchstalters sei ein unverhältnismäßiges Erfordernis i. S. d. Art. 4 Abs. 1 Richtlinie 2000/78/EG aufgestellt worden.[1413]

(iii) EuGH Urteil vom 13. September 2011 C-447/09 – Prigge

Auch in der Rechtssache Prigge verweist der EuGH auf die enge Auslegung des Art. 4 Abs. 1 Richtlinie 2000/78/EG. Eine Ungleichbehandlung wegen des Alters stelle dann keine Diskriminierung dar, wenn das Merkmal eine wesentliche und entscheidende berufliche Anforderung sei, sofern es einen rechtmäßigen Zweck verfolge und eine angemessene Anforderungen darstelle.[1414] Ein mit dem Grund, auf den die Ungleichbehandlung gestützt ist, zusammenhängendes Merkmal müsse eine wesentliche und entscheidende berufliche Anforderung darstellen.[1415] Dabei prüfte der EuGH, ob mit der Altersgrenze ein legitimes Ziel verfolgt wird, dies heißt, ob grundsätzlich ein Zusammenhang zwischen Leistungsfähigkeit und Alter besteht, und ob die konkrete Altersgrenze angemessen ist.[1416]

Insofern ließ der EuGH es in diesem ersten Schritt genügen, dass Verkehrspiloten besondere körperliche Fähigkeiten haben müssen, da die Abwesenheit dieser

---

1410 Ebenda, Rn. 46.

1411 Ebenda, Rn. 47.

1412 EuGH, Urteil vom 13. November 2014, C-416/13 – Pérez, Rn. 50 ff.

1413 Ebenda, Rn. 57.

1414 EuGH, Urteil vom 13. September 2011, C-447/09 – Prigge, Rn. 65, 72.

1415 Ebenda, Rn. 66; EuGH, Urteil vom 12. Januar 2010, C-229/08 – Wolf, Rn. 35; Sonnenberg, BLJ 2012, 9, 11.

1416 Däubler/Bertzbach-*Brors*, AGG, § 8 Rn. 25.

Fähigkeiten große negative Konsequenzen nach sich ziehen kann.[1417] Nach der Erkenntnis des EuGH nehmen

> *„[..] unbestreitbar [...] diese Fähigkeiten auch mit zunehmendem Alter ab"*.[1418]

Im zweiten Schritt verlangte der EuGH dann einen Nachweis, dass die konkrete Altersgrenze erforderlich ist.[1419] Jedenfalls sei gemäß Erwägungsgrund 23 der Richtlinie 2000/78/EG eine unterschiedliche Behandlung nur unter „sehr begrenzten Bedingungen" gerechtfertigt.[1420]

Diesen Nachweis konnte der Arbeitgeber im vorliegenden Fall nicht erbringen, da internationale Regelungen die Ausübung der fliegerischen Tätigkeit unter bestimmten Bedingungen bis zum Alter von 65 Jahren gestatteten, die tarifliche Regelung jedoch eine Altersgrenze von 60 Jahren festlegte, ab der Verkehrspiloten als körperlich nicht mehr fähig zur Ausübung ihrer beruflichen Tätigkeit galten.[1421] Damit wurde den Piloten eine i. S. v. Art. 4 Abs. 1 Richtlinie 2000/78/EG unverhältnismäßige Anforderung auferlegt.[1422] Der EuGH erachtete aus diesem Grund heraus die Regelung als inkohärent.[1423]

c Ergebnis

Im Fall Wolf wurden die von den Angehörigen des mittleren feuerwehrtechnischen Dienstes zu erfüllenden Aufgaben als solche betrachtet, die an Ort und Stelle zu erfüllen sind.[1424] Sie sind – anders als die Aufgaben der Direktion und der Führungskräfte der Feuerwehr – körperlicher Art.[1425] Durch Tätigkeiten wie Brandbekämpfung, Personenrettung, Aufgaben im Bereich Umweltschutz, Tierrettung etc. ist eine besonders ausgeprägte körperliche Eignung für die Berufsausübung im mittleren feuerwehrtechnischen Dienst wesentliche und entscheidende berufliche Anforderung i. S. d. Art. 4 Abs. 1 Richtlinie 2000/78/EG.[1426]

1417 EuGH, Urteil vom 13. September 2011, C-447/09 – Prigge, Rn. 67, Däubler/Bertzbach-*Brors*, § 8 Rn. 25.

1418 EuGH, Urteil vom 13. September 2011, C-447/09 – Prigge, Rn. 67, Däubler/Bertzbach-*Brors*, § 8 Rn. 25.

1419 Däubler/Bertzbach-*Brors*, § 8 Rn. 25.

1420 EuGH, Urteil vom 13. September 2011, C-447/09 – Prigge, Rn. 71.

1421 Ebenda, Rn. 75.

1422 Ebenda, Rn. 75 und 83.

1423 Däubler-*Hensche/Heuschmid*, Tarifvertragsgesetz, § 1 Rn. 718.

1424 EuGH, Urteil vom 12. Januar 2010, C-229/08 – Wolf, Rn. 40.

1425 Ebenda, Rn. 40.

1426 Ebenda, Rn. 40.

Diese Einschätzung teilte der EuGH jedoch nicht für örtliche spanische Polizeibeamte. Im Fall Pérez machte der EuGH deutlich, dass er die Entscheidung im Fall Wolf erst habe treffen können,

> „[...] *nachdem er anhand der ihm vorgelegten wissenschaftlichen Daten festgestellt hatte, dass einige der den Angehörigen des mittleren feuerwehrtechnischen Dienstes übertragenen Aufgaben wie die Brandbekämpfung eine ‹außergewöhnlich hohe› körperliche Eignung erfordern und dass nur sehr wenige Beamte, die älter als 45 Jahre sind, über die hinreichende körperliche Eignung verfügen, um eine solche Tätigkeit auszuüben.*“[1427]

Im Fall Pérez konnten die dort beschriebenen Aufgaben nicht immer mit der „außergewöhnlich hohen“ körperlichen Eignung im Fall Wolf verglichen werden, insbesondere nicht damit, dass die der Feuerwehr bei der Brandbekämpfung obliegende Aufgaben regelmäßig abverlangt werden.[1428]

Da fundierte wissenschaftliche Daten nicht vorgelegt wurden und der EuGH darüber hinaus körperliche Eignungstests als eine weniger einschränkende Art und Weise als die Festlegung eines Höchstalters mit gleicher Zielwirkung einstufte, konnte die Festlegung einer Höchstaltersgrenze für die Einstellung nicht gemäß Art. 4 Abs. 1 Richtlinie 2000/78/EG gerechtfertigt werden.[1429] Um das Ziel, Gewährleistung der Einsatzbereitschaft der örtlichen Polizei, zu erreichen, hielt es der EuGH nicht für erforderlich, eine bestimmte Altersstruktur zu erhalten.[1430] Die Maßnahme der Festlegung eines Höchstalters war daher unverhältnismäßig.[1431]

Auch die altersbezogenen gesetzlichen Maßnahmen für die Berufssoldatinnen und Berufssoldaten basieren nicht auf wissenschaftlichen Erkenntnissen, sondern im Wesentlichen auf Erkenntnissen, die weit zurückliegen (siehe hierzu das Gesetz über die Altersgrenzen von 1961). Anhebungen der Altersgrenzen wurden vorrangig mit haushälterischen und demographiebezogenen Erwägungen begründet, ohne militärische Belange zu berücksichtigen. Die befristeten Maßnahmen im Rahmen der Absenkung der Altersgrenzen wurden zuvörderst mit Verringerungsabsichten des gesamten Personalkörpers der Streitkräfte begründet.

Auch gegen den generellen Einsatz von Frauen im Truppendienst wurde vielfach die häufig geringere Körperkraft angeführt, die die Erreichung des verfolgten Zwecks der Gewährleistung der Landesverteidigung vereiteln könne.[1432] Wie

---

1427 EuGH, Urteil vom 13. November 2014, C-416/13 – Pérez, Rn. 53.

1428 Ebenda, Rn. 54; Schlussanträge des Generalanwalts Mengozzi vom 17. Juli 2014 zur Rechtssache C-416/13 – Pérez, Rn. 20.

1429 EuGH, Urteil vom 13. November 2014, C-416/13 – Pérez, Rn. 53, 55.

1430 Ebenda, Rn. 56.

1431 Ebenda, Rn. 57.

1432 Dietrich NZWehrr, 2000, 102, 110.

der Rechtsprechung in den Fällen Sirdar und Kreil entnommen werden muss, ist jedoch, soweit es um konkrete berufliche Anforderungen geht, für jede Tätigkeit gesondert zu prüfen, ob diese auch durch Frauen an der Waffe ausgeführt werden kann.[1433] Die Schlagkraft und Funktionsfähigkeit des einzelnen Verbandes wurde als Maßstab dafür herangezogen, in welchem Maße Frauen der Waffendienst vorenthalten werden durfte.[1434] Auch in der Diskussion um die Zulassung von Frauen im Truppendienst wurde angeführt, dass die fortschreitende Technisierung der Waffensysteme eine ausgeprägte Körperkraft häufig jedoch nicht mehr erfordern.[1435]

Diese Argumentation, die sich im Kern auf die Leistungsfähigkeit konzentriert, ist aber auch wegen des allgemein gültigen Grundsatzes des Diskriminierungsverbotes in Bezug auf die Situation der lebensälteren Berufssoldatinnen und Berufssoldaten zu übertragen. Es steht infrage, ob diejenigen Berufssoldatinnen und Berufssoldaten, die ein spezielles Alter erreicht haben, aufgrund ihrer altersspezifischen Merkmale für eine weitere Verwendung von vornherein ungeeignet sind. Insofern kann den Entscheidungen des EuGH in den Fällen Sirdar und Kreil sowie Wolf und Pérez Modellcharakter zugesprochen werden: Es ist kein Unterschied zu erkennen, ob sich die (vermeintlich fehlende) Leistungsfähigkeit auf das Lebensalter oder das Geschlecht bezieht. Beide Status sind (fast) nicht frei wählbar. Die Leistungsfähigkeit ist ein Merkmal, das nicht per se anhand eines Lebensalters oder anhand eines Geschlechtes festgemacht werden kann. Sie variiert über Geschlechter und Altersstufen hinweg.

Darum scheint es in Anlehnung an die bisherige EuGH-Rechtsprechung angezeigt, nicht sämtliche Streitkräftetätigkeiten im Rahmen einer beruflichen Anforderung dem Verbot der Altersdiskriminierung zu entziehen. Wie oben dargelegt, ist ein Großteil der Tätigkeiten von Berufssoldatinnen und Berufssoldaten gleich denen von Beamtinnen und Beamten im Verteidigungsbereich. Dafür spricht auch § 8 AGG, der Art. 4 Abs. 1 Richtlinie 2000/78/EG nachgebildet wurde: Demgemäß muss sich die wesentliche und entscheidende berufliche Anforderung jedenfalls auf einen erheblichen Teil des gesamten Arbeitsbereiches beziehen und für das Anforderungsprofil prägenden Charakter haben.[1436] Insofern werden die zweifelsohne bestehenden körperlich herausfordernden Aufgaben jedenfalls auch nicht immerfort von jeder Berufssoldatin und jedem

1433 Stahn, EuGRZ 2000, 121, 130.

1434 Ebenda.

1435 Dietrich, NZWehrr 2000, 102, 110.

1436 *Berg*; in: HK-ArbR, § 8 AGG Rn. 7.

Berufssoldaten abverlangt. Für Aufgaben mit sehr hohen Anforderungen an Mensch und Material sind ohnehin Spezialeinheiten zuständig.

Das US-amerikanische Recht subsumiert unter dem Begriff „age as a bona fide occupational qualification" nach sec. 623 (f) (1) The Age Discrimination in Employment Act of 1967 – ADEA[1437] Feuerwehrmänner, Polizisten, Fluglotsen und Busfahrer, die ab einem bestimmten Alter pensioniert werden können, weil die körperliche Belastbarkeit wesentlicher Teil ihres Berufes ist.[1438] Diese Personengruppe ist vom Anwendungsbereich des US-amerikanischen Verbotes der Altersdiskriminierung ausgeschlossen.[1439] Der ansonsten geschützte Personenkreis ist der ab 40 Jahren.[1440] Das Alter erscheint als eine legitime Vertypung der Belastbarkeitsgrenze.[1441]

Den Mitgliedstaaten kommt beim Erlass von Maßnahmen ein Beurteilungsspielraum zu.[1442] Sie sind jedoch nicht völlig frei, sondern an den Grundsatz der Verhältnismäßigkeit gebunden.[1443] Nach dem vom EuGH hochgehaltenen Standard zum Grundsatz der Verhältnismäßigkeit hat der nationale Gesetzgeber vor einer Entscheidung über den Ausschluss einer bestimmten Personengruppe zunächst zu erwägen, ob objektive Zugangskriterien ein milderes Mittel darstellen, um das strategische Ziel ebenso gut zu erreichen.[1444]

Besondere Altersgrenzen gemäß § 44 Abs. 2 i. V. m. § 45 Abs. 2 SG sowie § 2 SKPersStruktAnpG knüpfen allein an das Alter, ein Merkmal i. S. v. Art. 1 Richtlinie 2000/78/EG, der Berufssoldatinnen und Berufssoldaten an. Das Alter spielt

---

1437 Auszug sec. 623 (f) (1) ADEA: Lawful practices; age as an occupational qualification; other reasonable factors; laws of foreign workplace; seniority system; employee benefit plans; discharge or discipline for good cause. It shall not be unlawful for an employer, employment agency, or labor organization– (1) to take any action otherwise prohibited under subsections (a), (b), (c), or (e) of this section where age is a bona fide occupational qualification reasonably necessary to the normal operation of the particular business, or where the differentiation is based on reasonable factors other than age, or where such practices involve an employee in a workplace in a foreign country, and compliance with such subsections would cause such employer, or a corporation controlled by such employer, to violate the laws of the country in which such workplace is located.

1438 Wiedemann/Thüsing, NZA 2002, 1234, 1237.

1439 Groß, S. 34.

1440 Däubler/Bertzbach-*Däubler*, AGG, § 1 Rn. 84; Groß, S. 33.

1441 Wiedemann/Thüsing, NZA 2002, 1234, 1237.

1442 Dietrich, NZWehrr 2000, 102, 110.

1443 Ebenda.

1444 Kämmerer, EuR 2000, 102, 116.

im Rahmen dieser dienstlichen Tätigkeit der Berufssoldatinnen und Berufssoldaten somit eine erhebliche Rolle, da für die Verwendungen vom BMVg festgelegte Grenzalter (z. B. als Kompaniechef die Vollendung des 35., als Bataillonskommandeur die Vollendung des 45. Lebensjahres) bestehen.[1445] Die Verwendungsgrenzalter führen dazu, dass die besonderen Altersgrenzen faktisch zur allgemeinen Altersgrenze verkommen. (Alters-)strukturelle Erwägungen sind jedoch als Regelanlass für Zurruhesetzungen gemäß § 44 Abs. 2 SG nicht zulässig.[1446]

Ein geeignetes und milderes Mittel stellen verwendungsbezogene Altersgrenzen dar.[1447] Sie unterscheiden zwischen bestimmten militärischen Tätigkeiten wie Tätigkeiten innerhalb körperlich herausfordernder Spezialeinheiten und Verwaltungstätigkeiten. Sie können durch objektive Kriterien (körperliche Kraft, Durchhaltevermögen, Erfüllung psychologischer Voraussetzungen für den Kampfeinsatz etc.) bestimmt werden.[1448] Dieses dient ebenso der Erhaltung der Funktionsfähigkeit, ohne alle Berufssoldatinnen und Berufssoldaten ab einer bestimmten Altersgrenze ohne Ansehen der Leistungsfähigkeit und Verwendungstätigkeit vom geltenden Grundsatz der Nichtdiskriminierung wegen des Alters auszugrenzen.

Insofern ist das Alter aus sich heraus keine wesentliche und entscheidende berufliche Anforderung für die (Dienstposten der) Berufssoldatinnen und Berufssoldaten. Das Alter wird für Berufssoldatinnen und Berufssoldaten entscheidungserheblich, da sie über die festgelegten starren Quoten an der weiteren Ausübung ihres Dienstes gehindert werden. Das schematische Aufstellen von starren Altersbändern, die sich verwendungsunabhängig an Dienstgraden orientieren,[1449] ist gerade nicht auf eine besondere Anforderung des Dienstes bezogen.

Demzufolge stellt eine verwendungsbezogene Altersgrenze, die sich an den tatsächlichen Verwendungsläufen der Berufssoldatinnen und Berufssoldaten orientiert, einen geringeren Eingriff dar als die pauschale Ermessensentscheidung des § 44 Abs. 2 SG zur Versetzung in den Ruhestand.

Die besonderen Altersgrenzen stützen sich auf biologisch-konstitutionelle Unterschiede zwischen älteren und jüngeren Berufssoldatinnen und Berufssoldaten.

1445 Eichen, NZWehrr 2008, 171, 175; obwohl in BT-Drs. 3/2705 vom 27. April 1961 ein Hauptmann als Kompaniechef noch bis zum 42. Lebensjahr in der Stellung geeignet war.

1446 Eichen, NZWehrr 2008, 171, 175.

1447 Ebenda, 174.

1448 Kämmerer, EuR 2000, 102, 116.

1449 Die Ausnahme dazu bildet die einzige verwendungs-/tätigkeitsbezogene Altersgrenze der BO 41 gemäß § 45 Abs. 2 Nr. 6 SG.

Dieses auf die Leistung bezogene Argument führt auch zu der Entscheidung des Gesetzgebers in § 2 SKPersStruktAnpG, über 50-jährige respektive 52-jährige Berufssoldatinnen und Berufssoldaten aus Verjüngungsgründen der vorzeitigen Pensionierung zu überantworten. Die pauschale Anwendung der besonderen Altersgrenzen geht über das hinaus, was für die Einsatzfähigkeit der Streitkräfte erforderlich wäre, da Berufssoldatinnen und Berufssoldaten allein wegen des Überschreitens eines Alters aus den Diensten ausgeschieden werden. Dieses genügt zudem nicht der Ausübung der Ermessensentscheidung gemäß § 44 Abs. 2 i. V. m. § 45 Abs. 2 SG. Die Maßnahmen können daher nicht gemäß Art. 4 Abs. 1 Richtlinie 2000/78/EG gerechtfertigt werden.

9. Art. 6 Richtlinie 2000/78/EG

Eine Benachteiligung wegen des Alters kann gerechtfertigt werden.[1450] Soweit eine gesetzliche Maßnahme nach Art. 6 Abs. 1 Richtlinie 2000/78/EG gerechtfertigt werden soll, muss mit der Maßnahme ein legitimes Ziel aus den Bereichen Beschäftigungspolitik, Arbeitsmarkt und berufliche Bildung angestrebt werden und die Mittel zur Erreichung dieses Ziels müssen angemessen und erforderlich sein.[1451] Nach Ansicht des Generalanwalts Mengozzi sieht Art. 6 Abs. 1 der Rahmenrichtlinie eine begrenzte Form der Ausnahme vom fundamentalen Grundsatz der Nichtdiskriminierung wegen des Alters vor, wenn wegen besonderer sozialpolitischer Erwägungen, die einem bestimmten Mitgliedstaat eigen sind, eine Rechtfertigung vorliegt.[1452] Schlichte Behauptungen genügen dafür nicht.[1453]

Das Ziel der Herstellung einer ausgeglichenen Altersstruktur fällt nach der Rechtsprechung des EuGH nicht unter jene, die es den Mitgliedstaaten erlauben, vom Grundsatz der Nichtdiskriminierung wegen des Alters gemäß Art. 6 Abs. 1 Richtlinie 2000/78/EG abzuweichen.[1454] Das Ziel der Schaffung einer ausgewogenen Altersstruktur ist im Rahmen des Art. 6 Abs. 1 Richtlinie 2000/78/EG vom EuGH nur anerkannt worden, wenn es der Verwirklichung von Beschäf-

---

1450 Thüsing/Stiebert, ZESAR 2011, 328, 329.

1451 Schlussanträge des Generalanwalts Mengozzi vom 17. Juli 2014 zur Rechtssache C-416/13 – Pérez, Rn. 29; Palandt/Ellenberger, AGG, § 1 Rn. 9.

1452 Schlussanträge des Generalanwalts Mengozzi vom 17. Juli 2014 zur Rechtssache C-416/13 – Pérez, Rn. 32; so auch Wiedemann/Thüsing, NZA 2002, 1234, 1237.

1453 Schlussanträge des Generalanwalts Mengozzi vom 17. Juli 2014 zur Rechtssache C-416/13 – Pérez, Rn. 34.

1454 EuGH, Urteil vom 13. November 2014, C-416/13 – Pérez, Rn. 63; Schlussanträge des Generalanwalts Mengozzi vom 17. Juli 2014 zur Rechtssache C-416/13 – Pérez, Rn. 40, 42.

tigungszielen, namentlich der Förderung von Einstellungen, insbesondere von Jugendlichen, im Interesse einer Verteilung der Arbeit zwischen den Generationen dient.[1455]

Obwohl in der fraglichen Maßnahme nicht ausdrücklich bezeichnet, identifizierte der EuGH in der Rechtssache Pérez die Schaffung einer ausgeglichenen Altersstruktur als eines der Ziele.[1456] Aus den dem EuGH vorgelegten Unterlagen ergab sich indes nicht, dass diese Maßnahme darauf abzielt, neue Einstellungen zu fördern; somit ist diese Maßnahme nicht geeignet, beschäftigungspolitische Ziele im Sinne von Art. 6 Abs. 1 Richtlinie 2000/78/EG zu fördern.[1457] Die vom vorlegenden Gericht geltend gemachten Ziele – spezifische Ausbildungsanforderung des betreffenden Arbeitsplatzes und Notwendigkeit einer angemessenen Beschäftigungszeit vor dem Eintritt in den Ruhestand – sind jedoch grundsätzlich geeignet, eine Ungleichbehandlung wegen des Alters zu rechtfertigen.[1458]

Gemäß Art. 6 Abs. 1 Richtlinie 2000/78/EG müssen die für die Erreichung dieser Ziele verwendeten Mittel angemessen und erforderlich sein, wobei den Mitgliedstaaten bei der Wahl der Maßnahmen zur Erreichung ihrer Ziele ein weiter Wertungsspielraum verbleibt, der durch den Grundsatz des Aushöhlungsverbotes begrenzt ist.[1459] Da keine Angaben zu der fraglichen Ausbildung im örtlichen Polizeidienst gemacht wurden, denen eine körperliche Eignung entnommen werden konnte, die außergewöhnlich hohe Anforderungen erfüllt,[1460] sah es der EuGH in der Rechtssache Pérez nicht als erforderlich an, eine bestimmte Altersstruktur aufrechtzuerhalten, die es rechtfertigt, ausschließlich Beamte unter 30 Jahren einzustellen.[1461]

Auch die Flugsicherheit ist als Teil der öffentlichen Sicherheit zwar in Art. 2 Abs. 5 der Rahmenrichtlinie enthalten, stellt jedoch kein Ziel nach Art. 6 Abs. 1 Richtlinie 2000/78/EG dar.[1462] Auch Ziele der Minimierung der öffentlichen Ausgaben sind zwar ein Ziel von allgemeinem Interesse, dies allein genügt jedoch nicht, um der Rechtfertigungsmöglichkeit nach Art. 6 Abs. 1 Richtlinie

---

1455 EuGH, Urteil vom 6. November 2012, C-286/12 – Kommission / Ungarn, Rn. 62; EuGH, Urteil vom 21. Juli 2011, C-159/10 – Fuchs und C-160/10 – Köhler, Rn. 68.

1456 EuGH, Urteil vom 13. November 2014, C-416/13 – Pérez, Rn. 63.

1457 Ebenda, Rn. 63.

1458 Ebenda, Rn. 64 f.

1459 Ebenda, Rn. 66.

1460 Ebenda, Rn. 50 ff.

1461 Ebenda, Rn. 50 ff.

1462 EuGH, Urteil vom 13. September 2011, C-447/09 – Prigge, Rn. 58, 82.

2000/78/EG zu unterfallen.[1463] Haushaltserwägungen allein sind kein legitimes Ziel im Sinne der Vorschrift.[1464]

Da die Maßnahme das Ziel selbst nicht benennt, werden aufgrund des Vorbringens des Mitgliedstaates Ungarn zum einen die Vereinheitlichung der Altersgrenze für das zwingende Ausscheiden aus dem Dienst unter Gewährleistung der Finanzierbarkeit und zum anderen die Herstellung einer ausgewogenen Altersstruktur unter Garantie des beruflichen Fortkommens für den Nachwuchs als Ziele identifiziert.[1465] Beide Ziele werden grundsätzlich als legitimes beschäftigungspolitisches Ziel anerkannt.[1466]

Ungarn hatte in der zugrundeliegenden Rechtssache eine nationale Regelung erlassen, wonach Richter, Staatsanwälte und Notare bei Erreichen des 62. Lebensjahres aus dem Berufsleben ausscheiden müssen (vorher 70. Lebensjahr).[1467] Nach Ansicht der Europäischen Kommission führte dies zu einer unterschiedlichen Behandlung aufgrund des Alters, die nicht durch legitime Ziele gerechtfertigt und zur Erreichung der verfolgten Ziele weder erforderlich noch angemessen sei.[1468]

Nach Bejahung der Geeignetheit der Vereinheitlichung der Altersgrenzen prüfte der EuGH, ob die in Rede stehende Regelung über das zur Erreichung dieses Ziels Erforderliche hinausgeht und die Interessen der Betroffenen übermäßig beeinträchtigt.[1469] Dies bestätigte der EuGH im Ergebnis, da die Änderungen erhebliche Einschnitte zeitigten und keine ausreichende zeitliche Staffelung vorgenommen worden sei.[1470] Deshalb sei die gesetzliche Maßnahme nicht geeignet, das Ziel einer ausgeglichenen Altersstruktur zu erreichen.[1471]

Soll durch die automatische Beendigung des Arbeitsverhältnisses aufgrund des Erreichens einer Altersgrenze allerdings kein beschäftigungspolitisches Ziel erreicht werden, sondern wird nur auf die Typisierung einer tätigkeitsbezogenen Dienstunfähigkeit abgestellt, ist dies kein rechtfertigendes Ziel.[1472]

1463 Schlussanträge des Generalanwalts Mengozzi vom 17. Juli 2014 zur Rechtssache C-416/13 – Pérez, Rn. 46, 48.

1464 EuGH, Urteil vom 21. Juli 2011, C-159/10 – Fuchs und C-160/10 – Köhler, Rn. 74.

1465 EuGH, Urteil vom 6. November 2012, C-286/12 – Kommission / Ungarn, Rn. 59.

1466 Ebenda, Rn. 61 f.

1467 Ebenda, Rn. 1.

1468 Ebenda, Rn. 1.

1469 Ebenda, Rn. 66.

1470 Ebenda, Rn. 68 ff.

1471 Ebenda, Rn. 79.

1472 VG Frankfurt, 20. August 2012 – 9K4663/11.F Rn. 76; Däubler/Bertzbach-*Brors*, AGG, § 10 Rn. 94; *Berg*; in: HK-ArbR § 10 AGG Rn. 28.

In Betrachtung des DNeuG und des SKPersStruktAnpG kann folgendes aus der Zielbestimmung entnommen werden:

Das DNeuG vom 5. Februar 2009 sollte die beschlossene Übertragung der Maßnahmen in der gesetzlichen Rentenversicherung zur Anhebung der Altersgrenzen unter Berücksichtigung der Unterschiedlichkeit der Systeme in das Soldatenrecht ermöglichen.[1473] Diese Anhebung wurde in der gesetzlichen Rentenversicherung notwendig, um alternden Belegschaften und einem drohenden Fachkräftemangel entgegenzutreten.[1474] Die Übertragung dieser Maßnahme wurde aber im DNeuG von der Besonderheit überlagert, dass trotz der Anhebung der Altersgrenzen der militärischen Personalführung weiterhin die flexible Nutzung der besonderen Altersgrenzen ermöglicht werden sollte, damit der Transformationsprozess der Bundeswehr gestaltet werden könne und die Einsatzbereitschaft der Streitkräfte erhalten werden kann.[1475]

Im SKPersStruktAnpG tritt der Aspekt der Verjüngung viel deutlicher in der Zielbestimmung des Gesetzes zutage: hier gilt es, das Ziel der Reduzierung von Personalumfängen unter gleichzeitiger Verjüngung zu erreichen.[1476] Abgestellt wird dazu auf das jeweilig gültige Personalstrukturmodell, dessen Zahlenvorgaben (Jahrgänge, Altersstruktur) maßgeblich erreicht werden sollen.[1477]

Das Ziel des deutschen Gesetzgebers ist die Aufrechterhaltung respektive die Herstellung der Einsatzfähigkeit der Streitkräfte, indem älteres Personal abgebaut wird und durch jüngeres ersetzt wird. Ein derartiger Personalaustausch stellt kein beschäftigungspolitisches Ziel im Sinn der Richtlinie dar, auch wenn damit jüngeren Menschen eine Beschäftigung ermöglicht wird.

Eine Rechtfertigung über Art. 6 Abs. 1 Richtlinie 2000/78/EG kommt mangels beschäftigungspolitischem Ziel der Regelungen zur besonderen Altersgrenzen und § 2 SKPersStruktAnpG nicht in Betracht.

IV. Ergebnis

Unionsrechtlich ergibt sich das allgemeine Verbot der Altersdiskriminierung aus primären und sekundären Verboten. Der allgemeine Grundsatz des Verbots der Altersdiskriminierung wurde im Dezember 2009 in Art. 21 Abs. 1 GRCh normiert. Das sekundärrechtliche Verbot ist in der Richtlinie 2000/78/EG enthalten.

1473 BT-Drs. 16/7076, S. 174.
1474 BT-Drs. 17/3814, S. 5.
1475 BT-Drs. 16/7076, S. 174.
1476 Reformbegleitprogramm, Seite 1.
1477 BT-Drs. 14/6881, S. 28.

Streitkräfte können gemäß dem Wortlaut des Art. 3 Abs. 4 Richtlinie 2000/78/EG von der Geltung der Richtlinie ausgenommen werden, wovon Deutschland Gebrauch gemacht hat. In Ansehung der Erwägungsgründe 18 und 19 der Rahmenrichtlinie und des menschenrechtlichen Prinzips des Verbots der Altersdiskriminierung ist Art. 3 Abs. 4 Richtlinie 2000/78/EG auf das Notwendige zu beschränken und teleologisch zu reduzieren:

Eine Ausnahme von der Richtlinie kann nur zur Wahrung der Einsatzbereitschaft und Sicherung der Schlagkraft der Streitkräfte, wie in den Erwägungsgründen 18 und 19 Richtlinie 2000/78/EG vorgesehen, in Anspruch genommen werden. Der nationale Gesetzgeber führt jedoch lediglich pauschal aus, dass die Verjüngung des Streitkräftekorps zu einer Erhaltung der Einsatzfähigkeit seiner Streitkräfte führe, ohne dies anhand konkreter Belastungsszenarien zu belegen. Die Anwendung der Bereichsausnahme für die gesamten Streitkräfte begründet er mit dem Ziel der Personalreduktion. Dieses Ziel geht an jeglichen europarechtlichen Erwägungen zur Überwindung von Altersdiskriminierung vorbei. Gerontologische Erkenntnisse, die zeigen, dass „Ältere" nicht zwangsläufig mit Leistungsabfall in Verbindung gebracht werden können, bleiben unbeachtet. Der Aussage, die Leistungsfähigkeit schwinde im Alter generell, dürfte der Boden entzogen sein.[1478] Insofern sollte ein Leistungsabfall empirisch oder gutachterlich belegt werden.[1479] Eine dezidierte Betrachtung, inwieweit dienstgradbezogene Altersgrenzen die Einsatzfähigkeit der Streitkräfte erhöhen, also tatsächlich mit der Vermutung eines Abfalls der körperlichen Leistungsfähigkeit einhergehen, fehlt.

Dies wird dem europarechtlichen Grundsatz des Verbots der Altersdiskriminierung nicht gerecht.

Dem nationalen Gesetzgeber ist anzuraten, besondere Altersgrenzen dort einzusetzen, wo sie anhand tatsächlicher Anforderungen erforderlich sind (z. B. Sondereinsatzkräfte). Denn nur dann kann die Einsatzfähigkeit der Streitkräfte gewahrt werden. Die Herausnahme der Berufssoldatinnen und Berufssoldaten aus dem Schutz der altersbezogenen Diskriminierung ist beispiellos in Deutschland. Diese Vorgehensweise spricht einer Ungleichbehandlung wegen des Alters schon unnötigerweise die Tatbestandsmäßigkeit ab.

1478 Däubler/Bertzbach-*Brors*, AGG, § 8 Rn. 25; Falke, in: Rust/Falke, AGG, § 8 Rn. 40; Nussberger, JZ 2002, 524, 531 f.

1479 Däubler/Bertzbach-*Brors*, AGG, § 8 Rn. 25.

Die Einbeziehung der Soldatinnen und Soldaten unter Zurückdrängung der Bereichsausnahme ist überdies in deren Interesse: Berufssoldatinnen und Berufssoldaten müssen nicht zwangsweise aus Altersgründen unangemessen früh aus dem Erwerbsleben und damit einem zentralen Teil der Gesellschaft ausscheiden.

G. Zusammenfassung und Schlussthesen

Auch wenn im Regelfall feste Pensionsgrenzen, wozu auch die allgemeinen und die besonderen Altersgrenzen der Berufssoldatinnen und Berufssoldaten gehören, im Grundsatz als soziale Errungenschaft und nicht als Benachteiligung gelten, werden die von Altersgrenzenregelungen betroffenen Älteren durch solche Regelungen unmittelbar i. S. d. Art. 2 Abs. 2 lit. a Richtlinie 2000/78/EG diskriminiert, da sie bei Erreichen der Altersgrenze allein wegen ihres Alters dadurch eine weniger günstige Behandlung erfahren als jüngere Arbeitnehmer.[1480]

Auch die auf einzelnen Reformbemühungen basierenden Gesetze, die ganz offen die Verjüngung des Streitkräftekorps ermöglichen (sollen), sind geeignet, Berufssoldatinnen und Berufssoldaten zu diskriminieren.

Nimmt man die Rechtsprechung des EuGH ernst, darf das Lebensalter grundsätzlich nicht mehr als typisierendes Stellvertretermerkmal (für abnehmende Leistungsfähigkeit) verwendet werden.[1481] Das längere Erwerbsleben stellt weniger eine Bedrohung denn eine Chance auf mehr Wohlstand und größere Teilhabe für die Menschen dar.[1482] Dieser Gedanke gilt auch für die Berufssoldatinnen und Berufssoldaten.

<u>Kapitel B: Die stetige Reform im Geschäftsbereich BMVg</u>

Das Bild der Bundeswehr ist durch sicherheitspolitische Umwälzungen geprägt, die mit massiven Personalreduzierungen einhergehen. Innerhalb eines Zeitraumes von 26 Jahren sollen fast zwei Drittel der militärischen und zivilen Dienstposten bis Ende 2017 reduziert werden. Dazu wurden mehrfache Reformen ins Leben gerufen. Ältere Berufssoldatinnen und Berufssoldaten werden darin als struktureller Überhang gekennzeichnet.[1483] Das Ziel der letzten Neuausrichtung ist die einsatzorientierte Personalkörperverjüngung.

Diese massive Personalreduktion ist – solange sie die Verpflichtung zur Aufstellung von Streitkräften gemäß Art. 87b GG nicht im Kern berührt – nach dieser

---

1480 Vgl. Schlussanträge des Generalanwalts Mazák vom 15. Februar 2007, C 411/05 – Palacios, Rn. 69; so auch Groß, S. 100; Gronimus, NZWehrr 2001, 60, 61 benutzt hier den politischen Kampfbegriff „Berufsverbot", obwohl in der vorliegenden Arbeit keine Freiheitsrechte behandelt werden.

1481 Rothermund/Temming, Diskriminierung aufgrund des Alters, S. 4.

1482 Ruland, NJW 2012, 492, 492.

1483 Kommission 2000, S. 71; Weißbuch 2006, S. 133; Bericht der Strukturkommission 2010, S. 42; Reformbegleitprogramm, S. 1; BMVg, Ressortbericht Mai 2013, S. 21.

Grundrechtsnorm verfassungsgemäß.[1484] Zwar besteht ein Bestandsschutz im Sinne einer institutionellen Garantie der Streitkräfte gegenüber einer einfach-gesetzlichen Abschaffung, indes ist über den Umfang der Streitkräfte nach weitgehend politischen Ermessenserwägungen zu entscheiden.[1485] Insgesamt ist aber der Verfassungsauftrag eindeutig: die aufzustellende Bundeswehr muss ihrem Verteidigungsauftrag auch nachkommen können, indem sie auch personell so aufgestellt wird, dass sie das Aufgabenspektrum erfüllen kann. Dazu sollten die zurückliegenden Reformen dienen.

Die Losung „Reform war schon immer" muss jedoch wohl auf zwei Aspekte zurückzugeführt werden: Einmal auf die sich wandelnde sicherheitspolitische Lage, andererseits aber auch auf eine unzureichende Ausführung des politischen Willens im Rahmen der anschließenden gesetzlichen Maßnahmen.

Der Dienstherr kann auf der Ebene von Soldatinnen und Soldaten sowie von Beamtinnen und Beamten die Verjüngung als quasi-unternehmerische Entscheidung ausschließlich durch flankierende Gesetzesinitiativen erreichen. Aus diesem Grund findet man seit den 1990er Jahren eine massive, anhaltend laufende Tätigkeit des Gesetzgebers, welche die gewünschten Ziele umsetzen soll.

Andere, leichtere Mittel zur Umsetzung stehen dem Dienstherrn nur für seine zivilen Arbeitnehmerinnen und Arbeitnehmer zur Verfügung. Hier ist es ihm möglich, politisch induzierte Personalreduktionen im Rahmen eines Tarifvertrages umzusetzen.

Die Entscheidung des BMVg zur Reduktion betraf auch den zivilen Wehrverwaltungsteil und fand Eingang in den seit dem 1. Juni 2001 geltenden „Tarifvertrag über sozialverträgliche Begleitmaßnahmen im Zusammenhang mit der Umgestaltung der Bundeswehr" (im Nachfolgenden *TV UmBw).*[1486] Dieser schreibt in seiner ersten Fassung die Reduktion der zivilen Wehrverwaltung auf 75.000 Dienstposten bis 2010 fest und bildet eine wesentliche Leitlinie für den Umgang mit dem Personal. Absatz 1 des § 1 TV UmBw umfasst diejenigen, deren Arbeitsplätze in der Zeit vom 1. Juni 2001 bis zum 31. Dezember 2010 durch Auflösung oder Verkleinerung von Dienststellen oder durch eine wesentliche Änderung des Aufbaus oder der Aufgaben einer Dienststelle einschließlich damit verbundener Umgliederung oder Verlegung aufgrund der Neuausrichtung der Bundeswehr wegfallen.[1487] Die Laufzeit des TV UmBw wurde mit dem Änderungsvertrag Nr. 3

1484 Jarass/Pieroth, Art. 87a Rn. 1.

1485 Jarass/Pieroth, Art. 87a Rn. 1.

1486 VAB TV UmBw – Kurzkommentar, Weiß, Teil I Einführung.

1487 ver.di Erläuterungen zum TV UmBw, § 1 Erläuterung S. 5.

bis zum 31. Dezember 2017 verlängert.[1488] Nunmehr sind lediglich noch 55.000 Dienststellen für die zivilen Angehörigen vorgesehen.

Ausdrücklich sind betriebsbedingte Kündigungen gemäß § 3 Abs. 1 TV UmBw ausgeschlossen. Da die Reduktion des Zivilpersonals auf 55.000 Dienstposten jedoch ebenfalls beschlossen war, gilt der TV UmBw zwar offiziell als Arbeitsplatzsicherungsinstrument, wird jedoch als Sozialplan genutzt.[1489] Die Sozialverträglichkeit des Personalabbaus soll eigens durch Ausfallausgleichungen im Renten- und VBL-Bereich (Beiträge zur Versorgungsanstalt des Bundes und der Länder) durch den Arbeitgeber erreicht werden. Dies bedeutet, dass von der Umstrukturierung betroffene „ältere" Mitarbeiterinnen und Mitarbeiter ohne Versorgungseinbußen vorzeitig aus dem Dienst ausscheiden können sollen.

In den für Soldatinnen und Soldaten sowie Beamtinnen und Beamte im Geschäftsbereich des BMVg geltenden Fällen finden die Beweggründe der aufgezeigten Maßnahmen und Entschließungen keinen Weg in tarifvertragliche Regelungen. Dem Dienstherrn bleibt lediglich der beschwerliche Weg über den mehrfachen Gesetzerlass, soweit es einen neuen politischen Willen umzusetzen gilt.

Kapitel C: Nationale Ansätze zum Umgang mit „Älteren" im Erwerbsleben

Die Thematik der Situation der Älteren im Rahmen der Erwerbstätigkeit beschäftigt Deutschland schon länger. Der Deutsche Bundestag beschloss am 24. Juni 1994, in jeder Legislaturperiode eine Berichterstattung zu einem seniorenpolitischen Schwerpunktthema zur Lage der Älteren zu erstellen, die dieses Thema detailliert untersucht.[1490]

Die Bundesregierung betonte die aufgrund des demographischen Wandels bestehende Unumgänglichkeit zur Anhebung der Erwerbsbeteiligung Älterer.[1491] Dies wurde nicht nur als längerer Zwang zur Arbeit, sondern als längere Teilhabe am gesellschaftlichen Austausch identifiziert. Das Alter steht auch nicht einer solch längeren Erwerbsbeteiligung per se im Wege. Schon im Sechsten Altenbericht wird auf die hohe Leistungsfähigkeit der Älteren verwiesen,[1492] die eine solch längere Erwerbstätigkeit auch ermögliche. Ziel des aktuellen Koalitionsvertrages

1488 VAB TV UmBw – Kurzkommentar, Weiß, Teil I Einführung.

1489 Ebenda.

1490 BT-Drs. 12/7992.

1491 DRV Bund, Rentenversicherung in Zahlen, 2011, S. 67.

1492 BT-Drs. 17/3815, S. 94.

ist, starre Altersgrenzen zu Gunsten flexibler Regelungen zu überprüfen und Möglichkeiten eines frühen Ausstiegs aus dem Erwerbsleben einzudämmen.[1493]

Im Ergebnis stehen die politischen Entschließungen zur Verjüngung der Soldatinnen und Soldaten im Verteidigungsressort im Widerspruch zu den allgemeinen Bestrebungen, die die Verlängerung der Lebensarbeitszeit fordern. Wird auf der einen Seite der Abbau von starren Altersgrenzen als politische Notwendigkeit und Schaffung einer gleichberechtigten Teilhabe am gesellschaftlichen Leben proklamiert, werden gleichzeitig altersbezogene Regelungen mit dem Argument eingeführt, eine Verjüngung führe zur Anhebung der Einsatzfähigkeit der Streitkräfte.

Kapitel D: Die Aufgaben und Tätigkeiten in verschiedenen Verwendungen der Soldatinnen und Soldaten unter Berücksichtigung verfassungsrechtlicher Vorgaben

Die Organisation der Wehrverfassung in Art. 87a und Art. 87b GG sieht obligatorisch vor, dass die Verwaltung mit Beamtinnen und Beamten und die Streitkräfte mit Soldatinnen und Soldaten besetzt sind. Dieser Trennung folgen auch die jeweiligen unterschiedlichen Gesetze, die differenzierte Rechte und Pflichten für Beamtinnen und Beamte (BBG) einerseits sowie für Soldatinnen und Soldaten (SG) andererseits statuieren.

Doch kann sich daraus nicht das Argument der unterschiedlichen Altersgrenzen der Statusgruppen ergeben:

Die unterschiedlichen Statusgruppen werden nicht streng nach dieser Differenzierung verwendet. Beamtinnen und Beamte der Wehrverwaltung nehmen an Auslandseinsätzen teil, Soldatinnen und Soldaten üben Verwaltungstätigkeiten aus. Insbesondere die Verwaltungstätigkeiten der Soldatinnen und Soldaten ist in der Verfassung angelegt, da schlechterdings keine Organisation, welche Form sie auch immer haben mag, ohne jegliche Verwaltung auszukommen vermag.

Dieser Wirklichkeit stehen Art. 87a und Art. 87b GG zwar nicht entgegen, dennoch werden von Soldatinnen und Soldaten sowie Beamtinnen und Beamten nicht nur unterschiedliche Tätigkeiten ausgeübt. Vielfach sind die Tätigkeiten in einem nicht unerheblichen Maße identisch, vergleichbar oder angenähert. Neben der Verwendung der Soldatinnen und Soldaten in der Truppe werden sie auch im BMVg, in der Bundeswehrverwaltung sowie anderen zivilen Organisationen verwendet oder sind mit der Eigenverwaltung betraut. Der Verwendungsumfang in statusfremden Angelegenheiten ist, bezogen auf die einzelnen Soldatinnen und Soldaten, teilweise erheblich.

1493 Koalitionsvertrag zwischen CDU, CSU und SPD 2013, S. 71, 104.

Obwohl die differenzierten Altersgrenzen grundsätzlich aus der Trennung der Verwaltung von der Truppe resultieren, kann sich dies jedenfalls nicht anhand der den Soldatinnen und Soldaten übertragenen differenzierten Aufgaben und Tätigkeiten ableiten.

Die Altersgrenzen, in besonders hohem Maße die frühen besonderen Altersgrenzen, gehen von erhöhten körperlichen, geistigen und seelischen Anforderungen und einer damit verbundenen zumindest erschwerten Dienstverrichtung aus. Aus diesem Grund wird in den vorliegenden Dokumenten die Einsatzfähigkeit mit Alter in Verbindung gebracht. Eine genaue Analyse fehlt indes. Der Sachverhalt, auf dem die Altersgrenzen bislang beruhen, hat jedoch aufgrund veränderter Einsatzszenerien der Soldatinnen und Soldaten mit einer im Sinne dieser körperlich, geistig und seelisch erschwerten Dienstverrichtung ausnahmslos aller Berufssoldatinnen und Berufssoldaten ungeachtet von Laufbahnen und Verwendungen nichts mehr zu tun. Die Pauschalierung ist daher wenig überzeugend.

Kapitel E: Die Entwicklung der altersbezogenen Ruhestandsregelungen der Berufssoldatinnen und Berufssoldaten sowie Beamtinnen und Beamten im Geschäftsbereich BMVg

Für Berufssoldaten wurden erstmals 1956 obligatorische Altersgrenzen eingeführt. Diese Altersgrenzen für alle Berufssoldaten wurde auf die Vollendung des 60. Lebensjahres festgelegt. Für Beamtinnen und Beamte wurde schon in den 1920er Jahren zumindest in Preußen und Bayern eine obligatorische Altersgrenze eingeführt. 1961 wurden dann erstmals die allgemeinen und besonderen Altersgrenzen eingeführt, wobei die allgemeine Altersgrenze die obligatorische Altersgrenze mit Vollendung des 60. Lebensjahres übernahm und die besonderen Altersgrenzen vom vollendeten 52. bis zum 58. Lebensjahr reichten.

Seit Einführung der allgemeinen und besonderen Altersgrenzen erfuhren diese diverse Anpassungen. Daneben traten Gesetze mit begrenzten Laufzeiten in Kraft, die auf die Verringerung der Streitkräfte mit einer gezielten Verjüngung der Streitkräfte zielten. Sie ermöglichten es unter attraktiver Gestaltung die Streitkräfte schon vor Erreichen der besonderen Altersgrenze zu verlassen.

Heute scheiden die Berufssoldatinnen und Berufssoldaten ohne Mitwirkung mit Erreichen der allgemeinen Altersgrenzen gemäß § 44 Abs. 1 Satz 1 i. V. m. § 45 Abs. 1 SG aus dem Dienst aus und treten in den gesetzlich angeordneten Ruhestand. Die allgemeinen Altersgrenzen reichen vom vollendeten 65. Lebensjahr für Generäle und Oberste sowie für Offiziere in den Laufbahnen des Sanitätsdienstes, des Militärmusikdienstes und des Geoinformationsdienstes der Bundeswehr und für alle anderen Berufssoldatinnen und Berufssoldaten bis zur Vollendung des 62. Lebensjahres.

Mit Erreichen der besonderen, früheren Altersgrenze gemäß § 44 Abs. 2 i. V. m. § 45 Abs. 2 SG wird der Zeitpunkt des Eintritts in den Ruhestand der Berufssoldatinnen und des Berufssoldaten in das alleinige Ermessen des Dienstherrn gestellt. Neben den Altersgrenzen sieht das Gesetz keine weiteren Tatbestandsmerkmale vor.

Die allgemeinen und besonderen Altersgrenzen gehen auf personalstrukturelle Berechnungen zum Verwendungsgrenzalter von 1961 zurück. Verschiedene gesetzliche Initiativen zur Anhebung und Senkung der Altersgrenzen basieren auf personalstrukturellen Modellen (Personalstrukturmodell). Autor der Personalstrukturmodelle ist allein das BMVg, das diese Modelle jederzeit ändern kann.

Besondere Altersgrenzen der Berufssoldatinnen und Berufssoldaten reichen heute vom 41. bis zum 62. Lebensjahr.

	Allg. Altersgrenze	**Bes. Altersgrenzen**
Generäle, Oberste, Offiziere in den Laufbahnen des Sanitätsdienstes, des Militärmusikdienstes und des Geoinformationsdienstes der Bundeswehr	65. Lj.: § 44 Abs. 1 S. 1 iVm § 45 Abs. 1 Nr. 1 SG	62. Lj.: § 44 Abs. 2 S. 1 iVm § 45 Abs. 2 Nr. 1 SG
Alle anderen Berufssoldatinnen und Berufssoldaten (BS)	62. Lj.: § 44 Abs. 1 S. 1 iVm § 45 Abs. 1 Nr. 2 SG	61. Lj.: Oberstleutnant § 44 Abs. 2 S. 1 iVm § 45 Abs. 2 Nr. 2 SG
		59. Lj.: Major, Stabshauptleute, § 44 Abs. 2 S. 1 iVm § 45 Abs. 2 Nr. 3 SG
		56. Lj.: Hauptleute, Oberleutnante, Leutnante § 44 Abs. 2 S. 1 iVm § 45 Abs. 2 Nr. 4 SG
		55. Lj.: alle anderen BS, § 44 Abs. 2 S. 1 iVm § 45 Abs. 2 Nr. 5 SG 41. Lj.: BO 41,[1494] § 44 Abs. 2 S. 1 iVm § 45 Abs. 2 Nr. 6 SG

1494 BO 41 – Flugzeugführer oder Waffensystemoffiziere in strahlgetriebenen Kampfflugzeugen.

Auffällig ist der seit Beginn der Aufstellung der Streitkräfte durchgängige Verjüngungsdrang, der sich in zahllosen aneinandergereihten gesetzlichen Maßnahmen niederschlägt. In keinem anderen Ressort und in keiner anderen Berufsgruppe wurde es bislang als notwendig empfunden, „Ältere“ wegen eines bestimmten Alters noch vor Erreichen einer ggf. bestehenden besonderen Altersgrenze auszusortieren. Diese Regelungen finden auch nicht in – zweifelsohne – körperlich herausfordernden Berufen wie denen des Feuerwehrdienstes statt.

In den einzelnen Gesetzesinitiativen zur Verjüngung finden ganze Motivbündel Berücksichtigung: Kostengründe (Verkürzung der Versorgungszeit aufgrund des demographischen Wandels),[1495] Verkleinerungsabsichten unter Ausschaltung einer Überalterung der Bundeswehr,[1496] die Erhaltung guter Beförderungsaussichten durch die frühzeitige Zurruhesetzung der Berufssoldatinnen und Berufssoldaten.[1497] Stimmen, die im jeweiligen Maßnahmenpaket schon anmerkten, dass damit das jeweilig politisch formulierte Ziel nicht erreichbar war, blieben ungehört.[1498] Der Verteidigungsausschuss erläuterte im Rahmen des Erlasses des PersAnpG, dass der Abbau des identifizierten Personalüberhangs an lebensälteren Berufssoldatinnen und Berufssoldaten mit den vorgelegten Regelungen nicht erreicht werden könne.[1499] Dieser Hinweis blieb ohne Auswirkung. Im Ergebnis musste das mit einer befristeten Laufzeit versehene Gesetz unter einer leichten Modifizierung um fünf Jahre verlängert werden.[1500] So mutet es an, dass die Maßnahmen zum Abbau der anhand der Personalstrukturmodelle identifizierten Personalüberhänge an älteren Berufssoldatinnen und Berufssoldaten in den jeweiligen Gesetzesinitiativen nicht nachhaltig waren. Zusätzlich kam es trotz personalstruktureller Berechnungen zu inadäquaten Einstellungen, da die rekrutierten Jahrgänge nicht dem Personalstrukturmodell entsprachen; damit war eine Verwerfung der Strukturmodelle schon bei Einstellung für spätere Jahre vorgezeichnet oder wurde gar in Kauf genommen.[1501]

Dies galt für die Schaffung der Laufbahn der Offiziere des militärfachlichen Dienstes im Achten Gesetz zur Änderung des SG von 1969: Hier wurde Unteroffizieren der Zugang zu einer neuen Verwendung und damit der Zugang

1495 BT-Drs. 16/7076 A.
1496 Reformbegleitprogramm, S. 1.
1497 Walz/Eichen/Sohm, § 45 Rn. 26.
1498 BT-Drs. 14/7235, S. 19 f.
1499 BT-Drs. 14/7235, S. 19 f.
1500 Erstes Gesetz zur Änderung des PersAnpG.
1501 So bei Einführung der Laufbahn des militärfachlichen Dienstes im Achten Gesetz zur Änderung des SG.

zur höheren Besoldungsgruppe sowie zur „gesellschaftlichen Stellung eines Offiziers“ eröffnet.[1502] Ziel war auch die Schaffung neuer (Beförderungs-) Stellen. Nachdem die Laufbahn ab 1969 neu bestückt wurde, wurde schon 1985 offenbar, dass mit der Einführung der neuen Laufbahn die Personalstrukturprobleme samt Verwendungsstaus nicht gelöst wurden. Vielmehr gab es ähnliche Personalstrukturverwerfungen wie schon in anderen Verwendungen. Der Antwort der Bundesregierung auf die Große Anfrage der Fraktion der SPD vom 3. Juni 1985[1503] lässt sich nämlich entnehmen, dass schon bei Einführung der neuen Laufbahn (Offiziere des militärfachlichen Dienstes) sowie der dazugehörigen besonderen Altersgrenze Fehler im Rahmen des schnellen Aufbaus dieser neuen Laufbahn gemacht wurden, die zu den Personalstrukturproblemen in dieser neuen Laufbahn führten. Offenbar wurden aufgrund der Eilbedürftigkeit Geburtsjahrgänge rekrutiert, die dem Personalstrukturmodell nicht gerecht wurden. Zusätzlich kamen auch die vorgenommenen Gesetzesinitiativen zur Anhebung der Lebensarbeitszeit dem Vorhaben der Verjüngung nicht zugute.[1504]

Im Ergebnis ist festzustellen, dass in keiner anderen Berufsgruppe die Verjüngung so massiv gefördert und das Ausscheiden in einem so frühen Alter so attraktiv gestaltet wurde.[1505]

Kapitel F: Die ruhestandsbezogenen Altersgrenzen der Streitkräfte im Hinblick auf die Richtlinie 2000/78/EG

Die Regelungen zu besonderen Altersgrenzen gemäß § 44 Abs. 2 i. V. m. § 45 Abs. 2 SG sowie die personalstrukturellen Maßnahmen gemäß § 2 SKPersStruktAnpG halten unionsrechtlichen Prüfungsmaßstäben im Ergebnis nicht stand.

Obwohl die Richtlinie 2000/78/EG den Mitgliedstaaten gestattet, die Streitkräfte nach dem Wortlaut des Art. 3 Abs. 4 Richtlinie 2000/78/EG von der Geltung der Richtlinie auszunehmen, müssen um dem fundamentalen europarechtlichen Grundsatz des Verbots der Altersdiskriminierung zur Wirkung zu verhelfen die

1502 Zu BT-Drs. 5/3775, S. 1.

1503 BT-Drs. 17/13254.

1504 Vgl. HStruktG, BeamtVGÄndG; VReformG, DNeuG.

1505 Das Achte Gesetz zur Änderung des SG verkürzte die Dienstzeit für Stabsfeldwebel und Oberstabsfeldwebel um acht Jahre; das PersStruktG-Streitkräfte diente der Bereinigung älterer Jahrgänge; § 2 Abs. 1 PersStärkeG setzte das Alter für die Laufbahnen der Unteroffiziere und Offiziere des militärfachlichen Dienstes auf die Vollendung des 48. Lebensjahres herab, §§ 5 ff. PersStärkeG regelte attraktive Ruhegehälter; das PersAnpG ermöglichte auf Basis eines Personalstrukturmodells ermittelter Geburtsjahrgänge das Ausscheiden ab Vollendung des 50. Lebensjahres.

Erwägungsgründe 18 und 19 Richtlinie 2000/78/EG berücksichtigt werden. Zwar können Streitkräfte von der Geltung der Richtlinie ausgenommen werden, dies jedoch nur insoweit, als ein rechtmäßiges Ziel damit verbunden ist. Ein solches Ziel stellt die Wahrung der Einsatzbereitschaft und Sicherung der Schlagkraft der Streitkräfte dar.

Der Wortlaut des Art. 3 Abs. 4 Richtlinie 2000/78/EG ist daher im Sinne der ihn begleitenden Erwägungsgründe und nach dem dem Primärrecht zu entnehmenden allgemeinen Grundsatz des Verbots der Altersdiskriminierung teleologisch zu reduzieren. Folglich können nur diejenigen Maßnahmen dem Geltungsbereich der Richtlinie entzogen werden, die unausweichlich der Erhöhung der Schlagkraft und der Einsatzfähigkeit der Streitkräfte unabdingbar zu dienen bestimmt sind.

Der deutsche Gesetzgeber führt jedoch lediglich pauschal und wenig differenziert aus, dass die Verjüngung des Streitkräftekorps zu einer Erhaltung der Einsatzfähigkeit seiner Streitkräfte führe. Eine dezidierte Betrachtung, inwieweit dienstgradbezogene Altersgrenzen tatsächlich mit der Vermutung eines Abfalls der körperlichen Leistungsfähigkeit einhergehen, fehlt. Auch eine Betrachtung, welche Anforderungen im Rahmen der Veränderung bewaffneter Auseinandersetzungen tatsächlich anhand von erreichten Altersstufen festgemacht werden können, fehlt. Die altersbezogenen Ruhestandsregelungen werden durch Verweis auf personalstrukturelle Vorgaben festgelegt. Die Personalstrukturmodelle werden durch das BMVg aufgesetzt und sind ohne weitere Voraussetzungen der jederzeitigen Änderung durch das BMVg unterworfen. Sie können daher nicht Grundlage für die Setzung starrer Altersgrenzen sein.

Den jeweiligen Gesetzesinitiativen sind in der Begründung die konkreten Anforderungen an die körperlichen und geistigen Fähigkeiten nicht zu entnehmen. Ganz allgemein wird offenbar davon ausgegangen, dass die Staffelung der Altersgrenzen nach Dienstgraden in der Aufgabenverteilung innerhalb der Streitkräfte begründet ist.[1506] Mit steigendem Dienstgrad wachse die Verantwortung und sinke regelmäßig der Anteil an körperlicher Beanspruchung.[1507] Die in den personalstrukturellen Überlegungen niedergelegten fixen Grenzalter für verschiedene Verwendungen in der Truppe (z. B. als Kompaniechef die Vollendung des 35., als Bataillonskommandeur die Vollendung des 45. Lebensjahres) dienen nach wie vor als Grundlage für die Anwendung der Ermessensentscheidung gemäß § 44

1506 Sanne/Weniger, § 45 Rn. 1.
1507 Sanne/Weniger, § 45 Rn. 1.

Abs. 2 i. V. m. § 45 Abs. 2 SG.[1508] Dies stellt das Regel-Ausnahme-Verhältnis der gesetzlichen Vorgaben auf den Kopf.[1509] Insofern werden die Verwendungsgrenzalter zur Begründung niedriger besonderer Altersgrenzen für Berufssoldatinnen und Berufssoldaten herangezogen.[1510] Zweifelsohne greifen Gesetzesbegründungen und (nicht unumstrittene) Erwägungen aus dem Jahr 1961 zum Grenzalter für verschiedene Verwendungen spätestens in der heutigen Diskussion um Altersgrenzen und Leistungsfähigkeit Älterer zu kurz. Insofern bedarf es einer Entflechtung und einer sauberen Analyse der Fakten zu den Lebensalters- und Verwendungsaltersgrenzen der Berufssoldatinnen und Berufssoldaten, indem eine Differenzierung getroffen wird, die verwendungsbezogen und nicht dienstgradbezogen ist.[1511]

Ob überhaupt eine Darstellung von besonderen Altersgrenzen bezogen auf die einzelnen Dienstgrade gelingen kann, ist vor dem Hintergrund zweifelhaft, dass die Anforderungen an die körperlichen und geistigen Fähigkeiten sich eher am einzelnen Dienstposten respektive an der konkreten Verwendung festmachen lassen.[1512] Die noch im Zweiten Weltkrieg abverlangten körperlichen Belastungen über eine längere Zeit hinweg sind einer weitestgehenden friedensmäßigen Dienstgestaltung in den Streitkräften gewichen, die jahre-, oft jahrzehntelange Stabs- und Bürotätigkeit mit sich bringen.[1513] Obwohl die Streitkräfte eine ansteigende Auslandseinsatzanforderung zu bewältigen hatten, sind diese Auslandseinsätze für das Gros der Berufssoldatinnen und Berufssoldaten auf einige Monate begrenzt.[1514] Aufgaben mit hohen körperlichen und geistigen Anforderungen (bspw. Geiselbefreiung) bleiben zudem ohnehin speziell ausgebildeten Einheiten vorbehalten.[1515]

Ebenso wird die Begrenzung der Bereichsausnahme auf notwendige Teile der Streitkräfte, wie es in Erwägungsgrund 19 der Richtlinie 2000/78/EG aufgezeigt ist, ignoriert. Wie schon das BVerwG für den Militärmusikdienst als auf rein

1508 Eichen, NZWehrr 2008, 171, 175; obwohl in BT-Drs. 3/2705 vom 27. April 1961 ein Hauptmann als Kompaniechef noch bis zum 42. Lebensjahr in der Stellung geeignet war.

1509 Sanne/Weniger, § 44 Rn. 12.

1510 Eichen, NZWehrr 2008, 171, 175.

1511 Eichen, NZWehrr 2008, 171, 175.

1512 so auch Eichen, NZWehrr 2008, 171, 174.

1513 Eichen, NZWehrr 2008, 171, 173 f.

1514 Ebenda, 174.

1515 Ebenda, 173 f.

protokollarische Auftritte reduzierten Truppenanteil der Streitkräfte entschied, dient der Militärmusikdienst nicht der Verteidigung.[1516]

Insgesamt käme eine verwendungsbezogene Altersgrenzensetzung sowohl den Interessen der Berufssoldatinnen und Berufssoldaten als auch denen des Gesetzgebers entgegen:

Berufssoldatinnen und Berufssoldaten müssen nicht zwangsweise aus Altersgründen unangemessen früh aus dem Erwerbsleben und damit einem zentralen Teil der Gesellschaft trotz vorhandener Tauglichkeit und ausreichender Dienstfähigkeit ausscheiden. Der Wunsch nach einer längeren Erwerbstätigkeit speist sich aber auch neben einer guten körperlichen und geistigen Verfassung, die zur Wiederaufnahme des Berufslebens in einem neuen Aufgabenbereich drängt, aus finanziellen Problemen möglicher Unterhaltsverpflichtungen oder auch Zahlungsverpflichtungen aus Eigentumserwerb.[1517] Ein längeres Erwerbsleben führt dazu, dass auf die gegenüber dem laufenden Sold niedrigeren Pensionen noch nicht zurückgegriffen werden muss.

Auch das BMVg macht in einer Broschüre „Vorbereitung auf den Ruhestand" darauf aufmerksam, dass gerade für Soldatinnen und Soldaten das Thema einer nach der Pensionierung anschließenden Erwerbstätigkeit aktuell ist, da

> *„aufgrund der allgemeinen und besonderen Altersgrenze für Berufssoldatinnen und Berufssoldaten [...] sie in einem Lebensalter aus[scheiden], in dem die Gesellschaft, die Familie und sie selbst möglicherweise noch nicht den Beginn des Ruhestands erwarten."*[1518]

Der Staat ist bei der Festlegung von verwendungsbezogenen Altersgrenzen nicht gezwungen, in jedem Einzelfall eine „peinliche" Feststellung über eine etwaige Dienstunfähigkeit treffen zu müssen.[1519] Darüber hinaus kann der Staat Wissen und Erfahrung länger für sich nutzbar machen.

Die gerontologischen Erkenntnisse zeigen, dass „Ältere" nicht zwangsläufig mit Leistungsabfall aufwarten.[1520] Viele Ältere wollen nicht auf das Altenteil verwiesen werden. Viele Berufssoldatinnen und Berufssoldaten sind auch in einem Alter nach Überschreiten der besonderen Altersgrenzen noch verwendungstauglich.

1516 BVerwG, Urteil vom 13. Dezember 2012 – 2 C 11.11.

1517 BMVg, Vorbereitung auf den Ruhestand, S. 45.

1518 BMVg, Vorbereitung auf den Ruhestand, S. 45.

1519 so RGZ 104, 58, 63.

1520 Mann, Altersdiskriminierung durch gesetzliche Höchstaltersgrenzen, S. 5 f.

Die allgemeingültigen Erkenntnisse zum massiven demographischen Wandel sollten Anlass zu einer Neuorientierung bei starren Altersgrenzen der Berufssoldatinnen und Berufssoldaten bieten.[1521] Zudem induzieren europäische Entwicklungen des Verbots der Altersdiskriminierung die Einschränkung der bislang hingenommenen gesetzgeberischen Gestaltungsspielräume.[1522] Insoweit ist dem nationalen Gesetzgeber anzuraten, Altersgrenzen dort einzusetzen, wo sie anhand tatsächlicher Anforderungen erforderlich sind. Dies wird sich deutlich genauer an der tatsächlichen Verwendung festmachen lassen. Ein Beispiel dafür ist die verwendungsbezogene Altersgrenze der BO 41.

Allemal würde damit dem Diskriminierungsverbot wegen des Alters durch verwendungsbezogene Altersgrenzen zu Gunsten aller Berufssoldatinnen und Berufssoldaten auch innerhalb des Verteidigungsressorts zum Durchbruch verholfen. Dies sollte von allen begrüßt werden.

Wie sich der Gesetzgeber künftig verhalten wird, kann er bald unter Beweis stellen: Obwohl die letzte Reform noch bis 2017 läuft, wurde am 10. Mai 2016 mit einem Tagesbefehl die nächste Reform angekündigt: Trendwende Personal heißt sie, mit dieser ist der Aufbau von 14.300 Soldaten und 4.400 zivilen Beschäftigten bis zum Jahr 2023 verbunden. Es heißt: „Wer will und gebraucht wird, kann später in den Ruhestand gehen."

1521 Vgl. Tettinger, DVBL 2005, 1397, 1403.
1522 Vgl. Tettinger, DVBL 2005, 1397, 1403.

RECHT DER ARBEIT UND DER SOZIALEN SICHERHEIT

Band 1 Ulrike Wagner: Mitbestimmung bei Bildschirmtechnologien. 1985.

Band 2 Karin Dierks: Zwischen Arbeits- und Sozialrecht. Beschäftigungsverhältnisse in der Werkstatt für Behinderte. 1986.

Band 3 Inge Böttcher: Gemeinsame Ausübung eines Zurückbehaltungsrechts. 1986.

Band 4 Gabriele Peter: Frauendiskriminierung durch Teilzeitbeschäftigung. Insbesondere bei betrieblichen Sozialleistungen und der Vergütung von Überstunden. 1988.

Band 5 Uwe Schumacher: Rechtsfragen der Teleprogrammierung. Statusrechtliche Einordnung und urheberrechtlicher Schutz. 1989.

Band 6 Nashrine Ismail: Recht und Praxis bei der Bekämpfung illegaler Arbeitnehmerüberlassung. 1991.

Band 7 Karen Klöver: Der Sozialplan im Konkurs. Schutz der Sozialplangläubiger im Konkurs und alternative Regelungsmöglichkeiten in einem neuen Insolvenzrecht. 1993.

Band 8 Andrea Rudolph: Die Kooperation von Strafrecht und Sozialhilferecht bei der Disziplinierung von Armen mittels Arbeit. Vom Arbeitshaus bis zur gemeinnützigen Arbeit. 1995.

Band 9 Wolfgang Däubler: Rechtsexport. Die Einführung des bundesdeutschen Arbeitsrechts im Gebiet der früheren DDR. 1996.

Band 10 Ines Kalisch: Die Entwicklung des Verbots der mittelbaren Diskriminierung wegen des Geschlechts im Sozialrecht. Grundlagen, Analyse und exemplarische Anwendung auf Gesetze im Rentenrecht. 1999.

Band 11 Matthias Hirschfeld: Die Dienstgemeinschaft im Arbeitsrecht der evangelischen Kirche. Zur Legitimitätsproblematik eines Rechtsbegriffs. 1999.

Band 12 Véronique Demarne: Anwendung nationaler Tarifverträge bei grenzüberschreitenden Arbeitsverhältnissen. Ein deutsch-französischer Vergleich (Avec résumé et conclusions en français). 1999.

Band 13 Alexander Scharf: Das Arbeitsrecht der Russischen Föderation und der Republik Belarus. 1999.

Band 14 José João Abrantes: Contrat de travail et droits fondamentaux. Contribution à une dogmatique commune européenne, avec référence spéciale au droit allemand et au droit portugais. 2000.

Band 15 Oliver Tieste: Karôshi, ein japanisches Phänomen? Ursachen und rechtliche Hintergründe für den Tod am Arbeitsplatz. Eine rechtsvergleichende Studie. 2000.

Band 16 Detlev Reichelt: Die arbeitsrechtliche Stellung der Rote-Kreuz-Schwestern. Eine Untersuchung zur Arbeitnehmereigenschaft mitarbeitender Vereinsmitglieder und Gesellschafter am Beispiel der Krankenschwestern der Schwesternschaften vom Deutschen Roten Kreuz e.V. 2000.

Band 17 Herbert Böker: Tarifunterschreitung durch Betriebsvereinbarung und Arbeitsvertrag. 2001.

Band 18 Tatjana Aigner: Antworten auf Arbeitnehmerfehlverhalten. Reaktionen, Interventionen und Sanktionen in Österreich und Deutschland. 2002.

Band 19 Alexandra Nöth: Materieller und prozessualer Rechtsschutz gegen sexuelle Belästigung am Arbeitsplatz in den USA, Europa und Deutschland. 2003.

Band 20 Oliver Tieste: Der Tod durch Überarbeitung. Arbeits- und sozialversicherungsrechtliche Hintergründe. Materiellrechtliche, epidemiologische und betriebliche Rahmenbedingungen des Karôshi-Phänomens in Japan und Deutschland. 2003.

Band 21 Bettina Graue: Der deutsche und europäische öffentliche Dienst zwischen rechtlicher und faktischer Gleichberechtigung der Geschlechter. Ein rechtssystematischer Vergleich zur Frauenförderung in beiden öffentlichen Diensten unter besonderer Berücksichtigung des Gemeinschaftsgrundrechts der Gleichberechtigung von Männern und Frauen. 2004.

Band 22 Timo Karsten: Schuldrechtliche Tarifverträge und außertarifliche Sozialpartner-Vereinbarungen. Eine Untersuchung am Beispiel von Vereinbarungen der Tarifparteien der Chemischen Industrie. 2004.

Band 23 Katrin Stoye: Rechtsdogmatische und rechtspolitische Probleme des § 14 Abs. 2 Teilzeit- und Befristungsgesetz. Ein Beitrag zur Auslegung der Tatbestandsvoraussetzungen des § 14 Abs. 2 TzBfG sowie zur Entwicklung des Rechts der sachgrundlosen Befristungen unter Berücksichtigung der gesetzlichen Neuerungen durch die Arbeitsmarktreformen der Jahre 2002 und 2003. 2007.

Band 24 Felix Herbold: Gleichbehandlung in der betrieblichen Altersversorgung. Rechtsfragen zur Beteiligung an der zweiten Säule der Alterssicherung am Beispiel der geringfügig Beschäftigten und eingetragenen Lebenspartner. 2007.

Band 25 Andrea Henke-Klar: Unfall- und Gesundheitsschutz – ein Rechtsvergleich zwischen Japan und Deutschland. 2008.

Band 26 Gerald Peter Müller: Der vermittlungsorientierte Einsatz von Arbeitnehmerüberlassung in der Personal-Service-Agentur (PSA). Arbeitsrechtliche Auswirkungen auf die Rechtsbeziehungen der Beteiligten. 2008.

Band 27 Alexandra Lessel: Die berufsständische Versorgung der klassischen verkammerten Freien Berufe und das Problem der Kindererziehungszeiten. 2009.

Band 28 Meike Schils: Das betriebliche Eingliederungsmanagement im Sinne des § 84 Abs. 2 SGB IX. 2009.

Band 29 Hans Hoins: Die Kündigung von Berufsausbildungsverhältnissen, insbesondere aus betrieblichen Gründen. 2009.

Band 30 Sandra Buse: Die Unkündbarkeit im Arbeitsrecht. Neue Akzente durch das AGG. 2009.

Band 31 Melanie Böttger: In Vielfalt geeint. Die Europäische Integration im Lichte der offenen Methode der Koordinierung in der Alterssicherung am Beispiel der Anhebung der Regelaltersgrenze in der gesetzlichen Rentenversicherung. 2010.

Band 32 Nina N. Blinda: Altersbezogene Regelungen in Sozialplänen – eine Diskriminierung? 2010.

Band 33 Sabine Eggert-Weyand: Belästigung am Arbeitsplatz. Eine Form der verbotenen Benachteiligung wegen des Geschlechts. 2010.

Band 34 Carsten Albers: Ausschluss trotz Einschluss? Arbeitsuchende Unionsbürger und die Grundsicherung nach SGB II aus gemeinschaftsrechtlicher Perspektive. 2012.

Band 35 Lea Frey: Arbeitnehmerähnliche Personen in der Betriebsverfassung unter besonderer Berücksichtigung des Arbeitsschutzrechts. 2014.

Band 36 Kirstin Gramß-Siegismund: Altersgrenzen der Berufssoldatinnen und Berufssoldaten als Diskriminierungsproblem. Eine Betrachtung vor dem Hintergrund der Richtlinie 2000/78/EG. 2017.

www.peterlang.com